Don & Katie Fortune

ERKENNE GOTTES GABEN IN DIR

Verlag Gottfried Bernard
Solingen

Die Berichte in diesem Buch entsprechen den Tatsachen; um jedoch Vertraulichkeit zu gewähren, wurden einige Namen und bezeichnende Einzelheiten verändert.

Viele Schriftstellen wurden direkt vom Englischen ins Deutsche übersetzt. Die im Originalbuch verwendeten englischen Schriftstellen wurden folgenden Bibelübersetzungen entnommen:
TAB: The Amplified New Testament, © The Lockman Foundation 1954, 1958.
The Amplified Old Testament, © Zondervan Publishing House, 1965.
NAS: The New American Standard Bible, © The Lockman Foundation 1960, 1962, 1963, 1968, 1971, 1972, 1973, 1975, 1977.
KJV: King James Version of the Bible.
NIV: The Holy Bible, New International Version, © 1978 by the International Bible Society, mit der Erlaubnis von Zondervan Bible Publishers.
Die Bibelstellen, die im Original mit NIV gekennzeichnet sind, wurden im Deutschen der Revidierten Elberfelder Bibel entnommen und mit *REB* gekennzeichnet.

Material wurde entnommen aus „Dear Abby", gesammelt von Abigail Van Buren, Copyright © 1977, Universal Press Syndicate. Gedruckt mit Erlaubnis. Alle Rechte vorbehalten.

Titel der Originalausgabe: Discover Your God-Given Gifts
                             by Don & Katie Fortune

© Don & Katie Fortune

© der deutschen Ausgabe 1994
   Verlag Gottfried Bernard
   Spitzwegstr. 8
   42719 Solingen

Übersetzung: Richard Schutty
Satz: CONVERTEX, Aachen
Grafik: image design, A. Fietz, Landsberg
Druck: Druckhaus Gummersbach

ISBN 3-925968-71-7

INHALT

Ich war begeistert. Eine lang überfällige Idee, mit Geschick, Charme und mit Gemeinsinn präsentiert. Besonders der Test zur Selbsteinschätzung ist begeisternd. Jeder Christ, besonders jeder christliche Leiter, sollte eine Ausgabe besitzen. Kurzum, dieses Buch ist von unschätzbarem Wert.

Marjorie Holmes

Im Neuen Testament lehrt der Apostel Paulus über drei Gruppen von geistlichen Gaben. Eine davon sind die Motivations- oder Persönlichkeitsgaben: Erkennen, Ermutigen, Dienen, Lehren, Geben, Administrieren und Erbarmen.

Wie erfüllt oder wie frustriert Sie sind, hängt davon ab, ob Sie Ihre Gaben ablehnen oder annehmen und einsetzen. Deswegen ist es notwendig und zugleich beglückend zu wissen, mit welchen Gaben man gesegnet ist. Durch Übersichten, Tests und durch viel Information helfen Ihnen Don und Katie Fortune Ihre Gaben zu entdecken. Außerdem hilft Ihnen dieses Buch zu erkennen:
– warum Sie sich Menschen gegenüber typisch verhalten
– welches Ihre primäre und sekundäre Gabe ist
– welches Verhalten charakteristisch für jede Gabe ist
– welche die Problemgebiete jeder einzelnen Gabe sind
– welche biblischen Beispiele es für jede Gabe gibt.
Sie werden große Freude dabei haben, Ihre persönlichen von Gott gegebenen Gaben zu entdecken und zu lernen, sie so einzusetzen, wie Er es möchte.

EINLEITUNG

Es war 1974, als uns gute Freunde, Lynn und Glenn Koontz, zu sich nach Hause einluden, um uns zu erzählen, was sie während eines „Basic Youth Conflict Seminars" von Bill Gothard gelernt hatten. Wir waren begeistert, als Glenn mit uns durch seine Unterlagen ging. Wir konnten plötzlich erkennen, warum wir uns als Ehepaar so sehr voneinander unterschieden. Es half uns, unsere Unterschiede besser zu verstehen.

„Ah!" sagte Don zu mir. „Jetzt verstehe ich, warum du ständig Dinge organisieren willst, eingeschlossen mich und die Kinder!"

„Uh huh," erwiderte ich, „und ich sehe, warum du immer jedem erzählst, er solle nach dem Guten in jeder Situation suchen."

Schon bald erkannte ich, daß Administrieren meine primäre Gabe ist. Zum ersten Mal in meinem Leben verstand ich, warum ich immer sehr starken Eifer für die Dinge entwickle, mit denen ich gerade beschäftigt bin. Ich konnte sehen, daß es für mich in Ordnung ist, Aufgaben zu deligieren, anstatt sie selbst zu tun. Zuletzt konnte ich mich auch von einer selbst auferlegten Schuld befreien, weil ich das Bild einer idealen Hausfrau nicht erfüllte. Ich fühlte mich erleichtert, daß mein Interesse für Pionierprojekte außerhalb des Hauses durchaus den normalen Erwartungen und dem akzeptablen Verhalten meiner speziellen Begabung entsprach.

Ebenso erkannte ich auch einige Problemfelder meines Lebens als charakteristisch für den Administrator. Nun würde ich imstande sein, mit größerem Verständnis daran zu arbeiten.

Don identifizierte seine primäre Gabe als die der Ermutigung. Er konnte sofort sehen, warum er so wild darauf war, Menschen zu beraten, ob sie es wollten oder nicht. Er erkannte, daß der Herr ihn als Ermutiger ausgerüstet hatte, um die Christen im Leib Jesu aufzuerbauen, und daß es notwendig ist, das immer wieder zu tun, auch wenn keine Ergebnisse sichtbar sind.

„Ich konnte langsam Katie's rätselhafte Ideen und Verhaltensweisen akzeptieren", bekannte er später. „Da ich nun wußte, daß sie in ihrer Motivationsgabe, die Gott ihr gab, arbeitete, konnte ich aufhören, sie von meiner Art des Denkens und Handelns überzeugen zu wollen."

Für meinen Teil erkannte ich, daß ich Don freigeben mußte, der zu sein, wofür ihn Gott geschaffen hatte. Unsere Unterschiedlichkeit war für uns jetzt keine Bedrohung mehr. Vielmehr konnten wir uns jetzt daran erfreuen, da wir wußten, daß Gott uns in der Ehe zusammengebracht hatte, damit wir uns gegenseitig mit unserer unterschiedlichen Begabung bereichern.

Ebenso erkannten wir die einzigartige Begabung in jedem unserer drei Kinder. Linda ist eine klassische barmherzige Person. David ist eine interessante Mischung der Gaben seiner Eltern, ein Administrator-Lehrer-Ermutiger. Dan ist ein Erkenner, durch Erbarmen abgeschwächt. Welch eine Freude, zu sehen, wie ihre Persönlichkeiten wuchsen und blühten, als wir ihnen erlaubten so zu sein, wie Gott sie geschaffen hatte. Es half uns im Blick darauf, sie zu disziplinieren und sie zu ermutigen.

Wir wurden auch sensibel für die Gaben unserer Freunde und Kollegen. Wir konnten besser verstehen, warum unsere Handlungen bei anderen manchmal starke Abwehrreaktionen anstatt positive Erwiderungen hervorriefen, und warum wir uns von bestimmten Menschen bedroht fühlten. Frühere Persönlichkeitskonflikte wurden schwächer, manche verschwanden ganz.

Bald wandten wir unser neues Verständnis auf unsere zwischenmenschlichen Beziehungen an. Wir sahen, warum unser Pastor in seinen Gottesdiensten typischerweise in eine bestimmte Richtung tendierte und warum eine bestimmte Person, die in Leiterschaftsposition gesetzt wurde, damit nicht umgehen konnte. Warum unser ältester Sohn gerne mit einer größeren Gruppe von Freunden zusammen war, während unser jüngster Sohn nur einen oder zwei enge Freunde hatte. Warum unsere Tochter sich immer wieder mit den Ungeliebten anfreundete.

Das alles machte jetzt Sinn.

ZUSÄTZLICHE NACHFORSCHUNGEN

Unsere Sicht wurde noch mehr erweitert, als wir ein Set Audiokassetten über die biblischen Gaben von Rev. Don Pickerill bekamen, dem Präsidenten des Life Bible College in Kalifornien. Je mehr wir in der Schrift forschten, desto aufgeregter wurden wir. Die biblischen Persönlichkeiten wurden uns lebendig. Ihr Dienst, ihre Motive und Methoden erschienen uns jetzt in einem größeren Gesamtbild als Teil des Planes und Zieles Gottes für ihr Leben.

Zur selben Zeit bestätigte mir der Heilige Geist, daß dies das Thema sei, über das ich lehren sollte. (Ich erkannte eine sekundäre Gabe des Lehrens.) So nahm ich das, was andere entdeckt hatten, fügte hinzu, was ich aus der Schrift und aus meinen eigenen Erfahrungen gelernt hatte und begann über diese Gaben in Frauengruppen, Bibelstunden und überall da zu lehren, wo Gott mir eine Tür der Gelegenheit öffnete.

Und natürlich, je mehr ich lehrte, desto mehr lernte ich. Die Reaktion der Gruppen war fantastisch. Mehr Einblick, mehr Einsicht kam, weil diese Lehre wirklich wichtig und lebensverändernd war. Ich sammelte Informationen von jeder Gruppe, die ich lehrte und entwickelte eine Testmethode (meine Administrative Gabe in Aktion), die es den Leuten ermöglichte, ihre Gaben zu entdecken. Mehrere andere Frauen aus unserer Gegend begannen auch über dieses Thema zu lehren und wir beschlossen, uns jeden Monat zu treffen, um uns auszutauschen und neue Ideen mitzuteilen. Ich erzählte Margaret Ann Hardwick, Judy Walker, Bobbie Elmore und Barbara Walsh, daß ich gerade ein Buch über dieses Thema vorbereite und um ihre Anregungen bitte. Zusammen erlebten wir eine wundervolle Zeit beim Nachforschen, Überarbeiten und Erweitern des Materials.

Besonderer Dank geht an diejenigen, die uns später halfen, das Material richtig zusammenzustellen: Colleen McGowan, Lydia Mathre und Carol Miller. Besonders großen Dank auch an Helen Bishop, die uns sehr half, indem sie endlose Stunden am Computer verbrachte.

Ebenso möchte ich mich bei Elizabeth Sherill bedanken, daß sie beim Verlegen des Buches sehr einfühlsam und behutsam war.

DIE BREITE SICHT DER THEMATIK

Während der letzten zwölf Jahre haben Don und ich im ganzen Land, von Washington bis Florida und von Kalifornien bis New

York Seminare über die Motivationsgaben durchgeführt. Wir haben auch in Kanada, Neuseeland, Australien, England, Schottland, Deutschland, Panama, Indien, Singapur, Hong Kong, Korea, Japan und auf den Philippinen gelehrt.

Das Testmaterial wurde ins Deutsche, Spanische, Französische, Koreanische, Polnische, Finnische und ins Japanische übersetzt. Wir hatten das Vorrecht, mit wunderbaren Übersetzern zusammenzuarbeiten. In Panama war es Karen Hines, die Frau des Evangelisten Mike Hines, die dieses Thema über Jahre lehrte. In Deutschland nahm Waltraud Keil, eine Lehrerin aus der Berlitz-Sprachschule, unsere Anregungen auf. In Japan arbeitete der junge Pastor Kai in einer Art mit uns zusammen, wie es nur durch den Heiligen Geist geschehen konnte.

In Korea war der Theologe Archer Torrey, der Enkel des Theologen und Schriftstellers R. A. Torrey, unser Übersetzer in der Jesus Abbey. Als wir ihn fragten, warum seine Übersetzungen oft länger waren als unsere Ausführungen, erklärte er, daß er sehr klare Einblicke durch den Heiligen Geist bekam und diese noch hinzufügte.

Wir hatten auch sehr lustige Erlebnisse. Zum Beispiel sagte Don: „Ein Erkenner wird oft fasten und beten." Ein Missionarsfreund von uns, Ron Sisco, sprach eine kurze Änderung dazwischen: „Ein Erkenner wird oft schnell (Wortspiel: engl. fast hat zwei Bedeutungen; 1. schnell, 2. Fasten) beten."

Wir haben herausgefunden, daß man die Lehre von den Motivationsgaben nicht nur auf Menschen in allen Nationen beziehen und anwenden kann, sondern auch auf alle Arten von Kirchen, Denominationen und übergemeindliche Organisationen. Wir bekamen begeisterte Reaktionen von Teenagern, Schulgruppen, Erwachsenen und von älteren Bürgern. Der Grundtenor aller Aussagen war:

„Dieses Seminar hat mein Leben verändert!"

GUTE ZEITEN FÜR GROSSE FREUDE
In christlichen Kreisen wird oft folgendes Kreuzwortspiel benutzt:

J **ESUS**
O **THERS**   (ANDERE)
Y **OU**   (DU)   (JOY = FREUDE)

Weil *Jesus*, unser Herr, unsere Herzen drängte, haben wir dieses Buch geschrieben.

Weil *Andere*, tatsächlich hunderte von Euch, uns baten, diese Lehre aufzuschreiben, haben wir es getan.

Weil wir gesehen haben, wie sich viele Menschen verändert haben und bereichert wurden, wissen wir, daß es auch *Euer* Leben bereichern wird.

Wir wissen, ohne es anzuzweifeln, daß am Ende dieses Abenteuers, das du heute startest, *Freude* in einer ganz neuen Dimension in deinem Leben freigesetzt wird!

FREUDE ist ein Nebenprodukt, das dann entsteht, wenn du in deinen von Gott gegebenen Gaben lebst und arbeitest!

VORWORT

In den 70er und 80er Jahren war der Leib Jesu damit beschäftigt, sich selbst besser kennenzulernen, um erfüllter, fröhlicher und das Beste für den Herrn zu sein. Die Christen wollten wissen, wie die anderen funktionieren, damit sie sich untereinander besser verstehen können. Denn, wenn wir unsere eigene Begabung verstehen, können wir unsere Arbeit besser genießen und besser tun.

Einige Leute, die im Bereich der Verhaltenspsychologie tätig waren, sahen auf die Gabenliste in Römer 12 und waren überrascht, hier sieben Basis-Persönlichkeitstypen zu finden, die schon in der säkularen Welt entdeckt wurden. Gott muß Freude daran haben, Seine Wahrheiten im Wort zu verstecken, bis sie später offenbart und verstanden werden. Es ist ebenso erfreulich, wenn die säkulare und die religiöse Welt eine gemeinsame Kommunikationsbasis finden können.

Dieses Buch handelt von „Motivationsgaben." Don und Katie präsentieren uns einen biblischen Weg der Betrachtung unserer angeborenen, von Gott gegebenen Gaben.

Die mit der Lehre einhergehenden Tests sind höchst detailliert, genau und wirkungsvoll. Es gibt Tests für Erwachsene, Teenager und Kinder. Es gibt sie sogar in verschiedenen Sprachen. Katies Lehr- und Administrationsgabe treten in den Ausführungen deutlich hervor. Offensichtlich hat sie an alles gedacht. Lehre und Tests in diesem Buch werden Ihnen helfen, sich selbst und andere besser zu verstehen. Es wird Ihnen leichter fallen, anderen zu vergeben und nicht zu kritisieren. Eine solche Hilfe für zwischenmenschliche Beziehungen wird dem Leib Christi dienen, damit er besser zusammenhält.

Wenn wir in der Welt ein gutes Zeugnis sein wollen, müssen wir lernen, einander zu verstehen, zu lieben und gegenseitig anzuerkennen wie wir sind.

Die Fortunes sprechen von „Gaben, die unsere Persönlichkeit formen." Es wird dem Leser deutlich, daß der Heilige Geist einen frischen Hauch auf die Schriftworte gelegt hat, die sie uns in diesem Buch mitteilen. Natürlich wird es immer Leute geben, die eine neue Art der Schriftbetrachtung kritisieren, indem sie sagen: „Jesus, Paulus und die anderen Apostel haben es nicht auf diese Art gesehen."

Meine Antwort ist „nein". Jesus benutzte auch kein elektrisches Licht, um die Schrift zu lesen, aber das bedeutet noch lange nicht, daß es für mich Sünde ist, wenn ich im Zwanzigsten Jahrhundert elektrisches Licht benutze. Gott erschuf zuerst das Licht und erst viel später erlaubte er Edison einen neuen Weg zu entdecken und zu entwickeln, um das Licht auf eine ganz neue Art zu gebrauchen. Es klingt logisch, daß der Herr uns frische Einsichten für unsere Tage geben will.

Ich kenne Don und Katie schon viele Jahre. Ich war bei den Anfängen der Aglow Fellowship International dabei, und Katie war die erste Herausgeberin des Aglow-Magazins. Ich war immer beeindruckt von ihrer Frohnatur und von ihren zahlreichen Begabungen im Schreiben, Sprechen, in der Kunst und Fotografie. (Sie machte das Bild für den Umschlag der ersten Ausgabe meines Buches, *I'm Glad You Asked That.*)

Ungefähr vor einem Jahr ging ich zu Don und Katies Motivationsgabenseminar in ihrer Kirche. Ich genoß die Art, wie sie lehrten. Katies Nachforschungen, ihre Liebe zum Detail und der Enthusiasmus über ihre Entdeckungen waren sehr beeindruckend; ebenso wie ihre Freude an der gesamten Thematik. Don, der aus seiner Arbeit bei der Post ausstieg und jetzt in seiner Gemeinde im Bereich Mission arbeitet, ist eine häusliche, entspannte Person. Er gab passende Beispiele aus seinem Alltagsleben und machte ein paar Späße, so daß sich alle entspannen konnten. Dadurch wurde es leichter, noch mehr interessante Fakten und Illustrationen von Katie zu hören.

Als ich ihren Test machte, entdeckte ich, daß ich, so wie Katie, Administrieren als stärkste Motivationsgabe hatte. Die zweite war Lehren und meine dritte Erbarmen. Katie sagte, wenn man die höchste Punktzahl bei den sogenannten „Sprachgaben" hat, so wie bei mir die beiden ersten Gaben, dann ist es gut, wenn eine „Tatgabe", zum Beispiel Erbarmen, einen Ausgleich schafft.

Ich dachte immer, Administrieren sei in erster Linie eine Sache der Männer, aber als ich weiter darüber nachdachte, erinnerte ich mich an meine Begabung, die vielen Reiseessen zu organisieren, die über unseren Wohnzimmertisch fegten! Auch sah ich, daß der von mir organisierte Briefverkehr nicht langwierig war und die Leute schnell Antwort bekamen. Ich erkannte, daß meine Art zu studieren und zu arbeiten anders war als die meines Mannes Dennis. Er schreibt und lernt induktiv, indem er hier und dort eintaucht und dann Dinge zusammenbringt; ich genieße Lernen und Schreiben auf deduktive Weise, Schritt für Schritt.

Seitdem ich im Gebets-Seelsorge-Dienst aktiv bin, kann ich die Bedeutung des Administrierens sehen. Ich habe gewöhnlich schnell den Überblick und mache mir ständig Notizen über unsere Gebetserfahrungen. Aber das Erbarmen muß dem Administrieren hinzugefügt werden. Ich achte darauf, daß die Person, mit der ich bete, sich geliebt fühlt. Wenn das nicht der Fall ist, öffnet sie sich nicht für innere Heilung. Eine Person, die im Erbarmen die höchste Punktzahl hat, wird wohl wirkungsvoll mit den Leuten beten, aber sie wird nicht die beste sein, wenn es darum geht einen Gebetsdienst zu koordinieren. Denn da geht es darum, die vielen Nöte zu hören und zu bestimmen, wie man den Seelsorger und den Hilfesuchenden zusammen bringen kann.

Meine Freundin Judy Blankenship war bei dem Seminar, das ich auch besuchte. Sie machte den Test drei Jahre zuvor schon einmal und wiederholte ihn jetzt. Sie zeigte mir die Kurven der beiden Tests; sie waren genau gleich. Das beeindruckte mich sehr. Aber beim zweiten Test interessierte mich, wie sich jede Gabe weiterentwickelt hatte, denn das zeigte Judys Wachstum in den schwächeren Gebieten.

Als Pastorenfrau mit zwanzigjähriger Erfahrung sehe ich, daß die Lehre über die Motivationsgaben wichtig ist, damit die Gemeinden besser funktionieren. Viele Pastoren haben keine administrativen Fähigkeiten, aber sehen die Anforderung, genau das zu tun. Sie wissen nicht, wo sie um Hilfe fragen sollen und jeder wundert sich, warum die Gemeinde nicht wächst. Der gleiche Mann hat vielleicht eine große Gabe als Ermutiger und ein Teil seiner Gemeinde genießt seine Gottesdienste, aber ein anderer Teil erwartet, daß er mehr als Lehrer tätig ist oder umgekehrt. Wenn er versucht, das zu sein, was er nicht ist, werden er und seine Höhrer frustriert sein: „Na, der Pastor kam heute aber nicht in die Gänge."

Ein weiser Geistlicher wird nicht nur seine eigene Begabung entdecken, sondern auch die seiner Gemeinde, damit sie ihn zur Fülle ergänzen kann und er sich auf die Aufgaben konzentrieren kann, zu denen er berufen ist. Und wenn er sich einen Assistenten sucht, sollte es jemand mit einer Begabung sein, die er bei sich selbst vermißt. Dadurch achtet er darauf, daß seine Schafe eine ausgewogene Diät bekommen.

Ich habe zwei Warnungen. Zunächst seien Sie bitte vorsichtig, die Leute nicht in Schachteln zu stecken. Vielmehr sollten Sie die Beschäftigung mit den Gaben als Hilfe ansehen, um andere besser verstehen und unterstützen zu können.

Dann, denken Sie daran, daß die Motivationsgaben (inspirierte, natürliche Gaben) nicht den Platz der Manifestationsgaben (übernatürliche Gaben) einnehmen und daß beide nicht durcheinandergemischt werden dürfen.

Gott segne Sie, wenn Sie jetzt mit Don und Katie Fortune aufbrechen, *Ihre von Gott gegebenen Gaben zu entdecken.*

Rita Bennet

TEIL 1

AUSBLICK

DREI KATEGORIEN DER GABEN

Wenn du einen Korb mit Äpfel, Orangen und Bananen hast, was hast du dann? Einen Korb mit Äpfel? Nein, du hast dann einen Korb voller Obst. So ist es auch mit den drei Kategorien der Gaben, die im Neuen Testament aufgezählt sind. Alle drei Gruppen sind Gaben, aber wie die Früchte im Korb unterschiedlich sind, so unterscheiden sich auch die Gabenarten voneinander.

Eine der Gruppen dieser von Gott gegebenen Gaben gibt den Schlüssel zum Verständnis über dich selbst. Warum du auf deine eigene Art denkst und handelst. Wie du dich anderen gegenüber verhältst. Welche Reaktionen du unter bestimmten Umständen zeigst. Was dich zum wunderbaren Individuum macht.

Diese Gruppe von Gaben wird in diesem Buch behandelt. Wir empfinden, daß besonders im ersten Petrusbrief davon die Rede ist:

> Wie jeder eine Gnadengabe (eine besondere geistliche Begabung, eine gute göttliche Ausrüstung) empfangen hat, so dient damit einander [wie es sich gehört] als gute Verwalter der verschiedenartigen Gnade Gottes, treue Haushalter der außergewöhnlichen, verschiedenartigen [den Christen durch Kräfte und Gaben hinzugefügte] unverdienten Gunst.
>
> *1. Petr. 4:10, TAB*

Hier ist unmißverständlich ausgedrückt, daß jedem Gläubigen eine Gabe gegeben ist. Und ebenso wird hier der Befehl ausgedrückt, sie einzusetzen, um einander zu erbauen. Wir können sicher sein, daß Gott uns nicht befiehlt etwas zu gebrauchen, was wir gar nicht besitzen. Aber wie haben wir diese Gabe bekommen?

Das griechische Wort für „Gabe" lautet in diesem Vers *charisma*. In meinem Griechischlexikon wird es als „ein göttliches

Geschenk ... eine geistliche Ausstattung ... eine freie Gabe" definiert. Es ist also etwas, was wir nicht verdienen können. Tatsächlich lautet der Befehl nicht so, daß wir versuchen sollen, es zu bekommen, sondern es zu gebrauchen. Diese Art von Gabe ist ein Besitz, etwas, was uns bereits von Gott bei unserer Erschaffung gegeben wurde. Und wie ich bereits erwähnt habe, trifft das nur auf eine Gruppe von Gaben aus dem Neuen Testament zu. Laßt uns kurz auf die Gabenliste blicken, um zu sehen, welche speziellen Gaben es sind, die uns offenbaren, wie Gott uns gemacht hat.

DIE MANIFESTATIONSGABEN

Die erste Gabengruppe finden wir in 1. Korinther 12:

> Jedem aber wird die Manifestation des (Heiligen) Geistes – das ist der Beweis, die geistliche Erleuchtung des Geistes – für Gutes und zum Nutzen gegeben. Dem einen wird im und durch den (Heiligen) Geist gegeben [die Kraft zu sprechen] ein Wort der Weisheit, einem anderen (die Kraft auszudrücken) ein Wort der Erkenntnis (und Verständnis demselben Heilgen Geist entsprechend); einem anderen (wunderwirkender) Glaube durch denselben (Heiligen) Geist, einem anderen außergewöhnliche Kräfte der Heilung durch den einen Geist; einem anderen Wunderkräfte, einem anderen prophetische Einsichten – das ist die Gabe, den Willen und die Absicht Gottes auszulegen; einem anderen die Fähigkeit zu unterscheiden (die Äußerungen der Wahrheit) die Geister (auch die falschen), einem anderen verschiedene Arten von (unbekannten) Zungen, einem anderen die Fähigkeit (solche) Zungen auszulegen.
>
> *Verse 7-10, TAB*

Hier sind neun Gaben aufgelistet:

1. *Das Wort der Weisheit:* Eine Offenbarung der Weisheit, über die natürlich menschliche Weisheit hinaus, die eine Person befähigt zu wissen, was gesagt oder getan werden muß.

2. *Das Wort der Erkenntnis:* Die Offenbarung einer Information für eine Person, Gruppe oder Situation, die auf eine natürliche Weise so nicht bekannt werden konnte.

3. *Glaube*: Die Art von wunderwirkendem Glauben, der Berge versetzt und erwartungsvoll auf Ergebnisse wartet.

4. *Gaben der Heilungen.* Die vielfältige Art und unterschiedliche Weise, wie Gott Heilung sichtbar werden läßt.

5. *Wunderkräfte:* Die Demonstration der Kraft und Aktion Gottes, die über die Naturgesetze hinausgeht.

6. *Prophetie*: Ein gesalbtes Bekanntmachen Gottes durch ein Individuum, um zu ermahnen, ermutigen oder beizustehen.

7. *Unterscheidung der Geister*: Die Fähigkeit einer Person zu erkennen, welche Art von Geist in einer gegebenen Situation am Werk ist.

8. *Verschiedene Arten von Zungen:* Sie werden dem Gläubigen durch den Heiligen Geist gegeben. Er hat sie nicht gelernt und kann sie nicht verstehen.

9. *Auslegung der Zungen*: Die übernatürliche Fähigkeit, den Inhalt der gesprochenen Sprache verständlich auszudrücken.

Einige nennen diese die Manifestationsgaben (Offenbarungsgaben), weil Paulus das griechische Wort *phanerosis* benutzt, was soviel meint wie „Ausstellen, Ausdruck, Offenbaroder Sichtbarwerden." In anderen Worten: Paulus definiert diese als übernatürliche Manifestationen des Heiligen Geistes, die durch den Gläubigen wirken.

Diese lange Gabenliste ist nicht das Objekt unseres Studiums. Denn die Bibel zeigt uns, daß es hier jene Person ist, der gedient wird, die in Wirklichkeit die Gabe empfängt (sowie Jesus den Blinden oder den Lahmen heilt). Außerdem kann hier niemand bestimmen, wann die Gabe eingesetzt werden soll. Nur der Heilige Geist ist es, der dafür sorgt, daß die Gabe durch ein verfügbares und empfangendes Gefäß wirkt. Diese sind also nicht die ursprünglichen Besitztümer, von denen in 1. Petrus die Rede ist.

DIE DIENSTGABEN
Die zweite Gabenliste finden wir in Epheser 4. In diesem Beispiel steht das Wort für Gabe in Vers 8 – „... Er ist hinaufgestie-

gen in die Höhe ... und hat den Menschen Gaben (*doma*), (KJV)
– wörtlich 'ein Geschenk' gegeben." Wenn wir auf diese Verse
im Kontext achten, sehen wir, daß Jesus, nachdem er zum Vater
hinaufstieg, *Menschen* als Gaben überreichte, welche berufen
und begabt waren, den restlichen Leib Christi zu führen und zu
trainieren. Während viele Übersetzungen das Wort „Gabe" im
Vers 11 nicht wiederholen, tut es aber die Amplified Bible:

> Und Seine Gaben sind (vielfältig; Er selbst legte sich fest
> und gab uns Menschen,) einige als Apostel (besondere
> Botschafter), einige als Propheten (inspirierte Prediger
> und Deuter), einige als Evangelisten (Prediger des Evan-
> geliums, reisende Missionare), einige als Pastoren (Schä-
> fer Seiner Herde) und Lehrer.

Epheser 4.11

Es ist wichtig anzumerken, daß in diesen Versen die Worte
„Menschen" und „einige" benutzt werden im Sinne von
„Menschheit" – Mann und Frau. Deshalb können beide *domas*
sein, um dem Leib Jesu zu dienen.

In diesem Abschnitt sind fünf Dienstgaben aufgelistet:

1. Der *Apostel*: Jemand, der Gemeinden gründet und stärkt.
2. Der *Prophet*: Jemand, der die Botschaften Gottes aus-
spricht.
3. Der *Evangelist*: Jemand, der gerufen ist, das Evangelium
zu verkündigen.
4. Der *Pastor*: Jemand, der die Gläubigen füttert und ver-
sorgt.
5. Der *Lehrer*: Jemand, der die Gläubigen im Wort Gottes
unterweist.

Es ist zweckmäßig, diesen Gaben einen geringeren Platz
einzuräumen, um deutlich zu machen, daß es nicht um Titel
sondern um Funktionen geht. Eine Person wird nicht Prophet,
weil ihm der Titel verliehen wurde. Vielmehr wird er ein Prophet, wenn er seine von Gott gegebenen Fähigkeiten einsetzt,
um in prophetischer Weise zu funktionieren, indem er auf den
Ruf Gottes mit einem willigen Herzen reagiert.

Der Zweck dieser Dienstgaben ist deutlich. Die American
Standard Bible drückt es so aus:

Und er gab einige als Apostel, und einige als Propheten, und einige als Evangelisten, und einige als Pastoren und Lehrer, für die Zurüstung der Heiligen für das Werk des Dienstes, für die Auferbauung des Leibes Christi; bis wir alle hingelangen zur Einheit des Glaubens, und zur Erkenntnis des Sohnes Gottes ...

Epheser 4.11-13

Diese fünf Dienstgaben könnte man gut als „Zurüstungsgaben" bezeichnen. Sie sollen die Heiligen befähigen, das Werk des Dienstes zu tun, so daß der Leib Christi hier auf Erden (die Gemeinde) als Sein wahrer Repräsentant funktionieren kann. Deshalb sind diese Gaben niemals die Dinge, die uns als Besitz gehören, so wie es in 1. Petrus 4.10 heißt. Vielmehr sind es *Menschen*, die begabt sind, um Zurüster für den Rest des Leibes zu sein.

DIE MOTIVATIONSGABEN
Nun kommen wir zur dritten Liste der Gaben im Römerbrief des Neuen Testamentes.

Da wir Gaben haben (Fähigkeiten, Talente, Qualitäten) die unterschiedlich sind, gemäß der uns gegebenen Gnade, laßt sie uns gebrauchen: [Der, dessen Gabe] Prophetie [ist, laßt ihn prophezeien] nach dem Maß seines Glaubens; [der, dessen Gabe] praktischer Dienst [ist], laßt ihn sich selbst dem Dienen hingeben; derjenige, der lehrt, in seiner Lehre; (derjenige, der ermahnt, ermutigt), in seiner Ermahnung; derjenige, der mitteilt, in Einfalt und Freizügigkeit; derjenige, der Hilfe gibt und leitet, mit Fleiß und Einfachheit der Gesinnung; derjenige, der Barmherzigkeit übt, mit echter Heiterkeit und freudigem Eifer.

Römer 12.6-8

Charisma lautet hier das griechische Wort; es ist dasselbe, das in 1. Petrus 4.10 benutzt wird. Wir glauben, daß es diese Kategorie von Gaben ist, auf die sich Petrus bezog, als er sagte, wir sollen sie einsetzen, um einander zu erbauen. Es fällt auf, daß wir in diesem Abschnitt des Römerbriefes aufgefordert werden, die Gaben einzusetzen.

Dieser Vers ist wie eine Wiederholung, wie ein Echo auf die Aussage des Petrus. Das ist die Gabenliste, der das Hauptinteresse dieses Buches gilt.

Es sind die Gaben, die wir *besitzen*. Gott hat sie in uns eingebaut und sie zu einem Teil von uns gemacht, damit wir sie zum Nutzen für andere und zur Verherrlichung Gottes einsetzen. Wie auch die anderen Gaben, sind es Gnadengaben, wir können sie nicht verdienen. Aber weil Gott uns liebt, hat er sie uns gegeben.

Da sie in uns die motivierenden Kräfte des Lebens sichern, nennt man sie Motivationsgaben. Es sind die Gaben, die *unsere Persönlichkeit formen*.

Weil uns Gott mit einem freien Willen geschaffen hat, können wir selbst entscheiden, ob wir diese Motivationsgaben angemessen einsetzen wollen, oder ob wir sie ablehnen, ja sogar mißbrauchen wollen. Um in der Lage zu sein, diese Gaben dem Willen Gottes entsprechend einzusetzen, muß man wissen, was sie sind und wie sie funktionieren. Das wird unser Ziel auf den folgenden Seiten sein.

Jetzt werden wir uns kurz auf die sieben Gaben konzentrieren, indem wir sieben Schlüsselworte präsentieren, die wir gewählt haben, um die unterschiedlichen Empfänger zu kennzeichnen.

1. *Erkenner*: Jemand, der den Willen Gottes klar erkennt. Weil es zweckmäßig ist, haben wir lieber dieses Wort gewählt, als das Wort „Prophet". Das soll eine Verwirrung verhindern, denn dieselbe Wortwurzel wird ebenso bei den anderen zwei Gabenkategorien benutzt.

2. *Diener*: Jemand, der es liebt anderen zu dienen. Ein anderes passendes Wort ist „Tuer."

3. *Lehrer*: Jemand, der es liebt, nach Wahrheit zu forschen und sie mitzuteilen. Fast hätten wir das Wort Forscher ausgewählt, da diese Eigenart sehr stark ist.

4. *Ermutiger*: Jemand, der es liebt andere zu ermutigen, ein siegreiches Leben zu führen. Eine extrem positive Person, die gleichfalls Ermahner genannt werden könnte.

5. *Geber*: Jemand, der es liebt, Zeit, Talent und Energie zu geben, um damit andere zu unterstützen und das Evangelium zu verbreiten. Ein anderes Wort könnte „der Mitteiler" sein.

6. *Administrator*: Jemand, der es liebt zu organisieren, zu leiten oder den Weg zu zeigen. Andere Worte könnten der „Helfer" und der „Leiter" sein.

7. *Barmherzige Person*: Jemand, der Barmherzigkeit, Liebe und Fürsorge für Menschen in Not zeigt. Wir sagen Barmherzigkeit anstelle von Gnade, da dieses Wort in der Umgangssprache gebräuchlicher ist.

DIE GABEN IM ZUSAMMENHANG

Es ist immer wichtig, die Bibelverse, die man studieren möchte, im Zusammenhang des jeweiligen Abschnitts in der Bibel zu sehen. In unserem Fall ist es gut, kurz auf die ersten fünf Verse des zwölften Kapitels im Römerbrief zu sehen, die der Liste mit den Motivationsgaben vorausgehen.

Ich ermahne euch nun, Brüder, und bitte euch, anbetracht (all) der Gnade Gottes, eine entschiedene Hingabe eurer Leiber zu vollziehen – darzustellen all eure Glieder und Fähigkeiten – als ein lebendiges Opfer, heilig (ergeben, geweiht) und wohlgefällig für Gott, welches euer vernünftiger (rationaler, kluger) Dienst und geistlicher Lobpreis sei.

Seid nicht gleichförmig dieser Welt – diesem Zeitalter angeglichen und angepaßt den äußerlichen und oberflächlichen Gewohnheiten. Sondern laßt euch umgestalten (verändern) durch die (innere) Erneuerung eures Sinnes – durch seine neuen Ideale und Haltungen – so daß ihr prüfen könnt (für euch selbst), was der gute annehmbare und perfekte Wille Gottes ist, nämlich die Dinge, welche gut, annehmbar und perfekt sind (in Seiner Sicht für dich).

Denn durch die Gnade (unverdiente Gunst Gottes), die mir gegeben ist, warne ich jeden unter euch, sich nicht höher einzuschätzen und höher von sich zu denken, als es sein sollte – nicht eine übertriebene Meinung über seine eigene Wichtigkeit zu haben; sondern seine Fähigkeiten mit nüchternem Urteil einzuschätzen, jeder entsprechend dem Maß seines Glaubens, das Gott ihm zugeteilt hat.

So wie wir in einem Leib viele Teile (Organe, Glieder) haben, aber die Teile nicht alle dieselbe Funktion oder Tätigkeit haben, so sind wir, zahlreich wie wir sind, ein Leib in Christus, dem Messias; einzeln aber Glieder voneinander – gegenseitig abhängig voneineinander.

Römer 12,1-5, TAB

Im ersten Vers wendet sich Paulus an die Christen in Rom, indem er verdeutlicht, daß alle Gläubige sich selbst als ein lebendiges Opfer geben sollen. Es ist nur durch eine Hingabe von ganzem Herzen möglich, daß unsere Motivationsgaben so gebraucht werden können, wie Gott es beabsichtigt.

Im zweiten Vers lernen wir, daß wir unseren Sinn erneuern lassen müssen. Wie können wir das erreichen? Durch das Wort Gottes! Wenn wir die Bibel in einer Gebetshaltung lesen und studieren, wird sie eine lebendige, personifizierte Offenbarung Gottes für uns und unser Sinn wird gereinigt und erneuert.

Im dritten Vers lernen wir zuerst, daß wir die richtige Haltung einnehmen müssen. Mehr Dankbarkeit und Demut, anstatt Einbildung, und mehr objektives Gespür für die richtigen Werte, anstatt Selbsterniedrigung. Zweitens lernen wir, daß jedem von uns ein bestimmtes Maß an Glauben gegeben wurde, damit wir effektiv in unseren Motivationsgaben funktionieren können:

Der *Erkenner* hat Glauben, daß Gott Bitten erhört; der *Diener* hat Glauben, der ihn fähig macht, die angefangenen Aufgaben zu Ende zu führen; der *Lehrer* hat Glauben, daß er die Fakten in jeder Sache herausfinden kann; der *Ermutiger* hat Glauben, daß es für jedes Problem eine Lösung gibt; der *Geber* hat Glauben, daß Gott für alle Nöte Vorsorge trifft; der *Administrator* hat Glauben, daß jedes Projekt ausgeführt werden kann, wenn die richtigen Leute dafür zusammengebracht werden; und die *barmherzige Person* hat Glauben, daß sie den Menschen helfen kann, in Liebe zusammenzuarbeiten.

Im vierten und fünften Vers lernen wir, daß wir die Gaben im Leib Christi unterscheiden müssen und in gegenseitiger Abhängigkeit zusammenarbeiten sollen.

In diesem Textzusammenhang sehen wir auch, wie bedeutend es ist, unsere Motivationsgaben für die Verherrlichung Gottes einzusetzen. Das ist der einzige Weg, wie wir Erfüllung finden werden. Diese Gaben – die uns meist nicht bewußt waren – sind die motivierenden Kräfte unseres Lebens und solange sie nicht richtig fließen, können wir nicht darin wirken und sind frustriert. Aber wenn wir sie erst einmal entdeckt haben, finden wir auch eine Quelle für Freude.

Dieses Buch wird dir nicht nur zeigen, wie du deine Gaben entdecken kannst, sondern auch, wie du diese Gaben effektiv freisetzen kannst. Du wirst sehen, wie deine besonderen Gaben schon in deiner Kindheit für dein Handeln von Bedeutung waren. Du wirst verstehen, daß die Gaben dir deine Grundmotivation geben. Sie beeinflussen, was du tust und wie du es tust. Du wirst auch herausfinden, daß deine Gaben verschmutzt werden, wenn du sie nur für deine eigenen selbstsüchtigen Interessen einsetzt. Aber wenn du die Gaben zur Erbauung anderer benutzt und den Plan Gottes für dein Leben anerkennst, wirst du erleben, daß sie für dich zur Quelle großer Freude werden.

Es gibt in der Bibel noch eine Gabenliste. Es ist keine neue, sondern mehr eine Komposition der drei Listen, die wir bereits erwähnt haben. Wir finden sie in 1. Korinther 12:28-30, (NAS):

Und Gott hat in der Gemeinde gesetzt, erstens Apostel, zweitens Propheten, drittens Lehrer, dann Wunderkräfte, dann Gaben der Heilungen, Hilfeleistungen, Leitungen, verschiedene Arten von Zungen. Sind etwa alle Apostel? Sind etwa alle Propheten? Sind etwa alle Lehrer? Sind etwa alle Wundertäter? Haben etwa alle Gaben der Heilungen? Sprechen etwa alle in Zungen? Legen etwa alle aus?

Hier benutzt Paulus als Beispiel Gaben aus jeder der drei Kategorien:

MOTIVATIONS-GABEN	DIENST-GABEN	MANIFESTATIONS-GABEN
Hilfeleistungen	Apostel	Wunderwirkungen
(Dienen)	Propheten	Heilungen
Administrieren	Lehrer	Zungen
		Auslegung

Dieser Passage folgt unmittelbar danach das bekannte „Liebeskapitel", 1. Korinther 13. Paulus kommt hier an einen sehr interessanten Punkt: Es ist egal, ob du in den Motivationsgaben, Dienstgaben oder in den Manifestationsgaben arbeitest, wenn es nicht in *Liebe* geschieht – in der Agape Liebe Gottes – ist es *nichts*! Eine passende Ermahnung, an die wir alle Zeit denken sollen.

JEDER HAT EINE GABE

Gute Nachricht: *Jeder hat eine Motivationsgabe*! Niemand wurde ausgelassen. Wir haben Zehntausende von Leuten getestet und jeder entdeckte seine spezifische Begabung, die unter eine der sieben Kategorien fällt; manchmal unter mehr als eine. Wir haben noch nie jemand gefunden, der unter eine achte Kategorie gehört. (In Wirklichkeit gibt es auch keine achte Kategorie.) Aber nehmt nicht unsere Worte. Schaut auf Gottes Wort:

> Wie *Jeder* eine bestimmte Gabe empfangen hat, so dient damit einander als Gottes Haushalter der mannigfaltigen Gnade Gottes.
>
> *1. Petr. 4:10, NAS.*

> Da wir Gaben haben, die unterschiedlich sind, entsprechend der Gnade, die uns gegeben ist, laßt *jeden* sie entsprechend gebrauchen: sei es Prophetie, entsprechend seines Glaubens; sei es Dienen, in seinem Dienst; oder wer lehrt, in seiner Lehre; oder wer ermutigt, in seiner Ermutigung; wer gibt, der tue es mit Freizügigkeit; wer leitet, der tue es mit Fleiß; derjenige, der Barmherzigkeit zeigt, tue es mit Heiterkeit.
>
> *Römer 12:6-8, NAS*

Siehst du, sieben Motivationsgaben. Und *jeder Einzelne von uns* erhält eine (oder mehr). Was machen wir nun mit ihnen?

ES IST UNS BEFOHLEN, SIE ZUR UNTERSTÜTZUNG ANDERER ZU BENUTZEN.

Die Schrift unterstreicht ausdrücklich, daß uns die Motivationsgaben gegeben sind, um *einander zu unterstützen*. Sie sind nicht für selbstsüchtige Zwecke gedacht. Nur durch die Gnade Gottes sind wir so erstklassig begabt; deshalb sollen wir unsere Begabung einsetzen, um anderen zu helfen und sie zu segnen.

Es gibt in Israel zwei unterschiedliche Seen, an denen dies deutlich wird. In den See Genezareth fließt nicht nur Wasser hinein, sondern auch hinaus. Deswegen ist der See frisch und nützlich; er unterstützt das Leben. Aber das Tote Meer hat keinen Abfluß. Es hält all das Wasser, das es bekommt, zurück. Durch die Verdunstung wurde dieser See zu dem salzigsten in der ganzen Welt: es gibt überhaupt kein Leben in ihm. Genauso ist es auch mit den Motivationsgaben. Sie wurden uns von unserem Schöpfer zum Überfließen für andere gegeben.

UNSERE GABE WURDE IN UNS GESCHAFFEN, WÄHREND GOTT UNS FORMTE.

Unsere Begabung war kein Nachtrag. Sie war ein Teil von Gottes Plan, uns für die Aufgabe in seinem Königreich zu befähigen. Eine der schönsten Schöpfungspassagen im Alten Testament finden wir in Psalm 139.13-16:

> Denn du formtest meine inneren Teile, in meiner Mutter Leib hast du mich zusammengefügt. Ich will es bekennen und preise dich, weil du ehrfurchtgebietend und wundervoll bist, und für das kolossale Wunder meiner Geburt! Wunderbar sind deine Werke, und meine Seele erkennt es wohl.
>
> Meine Gebeine waren nicht verborgen vor dir, als ich gemacht wurde im Geheimen und kompliziert und merkwürdig herausgearbeitet (so wie geschmückt mit verschiedenen Farben), in den Tiefen der Erde (ein Bereich der Dunkelheit und des Mysteriums).
>
> deine Augen sahen mich als ungeformte Substanz, und in deinem Buch waren alle Tage meines Lebens eingeschrieben, noch bevor sie Gestalt annahmen, als noch keiner von ihnen da war.
>
> *TAB*

Welch ein herrlicher Ausdruck der Gestaltung und Entwicklung des Kindes im Mutterleib! Gott benutzt in diesem Prozeß das, was die Wissenschaftler DNA nennen. Wenn ein Kind empfangen wird, kommt die Hälfte des DNA-Erbes vom Vater und die Hälfte von der Mutter zusammen. Und in diesem mikroskopisch kleinem, befruchtetem Ei entsteht die DNA und bildet eine helixförmige Leiter, die tatsächlich etwa 4,8 Meter lang ist. Und trotzdem ist sie fabelhaft eingepackt in diesem winzigen Ei. Wie erstaunlich!

Jedes Detail unseres körperlichen Seins ist in der DNA vorprogrammiert. Es ist um ein Vielfaches komplizierter und anspruchsvoller als unsere heutigen Computersysteme. Die Farbe deines Haares ist in der DNA vorprogrammiert. Die Form deiner Nase, deine Größe, deine Körpergestalt, all deine körperlichen Merkmale wurden in diesem Moment der Zusammenstellung vorherbestimmt.

Wenn Gott so genau die Entwicklung unseres physischen Leibes geplant hat – der schließlich doch degeneriert und stirbt – wieviel mehr muß er unsere Begabung geplant haben. Wir glauben, daß die Motivationsgaben uns als eine Grundkonzeption gegeben wurden. Und so wie die DNA schließlich körperliche Eigenschaften hervorbringt, so bringen unsere Motivationsgaben die Interessen, Fähigkeiten, Begeisterung und Handlungen hervor, die uns zu wirkungsvollen Gliedern des Leibes Christi machen.

Eine der Sachen, die uns davon überzeugte, daß die Motivationsgaben Teile unserer inneren Schöpfung darstellen, ist unsere Zwillingsforschung.

Das erste Mal testete ich einen Zwilling vor neun Jahren in Montana. Judy, eine junge Mutter in ihren dreißiger Jahren, berichtete mir, daß sie traurig darüber sei, daß ihre Zwillingsschwester Jane zu weit entfernt wohnt, um an dem Seminar teilzunehmen. Judys stärkste Gabe war „Ermutiger." Andere Frauen, die die beiden Zwillingsschwestern kannten, stellten sich mir vor und behaupteten, daß Jane wahrscheinlich das gleiche Ergebnis erzielen würde.

Ein Jahr später wurde ich eingeladen, das Motivationsgabenseminar in einer Stadt in Montana durchzuführen. Es war genau die Stadt, in der Jane lebte. Weil sie von Judy nur über das Seminare hörte, hatte sie ihr Ergebnis nicht gesehen. „Ich dachte, es sei am besten, wenn ich Judys Ergebnisse erst dann sehe, wenn ich die Gelegenheit hatte, den Test selbst zu machen," erklärte Jane.

Nach dem Seminar brachte mir Jane ihre Auswertung. Ihre stärkste Gabe war Ermutiger! Was mich aber am meisten überraschte, ihre zweite und dritte Gabe stimmte auch mit Judys überein. Seit damals erlebe ich jedesmal, wenn Zwillinge den Test gemacht haben, daß ihre Gaben identisch sind. Zum Beispiel hatte die Frau eines Pastors als stärkstes die Gabe Dienen. Der bevorzugte Teil ihres Dienstes war Gastfreundschaft. Sie liebte es, Leute in ihrem Haus zu bedienen und Gäste zu haben.

Ihre Zwillingsschwester heiratete einen wohlhabenden Geschäftsmann. Sie hätte sich eine Haushaltshilfe leisten können, aber bevorzugte es, allein auf ihren Haushalt zu achten. Sie liebte es, die Geschäftspartner ihres Ehemannes zu bewirten. Sie war auch eine Dienerin.

In einem anderen Beispiel war es so, daß Deanne in Washington getestet wurde und ihre Zwillingsschwester Dianne per Post an der Ostküste. Beide, so stellte sich heraus, hatten die Gabe Erkennen.

The Reader's Digest veröffentlichte einen Artikel über Zwillinge, der noch stärkeres Beweismaterial bringt, daß es Motivationsgaben gibt, die angeboren sind und nicht später hinzugefügt wurden. Hier ein Artikel, der das verdeutlicht:

> Eineiige Zwillinge, die vor 40 Jahren in Ohio zur Welt kamen, wurden kurz nach der Geburt von zwei verschiedenen Familien adoptiert. Vor einem Jahr, nach 39-jähriger Trennung, wurden sie wieder zusammengeführt. Man stellte fest, daß beide den Namen James hatten; daß beide eine Ausbildung in Rechtswesen hatten; daß beide Technisches Zeichnen und Schreinerarbeiten liebten. Beide heirateten jeweils eine Frau namens Linda, hatten einen Sohn – der eine hieß James Alan und der andere James Allan – wurden geschieden und heirateten eine zweite Frau namens Betty. Beide hatten einen Hund mit Namen Toy. Auch verbrachten beide den Urlaub am liebsten an der Küste in St. Petersburg in Florida. (1)

Es ist interssant, daß diese Zwillinge in verschiedenen Elternhäusern aufwuchsen und weder die Familie, noch die Schule eine Gelegenheit hatte, die persönliche Wahl des Berufes, der

Hobbies oder der Freizeit zu beeinflussen. Es ist deutlich zu erkennen, daß etwas viel Grundlegenderes als nur äußere Einflüsse im Spiel waren – etwas, so glauben wir, das in den Menschen als eine Grundkonzeption hineingelgt wurde.

UNSERE GABE KANN SCHON IN DER KINDHEIT BEOBACHTET WERDEN.

> Erziehe ein Kind in dem Weg, den es gehen soll und wenn es alt ist, wird es nicht davon weichen.
>
> *Sprüche 22:6, KJV*

Als wir mit Kindererziehung anfingen, nahmen wir diesen Text sehr ernst und versuchten unsere Jüngsten moralisch gut und schriftgemäß zu erziehen.

Als die Jungs acht und zehn Jahre alt waren, entdeckten wir die Motivationsgaben und erkannten, daß hinter diesem Bibelvers mehr als nur eine Lehre über Disziplin und Training steckte. Die Übersetzung der Amplified Bible gab uns einen neuen Einblick:

„Erziehe ein Kind in dem Weg, den es gehen soll (indem du auf seine individuelle Gabe oder Neigung achtest) und wenn es alt ist, wird es nicht davon weichen."

Das Original-Hebräische beinhaltet, daß jedes Kind eine *Gabe* (Motivationsgabe) und eine *Neigung* (Richtung) hat, die genutzt werden soll. Wir als Eltern haben deshalb eine Verantwortung, die Begabung unserer Kinder zu entdecken und sie darin zu „trainieren". Die Kinder müssen ermutigt werden, ihre Begabung zu entwickeln, damit sie zur Verherrlichung Gottes eingesetzt werden kann und sie selbst Erfüllung dabei erleben.

Wir sind dankbar, daß wir das herausgefunden haben, noch bevor unsere Jungs ausgewachsen waren. Wir konnten leicht erkennen, daß Dave ein Administrator mit der zweiten Gabe der Ermutigung ist. Deshalb konnten wir ihn bei seinen Leitungsaufgaben in der Schule ermutigen. Dan war ganz anders als sein älterer Bruder; ein Erkenner, mit einer gemäßigt starken Gabe der Barmherzigkeit. Wir konnten ihn ermutigen, seine Haltungen und Ideale festzuhalten.

Nicht immer haben sie Dankbarkeit ausgedrückt, wenn wir sie in ihrer Begabung ermutigten. Doch im Laufe der Jahre brachten sie Freunde und Klassenkameraden mit nach Hause, um auch mit ihnen den Motivationsgabentest zu machen.

Linda war schon erwachsen und verheiratet, als wir die Motivationsgaben kennenlernten. Aber rückblickend konnten wir sehen, daß sie eine starke Gabe der Barmherzigkeit hat. Als Kind fühlte sie sich immer zu den Verletzten und Einsamen hingezogen. Und ihre Liebe zu Tieren war außergewöhnlich. Sie wollte Tierarzt werden, um mit Tieren zu arbeiten, aber als sie mit dem Studium begann, lernte sie auch Chirurgie und sie konnte die Gedanken nicht ertragen, Operationen ausführen zu müssen.

WIR DÜRFEN UNSERE GABE NICHT VERNACHLÄSSIGEN.

> Vernachlässige nicht die Gabe (*charisma*) die in dir ist, welche dir gegeben wurde durch Prophetie mit Handauflegung der Ältesten.
>
> *1. Timotheus 4.14, KJV*

Fünfzehnmal wird das Wort *charisma* im Neuen Testament benutzt. Es taucht in mehreren Gabenkategorien auf. Die Bedeutung des Wortes muß, wie bei jedem anderen Wort auch, aus dem Kontext heraus verstanden werden. In diesem Wortzusammenhang sehen wir zum Beispiel alle drei Gabenkategorien ausgedrückt:

Die übernatürlichen Gaben waren wahrscheinlich durch die Handauflegung der Ältesten noch stärker freigesetzt und bestätigt worden. Die Manifestationsgabe der Prophetie floß durch einen Ältesten, der die Dienstgabe des Propheten hatte; und die Motivationsgabe, mit der Timotheus begabt war, wurde erkannt und in dieser besonderen Zeit der Ordination in einem größeren Maße freigesetzt.

Eine vorsichtige Ausarbeitung dieses Verses, wie sie im *Interlinearen Neuen Testament* (2) gegeben wird, bringt eine interessante Wiedergabe: „Sei nicht ablehnend gegenüber der

Gabe in dir, welche dir gegeben wurde durch Prophetie mit der Handauflegung der Ältestenschaft."

Zuerst fällt auf, daß der original griechische Text hier von der „In-dir-Gabe" spricht. Das bedeutet, daß die Gabe schon „in" Timotheus war, als die Ältesten für ihn beteten. Das Wort „gegeben" heißt im Griechischen *didomi*, welches laut der *Strong's Exhausive Concordance of the Bible* (3) eine vielfältige Bedeutung haben kann. Es kann auch „hervorgebracht, gezeigt oder geäußert" bedeuten. Es ist so, als ob Timotheus als junger Mann seine Motivationsgaben noch nicht entdeckt hätte. Und als die Ältesten ihn ordinierten (indem sie die verschiedenen Manifestationsgaben der Prophetie und des Wortes der Erkenntnis benutzten), wurde die Gabe, die bereits „in ihm" war, mündlich identifiziert. Es sieht so aus, daß seine erste Motivationsgabe die des Lehrens war, denn viele Briefe nehmen Bezug auf den Lehrdienst des Timotheus. (Zum Beispiel 1. Tim. 4:6,11,13-16; 2. Tim. 2:2,15; 4:2.) Daß Paulus wahrscheinlich einer von denen war, die über Timotheus prophezeiten, wird in der Stellungnahme in 1. Tim. 1:18 deutlich: „... nach den vorangegangenen prophetischen Hinweisen über dich, damit du inspiriert und unterstützt durch sie, den guten Kampf führen kannst" (TAB).

Aber viel wichtiger als der Zeitpunkt der Begabung ist die Tatsache, daß wir Gottes Ziel und Plan für unser Leben verfehlen, wenn wir unsere Gabe vernachlässigen.

Jeder von uns hat eine „In-dir-Gabe", und so wie Timotheus, sollen wir sie zur Verherrlichung Gottes und zur Unterstützung anderer einsetzen.

UNSERE GABEN FÄRBEN ALLES, WAS WIR SEHEN.
Wenn du eine Sonnenbrille aufsetzt, siehst du alles dementsprechend gefärbt. Genauso ist es mit den Motivationsgaben einer Person. Ein Erkenner blickt durch die Augen eines Erkenners. Alles sieht entweder gut oder schlecht, richtig oder falsch aus. Entweder ist es im Willen Gottes oder nicht. Es ist für den Erkenner unmöglich, das Leben auf eine andere Art zu sehen.

Ein Diener wird sich der Realität mit der Frage nähern: „Was kann ich tun, um in dieser Situation zu helfen?" Andauernd erkennt er Gelegenheiten, Dinge zu tun.

34

Ein Lehrer wird in allem, womit er beschäftigt ist, nach Wahrheit suchen. Wie der hartnäckige Diogenes aus der griechischen Literatur mit einer Laterne nach dem ehrlichen Mann sucht, so wird der Lehrer untersuchen und forschen.

Ein Ermutiger wird viele Gelgegenheiten sehen, um Menschen zu ermutigen und zu ermahnen.

Der Geber wird nach Wegen suchen, wie er am besten seine Zeit, seine Talente, sein Geld investieren kann, um für die Nöte anderer Vorsorge zu treffen.

Der Administrator mit seiner breiten Sicht wird die umfassenden Dimensionen einer Situation erfassen.

Die barmherzige Person wird Verletzungen und Wunden erkennen, die der Heilung bedürfen und endlose Möglichkeiten sehen, Liebe auszudrücken.

Und jeder von ihnen wird denken: „Warum sehen die anderen die Dinge nicht wie ich sie sehe? Es ist für mich so klar!"

UNSERE GABE ZEIGT NUR EINEN TEILAUSSCHNITT DES GANZEN.

Aus Zweckmäßigkeit hat Gott uns eingeschränkt und unsere Begabung begrenzt; denn dadurch müssen wir zusammenarbeiten und voneinander abhängig bleiben, um die ganze Wahrheit zu erfassen.

Denke an die sechs blinden Männer, die einen Elefanten „sehen" wollen. Einer fühlte die Breitseite und sagte, ein Elefant sei wie eine Wand. Der Nächste fühlte den Stoßzahn und behauptete, er sei wie ein Speer. Der Dritte ergriff den Rüssel und meinte, er wäre wie eine Schlange. Der Vierte fühlte den Fuß und sagte, daß der Elefant wie ein Baum sei. Der Fünfte erklärte, während er das Ohr berührte, daß ein Elefant wie ein Flügel sei. Der Fünfte fühlte den Schwanz und meinte, ein Elefant sei wie ein Seil. Niemand hatte die ganze Antwort, und niemand hatte unrecht. Es gelang ihnen erst dann, den ganzen Elefanten zu „sehen", als sie all ihre Erfahrungen zusammentrugen.

So ist es auch mit unseren Motivationsgaben. Jeder von uns ist in gewisser Weise blind für die Sicht des anderen. Wir irren, wenn wir sagen, unsere Art des Sehens sei die einzig wahre. Wir haben alle nur teilweise recht. Aber für uns alleine haben wir nicht in allem recht. Wir brauchen die Sichtweise des anderen, um das komplette Bild zu sehen.

In unseren Ausführungen über die Motivationsgaben wollen wir dir nicht nur helfen, *deine* Gaben zu entdecken, sondern wir wollen dir auch helfen, mit den *anderen* Gaben vertraut zu werden. Du sollst sehen, wie Personen mit anderen Gaben denken, wie sie handeln, und wie sie den ganzen Leib Christi unterstützen. Wir glauben, daß du beim Erlangen dieser Einsichten bereichert wirst, sowohl persönlich, als auch in deinen Beziehungen.

JEDE GABE HAT DEN GLEICHEN WERT.

Nimm einen Zirkel und ziehe einen Kreis. Dann versuche diesen Kreis in sieben gleiche Teile einzuteilen, du wirst merken, wie schwer das ist. Stell dir vor, der Kreis wäre ein Kuchen. Offensichtlich ist es einfacher einen Kuchen in sechs oder acht Segmente aufzuteilen; wir möchten, daß du den Kuchen in sieben *gleiche* Stückchen schneidest. Eine Herausforderung? Versuche, wie gut du es machen kannst.

In diesem Fall wirst du es nicht schaffen, die Stücke genau symetrisch zu teilen. Schreibe trotzdem neben den Kuchen: „Dies sind gleiche Stücke". Dann benenne jedes Stück mit dem Namen einer Motivationsgabe: Erkenner, Diener, Lehrer, Ermutiger, Geber, Administrator oder barmherzige Person.

Wir wollen, daß du das Konzept dieses Diagrammes begreifst: Alle Gaben sind gleich. Aus der Sicht Gottes sind sie vollkommen gleichwertig. Keine Gabe ist höher oder besser als die andere Gabe. Jede einzelne ist ein wertvoller Beitrag für das gemeinsame Funktionieren des Leibes Christi. Wenn irgend eine Gabe nicht arbeiten kann, besteht ein Mangel, eine Lücke.

Egal, welche Gabe dir Gott gegeben hat, es ist die Beste, die er dir hat geben können. Nur durch sie kannst du am besten zur Entfaltung deiner Lebensbestimmung kommen und andere Menschen, die in deiner Nähe sind, auferbauen. Freue dich über deine Begabung! Setze deine Begabung ein! Entwickle deine Begabung! Wir lieben diesen oft benutzten Slogan:

Was wir sind, ist Gottes Gabe an uns;
Was wir aus unserem Leben machen, ist unsere Gabe an Gott.

Es stimmt, daß Gott manche der Gaben häufiger gibt als andere. Das kommt daher, weil in manchen Bereichen einfach mehr Menschen gebraucht werden. Es muß zum Beispiel mehr Leute geben, die mitgehen, als solche, die leiten. Aus unseren Statistiken haben wir folgende Häufigkeit der einzelnen Gaben nach Prozenten feststellen können:

Erkenner	**12%**
Diener	**17%**
Lehrer	**6%**
Ermutiger	**16%**
Geber	**6%**
Administrator	**13%**
Barmherzige Person	**30%**

(Diese Tabelle entstand aus detaillierten Fragebögen von 1000 Personen innerhalb von 10 Jahren. Sie repräsentiert mehr als 100 Gruppen in vielen Staaten, Gebieten und Ländern).

Die am meisten vorkommende Gabe ist die des Erbarmens – vielleicht deshalb, weil es einen großen Bedarf an Liebe und Barmherzigkeit in dieser Welt gibt. Die Gaben des Dienens und Ermutigens sind fast gleich, auf Platz Zwei. Viele Diener sind notwendig, damit Gottes Arbeit getan werden kann, und wir brauchen alle Ermutigung und das jeden Tag.

Daß bestimmte Gaben häufiger vorkommen bedeutet nicht, daß sie wichtiger sind. Ebenso bedeutet eine niedrigere Prozentzahl nicht, daß diese Gabe etwas Besonderes sei. Alle Gaben sind notwendig. Und alle Gaben sind, wenn sie richtig eingesetzt werden, ein Segen. Hier ist ein kurzer Überblick über die Motivationsgaben und die Nöte, denen sie begegnen:

GABE	DEFINITION	NÖTE	AUFGABE
ERKENNER	Erklärt den Willen Gottes	Geistlich	Konzentriert uns auf Geistliches
DIENER	Leistet praktische Dienste	Praktisch	Hält die Arbeit am Laufen
LEHRER	Forscht und lehrt die Bibel	Geistig	Spornt an zum Studieren und Lernen
ERMUTIGER	Ermutigt zur persönlichen Entwicklung	Psychologisch	Hilft geistliche Prinzipien anzuwenden
GEBER	Gibt materielle Hilfe	Materiell	Hilft in speziellen Nöten
ADMINISTRATOR	Gibt Leiterschaft und Richtung	Funktionell	Hält uns organisiert und erweitert die Vision
BARMHERZIGE PERSON	Bringt persönliche und emotionale Unterstützung	Emotional	Sorgt um rechte Haltung und Beziehung

Die oben abgebildete Übersicht zeigt uns aus der Vogelperspektive, wie die Motivationsgaben funktionieren; natürlich gibt es die Möglichkeit der Überlappung und gegenseitigen Beeinflussung, ebenso werden auch die sekundären Gaben den Ausdruck der Primärgaben färben und ändern.

Bei dieser Sache werden wir im Teil II ins Detail gehen; aber jetzt laßt uns ein zusätzliches Fundament legen, indem wir einen Blick darauf werfen, wie jede Gabe ihren Platz im Leib Christi einnimmt.

DER PLATZ IM LEIB JESU

Durch die zwei Schriftstellen, die uns in die Beschreibung der Motivationsgaben führen, gibt uns Paulus ein bildliches Beispiel des menschlichen Körpers:

> Denn wie wir in einem Leib viele Teile (Organe, Glieder) haben, und alle Teile nicht die gleiche Funktion oder Aufgabe haben, so sind wir, die vielen, ein Leib in Christus, dem Messias, und einzeln Teile, voneinander gegenseitig abhängig.
>
> *Römer 12:4-5, TAB*

In dieser Erläuterung gibt es drei Punkte, die für unser Studium über die Motivationsgaben besonders wichtig sind.

Erstens, verdeutlicht der Leib eine Gesamtheit, ein Ganzes. Eine solche Gesamtheit besteht aus unterschiedlichen Teilen. Ähnlich setzen wir uns als Leib Christi aus verschiedenen Funktionen zusammen. Wir sind nicht alle gleich. Wir sind unterschiedlich begabt. So wie der physische Körper Hände, Füße, Augen und Ohren braucht, um gut zu funktionieren, so braucht der Leib Christi Personen mit unterschiedlichen Motivationsgaben, um richtig zu funktionieren. Wir haben die Einheit in der Verschiedenheit. Es ist gut zu wissen, daß wir uns nicht alle gleich benehmen müssen. Es ist in Ordnung, daß wir verschieden sind.

Zweitens sehen wir an diesem Beispiel, daß wir nicht „für uns alleine wirken müssen." Wir tun unser Teil dazu, die anderen tun ihr Teil dazu. *Zusammen* können wir die Aufgabe ausführen. *Zusammen* tun wir das Werk des Herrn.

Ich erinnere mich, wie ich als Teenager jede Woche eine andere neue Botschaft hörte und mich bemühte das zu tun, was der Prediger sagte. An einem Sonntag predigte er über die Wichtigkeit des Gebets, so versuchte ich während der ganzen Woche sehr angestrengt zu beten. Am nächsten Sonntag predigte er darüber, daß wir das Herz eines Dieners haben sollten, also nahm ich mir vor, jederzeit und jedem zu dienen. Das nächste Mal war der Zehnte dran, und ich nahm mir vor, mehr zu geben. Oder es war ein Gottesdienst über Liebe, so zog ich meine Augenbrauen nach oben, atmete vor Erschöpfung tief durch, ging zur Gemeindetür hinaus mit dem Vorsatz, jeden zu lieben, auch wenn es mich umbrächte. Fast war es so. Ich hatte mich so sehr bemüht, all diese Dinge zu tun, daß ich nahezu ausbrannte. Ich versuchte eine Art „Super-Christ" zu sein, ein Ideal, das unmöglich zu erreichen war. Ich dachte wirklich, ich müsste außergewöhnlich in all diesen Bereichen sein, um Gott zu gefallen. Und wenn ich Fehler machte, kam ein Gefühl von Schuld und Selbstverdammnis über mich.

Ich war so befreit davon, als ich zum erstenmal die Motivationsgaben entdeckte und herausfand, daß ich gar nicht in allem gut sein mußte, sondern daß ich mich auf die Bereiche konzentrieren durfte, in denen Gott mich begabt hatte. Das setzte mich frei, die unterschiedliche Begabung in anderen zu schätzen.

Und drittens erwähnt Paulus unsere gegenseitige Abhängigkeit im Leib Christ. Wir brauchen uns gegenseitig. Kein Glied des Leibes Jesu kann auf eine Wüsteninsel gehen und für sich selbst ein siegreicher Christ sein. Gott hat uns so gemacht, daß wir ohne die Handlungen und Dienste unserer Geschwister unvollkommen sind. David DuPlessis, der als „Mr. Pentecost" international dafür bekannt war, daß er jahrelang weltweit Brücken des Verstehens unter den Denominationen baute, benutzte eine wundervolle Redewendung: „Immer wenn ich jemanden treffe, egal wen, dann frage ich mich selbst, was ich dazu beitragen kann, um diese Person zu erbauen und was die Person selbst tun könnte, um mich zu erbauen?"

DIE GABEN IM LEIB

Eines Tages sagte ich zum Herrn: „Vielleicht hat Paulus das Beispiel des Leibes vor die Liste der Motivationsgaben in Römer 12 gesetzt, weil jede Gabe einem Teil des physischen Körpers entspricht? Dann zeigte mir der Herr nicht nur, wie jede Gabe in dieses Schema hineinpaßt, sondern gab mir auch Schriftstellen für jede einzelne Gabe.

1. Erkenner: Das ist das Auge des Leibes.

„Aber gesegnet – fröhlich, glücklich und beneidenswert – sind deine Augen, weil sie sehen ..." (Matthäus 13:16, TAB)

Uns wurde klar, daß die Erkenner von allen Gliedern des Leibes diejenigen sind, die am meisten mit geistlichem Einblick ausgerüstet sind. Sie sehen Dinge, die die anderen oft ganz übersehen.

„Das Auge ist die Lampe des Körpers. Wenn dein Auge gesund ist, wird der ganze Körper Licht sein; aber wenn dein Auge nicht gesund ist, wird dein Leib voll Dunkelheit sein. Wenn dann das Licht in dir Dunkelheit ist, wie groß ist dann erst die Dunkelheit!" (Matthäus 6:22-23, RSV)

Obwohl sich diese Worte Jesu auf das Individuum beziehen, nehmen sie auch direkten Bezug auf den Leib Jesu. Der Erkenner hat die besondere Verantwortung, ein klares gesundes Auge zu haben, um Gottes Wahrheit herauszufinden. Von allen Gliedern ist dies die Person, die am wenigsten Sünde in ihrem Leben zulassen darf – denn ihre Sicht wird dadurch eingenebelt. Der Rest des Körpers muß sich auf den Erkenner verlassen können, daß er die Dinge genau identifiziert und den Willen Gottes richtig verkündigen wird. Wenn der Erkenner keinen reinen Lebenswandel führt, ist seine Sicht eingegrenzt, und was er als Wahrheit ausgibt, kann dann in Wirklichkeit Irrtum sein, womit er viele verführen kann. Wie groß wird dann die Finsternis!

2. Diener: Sie sind die Hände des Körpers.

„Sie öffnet ihre Hände für die Armen; ja, sie reicht ihre gefüllten Hände den Notleidenden [sowohl körperlich, geistig, als auch geistlich]" (Sprüche 31,20, TAB).

Vor allen anderen, sind die Diener diejenigen, die am tüchtigsten mit ihren Händen sind. Sie haben sehr viel Energie. Sie scheinen in der Lage zu sein, nahezu alles zu schaffen oder zu bauen.

Auf diese Gabe wird übrigens auch Bezug genommen in 1. Kor. 12:28, als Gabe des Helfens. Diese Leute lieben es, jederzeit und überall hilfsbereit zu sein, besonders dann, wenn es um praktisches Arbeiten geht.

3. Lehrer: Sie sind der Verstand des Körpers.

„Diese aber (Juden aus Beröa) waren begabter und edler als die in Thessalonich, denn sie nahmen mit aller Bereitwilligkeit die Botschaft (das Wort) auf, indem sie mit Eifer täglich in der Schrift forschten und studierten, ob dies sich auch so verhielte. (Apg. 17:11, TAB)

Lehrer sind außergewöhnlich begabt und intelligent. Auf den ersten Blick scheint das den anderen gegenüber nicht fair zu sein; aber denkt daran, wenn sie der Verstand des Körpers sein sollen, dann müssen sie so begabt sein. Sie stellen immer Fragen. Sie wollen für alles den Grund wissen und sie werden suchen, bis sie überzeugende Fakten für die Wahrheit einer Sache gefunden haben.

Beachte, daß Paulus besonders anmerkt, daß sie in der Schrift forschten (was wir heute das Alte Testament nennen), um sicher zu sein, daß die Frohe Botschaft auf einer unveränderlichen Tatsache beruht.

4. Ermutiger: Sie sind der Mund des Körpers.

„Nach dem Vorlesen des Gesetzes und der Propheten sandten die Leiter (des Lobpreises) der Synagoge zu ihnen und sagten: Brüder, wenn ihr irgendein Wort der Ermahnung, der Befestigung oder Ermutigung für das Volk habt, dann sagt es!" (Apg. 13:15, TAB)

Ermutiger reden sehr viel. Spaßeshalber haben wir gesagt, daß sie den bestgeöltesten Unterkiefer von allen Gaben haben. Aber ernst gemeint, Gott hat sie wirklich mit einer großen Redefähigkeit begabt. Wie sonst könnte ein Ermutiger andere ermutigen, befestigen und ermahnen?

5. Geber: Sie sind die Arme des Körper.

„Er hat Stärke und Macht gezeigt mit seinem Arm ..." (Luk. 1:51, TAB)

In dieser neutestamentlichen Passage zitiert Maria alttestamentliche Schriftstellen, die die Stärke der Arme hervorheben. (Wie in Jesaja 51:9, TAB, „Erwache, erwache, zieh Stärke und Macht an, du Arm des Herrn ...")

Geber haben eine große geistliche Stärke in allen Bereichen christlicher Bemühungen. Denk an die Geschichte, als Moses die Arme hoch hält, damit Israel im Kampf gegen Amalek gewinnt (Exodus 17:8-16). Als seine Arme schwerer wurden, ließ er sie sinken und die Israeliten begannen zu verlieren. So sorgte Gott für zwei Geber, um das Volk zu unterstützen; Aaron und Hur hielten die Arme des Mose hoch, bis das Volk gewann. Geber sind starke Unterstützer für jene, die im geistlichen Kampf an der Front stehen und das Evangelium verkünden.

6. Administratoren: Sie sind die Schultern des Körpers.
„Denn uns ist ein Kind geboren, ein Sohn ist uns gegeben und die Herrschaft soll auf seinen Schultern ruhn ..." (Jesaja 9:6, TAB)

Wir sagen oft, daß jemand in Leiterschaft die Verantwortung auf seinen Schultern trägt. Adminstratoren sind die Schultern des Leibes Christi, die die Last der Leitung tragen. Weise Administratoren wissen, wie man das Joch Jesu aufnimmt, damit sie mit Ihm die Bürde tragen können.

7. Barmherzige Personen: Sie sind das Herz des Körpers.
„Der Herr aber richte eure Herzen (verdeutlichen und zeigen) auf die Liebe Gottes ..." (2. Thessalonicher 3:5, TAB)

Personen, die mit Barmherzigkeit ausgestattet sind, werden mehr durch das Herz als durch den Verstand regiert. Sie offenbaren die wahre Natur Gottes, indem sie Freundlichkeit, Fürsorge und Gnade den anderen zeigen.

ZWEI UNTERSCHIEDE ZWISCHEN DEN SIEBEN GABEN

Als ich mein Studium der Gaben begann, war es die Schriftstelle 1. Petrus 4:10, die mir half. Durch sie konnte ich die einzelnen Gaben, die wir als eine lebenslange Ausstattung bekommen haben, voll identifizieren. Lange Zeit dachte ich über folgenden Text nach:

Wer immer spricht, [laßt ihn das tun mit Nachdruck] Geheimnisse Gottes; wer immer einen Dienst hat, [laßt ihn diesen tun] aus der Kraft, die Gott ihm überfließend gibt; so daß in allen Dingen Gott verherrlicht wird in Jesus Christus, dem Messias ...

1. Petrus 4:11, TAB

Ich wußte, daß sich diese Stelle im Gesamtzusammenhang auf die Motivationsgaben beziehen könnte. Es sah für mich so aus, als ob Petrus hier über zwei grundlegende Kategorien der Motivationsgaben sprach – solche, die sich hauptsächlich auf das Reden beziehen und solche, die sich in erster Linie auf das Dienen beziehen. Aber welche Gaben waren gemeint? Während ich studierte und betete, führte mich Gott dazu, den menschlichen Körper zu zeichnen und eine horizontale Linie unter der Schulter und über dem Herzen zu ziehen. Ich malte ein kleines Männchen und zog eine gestrichelte Linie. Nun blickte ich auf die Gaben oberhalb dieser Linie und auf die unterhalb der Linie. Sofort bekam ich Klarheit. Ich konnte erkennen, daß der Lehrer, als Verstand des Körpers spricht, um zu lehren. Der Erkenner, das Auge des Körpers, spricht, um den Willen Gottes zu proklamieren. Der Ermutiger, der der Mund des Körpers ist, hat auch eine Sprechgabe. Und der Administrator, die Schulter des Körpers, muß eine gewisse Redegewandtheit haben, um zu leiten. Diese vier waren also die Sprechgaben.

Als ich auf die Gaben unterhalb der Linie blickte, konnte ich erkennen, daß die barmherzige Person, das Herz des Körpers, nicht gerade diejenige ist, die sich gerne vor eine Gruppe stellt, um zu reden. Viel lieber arbeitet sie hinter den Kulissen und dient den Menschen mit einer Fülle an Liebe, die Gott ihr gegeben hat. Der Geber, die Arme des Körpers, charakterisiert auch eine unterstützende Art der Gabe. Er scheut das Rampenlicht und dient lieber im Hintergrund. Und der Diener, die Hände des Körpers, zeichnet sich ganz offensichtlich in diesem Gebiet aus. Diese drei sind die Tatgaben.

Perspektive

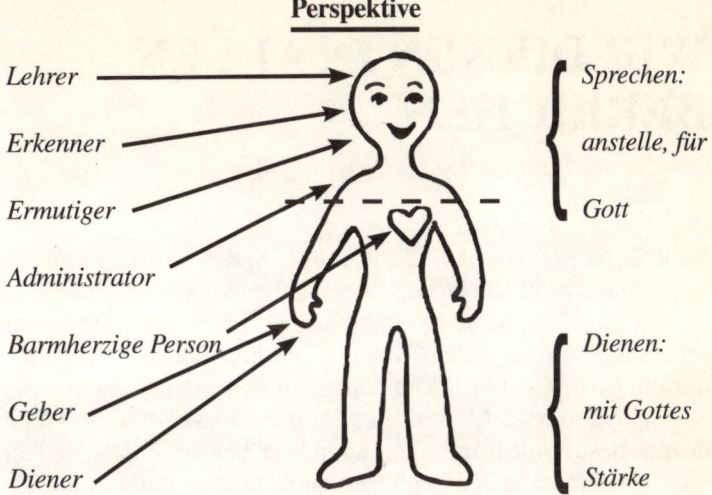

Lehrer

Erkenner

Ermutiger

Administrator

Barmherzige Person

Geber

Diener

Sprechen:

anstelle, für

Gott

Dienen:

mit Gottes

Stärke

In 1. Petrus 4:11 werden diejenigen mit Sprechgaben gedrängt zu sprechen, „wie jemand, der Geheimnisse Gottes weitergibt." Solche Leute tragen die Verantwortung, darauf zu achten, daß das, was aus ihrem Munde kommt, wirklich das ist, was Gott sagen möchte. Was wir sagen, hat Kraft. Gott *sprach* die Welt in Existenz (Gen. 1:3).

Unsere Worte haben einen Einfluß auf andere. Wer eine Sprechgabe hat, beeinflußt andere, deshalb muß er dauernd danach trachten, daß sein Reden vom Heiligen Geist geleitet wird.

Für Personen mit einer der drei Tatgaben enthält dieses Wort ein unglaubliches Versprechen. Sie sollen „mit der Stärke dienen, die Gott ihnen gibt." Gott wird ihnen einen „Überfluß" an Stärke und Energie für die Arbeit, die sie tun sollen, zur Verfügung stellen. Wir haben tatsächlich beobachtet, daß die Personen mit Tatgaben anscheinend über ein ungewöhnliches Maß an Ausdauer verfügen.

Aus dem Vers entnehmen wir auch, daß es egal ist, zu welcher Kategorie unsere Gaben gehören, die *ganze* Arbeit muß getan werden, damit Gott verherrlicht wird.

45

WIR DIENEN IN ALLEN BEREICHEN

Viele Leute fragten uns: „Ist es möglich, daß wir bis zu einem bestimmten Maß alle sieben Gaben haben können?"

Die Antwort lautet ja. Während der Testphase werden wir sehen, daß wir bei jeder Gabe ein Ergebnis haben, wenn auch nur ein geringes. Wir haben genügend von jeder Gabe, um bis zu einem gewissen Maß in allen Bereichen zu operieren. Wenn du eine bestimmte Primärgabe nicht hast, heißt das nicht, daß du dich von den betreffenden Nöten zurückziehen darfst. Stell dir vor, deine primäre Gabe ist Lehren und du hast am wenigsten in Erbarmen. Am Sonntag in der Gemeinde siehst du, daß eine Frau neben dir weint. Du weißt nicht, was los ist, aber du merkst, sie ist verletzt. Dann denkst du daran, daß Erbarmen bei dir die niedrigste Punktzahl hatte und so sagst du zu ihr: „Erwarten Sie nicht, daß ich Ihnen helfe. Finden Sie lieber jemanden mit der Gabe des Erbarmens!"

Richtig?

Falsch!

Als Teil des Leibes Christi können wir jedem in jeder Not dienen, überall, jederzeit. *Laß nicht zu, daß das Wissen über deine spezielle Motivationsgabe dich davon abhält, in anderen Bereichen auch zu dienen.* Die Tatsache, daß eine barmherzige Person eher auf eine verletzte Person aufmerksam wird und der Not schneller begegnen wird, bedeutet nicht, daß andere nicht auch fähig sind, Barmherzigkeit zu zeigen.

Wir alle werden in den Bereichen aller Gaben dienen. Ihr seht, es besteht ein Unterschied zwischen *Sein* (deine Motivationsgabe macht dich zu dem, was du bist) und *Tun* (dein Dienst für Jesus beinhaltet eine große Vielfalt an Aktivitäten). Trotzdem wird deine Motivationsgabe deinen Dienst in den unterschiedlichsten Bereichen beeinflussen. Denk auch daran, daß Gottes Gnade für alle Umstände, in denen wir uns gerade befinden, ausreichend vorhanden ist. Er befähigt und salbt uns für unsere Aufgaben. Wir können mit Ihm rechnen.

Wie wissen wir denn, daß alle Christen aufgerufen und befähigt sind, im Gebiet aller Gaben zu arbeiten?

Die Bibel macht es deutlich:

1. Erkennen: *Du* erkennst den Willen Gottes in unterschiedlichem Ausmaß und in verschiedenen Situationen.

Wir alle sollten geistliche Wahrheiten erkennen.

Zu all seinen Jüngern sprach Jesus: „Euch ist es gegeben, die Geheimnisse des Reiches Gottes zu *wissen* ..." (Mat. 13:11, TAB).

Wir sollten alle den Willen Gottes mit der Hilfe des Heiligen Geistes proklamieren:

„Und es wird geschehen in den letzten Tagen, spricht der Herr, da will ich ausgießen Meinen Geist auf alle Menschen, und deine Söhne und deine Töchter werden prophezeien – die göttlichen Ratschläge mitteilen ..." (Apg. 2:17, TAB).

Wir sollten alle nach Weisheit suchen:

„Diese Leute können Geschick, göttliche Weisheit und Anweisung haben, um zu unterscheiden (erkennen) und das Wort des Verständnisses und der Einsicht haben" (Sprüche 1.2, TAB).

2. Dienen: *Du* sollst dem Herrn und anderen Leuten auf verschiede Art dienen.

Wir sollten alle dem Herrn dienen.

„Dient dem Herrn mit Freuden! Kommt in seine Gegenwart mit Lobgesang!" (Psalm 100:2, TAB).

Wir sollten alle anderen Menschen dienen:

„Wenn jemand Mir dienen will, der folge Mir dauernd nach – der klebe beständig an mir, der passe sich gänzlich meinem Beispiel an, im Leben und wenn nötig im Sterben – und wo ich bin, da wird auch mein Diener sein. Wenn jemand mir dient, wird der Vater ihn ehren" (Joh. 12:26, TAB).

3. Lehren: *Du* sollst andere in einer angemessenen Art lehren.

Wir sollten uns alle darauf vorbereiten zu lehren:

„Studiere und sei eifrig und tu dein Bestes, um dich selbst Gott als bewährt zur Verfügung zu stellen, als ein Arbeiter, der sich nicht zu schämen hat, der das Wort der Wahrheit korrekt analysiert, genau schneidet – richtig handhabt und vorsichtig lehrt (2 Tim. 2:15, TAB).

Wir sollten uns alle gegenseitig belehren:

„Laßt das Wort (gesprochen durch) den Christus ... zu Hause sein (in euren Herzen und Gedanken) und wohnen in euch (in all seinem) Reichtum, und lehrt und ermahnt und trainiert euch gegenseitig in aller Einsicht und Intelligenz und Weisheit (in geistlichen Dingen) ...“ (Kol. 3:16, TAB).

Wir sollten uns alle gegenseitig lehren, auf die Befehle Jesu zuhören:

„Gehet hin und macht zu Jüngern alle Nationen, tauft sie auf den Namen des Vaters und des Sohnes und des Heiligen Geistes: Lehrt sie, alles zu halten, was ich euch geboten habe ...“
(Mat. 28:19-20, TAB).

4. Ermutigen: *Du* sollst andere ermutigen, befestigen, ermahnen.

Immer, wenn wir zusammenkommen, sollten wir uns gegenseitig ermutigen:

„Indem wir (als Gläubige) unsere Versammlungen nicht versäumen oder ablehnen, wie es bei einigen Leuten die Gewohnheit ist, sondern einander ermuntern (ermahnen) – warnen, drängen und ermutigen, um so mehr ihr den Tag herannahen seht“ (Hebr. 10:25, TAB).

Wir sollten uns alle dem Ermutigen widmen:

„Bis ich komme, achte auf (privat und öffentlich) das Vorlesen, auf das Ermutigen – Predigen und persönliche Appellieren – und auf das Lehren und auf das Einflößen der Doktrin“ (1. Tim. 4.13, TAB).

Wir alle sollten jeden Tag andere ermutigen:

„Sondern warnt (ermuntert, drängt, ermutigt) einer den anderen jeden Tag, solange es heute heißt, daß niemand von euch verhärtet wird ... durch den Betrug der Sünde ...“ (Hebr. 3:13, TAB)

5. Geben: *Du* sollst von deinen Vorräten und Energien Gott und den anderen geben.

Wir sollten alle großzügig sein:

„Gebt und es (Gaben) wird euch gegeben, ein gutes, gedrücktes, geschütteltes und überfließendes Maß ..." (Luk. 6:38, TAB).

Wir sollen alle freizügig geben:

„... Umsonst (ohne zu zahlen) habt ihr empfangen; umsonst (ohne Lohn) sollt ihr geben" (Mat. 10:8, TAB).

Wir sollen uns verantwortlich fühlen für die Unterstützung der Dienste:

„Beteiligt euch an den Nöten von Gottes Leuten – an den Bedürfnissen der Heiligen nehmt teil – nach Gastfreundschaft trachtet" (Röm. 12:13, TAB)

6. Administrieren: *Du* sollst so leiten, wie Gott dich beauftragt hat.

Wir sollten alle mit dem Herz eines Dieners leiten:

„... Ihr wißt, daß die, welche als Regenten der Welt gelten, über sie herrschen – absolute Gewalt ausüben, sie als Untertanen halten – und ihr Herrscher Autorität über sie ausübt und Herrschaft über sie hat. Aber so soll es nicht unter euch sein; sondern wer unter euch groß sein will, muß euer Diener sein (Mark. 10:42-43, TAB).

Egal, in welcher Situation wir sind, wir sollten damit anfangen, richtig zu administrieren:

„Sein Herr sprach zu ihm: 'Recht so, du guter und treuer Knecht! Du warst treu über Weniges, über Vieles werde ich dich setzen ..." (Mat. 25:21, TAB).

Wir sollten alle bei Gott nach einer guten Leitungsposition trachten:

„Aber Gott ist der Richter; Er erniedrigt den einen und erhöht den anderen" (Psalm 75:7, TAB).

7. Barmherzigkeit zeigen: *Du* sollst anderen Liebe, Barmherzigkeit und Gnade zeigen.

Wir alle sollten voll Gnade sein:

„Schließlich sollte jeder von euch (alle) in gleicher Gesinnung sein (einig im Geist), mitfühlend (einer mit dem anderen) liebend (jeder den anderen) als Geschwister (eines Haushaltes) barmherzig und höflich – weichherzig und demütig gesinnt" (1. Petr. 3:8, TAB).

Wir alle sollten den anderen unsere Barmherzigkeit zeigen:

So spricht der Herr der Heerscharen: „Fällt zuverlässigen Rechtspruch und erweist Gnade und Barmherzigkeit einer dem anderen" (Sach. 7:9, TAB).

In all diesen Bereichen ermutigt uns die Bibel, in allen Gaben zu dienen. Das hilft uns, Ausgewogenheit in unser Leben hineinzubringen. Wir werden hauptsächlich in unserer primären Motivationsgabe funktionieren, erinnere dich, das ist es, was uns motiviert. Trotzdem sind wir fähig, in allen anderen Gebieten auch zu dienen, und wir sollen es auch tun.

5

WENN ICH EINE GABE HABE, WARUM WUSSTE ICH DAS NICHT ?

Der beste Weg, festzustellen, ob du im Gebiet deiner Motivationsbegabung arbeitest oder nicht, ist ein einfacher Test:

Freude entsteht als Nebenprodukt, wenn du in deiner Motivationsgabe arbeitest. *Frustration* ist das Nebenprodukt, wenn du versuchst, außerhalb deiner Begabung zu arbeiten. Freude ist immer als Nebenprodukt da, wenn du etwas tust, was im Willen Gottes ist. Freude kann niemals als Ziel oder als Sache in sich selbst gesucht werden. Aber als eine Folge der Begabung, die Gott dir gegeben hat, wirst du Freude bekommen.

MÖGLICHE GRÜNDE, WARUM MAN SEINE MOTIVATIONSGABEN NICHT KANNTE

1. Du wurdest niemals darüber gelehrt.

Das ist wahrscheinlich bei den meisten Leuten der Hauptgrund. Es war auch bei uns so. Bis vor zwölf Jahren, als unsere Freunde uns die Liste der Motivationsgaben aus Römer 12:6-8 vorstellten, wußten wir nichts darüber. Wir hatten zwar diesen Abschnitt in der Bibel viele Male gelesen, aber niemals bemerkt, was damit gemeint ist.

Wir schätzen, daß weniger als zwei Prozent der amerikanischen Kirchgänger überhaupt wissen, daß es Motivationsgaben gibt. Und von diesen haben weniger als die Hälfte ihre betreffenden Gaben entdeckt. An anderen Orten ist es noch viel weniger. In vielen Ländern, in denen wir darüber gelehrt haben, waren wir, soweit wir in Erfahrung bringen konnten, die ersten, die darüber gelehrt hatten.

Deshalb, so empfinden wir, ist es so wichtig, diese Information einer breiteren Öffentlichkeit zugänglich zu machen. Wir hoffen, daß du die Lehre in diesem Buch deinen Freunden, deinen Verwandten, Studienkollegen, deinem Pastor (oder dei-

51

nen Schafen, wenn du Pastor bist) und anderen, denen es helfen könnte, mitteilst.

2. Du hast Jesus niemals als deinen persönlichen Retter und Herrn angenommen.

Zwar ist jede Person von Gott begabt, egal, ob sie Christ ist oder nicht, doch wird dadurch, daß man Jesus in sein Leben aufnimmt, die Motivationsgabe in viel größerem Maße freigesetzt. Es öffnen sich Möglichkeiten, daß die Gaben in dem Sinne eingesetzt werden können, wie Gott es beabsichtigte.

Vor der Bekehrung kommen die Motivationsgaben auch zur Geltung; wenigstens in einigen Bereichen, doch sehr oft in einer selbstzentrierten und selbstdienenden Art. Bevor Jesus in unserem Leben zentral wird, sind wir selbst der Mittelpunkt.

3. Du wurdest geistlich nicht gefüttert.

So wie ein neugeborenes Baby Ernährung braucht, so braucht auch die wiedergeborene Person geistliche Nahrung, um zu wachsen. Viele Menschen wurden zu Jesus geführt und dann ohne Anleitung und ohne Ermutigung alleingelassen. Die Fähigkeit, die eigene Begabung zu erkennen und geistliche Fortschritte zu machen, ist dann begrenzt.

4. Du hast eine verwirrende Lehre über die Motivationsgaben erhalten.

Da im Englischen ein und dasselbe Wort benutzt wird, um die drei verschiedenen griechischen Worte für „Gabe" im Neuen Testament zu übersetzen, haben manche geglaubt, man müsse alle biblischen Lehren über die Gaben zusammenmischen.

Vielleicht hast du eine Lehre gehört, bei der die neun Manifestationsgaben aus 1. Kor. 12:7-10, die fünf Dienstgaben aus Eph. 4:11, die sieben Motivationsgaben aus Röm. 12:6-8 – und ein paar andere, wie Ehelosigkeit und Gastfreundschaft, zusammengemischt waren. Was ist das Resultat? Verwirrung!

Vielleicht hast du sogar einen Test gemacht, der 26 oder mehr Gabenmöglichkeiten aufzählt. Und trotzdem, als du fertig warst, fühltest du dich immer noch unsicher über deine Begabung. Dauernd treffen wir Leute, die durch solch eine Lehre so durcheinandergebracht wurden, daß sie es aufgaben, ihre Begabung herauszufinden.

Es ist wichtig, daß wir eine klare Lehre über die Gaben bekommen, mit denen Gott uns ausgerüstet hat, damit wir sie zur Verherrlichung Gottes und zur Erbauung anderer einsetzen können. Nur, wenn wir unsere Motivationsgaben gemäß Röm. 12:6-8 herausfinden als die Gaben, die wir besitzen, kann der Leib Christi davon einen Vorteil haben.

Selbst wenn wir die Gaben kennen und unsere eigenen herausgefunden haben, kann es sein, daß wir sie in unserem Leben noch nicht wirken sehen.

HINDERNISSE, DIE DEN FLUSS DER MOTIVATIONSGABEN BLOCKIEREN

1. Es kann sein, daß du Bindungen hast, die den Fluß deiner Gaben hindern.

Wie Schutt in einem Fluß das Fließen behindern kann, so können Bindungen in unserem Leben das Fließen der von Gott gegebenen Motivationsgaben blockieren.

Die am meisten verbreitete Bindung ist die der Angst. Die lähmende Wirkung der Angst verhindert, daß wir uns in unserem vollen Potential unserer Gaben entfalten können.

Bindungen kommen im allgemeinen durch negative Kindheitsprägungen zustande. Unglücklicherweise wächst nicht jedes Kind in einer positiven Umgebung auf. Scheidung, kämpfende Eltern, Alkoholismus, Drogenabhängigkeit, okkulte Praktiken, geistige Probleme, Eltern, die ihre Kinder mit Worten oder Taten mißbrauchen, all diese Erfahrungen können das Individuum, wenn es erwachsen ist, stark einschränken.

In einer Umfrage, bei der die Leute über ihre Kindheitserlebnisse berichten sollten, bekamen wir gelegentlich Antworten wie diese: „Es tut mir leid, aber ich kann das nicht ausfüllen. Die Erinnerungen an meine Kindheit sind zu schmerzhaft."

Glücklicherweise können Menschen von solchen Bindungen durch gute christliche Seelsorge befreit werden.

2. Zorn kann den Fluß deiner Gaben blockieren.

Zorn ist die normale Reaktion, wenn wir mißbraucht, verwundet oder abgelehnt werden. Wenn der Zorn nicht überwunden wird, dann wird er *ausgedrückt* (z. B. in Rebellion, Vergeltung, Haß, Gewalt, und in manchen Fällen sogar in Mord) oder er wird *unterdrückt* (in Selbstmitleid, Selbsthaß, Depression, und sogar in Selbstmord).

Es ist möglich, sich in einem selbstgemachten Gefängnis einzusperren. Das wird sehr deutlich in Mt. 5:21-26 beschrieben, wo Jesus das Festhalten am Zorn mit Mord gleichsetzt.

Nach meiner Erfahrung sind drei Schritte notwendig, um die Blockade des Zorns zu brechen: Es ist notwendig; 1) allen zu vergeben, die unseren Zorn erregt haben; 2) ein Befreiungsgebet auszusprechen und 3) um innere Heilung zu beten.

3. Wenn du versucht hast, jemand anders zu sein als du bist, dann hat das auch dazu beigetragen, den natürlichen Ausdruck deiner Motivationsgabe zu verhindern.

Manchmal üben andere Druck auf uns aus, um uns in ein bestimmtes Bild hineinzupressen. Manchmal sind wir es selbst, die versuchen jemanden nachzuahmen, den wir bewundern. Wenn dieses Modell nicht die gleiche Motivationsgabe hat wie wir, dann kann es auch den Fluß unserer eigenen Begabung hindern.

Wir haben festgestellt, daß Teenager, die den Motivationsgabentest machen, richtig aufgeregt werden, wenn sie herausfinden, wer sie sind. Dann können sie frei werden, sie selbst zu sein, um dem Plan Gottes für ihr Leben zu folgen.

4. Ein schwaches Selbstbewußtsein kann dich daran hindern, in deiner Motivationsgabe zu funktionieren.

Die meisten Leute haben bis zu einem bestimmten Grad Selbstwertprobleme, die von den Problemen und dem Druck aus der Kindheit stammen.

Ein Kind ist vom Schöpfer so entworfen worden, daß es von zwei liebenden Eltern gefestigt wird, indem diese das Urvertrauen und die Sicherheit in dessen Leben hineinsprechen. Nicht alle Kinder hatten dieses Glück. Die Situation unserer gefallenen Menschheit läßt da sehr zu wünschen übrig; oft mußten die Eltern selbst auf diese Unterstützung verzichten. Aber egal, welche Fehler auch gemacht wurden, wir können dankbar sein, daß wir in Sein Bild hineingestaltet werden, wenn wir uns an Ihn halten.

5. Unverantwortlichkeit kann den Fluß der Motivationsgaben behindern.

Wer, ich? Unverantwortlich? Nur du selbst kannst das herausfinden. Hier sind die Prinzipien:

„Jedem aber, dem viel gegeben ist, von dem wird viel verlangt; und wem man viel anvertraut hat, von dem wird man desto mehr fordern." (Luk. 12.48, RSV)

Diejenigen, die sehr begabt wurden, haben eine größere Verantwortung, um anderen zu helfen. Es ist unverantwortlich, wenn du es ablehnst, deine Gaben einzusetzen. Als du deine Motivationsgabe(n) entdecktest, wurde dir vielleicht auch bewußt, daß du sie nicht richtig eingesetzt hast. Laß dich dadurch nicht entmutigen und fühle dich auch nicht schuldig. Es kann sein, daß du deine Gaben nicht erkennen konntest; finde jetzt heraus, was du damit tun kannst. Entspanne dich, lies weiter und entdecke. Dann kannst du Verantwortung übernehmen.

6. Sünde kann die Wirksamkeit deiner Gaben blockieren oder verzerren.

Es gibt keinen Zweifel, Sünde verschmutzt. Sie verschmutzt jeden Bereich unseres Lebens, und die Motivationsgaben sind dabei nicht ausgenommen.

Wie stark wir unsere Gaben richtig einsetzen können, hängt davon ab, wie sehr wir im Willen Gottes sind. Oder, anders gesagt, je mehr wir die Sünde in unserem Leben erlauben, desto mehr werden unsere Motivationsgaben verschmutzt.

Sünde läßt uns die Spur verlieren. Gott hat einen Plan für jedes Leben und unser Ziel muß es sein, diesen Plan zu entdecken und mit ihm zu arbeiten. Manchmal erlauben wir Unterlassungssünden, weil wir in einer Sache den Willen Gottes nicht erkennen. Ein anderes Mal lassen wir Sünde zu, obwohl wir wissen, daß es verkehrt ist. Aber Sünde ist Sünde, wissentlich oder unwissentlich.

Der Zweck dieses Buches ist es nicht, über Sünde zu diskutieren. Aber wir ermutigen dich, in deinem Leben von Sünde frei zu werden. Wenn du möchtest, daß deine Motivationsgaben frei und wunderschön durch dein Leben fließen können und andere dadurch erbaut werden, dann bitte Gott, dir die verborgene Sünde in deinem Leben zu zeigen.

DER HEILIGE GEIST MACHT DIE GABEN STARK

Es kann sein, daß du in deinem Leben alles richtig gemacht hast, aber wenn du nicht mit der Kraft des Heiligen Geistes in Berührung gekommen bist, dann fehlt dir die großartige Dynamik der dritten Person der Dreieinigkeit, die jedem Gläubigen umsonst zur Verfügung steht. Paulus drückte es so aus:

„Sondern werdet immer erfüllt und stimuliert durch den (Heilgen) Geist" (Eph. 5:18, TAB). Er ist ein Teil unseres Erbes. Er gehört uns, wenn wir darum bitten. Der Heilige Geist möchte in unserem Leben freigesetzt werden, um dieses lebendige Wasser zu werden, dieser Saft, der fließt, wenn wir am Weinstock bleiben.

Wir haben beobachtet, daß das dauernde Fließen des Heilgen Geistes im Leben einer Person den reinen und effektiven Fluß der Motivationsgaben beständig vergrößert.

6

WIE KANN MAN SICH SELBST EINSCHÄTZEN?

Ich versuche mich zu erinnern, wie es war, als mir zum ersten Mal das Motivationsgabenkonzept vorgestellt wurde. Damals dachte ich: „Warum kam noch niemand auf die Idee, eine Testmethode zu entwerfen, die hilft, die Motivationsgaben zu entdecken?" Dann erkannte ich, daß in dieser Fragestellung meine eigene Motivationsbegabung in Aktion trat. So startete ich diesen Versuch. Ich fühlte mich durch die psychologischen Tests in meiner Schulzeit immer entlarvt. Ich wußte, etwas von dieser Eigenart wird auch hier sichtbar werden. Ich wußte auch, wenn Gott in uns sieben Basis-Motivationsgaben (Basis-Persönlichkeitstypen) eingebaut hat, dann muß es für jede dieser Gaben dauerhafte Charakteristiken geben. Don und ich suchten einheitliche und starke Richtlinien und entwarfen eine Testmethode. Wir probierten unser Testmaterial mit einer Reihe von Gruppen durch und es funktionierte! Die Leute entdeckten ihre Gaben.

Vier Jahre später, als ich ein Motivationsgabenseminar in Kansas City, Missouri durchführte, erfuhr ich in einer Versammlung der Geschäftsleute des vollen Evangeliums, daß ein bekannter Psychologe, Edward Carr, anwesend war. Gefühle der Minderwertigkeit überkamen mich und ich meinte mich entschuldigen zu müssen für meinen „Nur-Hausfrau-und-Mutterstatus".

Nach dem Treffen kam Mr. Carr zu mir. „Entschuldigen Sie sich nicht mehr für das, was sie lehren", bemerkte er. „Was Sie uns heute abend präsentiert haben, ist unglaublich! Sie haben ihre Entdeckung in der Bibel gemacht, aber sie zeigt Parallelen zu dem auf, was klinische Psychologen nach jahrelanger Forschung und großen Geldausgaben für eine säkulare Untersuchung über die Persönlichkeitstypen herausgefunden haben. Es ist bekannt als die Cleaver Technik, und es teilt alle Menschen in neun verschiedene Typen ein. Es ist erstaunlich, wie ähnlich diese Typen den sieben Gaben sind, die sie beschrieben haben.

Tatsächlich können zwei der neun Typen mit zwei anderen kombiniert werden, so daß wir auf die Zahl Sieben kommen; das trifft dann genau die sieben biblischen Gaben. Die Untersuchung dieser säkularen Psychologen bestätigt ihre Lehre".

Ich war so dankbar, daß das, was wir lehrten, nicht nur biblisch gesichert war, sondern auch psychologisch genau. Was Gott geschaffen hat, kann empirisch nachgewiesen und bestätigt werden, sogar von solchen Menschen, die Ihn nicht kennen.

Für jede der sieben Gaben haben wir eine Liste von zwanzig Charaktereigenschaften entwickelt, die typisch für die Persönlichkeit und für die Lebensäußerungen der Person sind. Sie sind auf folgenden Dingen gegründet:

1) Die biblischen Beispiele für jede Gabe.

2) Einige der grundlegenden Charakterzüge, wie Bill Gothart und Don Pickerill sie darstellen.

3) Die Einsichten aus den Beiträgen unserer Arbeitsgruppe.

4) Unsere eigenen Nachforschungen der letzten zwölf Jahre. Wir haben Tausende von Leuten in verschiedenen Ländern gelehrt und wurden durch ausgesprochene und geschriebene Rückmeldungen über die charakterliche Entfaltung nach dem Test bereichert.

5) Durch Hunderte von Briefen, Reaktionen und Anregungen.

Wir haben versucht, nur die einheitlichen Charakterzüge für jede Gabe zu berücksichtigen. In ein paar Fällen gibt es eine Überlappung zu einer anderen Gabe. Weil jede Liste leicht zu verstehen sein soll, wissen wir, daß durchaus zusätzliche Charaktereigenschaften hinzugefügt werden könnten. Aber wir haben uns bemüht, die deutlichsten Eigenschaften herauszustellen, so daß eine effektive Fragemethode entwickelt werden konnte.

Wir sind wirklich wundervoll gemacht, wie die Schneeflocken, von denen jede anders ist. Obwohl Tausende von Menschen die gleiche Gabe wie du haben, ist doch der Ausdruck deiner Gabe einzigartig. Sogar wenn du ein eineiiger Zwilling bist, wirst du Verschiedenheiten haben und deine individuelle Note bekommen.

Diese Unterschiede kommen durch die unterschiedlichsten Variablen in deinem Leben zustande. Zum Beispiel ist Gesundheit eine davon. Während bei einigen Personen das Erleben von

Krankheit und Kränkung die Begabung abschwächt, kann es für andere gerade eine Herausforderung bedeuten, sich über Begrenzungen hinwegzusetzen und in einer stärkeren Weise ihre Gabe einzusetzen. Andere Variablen sind Vererbung, Erziehung, Kultur, wirtschaftliche Verhältnisse, Status, Umgebung, Talente, Selbstvertrauen – nun, die Liste ist endlos und jede einzelne Variable hat einen Einfluß auf unser Leben und auf die Art, wie wir unsere Gabe gebrauchen.

Das sollte uns helfen und uns das Gefühl für die Größe von Gottes Plan geben, der solch einzigartige Individuen geschaffen hat – und doch ist es erstaunlich, daß wir alle in erster Linie von einer dieser Motivationsgaben beeinflußt werden.

SICH SELBST EINSCHÄTZEN

So wird es gemacht: Während wir jeden Charakter in den folgenden Kapiteln präsentieren und definieren, frage dich selbst: „Wie wahr ist das für mich?" deine erste Reaktion ist wahrscheinlich die richtige Antwort. Antworte nicht, wie du gerne *sein* möchtest oder sein *solltest*. Sei ehrlich! Denke daran, es gibt keine falschen oder richtigen Antworten. Es ist ganz einfach ein Selbstfindungsprozeß. Du allein kennst dich gut genug, um dich selbst am besten einschätzen zu können.

Ebenso ist es wichtig, bei der Beurteilung einen Unterschied zwischen angelerntem Verhalten und natürlichen Eigenschaften zu machen. Wenn du in fester Arbeit stehst, dann gehe sicher, daß deine momentanen Aufgaben deine Antworten nicht zu stark beeinflussen. Es ist egal, ob du bei deiner Arbeit deine Motivationsgaben einsetzen kannst oder nicht.

Wenn die Beschreibung gar nicht zutrifft, dann mache ein „x" (oder ein anderes Kennzeichen) in das Kästchen für *nie*. Dann trage „0" als Punktzahl ein. Wenn die Beschreibung nur in wenigen Situationen auf dich zutrifft, dann mach ein Zeichen bei *selten* und schreibe eine „1" in das Punktekästchen. Wenn die Beschreibung manchmal zutreffend ist (etwa bis zu 49 Prozent), dann schätze dich bei *manchmal* ein und gib dir selbst eine „2" in der Punkteskala. Wenn die Beschreibung zu 50 bis 75 Prozent stimmt, dann kreuze *normalerweise* an und schreibe eine „3" als Punktzahl auf. Wenn die Charakteristik in den meisten Situationen deines Lebens zutreffed ist, dann kennzeichne *meistens* und setze eine „4" in die Punkteskala. Trifft die Beschreibung auf alle Situationen deines Lebens zu, dann kreuze bei *immer* an und setze eine „5" in das Punktekästchen.

Wenn du dich dann in allen zwanzig Beschreibungen eingeschätzt hast, übertrage das Ergebnis auf den Testbogen am Ende des Kapitels. Es ist egal, ob du dich hoch, mittel oder niedrig eingeschätzt hast. Denke daran, dies ist ein subjektiver Test. Es ist der *Vergleich* deiner sieben Ergebnisse, der dir hilft, deine Motivationsgaben zu bestimmen. Wenn du dir bei einer bestimmten Gabe für jede der 20 Charakteristiken eine „5" eingetragen hast, wirst du das Maximum von 100 Punkten erreichen.

Nun laßt uns einen Blick auf den Testbogen am Ende des Kapitels werfen. Nimm das Gesamtergebnis für jede Gabe und übertrage es auf den Testbogen, indem du das entsprechende horizontale Kästchen von links (0) nach rechts bis zur eingetragenen Punktezahl schraffierst. (Ein Muster ist auf S. 285 zu sehen.)

Nachdem du alle sieben Ergebnisse übertragen hast, liegt vor dir ein zusammengesetztes Profil von dir selbst. Die Einschätzung, die am weitesten nach rechts ragt, ist wie die Nase eines Gesichtes, sie ist deine primäre Motivationsgabe. Du wirst auch auf einen Blick sehen, welche deine zweite, deine dritte und vierte Gabe ist. Ebenso ist es einfach, die Gebiete herauszufinden, wo du am *wenigsten* begabt bist. Du mußt das wissen, um:
1) die Gebiete zu erkennen, wo du am meisten von anderen abhängig bist,
2) dich über jene zu freuen, die in diesen Gebieten begabt sind,
3) zu verhindern, etwas zu sein, was du nicht bist, und
4) „nein Danke" sagen zu können, wenn du um etwas gebeten wirst, das außerhalb der Sphäre deiner Begabung liegt (natürlich ausgenommen in allgemeiner Art und in plötzlichen Notsituationen, wie in Kapitel vier bereits besprochen).

Auf der anderen Seite wird dich das Entdecken deiner Gaben freisetzen, die Verantwortungen zu übernehmen, die entsprechend deiner Gaben sind. Es wird dir helfen, deine Zeit und deine Energie in einer Weise zu nutzen, damit du erfolgreich werden kannst und auch ein Segen für andere sein kannst.

Nun geh vorwärts und *entdecke die Gaben, die Gott dir gegeben hat!*

60

Fragebogen für Erwachsene

PROFILÜBERSICHT FÜR ERWACHSENE

Gabe	0	10	20	30	40	50	60	70	80	90	100
Erkenner											
Diener											
Lehrer											
Ermutiger											
Geber											
Administrator											
Barmherzige Person											

NAME _____ # 1. GABE _____

ADRESSE _____ # 2. GABE _____

STADT/LAND _____ # 3. GABE _____

TEIL 2

DIE SIEBEN GABEN

CHARAKTERISTIKEN DES ERKENNERS

Wir haben uns dafür entschieden, diese erste Gabe aus der Liste von Römer 12 die Gabe des Erkennens zu nennen. Die King-James-Übersetzung benutzt das Wort „Prophetie." Aber da das gleiche Wort auch in den anderen beiden Gabenlisten des Neuen Testamentes benutzt wird, besteht die Gefahr einer Verwechslung mit der Manifestationsgabe der Prophetie oder der Dienstgabe an die Gemeinde, dem Propheten.

Auch das Wort „Prophetie" hat in unserem gegenwärtigen Sprachgebrauch eine Vielzahl von Bedeutungen, sowohl negative als auch positive. Es scheint uns, daß ein frisches, neues Wort diese Verwirrung aufheben kann. Das griechische Wort für „Prophetie", das in Vers sechs steht, ist *propheteia,* verwandt mit *prophetes,* welches gemäß der *Strong's Exhaustive Concordance* soviel bedeutet wie „ein inspirierter Redner." Eines der Wurzelworte ist *phemie*, das bedeutet „Gedanken zeigen, sprechen, festmachen."

Für Bibellehrer ist die bekannteste Bedeutung von Prophetie im Neuen Testament nicht die Vorhersage von Ereignissen, sondern „die inspirierte Botschaft der Warnung, Ermahnung, Anweisung, das Richten und Festmachen der Geheimnisse des Herzens." (4)

Im speziellen Zusammenhang mit den Motivationsgaben sehen wir, daß sich das Wort auf eine Person bezieht, die besonders sensibel ist, den Willen Gottes zu erkennen und ihn dann zu proklamieren – oder, und das hängt von der Richtung ab, in die Gott führt, dafür zu beten, daß Sein Wille ausgeführt wird. Der Erkenner ist somit eine Person, die bereitwillig den Willen Gottes erkennt, proklamiert und fördert.

In diesem Kapitel wollen wir jede der zwanzig Charakteristiken des Erkenners im Detail durchgehen und Beispiele aus der Praxis bringen.

	Nie	Selten	Manchmal	Normalerw.	Meistens	Immer	
1. Erkennt schnell und genau Gutes und Böses. Haßt das Böse.	0	1	2	3	4	5	**Punkte**

Der Erkenner beurteilt Menschen oder Situationen danach, ob sie *im* oder *außerhalb* des Willens Gottes sind. Für ihn gibt es kein *teilweise*, sondern entweder ganz oder gar nicht. Nicht ganz im Willen Gottes sein, ist für ihn gleichbedeutend mit nicht im Willen Gottes zu sein.

Erkenner sehen das Leben als eine Angelegenheit der Wahl. Sich nicht richtig zu entscheiden, bedeutet für sie, das Falsche zu wählen. Kompromisse kommen für sie nicht in Frage. Sie hassen das Böse. Sie möchten das Böse überwunden und ausgerottet und das Reich Gottes hier auf Erden aufgerichtet sehen.

Eine biblische Person mit der Gabe des Erkennens ist Johannes der Täufer. Schon zu Beginn seines Dienstes prangerte er das Böse an und identifizierte sich mit Gottes Haß der Sünde gegenüber. Öffentlich beschuldigte er Herodes des Ehebruchs; sogar in dem Wissen, daß dies Gefängnis oder Tod für ihn bedeuten könnte. Meistens sind es Erkenner, die sich für Gerechtigkeit stark einsetzen. Ihre Begabung macht sie mutig, die Wahrheit ohne Angst vor öffentlicher Ablehnung oder Nachteilen auszusprechen.

Wir fragten unsere Erkenner-Freundin Vicky, warum sie soviel Zeit dafür verbringt, gegen die Abtreibung öffentlich einzutreten. „Warum," fragte sie entrüstet, „Abtreibung ist Mord, Mord ist falsch. Wie können wir nur tatenlos dulden, daß es so etwas Schreckliches in unserer Gesellschaft gibt?"

Unser jüngster Sohn Dan hat auch die Gabe des Erkennens. Im Alter von 10 Jahren hatte er etwas Übergewicht, was ihm nicht gefiel. Eines Tages fragte er mich, was er tun könne, um abzunehmen. Ich erklärte ihm, daß Zucker der größte Dickmacher ist, und daß es helfen würde, Nachtisch und Süßigkeiten zu reduzieren. Sofort wurde der Zucker sein erklärter Feind Nr. 1. Er beschloß, total darauf zu verzichten, bis er schlank und dünn war. Sogar auf Geburtstagsparties weigerte er sich, Eiscreme und Kuchen zu essen. Sogar heute noch verzichtet er konsequent auf Zucker.

2. Sieht alles schwarz oder weiß; ohne graue, undefinierbare Bereiche.

	Nie	Selten	Manchmal	Normalerw.	Meistens	Immer	
	0	1	2	3	4	5	**Punkte**

Erkenner können sich schnell entscheiden. Informationen werten sie schnell aus. Sie finden schnell ein „ja" oder „nein" und vermeiden ein „vielleicht". Es sind Menschen mit extremen Gefühlen, Worten und Aktionen.

Die meisten von uns denken in einer Skala von schwarz in vielen Schattierungen über grau bis weiß. Wir sagen vielleicht, „ich habe es nicht so gut gemacht, wie es hätte sein sollen, aber wenigstens war es besser als gestern". Das tut der Erkenner auf keinen Fall. Für ihn gibt es keine Halbherzigkeiten.

Emily Binning, Autorin von *Gordon takes a Wife*, kämpfte die meiste Zeit ihres Lebens ohne Erfolg mit ihrem Gewichtsproblem. Eines Tages veranlaßte sie der Herr, die Kontrolle über das, was sie essen sollte, ihrem Erkenner-Ehemann zu übertragen.

Dies waren die Grundregeln: Sie durfte alles, was sie wollte, auf ihren Teller legen, mußte dann aber Gordon fragen, was sie essen darf. Eine unangenehme Sache, sich von den Entscheidungen eines kompromißlosen Erkenners abhängig zu machen! In ihrem Buch schrieb sie:

„Ein paar Nächte nach der Entscheidung wurden wir zum Essen eingeladen. Es war das erste Mal, außer Haus zu erleben, was es bedeutet, die Auswahl meines Essens Gordon zu überlassen. Während der ganzen Mahlzeit, ich war hauptsächlich damit beschäftigt, im Flüsterton abzuklären, was ich essen durfte, gelang es mir nur, eine halbe Kartoffel, eine Scheibe Fleisch und ein Stück Butter zu ergattern. Der Nachtisch wurde serviert: Kürbis mit Schlagsahne. Vorsichtig verteilte ich die Schlagsahne über das ganze Stück, bevor ich Gordon fragte, wieviel ich haben darf. Gordon blickte auf das Stück und sagte laut: 'Du darfst *keinen* Nachtisch haben.'" (5)

Gordon sah die Situation aus der Sicht eines klassischen Erkenners: Wenn du es schon machst, dann mach es auch richtig. (Sie schaffte es abzunehmen und blieb auch dabei.)

	Nie	Selten	Manchmal	Normalerw.	Meistens	Immer	Punkte
3. **Erkennt schnell den Charakter einzelner Menschen und Gruppen.**	0	1	2	3	4	5	

Erkennern fällt es leicht, „das Gefühl" für Individuen und Gruppen zu haben – ohne eine besondere Analyse, denn das intuitive Erkennen ist ihre Gabe.

Johannes der Täufer brauchte den Pharisäern keine Fragen zu stellen. Allein aus seiner Beobachtung erkannte er, was in den Pharisäern war. Als Schlangen und Otternbrut bezeichnete er sie. (Mat. 3:7) Er wußte, daß sie nicht bußfertig waren und nur kamen, um zu kritisieren und zu richten. Ein Erkenner kann in eine Gemeinde, Gebetsgruppe, einen Heilungsgottesdienst oder in irgendeine andere Gruppe gehen und schnell feststellen, wie geistlich diese ist. Er ist aber auch genauso sensibel, wenn es um Individuen geht.

Während eines Seminars in Kanada trafen wir Bea, eine reife Erkennerin. Später schrieb sie uns: „Ich bin eine von denen, die 100 % Erkennen als Motivationsgabe hat. Während der Kaffeepause sprach ich mit einem Pastor und erkannte, daß mit ihm etwas nicht stimmte. Plötzlich *wußte* ich, daß er durch eine Midlife-Krise ging. Ich wußte nicht, wie das kam, aber es war einfach da. Ich sagte nichts, aber ich betete für ihn mehrere Tage. Zwei Wochen später trat der Pastor von seinem Dienst zurück. Das bestätigte mir, daß ich Recht hatte.

Es ist nicht so, daß Erkenner alles über eine Person wissen; Gott zeigt ihnen nur das, was Er zeigen möchte. Und immer gewöhnlich deswegen, damit der Erkenner effektiv für diese Person beten kann.

	Nie	Selten	Manchmal	Normalerw.	Meistens	Immer	
4. Ermutigt Buße zu tun, damit gute Frucht wächst.	0	1	2	3	4	5	**Punkte**

Nachdem Johannes der Täufer die Pharisäer und Sadduzäer herausgefordert hatte, sagte er: „Bringt rechtschaffene Frucht der Buße – zeigt im Leben, daß ihr euer Herz verändert habt" (Mat. 3:8, TAB).

Johannes wußte, daß diese Leute geistliche Leiter sein wollten und er bemerkte auch ihre Heuchelei. Johannes wußte, daß die innere Herzenshaltung der Buße nur durch grundlegende und sichtbare Veränderung des Verhaltens deutlich wird.

Wir sind sehr engagiert in Seelsorge (Beratung) und haben gelernt, das Leben der Menschen nach ihrer Frucht zu untersuchen, um versteckte Probleme zu entdecken. Der Hintergrund schlechter Frucht sind schlechte Wurzeln. Wir beten immer, daß die Ursachen schlechter Wurzeln sichtbar werden, denn dann kann die Person eher zur Buße geleitet werden. Wenn echte Buße geschieht, wird gute Frucht sichtbar.

	Nie	Selten	Manchmal	Normalerw.	Meistens	Immer	
5. Glaubt, daß die Annahme von Schwierigkeiten zum positiven Zerbruch führt.	0	1	2	3	4	5	**Punkte**

Die meisten von uns vermeiden Probleme. Schwierigkeiten betrachten wir nicht als Freunde. Auch sehen wir Traumatas und Tragödien nicht als wichtige Schritte zur Reife. Nicht so die Erkenner.

Sie erfreuen sich an negativen Ereignissen, als die größten Gelegenheiten, Zerbrochenheit im Leben zu erzeugen. Bei Zerbrochenheit denken wir an jene Erfahrungen, bei denen wir an unser eigenes Ende kommen. Wir sagen, „Gott, ich komme damit nicht mehr klar. Ohne dich kann ich nichts tun. Hilf Herr!"

Erkenner, Prophet und Autor John Sandford sagt, daß ein Schrei zu Gott, bestehend aus zwei Worten, das geistlichste Gebet ist, das eine Person äußern kann.

Erkenner begrüßen die Schwierigkeiten, die eine Person in die Zerbrochenheit führen, weil sie empfinden, daß Gott sie genug liebt, um in einem weiteren Gebiet ihres Lebens zu arbeiten. Es scheint, daß der Herr die Erkenner mehr und mehr reinigt. Er möchte in ihnen ernsthaft und tief arbeiten, damit sie zu Werkzeugen werden, die gut geeignet sind, seinen Leib hier auf Erden zu unterstützen.

Vor einigen Jahren hörte ich Iverna Tompkins sagen: „Gott läßt bei mir dieses Jahr nichts mehr durch, was er im letzten Jahr zugelassen hatte." Sie sagte, daß sie oft mit dem Herrn diskutierte und sagte: „Jeder andere darf das tun." Gott sagte ihr sanft aber bestimmt, daß sie nicht „jeder andere" sei, und daß Er einen Plan für ihr Leben habe, einen Plan, der einen schmalen Weg beinhalte. Erkenner freuen sich auch, wenn sie die Folgen der Zerbrochenheit in anderen sehen. Bist du jemals mit einem Erkenner durch eine schwierige Sache gegangen und hast ihn nur sagen hören:

„Preis dem Herrn! Ich weiß, daß der Herr einige große Sachen durch diese Probleme in deinem Leben hervorbringen wird."

Und du sagst: „Vielen Dank!" Denn das war es nicht, was du hören wolltest; du wolltest etwas Mitgefühl. Du wirst es von einem Erkenner nicht bekommen! Diese Leute wissen, daß Zerbrochenheit nicht nur ihnen selbst gut tut, sondern auch den anderen.

	Nie	Selten	Manchmal	Normalerw.	Meistens	Immer	
	0	1	2	3	4	5	Punkte
6. Hat nur wenige oder keine enge Freundschaften.							

Oft haben Erkenner während ihrer Kindheit nur einen oder zwei gute Freunde – manchmal gar keine. Einige wundern sich darüber, warum sie sich nicht mehr zu Gleichaltrigen halten.

Andere wissen instinktiv, daß es in Ordnung ist – weil Gott sie so gemacht hat. Sie fühlen sich in ihrem Alleinsein wohl.

Meistens sind es die Eltern eines Erkenners, die die Situation dramatisieren und meinen, daß ihr Kind doch freundlicher sein und sich mehr mit anderen befassen müßte. Wir haben das bei unserem jüngeren Sohn Dan bemerkt, noch bevor wir etwas über die Motivationsgaben verstanden. Während seiner Grundschulzeit wollte Dan nach der Schule entweder alleine oder nur mit seinem älteren Bruder Dave spielen.

„Warum lädst du nicht den Jungen aus unserer Straße ein, um mit dir zu spielen, Dan?" hatten wir ihn gefragt.

„Ich möchte nicht"

„Aber warum?"

„Er ist nicht ehrlich. Ich habe gesehen, wie er andere Kinder in der Schule bestohlen hatte."

„Und warum bittest du nicht den Jungen vom Berg herzukommen?"

„Nicht ihn, er ist gemein."

„Und was ist mit Johnny?"

„Auf keinen Fall. Er lügt. Ich mag es nicht, mit ihm zusammenzusein."

Auf diese Art trug sich das zu. Es schien, daß Dan keinen Freund finden konnte, der seinen Normen gerecht werden konnte. Dave war in vielerlei Hinsicht genau das Gegenteil von Dan. Dave brachte nach der Schule immer Freunde mit nach Hause – meistens mehrere. Es schien einfach logisch, Dan in Freundschaften hineinzudrängen, damit er sich nicht „vernachlässigt fühlen sollte." Dann lernten wir die Motivationsgaben kennen und erkannten, daß Dave ein Administrator-Kind ist, das natürlicherweise einen Drang zu vielen Freundschaftsbeziehungen hat. Im Gegensatz dazu hatte Dan als ein Erkenner-Kind eine Tendenz zum Einzelgänger und konnte nur ausgewählte Freundschaften haben.

Als wir unsere Jungen in eine christliche Schule schickten, schloß Dan interessanterweise innerhalb eines Jahres mehrere enge Freundschaften. Für unseren Erkenner-Sohn war dies die passendere Atmosphäre, um Freundschaften zu entwickeln, ohne Kompromisse bezüglich seiner hohen Maßstäbe schließen zu müssen.

Genauso, wie die Leviten vom Rest der wwölf Stämme Israels abgesondert wurden, um dem Herrn im Tempel zu dienen, so sind auch, wie wir meinen, die Erkenner besonders herausgerufen, um viel Zeit im Gebet zu verbringen. Sie sollen das Wort Gottes in den Leib Christi bringen und die hohen Normen Gottes setzen. Aus mehreren Gründen werden sie sich den Luxus breiter Freundschaften nicht leisten:

1) Die Zeit für Freundschaften ist begrenzt, weil ihr Ruf zum Dienst des Gebets eine besondere Zeitinvestition erforderlich macht.

2) Breite Freundschaften erfordern einen gewissen Grad an Toleranz mit unterschiedlichen Normen und Einstellungen. Erkenner können keine Kompromisse schließen.

3) Die Gabe Gottes drängt den Erkenner „allein mit Ihm" zu sein.

7.	**Betrachtet die Bibel als Basis für Wahrheit, Glaube, Aktion und Autorität.**	*Nie*	*Selten*	*Manchmal*	*Normalerw.*	*Meistens*	*Immer*	
		0	1	2	3	4	5	**Punkte**

Erkenner lesen oft das Wort Gottes. Sie lieben es, in der Bibel zu studieren und erleben oft, daß Gott durch bestimmte Bibelstellen zu ihnen spricht. Sie glauben, daß es keine andere verlässliche Basis für Wahrheit gibt als nur die Bibel.

Die Berufung des Johannes des Täufers hatte seine Grundlage im Wort Gottes. Jesaja 40.3 kannte er sehr gut. Er wußte, daß er selbst die lang erwartete Stimme eines Rufers in der Wüste war.

Weil Jesus den Wunsch hatte, Johannes zu überzeugen, daß Er (Jesus) der Messias sei, sagte er zu den Jüngern des Täufers: „Geht und erzählt Johannes, was ihr gesehen und gehört habt.

Blinde erhalten ihr Augenlicht wieder; die Lahmen gehen; die Aussätzigen werden rein; die Tauben hören; die Toten stehen auf, und den Armen wird die Gute Nachricht (das Evangelium) verkündigt" (Lukas 7.22, TAB).

Johannes sah die geistliche Wahrheit in dieser Antwort, denn er kannte die Prophetien über den Messias; er wußte, was dieser tun wird.

Erkenner sind auch vom Heiligen Geist abhängig, damit das Wort in ihnen erleuchtet wird. Unser Freund Steve Lightle, ein Erkenner/Prophet, beschreibt ein solches Erlebnis:

„Während ich auf einem Stuhl saß, kam die Kraft Gottes in den Raum ... Dinge ereigneten sich im Geist an mir, die von solch tiefer Natur waren, daß ich sehr erstaunt war. Zum ersten Mal in meinem Leben hatte ich eine solch innige und persönliche Gemeinschaft mit Jesus, daß ich mit Paulus sagen konnte 'ich ... hörte unaussprechliche Worte, welche einem Menschen nicht erlaubt sind zu sprechen' (2. Korinther 12.4, NAS). Während dieser Tage nahm mich der Herr hauptsächlich durch das Buch Jesaja. Und es geschah, daß ich in dieser Zeit nahezu ununterbrochen, sechseinhalb Tage, in der Bibel las. Der Herr hatte mir alles sehr wirklich gemacht. Es war ein andauernder Prozeß von Offenbarung." (6)

	Nie	Selten	Manchmal	Normalerw.	Meistens	Immer	
	0	1	2	3	4	5	Punkte

8. Arbeitet mutig mit geistlichen Prinzipien.

Erkenner sind in der Lage, Prinzipien aus der Bibel zu nehmen und im täglichen Leben anzuwenden. Tatsächlich sind sie dann oft sehr fordernd gegenüber sich selbst. Kinder mit dieser Gabe sind unglaublich streng mit sich selbst. Sie entwickeln sich gewöhnlich zu jener Art von Teenagern, die es nicht nötig haben, daß die Eltern ihnen Regeln auferlegen, weil sie bereits ihre eigenen Normen aufgestellt haben.

Ein Elternteil erzählte, wie ihr Erkenner-Teenager sie zur Ehrlichkeit anhielt: „Eines Tages sprach ich am Telefon mit einer Freundin, die unseren Wohnwagen borgen wollte. Ich war innerlich irritiert, weil diese besondere Person sich immer Dinge borgte. Deswegen brachte ich die Ausrede: 'Tut mir leid, der Wohnwagen wird gerade benutzt'.

'Mam!' sagte meine Tochter im schockierten Tonfall, nachdem ich den Telefonhörer eingehängt hatte. 'Der Wohnwagen ist doch hier, er wird *nicht* benutzt. Wir sollen denen geben, die von uns bitten und uns nicht von denen abwenden, die von uns borgen wollen.' Sie hatte recht", fuhr die Mutter fort. „Sie hatte ein Prinzip aus Mat. 5.42 herangezogen. Von einer Tochter geprüft, mit wachsendem Respekt für ihr Leben mit Prinzipien, rief ich meine Freundin zurück und erzählte ihr, daß der Wohnwagen zur Verfügung stünde."

Der Erkenner ist eine Person mit Prinzipien in allen Bereichen des Lebens. Es ist die Art, wie er sein Haus organisiert, wie er sein Geschäft betreibt oder wie er seine persönlichen Beziehungen gestaltet. Erkenner sind wahrhaftig die Normenträger der Gemeinde. Es sind diejenigen, die Gottes Gerechtigkeit hochhalten und sagen: „Darauf müssen wir uns konzentrieren!"

Wenn es keine Erkenner gäbe, würden viele von uns im Dunkeln tappen. Wir *brauchen* diese Leute im Leib Christi.

Weil Erkennen meine drittstärkste Motivationsgabe ist, kommt sie oft in meinem Leben durch. Manche Dinge kann ich dann nicht zurückhalten, auch wenn es zu meinem Nachteil wird. Zum Beispiel vor zwei Jahren, als ich in unserer Garage einen großen Verkauf von gesammeltem Zeug aus zweiundzwanzig Jahren organisierte, das ich verkaufen wollte, um meinen Söhnen zu helfen, ihre Studienkosten zu bezahlen.

Unter den Sachen war eine Puppe, mit der ich als Kind gespielt hatte. Da ich kein kleines Mädchen mehr in der Familie hatte, der ich sie hätte geben können, stellte ich sie auf einen Verkaufstisch mit einem 10 $-Preisschild an ihr. Einen halben Tag lang wurde sie nicht verkauft, so setzte ich sie herab auf 8 $. Kurz darauf kam eine Frau, nahm sie in die Hand und gab sie mir, mit den Worten: „Ich nehme diese Puppe, aber ich möchte mich noch ein bißchen umschauen."

„Okay", sagte ich zu ihr, „ich werde sie für sie aufbewahren."

Noch bevor ich die Puppe hinstellen konnte, kam eine andere Frau, die gerade angekommen war und sagte: „Ich gebe Ihnen zwanzig Dollar für diese Puppe."

„Es tut mir leid," erwiderte ich, „aber ich habe eben dieser anderen Frau die Puppe zugesagt."

„Ich werde Ihnen fünfzig Dollar dafür geben", drängte sie mich.

„Aber ich habe der anderen Dame mein Wort gegeben", sagte ich, ohne Bedauern, daß ich das getan hatte!

„Ich werde Ihnen hundert Dollar geben. Ich muß sie haben."

Ich erkannte, daß ich getestet wurde, nicht von dieser Frau, sondern von Gott. Einhundert Dollar würden die Studienrechnungen um einiges mehr verringern als acht Dollar. Ich konnte die Versuchung spüren, aber ich konnte ebenso einen wesentlich stärkeren Zug in meinem Herzen spüren. Der Herr erinnerte mich an sein Wort: „Laß' dein Ja ein Ja sein, und dein Nein ein Nein sein; was mehr ist als das, kommt vom Bösen" (Matthäus 5.37, TAB). Das Prinzip war deutlich. Sogar als mir die zweite Frau erklärte, daß die Puppe ein Sammlerstück, eine Shirley Temple Doll im Wert von mehr als 125 $ sei, wußte ich, was ich zu tun hatte. Die Puppe ging für acht Dollar weg.

	Nie	Selten	Manchmal	Normalerw.	Meistens	Immer	
9. Ist aufrichtig und offen, spricht klar und deutlich.	0	1	2	3	4	5	**Punkte**

Diese Charakteristik bringt Erkenner manchmal in Schwierigkeiten. Eine Frau, die uns im internationalen Büro von Aglow bei der Arbeit helfen wollte, hatte diese Gabe, ohne es zu wissen. Sie war eine frischbekehrte Gläubige, die andauernd Leute kritisierte und erzählte, was sie dachte. Es dauerte nicht lange, bis die meisten Leute aus dem Aglow-Büro sich über sie ärgerten – genau so, wie es ihre Klassenkameradinnen und Arbeitskolleginnen taten.

Ich begann mit einem Motivationsgaben-Seminar, als Carol in der dritten Woche bei uns war. Nach dem ersten Abschnitt kam sie zu mir und sagte, „Katie, ich kenne meine Gabe schon! Zum ersten Mal habe ich das Gefühl, daß ich beginne, mich selbst zu verstehen und zu akzeptieren," fügte sie hinzu, während sie sich die Tränen abwischte.

„Ich hatte so viel Selbsthaß, weil ich immer Menschen mit meinem Munde verletzte. Ich wußte nicht, was ich mit dem, was ich *sah,* tun sollte", sagte sie, „außer es einfach auszusprechen. Nun kann ich erkennen, daß es falsch ist, so zu handeln. Ich möchte in meiner Gabe wachsen, um anderen zu helfen und nicht zu verletzen.

Ich erzählte Carol, daß es Erkennern erlaubt ist, viele Dinge zu *sehen*, die sie direkt von Gott bekommen, und daß es normalerweise der Plan Gottes ist, darüber zu *beten* und nicht darüber zu reden oder andere zu konfrontieren.

Ich sah, wie Carol sich zu einer mehr und mehr sensiblen Christin entwickelte. Sie hatte gelernt, ihre Offenheit zu beschränken.

Wir haben herausgefunden, daß ein *reifer* Erkenner die aufregendste Person ist, die es auf der Welt geben kann. Man kann auf seine Ehrlichkeit bauen. Er ist standhaft und freimütig – und doch geleitet von Weisheit und Liebe. Wir lieben es, mit Erkennern zu sprechen. Sie sind so transparent. Sie halten niemals etwas zurück.

Und wieder ist Johannes der Täufer ein gutes Beispiel für diese Eigenschaft. Er warnte vor dem Gericht. Er forderte die egoistischen Leute zum Teilen auf. Er wollte, daß die Zolleinnehmer ehrlich sind, und daß die Soldaten ihre Autorität nicht mißbrauchen. Seine Worte waren so elektrisierend, daß sich Tausende in der Wüste versammelten, um ihn zu hören.

	Nie	Selten	Manchmal	Normalerw.	Meistens	Immer	
10. Ist überzeugend in der Art zu reden.	0	1	2	3	4	5	**Punkte**

Ihre Überredungskunst kommt von der Tatsache, daß Erkenner in allen Bereichen sehr starke Überzeugungen haben. Die Dinge sind für sie entweder richtig oder falsch, dementsprechend werden sie auch reden.

Unser Erkenner-Sohn Dan sang während seiner Schulzeit an der Kings, einer christlichen Höheren Schule, im Living Faith Ensemble. Zu Beginn eines Kirchenkonzertes stellten sich die Mikrophon-Partner gegenseitig den Zuschauern vor. Ursula Rueb, Dan's Partnerin sagte mit einem Augenzwinkern, „das ist

Dan Fortune, er hat *immer* recht!" Schallendes Gelächter brach unter den achtzehn Mitgliedern der Gruppe aus. Sie liebten Dan, aber sie dachten dabei auch an seine starken Meinungen und an seine Überzeugungskraft.

Phil, ein Erkenner, erzählte uns, wie wichtig es für ihn war, eine Überzeugung zu haben. „Sogar in der Höheren Schule war mir bewußt, daß einige meiner Freunde ohne Ziele waren und keine Vorstellung hatten, was sie aus ihrem Leben machen könnten. Ich hatte Stunden zugebracht, sie zu ermutigen, ihr Leben positiv zu gestalten. Heute sind manche davon Leute mit Einfluß und mit einem starken christlichen Zeugnis."

	Nie	Selten	Manchmal	Normalerw.	Meistens	Immer	
11. Weint tief über die Sünden anderer.	0	1	2	3	4	5	**Punkte**

Es ist eine Person, die (inwendig und auswendig) weinen wird, wenn sie jemanden in ernsthafter Sünde verwickelt sieht. Sie weiß, daß die Sünde in sich den Samen der Zerstörung trägt. Sie wird, weil sie das Herz Gottes spürt, der Person helfen wollen, die zwangsläufigen Folgen einer solchen Saat zu vermeiden, aber sie weiß auch, daß dies nur durch Buße geschehen kann. Deswegen betet sie für die überführende Kraft des Heiligen Geistes, damit die Person zur Buße geführt wird.

Die Frau eines Co-Pastors, eine Erkennerin, wir wollen sie Nancy nennen, blickte am Ende eines Gottesdienstes auf den Hauptpastor und hörte Gott ganz deutliche Worte sprechen, daß dieser Mann mit einer ganz bestimmten Frau aus der Gemeinde in Ehebruch verwickelt sei. Tief weinte Nancy über diese Situation. Sie ging nach Hause und begann für beide zu beten. Mehrere Tage weinte sie vor Gott und bat Ihn, das Herz des Pastors und das Herz der Frau zu verändern, sie beide von ihrer Sünde zu überführen und die Affäre zu stoppen. Nach einer Woche ernsthaften Gebets sagte der Herr zu Nancy: „Ich will, daß du zu dieser Frau gehst und sie mit ihrer Sünde konfrontierst."

76

„Wie hast du das herausgefunden?", fragte die erschrockene Frau. „Gott hat es mir offenbart," erwiderte Nancy. „Er möchte, daß du die Affäre beendest."

„Nun, ich will aber nicht!", platzte die Frau heraus. „Halte dich aus meinem Leben heraus!"

Nancy ging nach Hause und für eine weitere Woche betete und weinte sie. Am Ende der zweiten Woche schickte der Herr sie wieder zu dieser Frau. Es war keine schöne Aufgabe, aber Nancy war gehorsam. Wieder weigerte sich die Frau, zur Buße zu kommen. An diesem Punkt, so berichtete Nancy, wurde die Last augenblicklich von ihren Schultern genommen. Es war wohl noch ein menschlicher Kummer über die Situation, aber der göttliche Kummer und die Bürde wurde von ihr genommen.

Gott ruft Erkenner in die Fürbitte, aber der freie Wille des Sünders kann auch Seinen Willen durchkreuzen.

Wir würden gerne ein Happy End der Geschichte berichten können, aber tragischerweise nahm die Sünde ihren Lauf: Zwei Familien wurden zerstört und viele Freunde und Kirchenmitglieder wurden verwundet und desillusioniert. Einige fielen durch den Schock und die Bitterkeit vom Glauben ab.

Nie	*Selten*	*Manchmal*	*Normalerw.*	*Meistens*	*Immer*	
0	1	2	3	4	5	**Punkte**

12. Möchte unbedingt eigene blinde Flecken sehen und anderen helfen, ihre auch zu sehen.

Wir alle haben blinde Flecken. Das ist damit gemeint, als Jesus fragte: „Was aber siehst du den Splitter, der in deines Bruders Auge ist, den Balken aber, der in deinem eigenen Auge ist, nimmst du nicht wahr? 42 Oder wie kannst du zu deinem Bruder sagen: Bruder, erlaube, ich will den Splitter herausziehen, der in deinem Auge ist, während du selbst den Balken in deinem Auge nicht siehst?" (Lukas 6.41-42, REB). Dieser Balken ist unser blinder Fleck.

Eines Tages, als meine Freundin Marcia Kruecel mich zum Sea-Tac Flughafen brachte, fuhr plötzlich eine Frau vor uns rechts mit ihrem Auto direkt in unseren Weg. Wäre sie dageblieben, hätte es einen Zusammenstoß gegeben. Marcia hupte aber und die Frau fuhr schnell zur Seite. „Wir waren in ihrem blinden Fleck", sagte Marcia zu mir.

Es ist wahr, es gibt einen Bereich kurz über der linken Schulter des Fahrers, der im Rückspiegel nicht gesehen werden kann. Wie sehr trifft das auch auf unser Leben zu, dachte ich. Wenn wir aufgrund eines blinden Flecks eine Warnung überhören, und den eingeschlagenen Kurs beibehalten, ohne die Gefahr zu sehen, gibt es wahrscheinlich einen Zusammenstoß – eine Art von Krise. Wenn wir dafür offen sind, daß Gott mit uns in den Gebieten unserer blinden Flecke arbeiten kann, dann ist es am besten, wenn wir einen Freund mit der Gabe des Erkennens aufsuchen und seine Unterscheidungsfähigkeit in Anspruch nehmen.

13. Wünscht vor allem, daß Gottes Plan überall verwirklicht wird.

	Nie	Selten	Manchmal	Normalerw.	Meistens	Immer	
	0	1	2	3	4	5	**Punkte**

Erkenner können den Plan Gottes erkennen und werden es nicht erlauben, daß persönliche Ambitionen für sich selbst oder für andere darin bestimmend werden. Wenn ein Erkenner seelsorgerlich mit jemandem zu tun hat, dann taucht eine charakteristische Äußerung auf: „Es ist notwendig, daß du *deinen* Plan aufgibst und den Plan *Gottes* für dein Leben entdeckst".

Wenn der Erkenner in einer Organisation arbeitet, wird er einzelne darin ermutigen, eigene Wünsche zu opfern, damit *Gottes Plan* mit der Gruppe in Erfüllung geht.

Oft werden dem Erkenner Einsichten, Visionen und Offenbarungen gegeben, damit er den Plan Gottes in einer Situation erkennt. Simeon war ein hingegebener Mann, der das Gesetz aufmerksam studierte, während er auf den Messias wartete. Der heilige Geist offenbarte diesem Erkenner, daß er nicht sterben würde, ohne den Gesalbten Gottes gesehen zu haben. Wie aufregend muß das für Simeon gewesen sein, Einsicht in den Plan Gottes bekommen zu haben. Geführt durch den Heiligen Geist, kam er in den Tempel, gerade als Maria und Josef ihren Sohn zur Beschneidung brachten. Als er Jesus erkannte, nahm Simeon

Ihn in seine Arme und pries Gott: „Und nun Herr entläßt du deinen Knecht (die Welt zu verlassen), nach deinem Wort in Frieden, denn mit meinen (eigenen) Augen habe ich dein Heil gesehen, das du bereitet hast (im Angesicht) allen Menschen, ein Licht zur Offenbarung für die Nationen – zu öffnen, was bisher unbekannt war und (um zu bringen) Preis und Ehre und Herrlichkeit deinem Volk Israel" (Lukas 2.29-32, TAB).

14. **Unterstützt stark das geistliche Wachstum von Gruppen und einzelnen Personen.**

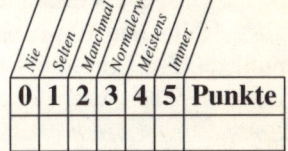

Nie	Selten	Manchmal	Normalerw.	Meistens	Immer	
0	1	2	3	4	5	**Punkte**

Erkenner möchten geistliches Wachstum sehen. Sie sehen sich selbst als immer im Wachstum befindlich und möchten gerne anderen auch zum Wachsen verhelfen.

Ein Erkenner-Evangelist, der in Afrika arbeitet, trainiert junge Männer, damit sie in ihren Dienst hineinwachsen. Er sagt es folgendermaßen: „Es ist der Weg, wie ich meinen Dienst vervielfältigen kann. Wenn ich ihnen zum Wachstum verhelfe, wird das Evangelium noch weiter und effektiver ausgebreitet."

Erkenner sehen das geistliche Wachstum einer Gruppe als das Ergebnis der veränderten Individuen. So wie das schwächste Glied einer Kette die Stärke der Kette bestimmt, meinen sie, daß dann die Person, die geistlich am schwächsten ist, die Effektivität der ganzen Gruppe begrenzt. Deswegen erkennt der Erkenner, daß er auf der Eins-zu-Eins-Basis den einzelnen Mitgliedern helfen muß, um auch die ganze Gruppe gestärkt zu sehen.

Kit, eine Erkenner-Missionarin von Jugend mit einer Mission, schrieb uns neulich aus Montana: „Während der letzten Jahre habe ich es genossen, mit Gruppen zu arbeiten, ganz besonders aber auch mit den Einzelnen in den Gruppen, die geistliches Wachstum nötig hatten. Meine Freude ist es, die Heiligen zur Reife zu führen und zu sehen, wie sie sich noch effektiver im Leib Christi einsetzen können."

	Nie	Selten	Manchmal	Normalerw.	Meistens	Immer	
	0	1	2	3	4	5	**Punkte**

15. Hat einen Ruf zur Fürbitte.

Das ist wahrscheinlich die wichtigste Charakteristik des Erkenners. Wir haben bis jetzt noch keinen erwachsenen Christen mit der Gabe des Erkennens kennengelernt, der nicht einen Ruf zur Fürbitte hat. Wir haben einige kennengelernt, die sich noch nicht die Zeit genommen haben, auf Gott zu *hören*, um ihren Ruf zu entdecken. Aber der Ruf ist da – es ist nur eine Frage der *Empfangsbereitschaft*, das zu hören!

Die meisten Erkenner wissen über die Wichtigkeit der Fürbitte. Sie haben einen inneren Sinn dafür, daß es der wichtigste Aspekt ihres Lebens und ihres Dienstes ist. Sie erkennen, daß „Berge versetzt werden" und mehr durch Gebet erreicht werden kann als durch alles andere.

Ein Erkenner sagte einmal: „Ungefähr 90 Prozent meines Dienstes ist Fürbitte. Nur 10 Prozent meiner Zeit arbeite ich direkt mit Menschen. Normalerweise sehe ich, nachdem ich gebetet habe, die Resultate manifestiert in der Situation. Nur selten muß ich eine andere spezielle Arbeit tun als Beten."

Ein anderer Erkenner sagte es frei heraus: „Erkenner sollten langsam im Reden und schnell im Gebet sein!"

Guter Rat. Erkenner sehen viele Dinge, die nicht im Willen Gottes sind. Vielleicht bekommen sie Offenbarungen über die Probleme und Nöte anderer. Wenn sie es nicht ins Gebet nehmen, dann können sie zu negativen Kritikern oder widerwärtigen Störenfrieden werden. Gottes Absicht ist es, ihnen bestimmte Einsichten zu geben, damit sie effektiv Fürbitte tun können. Erkenner sind Schlüsselfiguren in Gebetsgruppen. Sie motivieren andere zum Gebet. Sie haben den stärksten Gebetsdienst von allen sieben Gaben. (Die Geber und solche, die Barmherzigkeit üben, sind auch besonders effektiv auf diesem Gebiet, aber mit unterschiedlicher Betonung.) Erkenner fasten oft in den Zeiten ihres Fürbittedienstes.

80

Nie	*Selten*	*Manchmal*	*Normalerw.*	*Meistens*	*Immer*	
0	1	2	3	4	5	**Punkte**

16. Fühlt die Notwendigkeit, das Gesehene auszusprechen oder zu dramatisieren.

Hosea ist ein biblisches Beispiel. Erinnere dich, wie er eine Hure zur Frau nimmt, um Israels Untreue zu demonstrieren? Hosea hörte den Herrn sagen: „Geh, nimm dir selbst eine Frau der Hurerei und habe Kinder (ihrer) der Hurerei, denn das Land begeht große Hurerei, weil es sich vom Herrn getrennt hat" (Hosea 1.2, TAB). Das war eine sehr dramatische Aktion, aber sie gewann die Aufmerksamkeit der Nation. Und als seine Frau Gomer Hosea verließ, um zur Prostitution zurückzukehren, ging er hinaus, sie zu suchen, um damit zu demonstrieren, wie Gott selbst hinausgeht, um diejenigen zu suchen, die Ihm den Rücken gekehrt haben. Manchmal benutzen Erkenner die Bühne als ein Instrument, um die Botschaft Gottes herüberzubringen. Wir haben herausgefunden, daß diese Leute sich oft zum Gebiet der Schauspielerei hingezogen fühlen. Es befähigt Personen mit einer solchen Begabung, das, was Gott sagen möchte, anschaulich darzustellen.

Eine Erkenner-Freundin, Diana, sagte: „In meinen späten Teenagerjahren und am Anfang meines Erwachsenenalters war ich stark in Schauspielgruppen beschäftigt, weil ich es genoß, die Dinge, mit denen ich mich intensiv beschäftigte, auch schauspielerisch darzustellen. Als ich den Herrn kennenlernte, übertrug sich dieses Interesse auf christliche Schauspielgruppen."

Oft haben Erkenner ein wunderbares Talent, die Wahrheit Gottes auszudrücken, wenn sie lehren, predigen oder einfach nur reden. Viele der alttestamentlichen Propheten hatten auch diese Begabung. Einige kleideten sich in Sackleinen und Asche, wenn sie Menschen zur Buße führen wollten. Elisa erzählte dem leprösen Naäman, sieben Mal im Jordan unterzutauchen. Elia rief das Feuer vom Himmel herab. Nathan benutzte eine dramatische Geschichte über einen armen Mann, der nur ein Schaf besaß, um das Gewissen Davids zu berühren.

Im Neuen Testament kleidete sich Johannes der Täufer in rauher Kleidung aus Kamelhaaren und aß Insekten und wilden

Honig. Ein Prophet namens Agabus warnte Paulus vor der drohenden Gefangennahme, indem er den Gürtel des Paulus nahm, sich damit Hände und Füße fesselte und sagte: „Dies sagt der Heilige Geist: Den Mann, dem dieser Gürtel gehört, werden die Juden in Jerusalem so binden und in die Hände der Nationen überliefern." (Apg. 21.11, REB). Jesus ritt auf einen Esel in Jerusalem ein, als ein Zeichen der Erfüllung einer früheren Prophetie.

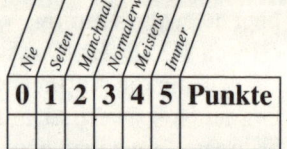

	Nie	Selten	Manchmal	Normalerw.	Meistens	Immer	
17. Tendiert zur Selbstbetrach-tung.	0	1	2	3	4	5	**Punkte**

Erkenner wissen die Bedeutung der Schrift: „Erforsche mich (durch und durch) oh Gott und sieh mein Herz! Prüfe mich und erkenne meine Gedanken! Und sieh, ob ein böser oder schädlicher Weg in mir ist, und leite mich auf dem ewigen Weg" (Psalm 139.23-24, TAB). Unvollkommenheiten los zu werden ist eine Hauptpriorität der Erkenner. Sie möchten, daß Gott das reine Gold in ihrem Leben hervorbringt, daß Er sie läutert und das aus ihnen macht, was er möchte. Deshalb haben sie keine Angst, in sich hineinzusehen und jene Dinge zu identifizieren, die sie in Angriff nehmen müssen. Sie kennen die Bedeutung reiner Motive, vorangetrieben durch den Heiligen Geist und nicht durch die Wünsche des Fleisches. Howard Pitman beschreibt, wie er medizinisch auf dem Operationstisch starb und vom Geist zu den Toren des Himmels geführt wurde. Weil er der Meinung war, daß er ein Leben „guter Werke" geführt hätte, glaubte er, guten Gewissens zu Gott kommen zu können. Dann war er aber schockiert, daß Gott nicht über ihn erfreut war.

„Der Klang Seiner Stimme kam auf mich schon über das Tor hinab, bevor mich seine Worte trafen. Der Tonfall seines Zornes klopfte an mein Gesicht, als Gott anfing, mir zu sagen, welche Art von Leben ich wirklich geführt hatte ... Er zeigte mir, daß mein Glaube tot war, daß meine Taten nicht angenommen wurden und daß ich umsonst gearbeitet hatte ...

All die Jahre dachte ich, ich hätte alles für Gott getan! Jetzt erzählte Er mir, daß das, was ich getan hatte, für mich selbst gewesen war. Sogar als ich predigte und Zeugnis über die rettende Gnade Jesu Christi gab, tat ich das für mich, um mein Gewissen zu beruhigen. Das brachte meine Prioritäten durcheinander" (7). Er hatte einiges an Seelenrettung für mich zu tun! Er sah, daß nur das, *was aus dem Geist geschah,* für Gott an Wert besaß. Helen, eine weitere Erkennerin aus Montana schrieb uns vor kurzem: „Selbstbetrachtung war immer ein Problem in meinem Leben. Ich dachte, ich würde mich zu ernst nehmen. Wie froh wurde ich, als ich erkannte, daß es ein Teil meiner Begabung ist, daß es in Ordnung ist, sich selbst zu betrachten."

	Nie	Selten	Manchmal	Normalerw.	Meistens	Immer	
18. Hat starke Überzeugungen und Meinungen.	0	1	2	3	4	5	**Punkte**

Erkenner haben über alles eine eigene Meinung. Und wenn es sein sollte, daß du eine Sache bringst, über die sie nie nachgedacht hatten, was meinst du, was dann geschieht? Auf die Schnelle bilden sie sich eine Meinung! Glücklicherweise suchen die Erkenner gewöhnlich Gottes Hilfe, um ihre Überzeugungen zu formen, deshalb trägt die Meinung des Erkenners oft den „Ring der Wahrheit". Aber notwendigerweise präsentieren Erkenner ihre Meinung nicht auf die sanfte Art. Sie können im wahrsten Sinne des Wortes, wie der „Elefant im Porzellanladen sein" und eine Kette der Zerstörung hinter sich lassen.

Don mußte diese schmerzliche Erfahrung vor zehn Jahren machen, als er in einem Hauskreistreffen mit 25 Leuten gegen diese Charakteristik anging. Nach ein paar Treffen konnte er feststellen, daß 5 Frauen Erkennerinnen waren. Ich erinnere mich, als er betete: „Herr, was hast du mit mir vor? Fünf auf einmal!"

Zuerst, so berichtet er, flogen normalerweise die Funken. Jede von den Fünfen hatte so starke Meinungen! Oft paßten diese Meinungen nicht zusammen, und es ist nicht notwendig zu sagen, daß es keine lauen Diskussionen gab. Don war fasziniert zu sehen, wie der Herr an den Herzen der fünf Erkennerinnen arbeitete. Je reifer die Einzelne wurde, desto offener wurde sie für die Meinung der anderen. Denn es gab Wachstum für jede von ihnen und für den Rest der Gruppe, weil sie sich damit auseinandersetzten.

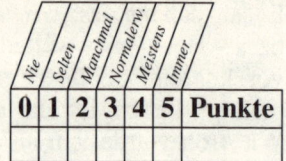

	Nie	Selten	Manchmal	Normalerw.	Meistens	Immer	
19. Hat strikte persönliche Maßstäbe.	0	1	2	3	4	5	**Punkte**

Erkenner sind niemals mit weniger als dem Besten zufrieden. Sie haben eine einwandfreie Moral, es sei denn, sie sind aus der Gemeinschaft mit Gott herausgefallen. Sogar Teenager mit dieser Gabe werden selten Kompromisse eingehen. Tatsächlich sind sie noch strenger mit sich selbst, als ihre Eltern mit ihnen.

Ein junger Mann mit dieser Gabe fand heraus, daß seine ältere Schwester mit ihrem Freund zusammenzog. Zuerst war er wütend, denn das Verhalten seiner Schwester warf ein schlechtes Licht auf ihn und auf seine Familie. Dann war er auch wütend, weil es ein Angriff gegen Gott war. Danach war er wütend auf Satan, weil er seine Schwester in Unsittlichkeit brachte. An diesem Punkt kanalisierte er seine Wut ins Gebet und in geistliche Kampfführung gegen ihr Verhalten.

Während manche Leute leben, ohne auf Gott zu achten und auf die Tatsache, daß er alle Dinge sieht, ist der Erkenner dazu nicht in der Lage. Er lebt beständig im Bewußtsein der Gegenwart Gottes. Er möchte so leben, wie es Ihm gefällt.

Erkenner sind aufrichtig. Integrität ist ihr Leitwort. Carolyn kam eines Tages vom Lebensmittelgeschäft nach Hause und entdeckte, daß der Kassierer eine Lebensmitteldose, die sie am Ende des Warentisches hingestellt hatte, nicht mitberechnet hatte.

„Vergiß es", sagte ihr Ehemann. „Das merken die überhaupt nicht."

„Aber ich habe es bemerkt," erwiderte Carolyn. Ihre Gabe war in Aktion. „Ich geh zurück, um es zu bezahlen. Der Kassierer des Lebensmittelgeschäftes war begeistert, als Carolyn die Situation erklärte. „Sie sind wirklich aufrichtig", bestätigte er. „Sollte das nicht jeder sein?" fragte Carolyn. „Ohne aufrichtig zu sein, könnte ich gar nicht leben."

20. Hat den Wunsch, Gott zu gehorchen, egal, was es kostet.

	Nie	Selten	Manchmal	Normalerw.	Meistens	Immer	
	0	1	2	3	4	5	**Punkte**

Erkenner wissen um die Wichtigkeit des Gehorsams. Das Gegenteil ist ihrer Meinung nach Rebellion – eine Sünde, die im Alten Testament als „die Sünde der Zauberei" bezeichnet wird (1. Sam.15:23, KJV).

Ein Erkenner erzählte uns einmal, was er beim Bibelstudium über Gehorsam entdeckte: „Mir wurde bewußt, daß Gehorsam gegenüber Gott (1. Petrus 1.14) ebenso bedeutet, daß ich auch anderen Menschen gegenüber Respekt und Gehorsam zeige.

Als ich mit Jesus begann, gehorchte ich Ihm nicht in allen Dingen, die er von mir verlangte (Jak. 1.22). Ich mußte jeden Gedanken im Gehorsam Ihm unterstellen (2. Kor. 10.5).Dann sah ich, daß ich den weltlichen Regeln auch gehorchen mußte (Titus 3.1), auch meinen Leitern (2. Kor. 2.9), meinen Eltern (Kol. 3.20), meinem Ehemann (Eph. 5.22), und sogar meinem Vorgesetzten (Eph. 6.5-8). Es ist eine große Anforderung, aber mit Seiner Stärke kann ich das schaffen."

„Jesus ist mein Vorbild. Er war Gott gegenüber in allen Dingen gehorsam, sogar bis zu seinem Tod am Kreuz."

Oft fordern wir Eltern von jungen Erkenner-Kindern auf, diese im Gehorsam *ihnen* gegenüber zu erziehen, damit sie dann, wenn sie reif sind, auch *Gott* gehorchen können. Wir sprechen aus eigener Erfahrung. Dan, unser Erkenner-Kind, war überhaupt nicht einfach zu erziehen. Obwohl er uns gehorchen wollte, kam sein eigener Wille und seine Starrköpfigkeit manchmal durch. Glücklicherweise hatten Don und ich, als wir heirateten, die gleiche Einstellung zur Disziplin. Wir glaubten auch an die Warnung aus Sprüche 13.24: „Wer seine Rute schont, haßt seinen Sohn."

Wir lasen eine mächtige kleine Schrift, die eine christliche Sicht der Disziplin darstellte: *Kinder, Freude oder Wahnsinn?* Danach gingen wir sofort zum örtlichen Holzgeschäft. Wir kauften einen 90 cm langen Stock, teilten ihn in zwei Hälften und platzierten die beiden 18-cm-Ruten so, daß sie bei Bedarf schnell zur Hand waren. Es funktionierte! Die Kinder lernten bald, daß wir wirklich die Rute der Autorität benutzten. Nach den Schlägen für ungehorsames Verhalten nahmen wir sie in unsere Arme, liebten sie und erkärten ihnen, warum wir sie auf diese Art bestraften, und dann vergaben wir ihnen. Es war deutlich, daß diese Art von Annäherung sie sich geliebt und sicher fühlen ließ.

Tatsächlich brachte David einmal, als er drei Jahre alt war, die Rute und sagte: „Schlage mich, ich habe etwas Schlechtes getan." Er hatte etwas zerbrochen, das er nicht anfassen durfte, und er wußte, daß er sich nach der Bestrafung besser fühlt. Tatsächlich war es auch so.

Dan war nicht so erpicht auf Bestrafung. Erkenner-Kinder haben typischerweise einen starken Willen und sind starrköpfig. Sie sind eine Herausforderung an die Eltern und müssen Gehorsam lernen, sonst wird ihre Gabe für den Rest ihres Lebens verschmutzt sein. Dan versuchte immer seine Handlungen zu rechtfertigen. Er diskutierte mit uns. Oft mußten wir Dan nach den Schlägen in sein Zimmer schicken, während Dave schnell Buße tat, um Vergebung bat und dann fröhlich loszog, um zu spielen. Wir blieben konsequent mit Dan und schließlich begann er gehorsam zu sein, ohne zu widersprechen. Er wurde ein entzückendes Kind, das die gelernte Disziplin verinnerlicht hatte und entwickelte sich zu einem Jugendlichen mit hohen Idealen. Er wuchs dem Herrn immer näher mit seinem Verlangen, Ihm zu gehorchen.

Heute versteht Dan, warum wir ihn mehr disziplinieren mußten als seinen Bruder, und er schätzt dies. „Ich wäre niemals in der Lage gewesen, meinem himmlischen Vater zu gehorchen," sagt Dan, wenn ich nicht gelernt hätte, meinem irdischen Vater zu gehorchen."

Dan ist jetzt ein Missionsleiter und hat schon ein Jahr Dienst auf den Philippinen hinter sich, wo er unter dem Missionars-

Evangelisten Rod McDougal arbeitete. „Gott forderte mich auf zu gehen und ich ging", sagte Dan.

JETZT MACHE DIE AUSWERTUNG
Übertrage deine Werte auf den Erkenner-Testbogen auf Seite 61. Zähle alle zwanzig Zahlen zusammen und trage in das Gesamt-Kästchen die Summe ein. Denke daran, es gibt keine falschen oder richtigen Antworten. Dies ist ein subjektiver Test zur Selbsteinschätzung. Versuche nicht deine Ergebnisse mit anderen zu vergleichen. Wichtig ist der Vergleich *aller sieben* Gaben deiner *eigenen* Bewertung, das offenbart dein Persönlichkeitsprofil.

DIE GABE DES ERKENNENS

Charakteristiken:

	Nie 0	Selten 1	Manchmal 2	Normalerw. 3	Meistens 4	Immer 5	PUNKTE
1. Schnell und genau erkennt er, was gut und böse ist, Böses haßt er.							
2. Sieht alles schwarz oder weiß; ohne undefinierbare Gebiete.							
3. Erkennt schnell den Charakter einzelner Menschen und Gruppen.							
4. Ermutigt zur Buße, die gute Frucht bringt.							
5. Glaubt, daß die Annahme von Schwierigkeiten zum positiven Zerbruch führt.							
6. Hat nur wenige oder keine enge Freundschaften.							
7. Betrachtet die Bibel als Basis für Wahrheit, Glaube, Aktion, Autorität.							
8. Fühlt sich herausgefordert, mit geistlichen Prinzipien zu arbeiten.							
9. Ist direkt, spricht offen Dinge aus und verdreht Wörter nicht.							
10. Ist sehr überzeugend in seiner Art zu reden.							
11. Weint tief über die Sünden anderer Menschen.							
12. Will gerne seine blinden Flecke sehen und anderen helfen, ihre zu sehen.							
13. Größter Wunsch ist, daß in allen Situationen Gottes Plan sichtbar wird.							
14. Unterstützt stark geistliches Wachstum von Gruppen und Einzelpersonen.							
15. Hat einen klaren Ruf zur Fürbitte.							
16. Fühlt die Notwendigkeit das, was er sieht, zu dramatisieren und auszusprechen.							
17. Hat eine Tendenz zur Selbstbeobachtung.							
18. Hat eine feste Meinung und starke persönliche Überzeugungen.							
19. Hat strenge persönliche Maßstäbe.							
20. Möchte Gott um jeden Preis gehorsam sein.							
GESAMT							

8

PROBLEME DES ERKENNERS

Jede einzelne der sieben Gaben hat seine eigenen Problemgebiete. Wir haben es für die Leute als sehr hilfreich empfunden, in jeder Gabe die spezielle Herausforderung zu entdecken. Eine Frau sagte uns: „Ich empfinde es als eine Freisetzung, zu wissen, daß meine Probleme typisch für meine Gabe sind. Ich dachte, ich wäre der einzige in der Welt, der mit diesen Dingen zu kämpfen hat. Nun habe ich Hoffnung und Orientierung."

Ohne Probleme gäbe es keine Gelegenheit zum persönlichen Wachstum!

Wenn du einen aufrichtigen Blick auf die Problemgebiete wirfst, erkennst du,

1. daß du nicht alleine bist,
2. da die Entdeckung deiner Probleme dir helfen wird, spezielle Lösungen zu entwickeln,
3. wie du um Gottes Hilfe und Gnade beten kannst, um die Probleme zu bewältigen.

Die Bewertung geht nach dem gleichen Prinzip wie bei den zwanzig positiven Charakteristiken, aber du wirst kein Negativprofil für dich erstellen! Die Negativbewertung sollst du nur benutzen, um zu sehen, wie reif du bist. Die Skala sieht ungefähr wie folgt aus:

    0 bis 5 Punkte = reif
    6 bis 10 Punkte = in der Gnade wachsend
   11 bis 15 Punkte = Durchschnitt
   16 bis 20 Punkte = unreif
   21 bis 25 Punkte = braucht Hilfe!

Verschiedene Personen testeten wir vor etwa acht oder zehn Jahren und dann erneut vor kurzem. Oft war der negative Wert bedeutend zurückgegangen, obwohl typischerweise im Ver-

89

gleich dazu der Negativwert bei der Primärgabe immer noch sehr hoch war (aber verbessert hatte er sich auch).

In diesem Zusammenhang können wir leicht nachvollziehen, warum Paulus die Philipper ermahnte, an ihrer eigenen Errettung mit Furcht und Zittern zu arbeiten.

Hier sind die fünf typischen Problemgebiete des Erkenners:

	Nie	Selten	Manchmal	Normalerw.	Meistens	Immer	
1. Tendiert dahin, rechthaberisch und grob zu sein.	0	1	2	3	4	5	**Punkte**

Erkenner haben eine sogenannte Fuß-Mund-Krankheit. Jona ist ein biblisches Beispiel dafür. Gott befahl ihm nach Ninive zu gehen, um Buße zu predigen. Jona mochte diese Anweisung nicht, denn er wußte, daß die Leute böse waren, und er konnte sich nicht vorstellen, warum Gott ihnen vergeben wollte. Deshalb machte er sich in die entgegengesetzte Richtung auf. Du kennst die Geschichte. Gott arrangierte spezielle Transportmöglichkeiten, um ihn zur rechten Zeit an den richtigen Strand zu bringen. Jona beschloß deshalb, besser nach Ninive zu gehen, wo er über die Notwendigkeit der Buße predigte. Und die Leute taten Buße.

Jona hatte damit nicht gerechnet. Er hatte in seinem Herzen diese Leute bereits gerichtet und für sich entschieden, daß sie das Gericht Gottes verdienten. Du siehst, er hatte einen kritischen Geist. Er kümmerte sich nicht darum, für Ninive zu beten. Statt dessen ging er an einen Abhang und wartete auf das Kommen des Gerichts. Als es nicht kam, wurde er wütend, und Gott mußte Jona korrigieren.

Erkenner werden erleben, daß Gott mit ihnen entschieden und streng umgeht, wenn sie nicht lernen, mehr zu beten und weniger zu kritisieren. Gebet ist die Sicherung, die den Erkenner davor schützt, eine kritische Haltung einzunehmen.

Erkenner haben einen Ruf zum Fürbittegebet. *Es gibt da keine Ausnahmen!*

In Kansas City kam nach unserem Seminar eine Frau auf uns zu und sagte wütend: „Nun gut, ich bin eine Erkennerin, aber ich bin keine Fürbitterin."

„Wurdest du schon einmal zur Fürbitte gerufen?" fragte ich.

„Na ja, das weiß ich nicht genau", erwiderte sie, „aber ich habe keine Zeit dafür. Ich denke, ich kann die Dinge viel schneller erledigen, wenn ich gleich zu der betreffenden Person hingehe und sie mit dem konfrontiere, was sie falsch macht."

„Sie können die Angelegenheiten schneller tun als Gott?" staunte ich. „Tatsächlich kann ich das manchmal. Er braucht so lange."

Ich dachte bei mir selbst, *das ist rein egoistisch!* „Du mußt immer mit Gebet beginnen," sagte ich ihr nachdrücklich, und nur zu jemandem gehen, wenn der Herr es dir zu tun sagt. Wenn du nicht vorsichtig bist, kannst du eine kritische Person werden, die niemand mehr mag."

Einige ihrer Freunde hörten das mit. Später vertrauten sie mir an, daß eine Menge von Leuten sie schon *jetzt* nicht mehr leiden können!"

Der Herr arbeitete in dieser Nacht an ihr. Lange Zeit konnte sie nicht einschlafen. Am nächsten Morgen sprach sie mich an:

„Katie, letzte Nacht sagte mir Gott, daß er mich schon vor langer Zeit zur Fürbitte gerufen hatte, aber ich hatte mich geweigert zu hören. Ich habe erkannt, daß ich viel Durcheinander angerichtet habe." Seit damals wuchs sie als Fürbitter und wurde sensibel anstatt abgestumpft. Die Leute lieben sie jetzt. Solltest du entdecken, daß du die Gabe des Erkennens hast, und du hast bisher den Ruf zur Fürbitte noch nicht vernommen, dann sei vorsichtig. Gott läßt dich nicht von Seiner Angel.

Folgendes erzählen wir gerne den Erkennern: Während in der natürlichen Welt die kürzeste Distanz zwischen zwei Punkten eine Gerade ist, trifft das auf die geistliche Welt nicht zu. Die kürzeste Distanz zwischen dir und einer anderen Person (besonders einer Problem-Person) ist eine Linie des Gebets: Gerade hoch zu Gott, im Vertrauen, daß Gott mit dieser Situation am besten umgehen kann und eine Lösung für dieses Problem ausarbeiten wird. Du weißt, niemand mag es, von einem anderen zur Änderung aufgefordert zu werden. Aber wenn du dieses Problem Gott gibst, dann kann Er zum Herzen der Person sprechen. Er kann Mauern des Widerstandes bewegen, die wir nicht überwinden können.

Nur dann sollte ein Erkenner jemanden konfrontieren, wenn er über die Sache gebetet hat, sie an Gott abgegeben und eine direkte Anweisung erhalten hat. Selbst wenn Gott das Herz der Person vorbereitet hat, kann es sein, daß die Konfrontation nicht erfolgreich ist. Die Aufgabe des Erkenners ist nicht, andere zu verändern; er soll nur die Botschaft überbringen. Es ist die Aufgabe des Heiligen Geistes, Überführung und Veränderung zu bewirken.

2. Vergißt Teilfortschritte anzuerkennen, weil er stark zielgerichtet ist.

Nie	Selten	Manchmal	Normalerw.	Meistens	Immer	
0	1	2	3	4	5	**Punkte**

Der Wunsch des Erkenners ist immer, sich selbst und andere an den Platz der perfekten Befolgung des Willens Gottes zu bringen. Er konzentriert sich auf die Tatsache, daß Jesus sagte, wir sollen „vollkommen" sein.

Zum Beispiel kann es in der Seelsorge sein, daß der Erkenner so eifrig darauf bedacht ist, den Hilfesuchenden zur Vollkommenheit in Christus zu führen, daß er einfach zu viel erwartet. Er drängt die Person zur Veränderung – schneller als diese dazu in der Lage ist.

Der Erkenner muß es lernen, wie man schon einen Schritt des Fortschritts als Erfolg an sich betrachtet. Er muß fähig werden zu sagen: „Hey, ich bin wirklich froh, daß du diesen Schritt in dieser Woche getan hast. Das ist gut! Nun laß uns zum nächsten Schritt gehen."

Lem, ein Erkenner-Ehemann und Vater bat uns um Rat. Er beschwerte sich, daß seine Frau keine geistlichen Fortschritte machen würde. Wir sprachen mit seiner Frau. Ihre Geschichte klang anders. Sie war ärgerlich, denn Lem erwartete von ihr in gleicher Art geistlich zu sein wie er, was bedeutete, lange Zeit im Gebet zu verbringen, oft zu fasten und Lems strenge Regeln für die Familie zu befolgen. Sie war auch frustriert, weil er die Kinder so stark kritisierte, daß sie sich nicht mehr geliebt fühlten.

Sie sagte, daß Lem die geistlichen Fortschritte der Kinder nicht anerkennen würde. Da seine Frau die Gabe des Administrierens hatte, erklärten wir Lem, daß er von ihr nicht erwarten könne, genau wie er zu handeln und zu denken. Daß sie niemals jemand werden würde, der viel beten und fasten könne, aber daß sie fähig sein würde, die einzigartigen Unterschiede in ihrern Kindern zu erkennen und ihnen helfen kann, diese entsprechend zu entwickeln. Lem nahm etwas von seinem Druck zurück und gibt seinen Familienmitgliedern jetzt mehr Gelegenheit zur eigenen Entwicklung. Er lernt langsam auch, seinen Kindern und seiner Frau Komplimente und Ermutigungen zu geben.

	Nie	Selten	Manchmal	Normalerw.	Meistens	Immer	
3. Drängt andere Menschen und Gruppen geistlich reif zu werden.	0	1	2	3	4	5	**Punkte**

Es ist nicht schlecht, wenn man will, daß andere Menschen geistlich reif werden; das Problem ist das Drängen. Jill war begeistert, als ihr Ehemann endlich sein Leben Jesus gab. Aber die verschmutzte Erkennergabe verleitete sie immer wieder, ihn zum geistlichen Wachstum zu drängen. Sie bestand darauf, daß er zu jeder Gelegenheit in der Gemeinde sein sollte. Sie legte für ihn die „richtigen Bücher" zum Lesen aus. Und sie ließ es ihn immer wissen, wenn er etwas tat, was nicht „christlich" war. Natürlich ging der Schuß nach hinten los. Er machte auf seinem Absatz kehrt und weigerte sich, noch etwas mit dem „religiösen Zeug" zu tun zu haben. Jill war ernüchtert und entmutigt. Aber eine ältere Frau aus der Gemeinde sah, was sie getan hatte und gab ihr hilfreichen Rat:

„Schau Jill," sagte sie, „du mußt mehr für deinen Ehemann beten und weniger reden. Laß ihn seine eigenen Entdeckungen und Entscheidungen machen."

Sobald Jill mit dem Drängen aufhörte, begann ihr Mann das morgendliche Gebetstreffen für Männer zu besuchen. Heute ist er so reif, wie Jill sich das immer gewünscht hatte.

4. Ist intolerant gegenüber Ansichten, die von den eigenen abweichen.

Nie	Selten	Manchmal	Normalerw.	Meistens	Immer	
0	1	2	3	4	5	Punkte

Erkenner sind immer davon überzeugt, daß ihre Ansichten richtig sind – und meistens sind sie das auch. Aber manchmal gibt es verschiedene Facetten der einen Wahrheit. Es kann sein, daß der Erkenner eine Facette der Wahrheit sieht, während jene mit anderen Motivationsgaben die anderen Facetten sehen. Bringe alle Facetten zusammen und du wirst das Ganze sehen. Erkenner müssen auch die andersartige Perspektive schätzen lernen.

Wir trafen einmal auf einen extremen Fall dieser Intoleranz, als man uns bat, ein Ehepaar mit ernsthaften Problemen in Seelsorge zu nehmen. Wir nennen sie hier Sam und Sue. Sam war ein Erkenner mit starken Überzeugungen und Sue eine eingeschüchterte Person mit einer starken Gabe der Barmherzigkeit. Sobald sie sich hingesetzt hatten, sagte Sam: „Ich möchte, daß Sie wissen, daß Sue es ist, die Hilfe braucht. Bei mir ist nichts verkehrt. Sie ist das Problem." Offensichtlich war *er* mehr das Problem! Dann fuhr er fort, uns zu erzählen, was mit ihr nicht in Ordnung war und wie wir das lösen könnten. An diesem Punkt wunderten wir uns, warum sie überhaupt in Seelsorge kamen, wenn er schon alle Antworten hatte! Seiner Meinung nach sollte eine Frau keine eigenen Ideen haben, sondern die Rolle einer Dienerin für ihren Ehemann einnehmen, ohne Fragen zu stellen. Er war verärgert, denn Sue hatte neulich gewagt, seine Ordnungen in Frage zu stellen. Als wir versuchten ihm klarzumachen, daß seine Sicht der Ehebeziehung einseitig sei, entgegnete er darauf: „Aber ich *weiß*, daß ich Recht habe. Die Bibel beweist es! Sue ist rebellisch, sie muß mir gehorchen!"

Wir sahen sie nie wieder.

	Nie	Selten	Manchmal	Normalerw.	Meistens	Immer	
	0	1	2	3	4	5	**Punkte**

**5. Kämpft mit Selbstwertpro-
blemen.**

Da Erkenner einen starken inneren Drang haben, das zu tun,
was richtig ist, und da ihr Blick nach innen gerichtet ist und sie
sich ihrer Fehler ständig bewußt sind, stehen sie in der Gefahr,
sich übermäßig zu richten. Von allen Motivationsgaben geschieht bei dieser die stärkste Freisetzung, wenn die Person
entdeckt, daß die Dinge, mit denen sie innerlich kämpft, mehr
der Ausdruck göttlich zugedachter Begabung ist, als das Zeugnis
von Unzulänglichkeit und Fehlerhaftigkeit. Es ist überhaupt
nicht ungewöhnlich, daß nach einem Seminar Erkenner zu uns
kommen und uns erzählen, wie begeistert sie sind, weil sie jetzt
wissen, daß ihre typische Eigenart Teil von Gottes Plan ist. Wir
hören von Erkennern oft Bemerkungen wie diese: „Ich dachte
immer, ich würde nirgendwo hineinpassen, aber jetzt erkenne
ich, daß ich die Dinge auf diese Art und Weise mache, wie Gott
mich geschaffen hat."

Einmal bemerkten wir, wie einer älteren Frau Tränen herab-
rollten (sie war dreiundsiebzig), während wir über die Gabe des
Erkennens lehrten. „Wenn ich das doch nur vor 50 Jahren gehört
hätte", erzählte sie uns später. „Ich lebte mein ganzes Leben lang
gequält, weil mir immer das Falsche in Menschen und Situationen bewußt war. Aber ich wußte nicht, was ich damit tun sollte.
Also kritisierte ich. Dann kritisierte ich mich selbst wegen
meinem Kritsieren. Mein ganzes Leben lang wollte ich anders
sein. Nun merke ich, daß Gott mir aus einem bestimmten Grund
das Erkennen gab – damit ich für andere Leute beten konnte."

Drei Wochen später kamen wir, um noch ein Seminar zu
halten. Nach der ersten Kaffeepause kam diese Frau zu uns
herüber, mit einem von Freude gezeichnetem Gesicht.

„Die letzten drei Wochen waren die besten in meinem ganzen
Leben!", erzählte sie. „Jeden Tag bete ich für die Nöte, die Gott
mir zeigt. Es ist wunderbar. Ich erlebe so viele Gebetserhörun-
gen. Und ich kann mich jetzt selbst annehmen. Ich bin so froh,

daß ich meine Gaben entdecken konnte und noch etwas von meinem Leben zu leben habe."

Wir wünschten, daß jeder Erkenner das sagen könnte. So viele sind gebunden in Selbstverdammnis und Selbstablehnung, weil sie nichts über ihre Gaben wissen.

Wenn du irgendeinen Erkenner kennst, teile ihm die gute Nachricht mit.

Typische Problemgebiete der Gabe des Erkennens:

	Nie	Selten	Manchmal	Normalerw.	Meistens	Immer	PUNKTE
	0	1	2	3	4	5	
1.							
2.							
3.							
4.							
5.							
						GESAMT	

1. Tendiert dahin, rechthaberisch und grob zu sein.
2. Vergißt Teilfortschritte anzuerkennen, weil er sehr zielgerichtet ist.
3. Drängt andere Menschen und Gruppen, geistlich reif zu werden.
4. Ist intolerant gegenüber Ansichten, die von den seinen abweichen.
5. Kämpft mit Selbstwertproblemen.

9

BIBLISCHE ERKENNER

Wir waren fasziniert, die biblischen Charakteren der Motivationsgaben zu entdecken. Indem wir die spezifischen Gaben biblischer Personen entdeckten, wurde das Lesen der Schrift für uns lebendig. Wir erlebten, wie wir Dinge wie diese sagten: „Oh, deshalb hat David das getan", oder „ah, das ist es, was den Barnabas motivierte." Es sind nicht länger eindimensionale historische Figuren der Bibel, sondern vielmehr Personen, zu denen sich eine Beziehung entwickelt, die wir mit neuer Tiefe schätzen können.

Ihre Motivationsgaben zu entdecken, hilft uns zu sehen, warum Gott sie für eine besondere Aufgabe ausgesucht hatte. Er begabte sie schon vor Grundlegung der Welt (Epheser 1,4) gemäß Seines Planes für das Leben eines jeden. Wir sehen ein weites Spektrum von Begabung, angefangen vom sturen und kritischen Geist des Jona, die Manifestation einer vergifteten Gabe des Erkennens – bis zu Johannes, dem geliebten Jünger, der in Treue und Liebe Einzelheiten des Lebens Jesu wiedergibt – eine Manifestation einer reifen Gabe der Barmherzigkeit.

Für manche biblischen Charaktere gibt es einen solchen Reichtum an Information, so daß wir die Begabung der Person in ihrer vollen Breite in Aktion sehen können. Bei anderen sind die Einzelheiten begrenzt. Wir bekommen einen kurzen Einblick in ihre Begabung und können nur eine geschulte Vermutung anstellen. Aber durch die ganze Bibel sehen wir jetzt lebendige Personen, mit bestimmten Nöten, Wünschen, Motiven und Fähigkeiten. Wir haben sieben Kapitel geschrieben, in denen wir biblische Charaktere, beispielhaft für die sieben Motivationsgaben, herausarbeiten. In diesem Kapitel geht es um den Erkenner.

Wir möchten euch herausfordern (darin kommen unsere Gaben des Lehrens und der Ermutigung durch), die folgenden Schriftstellen über den biblischen Erkenner alleine durchzulesen:

Johannes der Täufer – Matthäus 21,32; Lukas 3,2-20; 7,18-29

Anna	– Lukas 2,36-38
Maria	– Matthäus 1-2; Markus 6,3; Lukas 1,26-56; Johannes 2,1-5, Apostelgeschichte 1,14
Ananias	– Apostelgeschichte 9,10-17; 22,12-16
Hosea	– Hosea 1,14
Jeremia	– Jeremia 1-52
Jesaja	– Jesaja 1-66
Jona	– Jona 1-4

Beobachte, wieviele Erkenner-Merkmale du in den biblischen Charakteren finden kannst, während du diese Passagen liest. Du wirst erstaunt sein! Und die Person wird für dich viel verständlicher werden.

Für den Anfang haben wir hier die ersten Schriftstellen, mit denen du arbeiten kannst, ausgedruckt. Wir haben die Amplified Bible benutzt, denn sie hat mehr Betrachtungsweisen aus dem griechischen Originaltext.

Die Spalte auf der rechten Seite ist für deine Bemerkungen da. Notiere einfach Zahlen für die einzelnen Charaktermerkmale. Wenn es dir lieber ist, dann beschreibe die Charakteristik. Wenn die Charakteristik sich auf eine Problem bezieht, dann kennzeichne sie mit einem Minus (-) vor der Zahl.

Einige Charakteristiken sind offensichtlich, andere lassen sich schlußfolgern. Bitte den Heiligen Geist, dich im Prozeß des Entdeckens zu leiten, dir Augen zum Sehen zu geben und dir zu helfen, zwischen den Zeilen zu lesen. Du wirst Spaß daran haben!

Schrift: Lukas 3,2; 7,20 (TAB)   **Dein Kommentar**

2 Unter dem
Hohenpriestertum von
Hannas und Kaiphas
geschah das Wort Gottes
(betreffend der Kenntnis
von der Erlösung durch
Christus im Königreich
Gottes) an Johannes, dem

Sohn des Zacharias, in der Wildnis (Wüste).

3 Und er kam in die ganze Landschaft am Jordan und predigte die Taufe der Buße (das heißt aufrichtige Änderung der Wege mit Verabscheuen der falschen Dinge aus der Vergangenheit) zur Vergebung der Sünden.

7 Er sprach nun zu den Volksmengen, die hinausgingen, um von ihm getauft zu werden: Otternbrut! Wer warnte euch im Geheimen, dem kommenden Zorn zu entfliehen?

8 Bringt Früchte, die dienend und entsprechend eurer Buße sind – (das ist) von einem Verhalten gezeichnet, bei dem das Herz verändert und die Sünde verabscheut wird. Und beginnt nicht, zu euch selbst zu sagen: Wir haben Abraham als unseren Vater, denn ich sage euch, Gott kann dem Abraham aus diesen Steinen Nachkommen erwecken.

9 Schon ist die Axt an die Wurzel der Bäume angelegt; damit jeder Baum, der keine gute Frucht bringt,

umgehauen und ins Feuer
geworfen wird.

10 Und die Volksmengen
fragten ihn: Was sollen wir
denn tun?

11 Und er erwiderte ihnen:
Wer zwei Unterkleider hat,
soll teilen mit dem, der
keins hat; und wer Speise
hat, soll dasselbe tun.

12 Sogar Zöllner kamen,
um getauft zu werden, und
sie sagten zu ihm: Lehrer,
was sollen tun?

13 Und er sagte zu ihnen:
Fordert und sammelt nicht
mehr als den festgelegten
Betrag, der euch
vorgegeben ist.

14 Diejenigen, die als
Soldaten dienten, fragten
ihn auch: Und wir, was
sollen wir tun? Und er
erwiderte ihnen: Fordert
und zwingt niemanden,
indem ihr Schrecken
erzeugt oder falsche
Anklage erhebt und seid
zufrieden mit eurem Anteil
(Versorgung) und mit eurem
Sold (Lohn).

15 Als das Volk in
Anspannung war und
ausdauernd wartete, und
jeder in seinem Herzen
wegen Johannes fragte und

forschte, ob er vielleicht der
Christus, der Messias, der
Gesalbte sei,

16 anwortete Johannes
allen, indem er sagte: Ich
taufe euch mit Wasser, aber
er, der mächtiger ist als ich,
kommt, und ich bin nicht
würdig die Riemen seiner
Sandalen zu lösen; er wird
euch mit Heiligem Geist
und Feuer taufen.

17 Seine Worfschaufel
(Gabel) ist in seiner Hand,
um seine Tenne durch und
durch sauber und rein zu
machen und den Weizen in
seiner Scheune zu sammeln
und zu lagern; aber die
Spreu wird er verbrennen
mit unauslöschlichem Feuer.

18 So predigte er in vielen
anderen (verschiedenen)
Aufrufen und Mahnungen
die gute Nachricht (das
Evangelium) den Leuten.

19 Aber Herodes, der
Tetrarch, dem Johannes
(wiederholt) seinen Fehltritt
gesagt hatte und ihn mit
Zurechtweisung zur Buße
anhielt, weil er die
Herodias, seines Bruders
Frau, (hat) und wegen all
der bösen Dinge, die
Herodes getan hatte,

20 fügte allem noch mehr
hinzu: Er sperrte Johannes
ins Gefängnis.

Nun, da du Johannes den Täufer, einen Erkenner, kennengelernt hast, werden wir dir mitteilen, was wir entdeckt haben:

Schrift: Lukas 3,2; 7,20 (TAB)   *Unser Kommentar:*

2 Unter dem
Hohenpriestertum von
Hannas und Kaiphas
geschah das Wort Gottes
(betreffend der Kenntnis
von der Erlösung durch
Christus im Königreich
Gottes) an Johannes, dem
Sohn des Zacharias, in der
Wildnis (Wüste)

#13 wünscht den Plan Gottes
#15 empfängt Offenbarung
durch die Fürbitte

3 Und er kam in die ganze
Landschaft am Jordan und
predigte die Taufe der Buße
(das heißt aufrichtige
Änderung der Wege mit
Verabscheuen der falschen
Dinge aus der
Vergangenheit) zur
Vergebung der Sünden.

1 identifiziert Böses
3 schätzt den Charakter
4 ermutigt zur Buße
9 freimütig und offen
#11 grämt sich über Sünde
#20 gehorsam gegenüber
Gott

7 Er sprach nun zu den
Volksmengen, die
hinausgingen, um von ihm
getauft zu werden:
Otternbrut! Wer warnte
euch im Geheimen, dem
kommenden Zorn zu
entfliehen?

1,3,4,9 (wie oben)
#12 sieht blinde Flecke
#16 dramatisiert
#18 feste Meinungen

8 Bringt Früchte, die dienend und entsprechend eurer Buße sind – (das ist) von einem Verhalten gezeichnet, bei dem das Herz verändert und die Sünde verabscheut wird. Und beginnt nicht, zu euch selbst zu sagen: Wir haben Abraham als unseren Vater, denn ich sage euch, Gott kann dem Abraham aus diesen Steinen Nachkommen erwecken.

4 will Frucht der Buße
8 arbeitet mutig mit biblischen Prinzipien
9 offen und derbe
#10 redet überzeugend
#12 offenbart blinde Flecke
#16 dramatisiert
#18 feste Meinungen

9 Schon ist die Axt angelegt an die Wurzel der Bäume; damit jeder Baum, der keine gute Frucht bringt, umgehauen und ins Feuer geworfen wird.

4,8,9,10,16,18 (wie oben)

10 Und die Volksmengen fragten ihn: Was sollen wir denn tun?

#10 Frucht aus der Überzeugungskraft des Johannes
2 keine Graubereiche

11 Und er erwiderte ihnen: Wer zwei Unterkleider hat, soll teilen mit dem, der keins hat; und wer Speise hat, soll dasselbe tun.

4 fordert Frucht
8 geistliche Prinzipien
#14 fördert Wachstum

12 Sogar Zöllner kamen, um getauft zu werden, und sie sagten zu ihm: Lehrer, was sollen tun?

#10 Frucht der Überzeugungskraft

104

13 Und er sagte zu ihnen: Fordert und sammelt nicht mehr als den festgelegten Betrag, der euch vorgegeben ist.

2 Schwarz-Weiß-Maßstab
8 geistliche Prinzipien

14 Diejenigen, die als Soldaten dienten, fragten ihn auch: Und wir, was sollen wir tun? Und er erwiderte ihnen: Fordert oder zwingt niemanden, indem ihr Schrecken erzeugt oder falsche Anklage erhebt und seid zufrieden mit eurem Anteil (Versorgung) und mit eurem Sold (Lohn).

1 identifiziert Böses
2 Schwarz-Weiß-Maßstab
3 Erkenner-Charakter
4 Fordert Frucht
9 freimütig und offen
#10 überzeugend
#14 fördert Wachstum
#18 feste Überzeugungen

15 Als das Volk in Spannung war und ausdauernd wartete, und jeder in seinem Herzen wegen Johannes fragte und forschte, ob er vielleicht der Christus, der Messias, der Gesalbte sei,

(wirksame Folgen der obengenannten Eigenschaften sind in der Reaktion der Zuhörer zu erkennen)

16 anwortete Johannes allen, indem er sagte: Ich taufe euch mit Wasser, aber er, der mächtiger ist als ich, kommt, und ich bin nicht würdig, die Riemen seiner Sandalen zu lösen; er wird euch mit Heiligem Geist und Feuer taufen.

#13 konzentriert auf den Plan Gottes
#14 fördert Wachstum anderer
#15 gehorsam dem Plan Gottes gegenüber

17 Seine Worfschaufel (Gabel) ist in seiner Hand, um seine Tenne durch und durch sauber und rein zu machen und den Weizen in seiner Scheune zu sammeln und zu lagern; aber die Spreu wird er verbrennen mit unauslöschlichem Feuer.

1 Gutes und Böses wird identifiziert
2 Aufteilung in schwarz und weiß
9 freimütig und offen
#13 wünscht Gottes Plan
#20 ist gehorsam gegen Gott, indem er Seinen Plan offen darlegt

18 So predigte er mit vielen anderen (verschiedenen) Aufrufen und Mahnungen die gute Nachricht (das Evangelium) den Leuten.

4 ermutigt Buße zu tun
#10 überredungsstark
#13 wünscht Gottes Plan
#20 dem Ruf gehorsam

19 Aber Herodes, der Tetrarch, dem Johannes (wiederholt) seinen Fehltritt gesagt hatte und ihn mit Zurechtweisung zur Buße aufrief, weil er die Herodias, seines Bruders Frau (hat) und wegen all der bösen Dinge, die Herodes getan hatte,

1 sieht Böses bei Herodes
3 erkennt seinen Charakter
4 ruft zur Buße auf
9 freimütig und offen
#18 starke Überzeugungen
#20 gehorchte Gott

20 fügte allem noch mehr hinzu: Er sperrte Johannes ins Gefängnis.

2 keine Kompromisse
#10 Folge aus der Überredungskraft Johannes'

Es kann sein, daß wir einige Erkennereigenschaften aufgelistet haben, die du so nicht entdeckt hast, und du andere wiederum gefunden hast, die wir nicht entdeckt haben. Trotzdem wirst du sehen, daß Johannes ein herausragendes Beispiel für diese Motivationsgabe ist.

106

10

CHARAKTERISTIKEN DES DIENERS

Die zweite der sieben Motivationsgaben aus Röm. 12,6-8 ist die des Dienens oder der Diener. Die King-James-Übersetzung benutzt das Wort „Amt". Die New International-Übersetzung und auch die meisten anderen modernen Übersetzungen verwenden das Wort „Dienst". Nur die Amplified Bible benutzt die Worte „praktischer Dienst". Das griechische Wort dafür lautet *diakonia*, was soviel bedeutet wie praktische Dinge tun, um anderen zu helfen.

Der Diener erfährt Freude beim Helfen, Assistieren, Ausführen von Anweisungen und während er sich auf andere vielfältige Art und Weise nützlich macht. Während du jede einzelne Charaktereigenschaft betrachtest, schätze dich selbst ein und gib dir die entsprechende Punktzahl. Übertrage die Punktezahlen in die Zusammenstellung am Ende des Kapitels und addiere die Zahlen zur Eintragung in die Profil-Übersicht.

Nie	Selten	Manchmal	Normalerw.	Meistens	Immer	
0	1	2	3	4	5	**Punkte**

1. **Erkennt leicht, was getan werden muß und ist schnell im Handeln.**

Ein Diener erkennt eine Not schon auf einen Kilometer Entfernung. Es ist so, als ob er ein Radarsystem hat, um die Nöte anderer Menschen zu orten, und er ist hochmotiviert, dafür etwas zu tun. Man kann diese Diener leicht bei einem Gemeindeessen ausmachen. Es sind in der Regel jene, die immer als erste mit Vorbereitungen beschäftigt sind, Tische und Stühle stellen oder den Abwasch und das Aufräumen am Schluß besorgen.

Seitdem wir verheiratet sind, ist unser Haus ein Ort für Jugendtreffs, Bibelgruppen und Gemeinschaftsessen. Wir wundern uns, warum es immer solche gab, die schnell in der Küche oder bei anderen Dingen mithalfen und solche, die im Wohnzimmer blieben, um zu plaudern. Jetzt wissen wir, daß es die natürliche Veranlagung des Dieners ist, zu helfen. Die männlichen Diener sind diejenigen, die die Klappstühle zusammenstellen, die Möbel zurückrutschen und die Plastiktassen einsammeln. Wichtig an der Sache ist, daß Diener diese Tätigkeit genießen.

Iverna Tomkins, Autorin, war die Hauptsprecherin eines Treffens, wo ich einen Workshop über die Motivationsgaben durchführte. Bei einem Bankett saß ich an ihrer Linken, ihre Sekretärin an ihrer Rechten. Als wir zu essen begannen, fragte Iverna: „Es ist kalt hier, oder?" Ihre Sekretärin entschuldigte sich, ging zur Garderobe und kam mit Ivernas Schal zurück und legte ihn um ihre Schulter. Das Herz einer Dienerin. Die Not war so offensichtlich für sie. Wie feinfühlig dachte ich, es wäre mir nie der Gedanke gekommen, daß Ivernas Bemerkung ein Ausdruck von praktischer Not war.

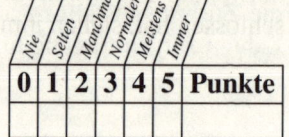

	Nie	Selten	Manchmal	Normalerw.	Meistens	Immer	
2. Genießt besonders handwerkliche Projekte, Arbeiten und Aufgaben	0	1	2	3	4	5	**Punkte**

Vor allen anderen Motivationsgaben ist es der Diener, der das größte Geschick hat, mit seinen Händen etwas zu vollbringen. Deswegen wird er „die Hände des Körpers" genannt. Dazu gehört alles, was handwerkliches Können erfordert: künstlerische Fähigkeiten, Reparieren, Schreinerarbeiten, Installationsarbeiten, Nähen, Kochen, Gartenarbeiten und vieles mehr.

Fünf Männer unserer Gemeinde mit der Gabe des Dienens nahmen vor kurzem eine Woche Urlaub, um in Guatemala Häuser für Waisenkinder zu renovieren. Jede Minute davon konnten sie genießen und waren in der Lage, zweimal so viel zu schaffen, als es solche mit anderen Gaben hätten tun können. Wir haben herausgefunden, daß Diener oft kein Interesse am Studieren haben.

Ein Artikel, der vor ein paar Jahren in der Zeitschrift *Dear Abby* erschein, war diesbezüglich so treffend, daß wir ihn bei allen unseren Motivationsgabenseminaren vorlasen.

Abbruch der Schulausbildung

Freude für den Sohn – Enttäuschung für die Mutter

LIEBE ABBY: Unser zweitältester Sohn Greg (erfundener Name), ist ein Problemfall. Er ist ein sehr intelligenter junger Mann (19 Jahre). Trotzdem hat er schon nach einem Jahr die Hochschulausbildung abgebrochen. „Warum sollen wir dein Geld und meine Zeit vergeuden?" fragte er. Seine Leistungen waren überduchschnittlich und das hätte auch so bleiben können. Seine Gründe für den Abbruch? Er arbeitet gerne mit seinen Händen. Er geht jetzt in eine Handelsschule. Wir sind sehr enttäuscht. Ich habe nichts gegen Leute, die mit ihren Händen arbeiten, aber ich denke, daß ein Mann, der mit seinen Händen arbeiten muß, nicht klug genug ist, um mit seinem Verstand zu arbeiten. Gregs' Vater und Großvater sind Physiker und seine beiden Brüder sind Rechtsanwälte. Sind Sie nicht auch der Meinung, daß ein Hochschulabschluß in unseren Tagen absolut notwendig ist? Wenn Greg die Hochschule erfolgreich abgeschlossen hat, stehen ihm viele Wege offen. – Gregs' Mutter

LIEBE MUTTER: Die Hochschule ist nicht für jeden gut. Wenn Greg gerne mit seinen Händen arbeitet, dann sollte er das auch tun. Es stimmt nicht, daß Personen, die mit ihren Händen arbeiten, nicht klug genug sind, um mit ihrem Verstand zu arbeiten. Handwerkliche Arbeiten erfordern genausoviel Geschick, Talent und Verstand. (8)

Dazu können wir mit ganzem Herzen „Amen" sagen. Diesem intellektuellen Snobismus der Mutter können wir noch hinzufügen, daß es sehr wahrscheinlich ist, daß die Mitglieder einer Familie unterschiedlich begabt sind – Lehrer, Ermutiger, Administratoren und so weiter.

	Nie	Selten	Manchmal	Normalerw.	Meistens	Immer	
3. Hält alles in sorgfältiger Ordnung.	0	1	2	3	4	5	**Punkte**

Diener können Schmutz und Unordnung nicht ertragen. Frauen mit dieser Gabe werden oft staubwischen. Sie lassen keine schmutzigen Tische zurück. Ihre Wäsche ist sauber gefaltet und aufgeräumt und die Betten sind vor 9 Uhr morgens gemacht. Du kannst kommen, wann du willst, das Haus ist immer aufgeräumt und bereit für Besuch.

Männer mit dieser Gabe halten ihren Schrank in Ordnung, und ihre Sachen liegen nicht herum. Der Schreibtisch ist immer frei, und jedes Werkzeug hängt an seinem Platz. Nicht genug, der Rasen wird nach Plan gemäht, und Unkraut hat keine Chance, zwischen den Blumenbeeten zu wachsen. Wir waren zu Besuch in einer schottischen Familie, wo die Frau des Hauses eine klassische Dienerin war. Während wir in der großen Familienküche aßen, reinigte sie nach jedem Gang den Tisch, wusch schnell das Geschirr ab und stellte es in den Schrank, bevor sie den nächsten Gang servierte.

4. Konzentriert sich auf Details und hat ein gutes Gedächtnis.

	Nie	Selten	Manchmal	Normalerw.	Meistens	Immer	
	0	1	2	3	4	5	Punkte

Oft können Diener sich noch nach Jahren erinnern, wo sie einen ausgeschnittenen Zeitungsartikel abgelegt haben. Sie erinnern sich daran, daß du Milch im Kaffee haben möchtest, aber keinen Zucker. Sie vergessen die Geburtstage der Familienangehörigen nicht und denken daran, daß eine Geschichte aus dem 13. Kapitel des Buches stammt, das sie letzte Wochen gelesen hatten.

Ich war sehr dankbar, während meiner Zeit als Vize-Präsidentin der Frauenbewegung „Aglow" Sekretärinnen mit der Gabe des Dienens zu haben. Was gemacht wurde, fanden sie aus den Akten heraus, während ich Stunden danach suchen mußte.

Nie	Selten	Manchmal	Normalerw.	Meistens	Immer	
0	1	2	3	4	5	**Punkte**

**5. Zeigt sich gerne gastfreund-
schaftlich.**

Sie lieben es, Gäste zu bedienen. Sie suchen nach Gelegenheiten, andere einzuladen. Sie möchten, daß sich ihre Gäste
wohlfühlen. In unserer Gegend wohnen Eheleute, die wahrscheinlich beide die Gabe des Dienens haben. Nachdem sie
geheiratet hatten, sagte sie zu ihm: „John, laß uns ein großes
Haus bauen, damit wir viele Leute einladen können." John, von
Beruf Schreiner, verpflichtete sich, ein Haus mit neun Schlaf-
zimmer zu bauen. Sie hatten nur zwei Söhne, aber die Zimmer
waren oft belegt.

Einmal wurden die Wikens mit der singenden Cameron
Family aus Schottland bekannt gemacht. Seitdem wurde ihr
Haus zum Hauptquartier für diese Familie, wenn sie in Seattle
auftreten. In der Cameron Family gibt es drei Männer und jeder
hat eine Familiengruppe. Normalerweise sind sie nicht alle
gleichzeitig da, aber einmal waren alle siebzehn Mitglieder des
Clans gleichzeitig da.

Alice und John konnten sie prima unterbringen. Die Familien
blieben drei Wochen und Alice dachte, es wäre gut, jedem der
Frauen und Mädchen ein neues Kleid zu nähen. Das tat sie dann
in ihrer Freizeit, obwohl sie auch einer Vollzeitarbeit nachging.
„Ich hatte noch nie eine so gute Zeit wie damals", vertraute Alice
mir an. „Ich hab' doch so gerne Gemeinschaft!"

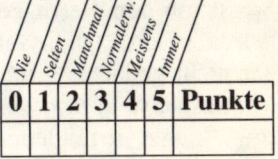

Nie	Selten	Manchmal	Normalerw.	Meistens	Immer	
0	1	2	3	4	5	**Punkte**

**6. Bleibt an einer Sache, bis sie
zu Ende geführt ist.**

Wenn sie sagen, sie wollen eine Sache tun, dann tun sie sie
ganz. Das einzige, was sie frustriert, ist, wenn sie zu wenig Zeit
haben. Sie wollen eine Aufgabe nicht nur schnell erledigen,
sondern sie auch richtig tun.

Meine Freundin Claudia hat alle Kennzeichen einer echten Dienerin. Sie dient in unserer Gemeinde bei den Frauentreffen und hilft immer mit bei den Registrierungsarbeiten für Rüstzeiten und Konferenzen. Innerhalb weniger Tage (und normalerweise noch weit vor der Zeit) hat sie alle Anmeldezettel entworfen und gedruckt, bereit um anzufangen. Sie geht durch jedes Detail des Anmeldeprozesses und hält die notwendigen Aufzeichnungen in sauberster Ordnung.

<table>
<tr><td></td><td>Nie</td><td>Selten</td><td>Manchmal</td><td>Normalerw.</td><td>Meistens</td><td>Immer</td><td></td></tr>
</table>

7. Hat Schwierigkeiten, nein zu sagen, wenn andere Hilfe wollen.

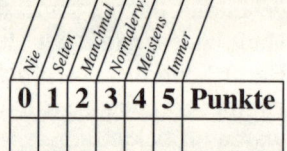

Nie	Selten	Manchmal	Normalerw.	Meistens	Immer	
0	1	2	3	4	5	Punkte

Sie haben einen regelrechten Drang zu helfen, weil sie wissen, daß sie gut darin sind. Nicht selten ist das Ergebnis Überbeschäftigung. Selbst eine simple Frage wie: „Weißt du, was man bei einer Rohrverstopfung tun kann?" ruft bei ihnen die Reaktion hervor: „Laß mich mal nachsehen".

Bei einem Motivationsseminar in San Diego kam eine Frau während der Kaffeepause auf mich zu, die aussah, als ob sie die Last der Welt auf ihren Schultern trug. „Was ist los?" fragte ich. „Im Fragebogen hab ich 95 bei Dienen, sagte sie, und es ist wahr. Ich kann einfach nicht nein sagen. Zur Zeit arbeite ich in unserer Gemeinde in 20 Gruppen mit." Ich konnte es kaum glauben. „Ich bin erschöpft. Ich schaffe meine Hausarbeit nicht mehr." „Haben Sie schon den Herrn gefragt, wieviel Sie davon tun sollen?" bemerkte ich. „Oh," sagte sie ganz überrascht, „daran habe ich gar nicht gedacht." „Ich denke, Sie sollten," sagte ich. In der Mittagspause sprach sie mich wieder an. „Ich habe IHN gefragt," sagte sie mit leuchtendem Gesicht. „Er sagte fünf, und er sagte mir sogar welche. Ich werde nach Hause gehen und von den anderen 15 zurücktreten und ich werde nicht mehr ja sagen, ohne vorher zu beten." Das ist ein guter Rat für alle Diener. Lerne es, die Dinge mit dem Herrn durchzusprechen, dann wirst du dich nicht übernehmen. Es ist okay, nein zu sagen.

	Nie	Selten	Manchmal	Normalerw.	Meistens	Immer	
	0	1	2	3	4	5	**Punkte**

8. Begenet lieber den Nöten anderer, als den eigenen.

Diener sind sehr füsorgliche Menschen. In Neuseeland wohnten wir einmal bei einer liebenswerten christlichen Familie. Zwei der vier Töchter wohnten noch zu Hause – Greta, 18, und Aly, 16. Wir waren erstaunt darüber, wieviel Begeisterung Greta beim Zubereiten von Mahlzeiten hatte. Sie sagte: „Mum, laß mich das Essen machen. Du kannst die Zeit mit Fortunes verbringen." Sie bereitete ein wunderbares Essen vor und bestand sogar darauf, den Abwasch allein zu erledigen.

Aly dagegen trug nur ein paar Teller in die Küche und eilte danach zu einer Verabredung mit einer Gruppe Teenies. Jeden Abend wiederholte sich eine ähnliche Szene. Ihre Eltern waren sehr verärgert über diese Situation. Sie meinten, daß sie sich vor Verantwortung im Haus drückt und Greta zuviel Verantwortung übernimmt. Sie hätten es gerne gehabt, wenn Greta mehr Interesse nach Außen entwickelt hätte. Wir konnten der Familie helfen, zu erkennen, daß Greta eine Dienerin ist und Aly eine Administratorin. Es war klar, daß sich Alys Interesse mehr darauf bezog, Gruppeninteressen wahrzunehmen, während sich Gretas Begabung darauf konzentrierte, den dringlichsten Nöten einzelner Personen zu begegnen und ihre eigenen zu verleugnen. Wir ermutigten die Eltern, Greta zu erlauben, sich weiterhin um die dringlichsten Familiennöte zu kümmern, da ihr das Freude bereitete.

	Nie	Selten	Manchmal	Normalerw.	Meistens	Immer	
	0	1	2	3	4	5	**Punkte**

9. Arbeitet lieber an kurzfristigen Aufgaben, als an Langzeitprojekten.

Diener bevorzugen kurzfristige Projekte. Eine Sache, die zwei Stunden dauert, mögen sie mehr als eine Aufgabe, die zwei Wochen in Anspruch nimmt. Sie ziehen ein Zwei-Wochen oder

Zwei-Monat-Projekt einem Zwei-Jahres-Projekt vor. Sie genießen Dinge, an denen sie sich festbeißen können und die sie in überschaubarer Zeit beenden können. Die langfristigen Ziele überlassen sie den Administratoren.

Ein Diener würde es genießen, für die Familie zu kochen, während sich die Frau im Krankenhaus befindet. Aber zwangsläufig würde er deshalb nicht für eine längere Zeit diesen Dienst tun wollen.

Er oder sie würden sich freuen, einen Tag in der Woche bei einer Essensausgabe mitzuarbeiten, aber sie würden dieses Projekt nicht managen wollen.

Martha sah das augenblickliche Ziel: Jesus brauchte ein Essen. Maria sah mehr das langfristige Ziel, ihr Bedürfnis, von Ihm zu lernen. Stephanus wurde als Diakon ausgewählt und war verantwortlich für die Versorgung der Witwen, während die Apostel auf das längerfristige Ziel, der Verbreitung des Evangeliums, blickten.

Wenn du ein Diener-Kind hast, dann gibt es ein Rezept, um diesem zu helfen, produktiv zu sein. Gib einem Diener-Kind niemals am Samstag eine Liste von 15 Aufgaben, die erledigt werden müssen.

Für dieses Kind ist das eine Überforderung. Stattdessen gib ihm nur eine Aufgabe zu erledigen. Wenn sie erledigt ist, dann zeige deine Anerkennung und frage, ob es gerne eine weitere Arbeit übernehmen möchte. Es wird diesen Prozeß jeden Tag beibehalten.

10. Zeigt andern seine Liebe mehr in Taten und Aktionen, als in Worten.

	Nie	Selten	Manchmal	Normalerw.	Meistens	Immer	
	0	1	2	3	4	5	**Punkte**

Diener glauben, daß Taten lauter sprechen als Worte. Sie drücken ihre Liebe aus in dem, was sie tun. Ein Diener sagte uns einmal: „Es ist einfach zu sagen 'Ich liebe dich', aber vielleicht wird es die andere Person niemals richtig erfahren. Ich glaube, wenn ich für jemanden etwas tue, *weiß* er wirklich, wie ich fühle."

Eines Tages, als ich noch für Aglow International arbeitete, fand ich einen frischgebackenen Laib Brot auf meinem Schreibtisch. Er war ansprechend mit einer Schleife und ein paar Seidenblumen verpackt. Eine kleine Notiz besagte folgendes: „Liebe Katie, ich hab es nicht so mit Worten, aber ich hoffe, daß der Laib selbstgebackenes Brot ausdrückt, daß ich dich mag und dich gerne besser kennenlernen würde. In Liebe Loren."

Was für eine Freude, der Empfänger ihrer Liebe in Aktion zu sein!

Eine Frau beschwerte sich bei mir, daß ihr Ehemann niemals „Ich liebe dich" zu ihr sagte. Ich kannte ihren Ehemann und hatte beobachtet, wie er auf verschiedene Art seine Liebe zu ihr ausgedrückt hatte. „Aber er ist ein Diener", erinnerte ich sie. „Denkmal, wie oft er dich zum Essen ausführte, damit du nicht zu kochen brauchtest. Er kaufte dir Geburtstagsgeschenke, und in der Werkstatt machte er alle möglichen Dinge für dich. Er reparierte kaputtgegangene Dinge. Ich wünschte, daß mein Ehemann nur halb soviel tun würde!"

Die Frau mußte bekennen, daß sie damit gesegnet war, einen Diener-Ehemann zu haben.

	Nie	Selten	Manchmal	Normalerw.	Meistens	Immer	
11. Braucht das Gefühl, wertgeschätzt zu werden.	0	1	2	3	4	5	**Punkte**

Es ist nicht so, daß Diener der Anerkennung wegen dienen. Aber die Wertschätzung versichert ihnen, daß sie die Dinge richtig getan haben. Es baut ein positives Selbstwertgefühl auf. Es bewirkt die Steigerung ihrer Freude beim Dienen.

In den Anfängen des Aglow-Magazins waren wir eine vollständige Mitarbeitschaft. Ich erinnere mich, als Len LeSourd, der Herausgeber von *Guideposts,* unser Aglow-Redaktionsbüro in Edmonds, Washington besuchte. Als wir ihm unsere Abteilungsleiterinnen vorstellten, war er beeindruckt von ihrem Enthusiasmus: „Es ist gut, daß sie solch hingegebene Leute einstellen konnten," kommentierte Len. „Es ist unmöglich, ein solches

Verlagshaus mit ehrenamtlichen Mitarbeitern zu unterhalten. Man kann sich auf sie nicht verlassen."

„Dann ist es nett zu wissen, daß wir das Unmögliche tun können", erzählte ich ihm.

„Sie meinen, sie haben ehrenamtliche Mitarbeiter?" fragte er.

„Ich meine damit, daß *alle* meine Mitarbeiter ehrenamtlich sind."

„Ich kann es nicht glauben!" sagte er mit Erstaunen.

„Aber es ist wahr", erwiderte ich. „Wir haben fünfundsechzig Mitarbeiter, und keiner von ihnen wird bezahlt. Einige investieren drei und mehr Tage in der Woche. Wir haben wahrscheinlich weniger Arbeitsversäumnisse als ein durchschnittliches Unternehmen – und wenn jemand aus irgendeinem Grunde an einem Tag nicht kommen kann, dann sorgt er oder sie für einen Ersatz."

„Unglaublich!" sagte er. „Wie ist das möglich?"

„Nun," sagte ich, „wir beten für jedes neue Mitglied. Aber wir entdeckten auch, daß viele unserer ehrenamtlichen Mitarbeiter die Motivationsgabe des Dienens haben. Wir haben es gelernt, ihnen für das, was sie tun, Anerkennung auszusprechen. Sie wissen, daß sie wichtig und wertvoll sind und gebraucht werden."

	Nie	Selten	Manchmal	Normalerw.	Meistens	Immer	
12. Tendiert dazu, mehr zu tun, als erwartet wird.	0	1	2	3	4	5	**Punkte**

Diener genießen ihr Tun, so daß sie oft nicht aufhören wollen.

Als Berta Zwillinge zur Welt brachte, hatte die Familie fünf Kinder unter sechs Jahren. Ihre Diener-Schwiegermutter sagte, daß sie gerne die Erinnerungsbücher der fünf Kinder in Ordnung halten würde. Berta war erfreut, denn sie hatte nur soviel Zeit, die einzelnen Dinge in eine Schachtel zu werfen.

Als einige Jahre vergangen waren, gab Berta ihrer Schwiegermutter immer noch Fotos, gemalte Bilder und gesammlte Erinnerungsstücke.

Dann, als das älteste Kind die höhere Schule abschloß, präsentierte ihm die Großmutter das komplette Buch. Nicht nur die ungewöhnlichen Zeiten wurden darin berichtet, sondern auch eine detaillierte Zusammenstellung des Wachsens war zu sehen. Sie hatte jedes Ereignis festgehalten, ob unscheinbar oder herausragend, mit Fotos, Ausschnitten, Kommentaren, Beschreibungen und Zitaten.

Das Buch bestand aus fast einhundert Seiten „das ist dein Leben", mit erstaunlichen Einzelheiten. Was für eine Gabe! Der Sohn war begeistert. Jeder in der Familie war erstaunt. Die Kinder wußten, daß Großmutter immer mehr tat, als erwartet wurde, aber das war noch mehr. Sie versicherte, daß ähnliche Chroniken für jedes der Kinder in Vorbereitung waren, um am Schulabschlußtag in Empfang genommen werden zu können.

	Nie	Selten	Manchmal	Normalerw.	Meistens	Immer	
13. Empfindet größte Freude darin, anderen helfen zu können.	0	1	2	3	4	5	**Punkte**

Don's Mutter war eine klassische Dienerin. Jedesmal, als sie zum Essen in unser Haus kam, war es das Erste, was sie fragte, wenn sie in der Küchentür stand: „Was kann ich tun, um euch zu helfen?" Da ich in der Küche am besten zurechtkomme, wenn die Leute mich alleine lassen und ich mich konzentrieren kann, war meine gewöhnliche Antwort: „Nichts, danke ich habe alles unter Kontrolle."

Eines Tages, am Thanksgiving Day, kam sie eine ganze Stunde früher an. Ich hatte schon seit acht Uhr morgens am Mittagessen gearbeitet und hatte alles so eingeplant, daß ich rechtzeitig fertig werden konnte. „Ich kam früher, um zu sehen, ob ich dir nicht helfen könne," bot sie an. „Trotzdem vielen Dank," erwiderte ich. „Es ist alles schon fertig."

Ich kann schon sagen, sie war enttäuscht, als sie da am Küchentisch saß und mir bei der Arbeit zusah. Sie begann zu sprechen und die Störung war mehr, als ich vertragen konnte. „Warum gehst du nicht zu Don und plauderst ein wenig mit ihm?" schlug ich vor. Sie fand Don gefesselt und vertieft in ein Footballspiel im Fernsehen. Auch die Jungs schauten dem Spiel zu. In der Zwischenzeit sprach der Herr zu mir: *Katie, du bist sehr selbstsüchtig.*

„Wie?" fragte ich mit Erstaunen.

„Du bist so beschäftigt, in deiner Gabe zu funktionieren, daß du für die Gabe deiner Schwiegermutter keinen Platz machst."

Die Worte schnitten tief in mein Herz. Ich war selbstsüchtig gewesen. Sie wollte mir helfen und ich ließ es nicht zu. Das war wirklich unfreundlich von mir. Ich tat Buße und erkannte, daß ich etwas dagegen tun mußte. Ich rief ins Wohnzimmer: „Mutter, ich könnte jetzt deine Hilfe gebrauchen!" Über ihr Gesicht ging ein breites Strahlen.

„Könntest du den Salat zubereiten?" fragte ich sie.

„Ja, das mach ich gerne."

Sie plauderte fröhlich, während sie die Salatblätter schnitt. Wie immer störte es mich, aber ich wußte, daß es auch in Ordnung war. Ich mußte es lernen, zu kochen und gleichzeitig ein Gespräch zu führen. Nach dieser Begebenheit machte ich es mir zur Gewohnheit, wenn meine Schwiegermutter zum Essen kam, ihr etwas Arbeit zur Seite zu legen. Ich kann nicht sagen, daß ich ihre Hilfe lieben lernte, aber ich lernte, dies anzunehmen, und unsere Beziehung wurde gestärkt. Es zu lernen, ihrer Gabe Platz zu machen, segnete auch mich.

	Nie	Selten	Manchmal	Normalerw.	Meistens	Immer	
14. Möchte andere Menschen oder Projekte nicht leiten.	0	1	2	3	4	5	**Punkte**

Diener sind keine Leiter, sie sind Folgende. Gott machte sie auf diese Art. Wenn ihnen eine Leitungsposition übertragen wird, sind sie frustriert. Man ist versucht, Dienern Leitung zu übertragen. Weil sie das, was sie tun, so gut machen, sieht es aus, als ob es für sie natürlich ist, Verantwortung zu übernehmen. Aber wenn das passiert, verlieren sie ihre Freude. Sie sind in eine Situation hineingesetzt worden, für die sie nicht ausgerüstet sind. Das Ergebnis bedeutet Frustration für sie und wahrscheinlich auch Frustration für jene, die geleitet werden sollen.

118

Unser Freund Glenn Koontz, der uns ursprünglich das Konzept der Motivationsgaben vorstellte, ist ein Diener. Er ist begabt mit seinen Händen und entwarf Werkzeuge und Arbeitsausrüstungen, die sich sehr gut verkaufen ließen. Bald wuchs Glenn's Geschäft über seine Grundbegabung hinaus, und er bewegte sich in ein größeres industrielles Feld hinein. Immer noch wuchs sein Geschäft, bis er achtzehn Angestellte hatte.

Nun fand sich Glenn in einer Aufsichtsposition als Leiter einer eigenen Firma wieder. Seine Frustration wuchs proportional mit dem Wachstum seiner Firma. Als er die Arbeit der Leute beobachtete, die er angestellt hatte, erkannte er, daß er die Arbeiten schneller und besser machen könnte, aber seine Zeit stand für solche Dinge nicht mehr zur Verfügung. Also setzte er um, was er über die Motivationsgaben gelernt hatte und stellte einen Vorarbeiter ein, der die Gabe des Administrierens hatte und überließ ihm die Überwachungsarbeit. Resultat? Glenn's Frustration verschwand. Wirklich ein weiser Mann.

	Nie	Selten	Manchmal	Normalerw.	Meistens	Immer	
15. Hat ein hohes Maß an Energie.	0	1	2	3	4	5	**Punkte**

Diener haben eine Geschwindigkeit: *Schnell vorwärts.*

Es scheint, als ob sie endlos Energie zur Verfügung haben. Im ersten Petrusbrief 4,11 werden sie aufgefordert zu dienen, „mit der Stärke, mit der Gott sie überreich ausgestattet hat." Und wirklich, es scheint, als ob Diener ungewöhnliche Ausdauer haben und oft mit weniger Schlaf als im Durchschnitt auskommen.

Wir können vermuten, daß Gott die Diener mit dieser Energie ausgestattet hat, weil sie die Täter sind und es so viel gibt, was getan werden muß. Don's Mutter war solch ein einzigartiges Beispiel für ein Höchstmaß an Energie. Sie arbeitete bis zum Rentenalter von fünfundsechzig und engagierte sich dann in verschiedenen Aktivitäten in ihrer Kirche. Sogar mit achtzig (sie würde niemals ihr Alter zugeben) wagte sie sich mit uns in ein hektisches und drängelndes Einkaufsgewühl, wobei wir Mühe hatten, mitzuhalten. Oft ließen wir sie allein und fanden sie viele Stände vor uns wieder. Zwei Stunden später schlugen wir vor, einen Platz zum Sitzen zu finden und eine Kaffeepause zu machen. „Ihr könnt doch nicht schon müde sein!" rief sie aus.

16. Kann Unordnung nicht ertragen.

	Nie	Selten	Manchmal	Normalerw.	Meistens	Immer	
	0	1	2	3	4	5	Punkte

Wir haben schon gehört, wie Diener Dinge wie diese sagten: „Ich kann mein Büro nicht verlassen, ohne vorher meinen Schreibtisch aufzuräumen." Oder: „Ich schaff es nicht, ins Haus meiner Nachbarin zu gehen. Ich habe immer das Gefühl, ich müßte anpacken und einige Dinge aufräumen, aber ich denke, das würde ihr bestimmt nicht gefallen."

Es sind Diener, die die schiefen Bilder an deiner Wand gerade rücken. Diese Angewohnheit kann sogar bei Diener-Kindern da sein. Ein Pastor erzählte uns, wie sein zweijähriger Enkel seine Begabung oft dann zum Ausdruck brachte, wenn er in das Zimmer eines anderen Kindes zum Spielen kam. War das Zimmer in Unordnung, fing er jedesmal an aufzuräumen. Er stellte die Spielzeuge in einer Reihe auf, und erst *dann* konnte er sich entspannen und spielen.

17. Tendiert zum Perfektionismus.

	Nie	Selten	Manchmal	Normalerw.	Meistens	Immer	
	0	1	2	3	4	5	Punkte

Was auch immer Diener tun, sie wollen es gut tun. Sie möchten, daß die Dinge eben richtig getan werden, und sind bereit, bis zum Ende dranzubleiben.

Bei einer anderen Gabe könnte der Perfektionismus Zeichen unnormalen Verhaltens sein, nicht so beim Diener. Er wurde als Perfektionist für Gottes Zweck geschaffen. Es muß im Leib

120

Christi Menschen geben, die diesen Charakterzug in einer positiven und ausgeglichenen Art darstellen.

Unser Freund Dr. David Stewart aus Everett, Washington, ist ein Herzchirurg mit der Motivationsgabe des Dienens. Seine Arbeit erfordert Präzision. Glücklich der Patient, dessen Chirurg ein Perfektionist ist.

Mein Schwager Bob ist auch ein Diener. Eines Tages baute er in seiner Garagenwerkstatt einige Stühle. „Ich muß eben in die Stadt gehen, um einige Schrauben zu holen," bemerkte er (Sie leben auf dem Lande.) „Kannst du dir vorstellen, daß ich bei den vielen Schrauben, die ich hier habe (es müssen etwa 3000 Stück gewesen sein), nicht die richtigen habe? Ich könnte die zwar benutzen, die ich habe – aber ich möchte, daß die Stühle perfekt aussehen."

18. Sieht Dienen als das Wichtigste im Leben.

Nie	Selten	Manchmal	Normalerw.	Meistens	Immer	
0	1	2	3	4	5	Punkte

Als wir einmal nach einem Treffen in der Kirche die Stühle zusammenstellten, sagte ein Diener folgendes zu uns: „Ich kann es einfach nicht verstehen, warum die anderen Männer nicht kommen und mithelfen."

Für den Diener scheint Dienen die Essenz christlichen Glaubens zu sein. Alles andere sind für ihn nur bloße Worte.

Natürlich bestärkt das Beispiel und die Lehre Jesu über die Bedeutung des Dienens die Überzeugung, daß Dienen die größte Aktivität von allen ist. Aber Diener müssen vorsichtig sein, nicht darauf zu bestehen, daß andere auch so fühlen. Jeder denkt, daß seine Gabe die wichtigste von allen sei.

19. Erledigt eine Arbeit lieber selbst, anstatt sie zu deligieren.

Nie	Selten	Manchmal	Normalerw.	Meistens	Immer	
0	1	2	3	4	5	Punkte

Nicht nur, daß Diener die Arbeit lieber selbst tun, sie haben auch ein Gefühl von Schuld, wenn sie es nicht tun. Ein Mann sagte: „Ich finde es sehr schwer, dreckige oder niedrige Arten von Arbeiten an meine Kinder zu deligieren. Meistens endet es damit, daß ich solche Arbeiten dann selbst erledige."

Don erinnert sich, daß er mit einer Diener-Mutter aufwuchs. „Sie hatte mir Arbeiten übertragen," sagte er, „und wenn sie gesehen hatte, daß ich zu langsam dabei war oder Schwierigkeiten hatte, nahm sie die Arbeit wieder zurück und tat es selbst. Ich denke, ich lernte dabei, daß ich mich auf diese Art vor verschiedenen Verantwortungen drücken konnte. Aber unglücklicherweise gab es da eine Menge Fähigkeiten, die ich zu Hause hätte lernen können. Deswegen muß ich sie jetzt als Erwachsener lernen. Ich wünschte, meine Mutter hätte mir während meiner Kindheit mehr übertragen.

	Nie	Selten	Manchmal	Normalerw.	Meistens	Immer	
20. Unterstützt andere, die in Leiterschaft sind.	0	1	2	3	4	5	**Punkte**

Diener sind wundervolle Sekretäre, Vize-Präsidenten oder Komiteemitglieder. Sie haben eine außergewöhnliche Loyalität ihren Leitern gegenüber. Es ist nicht ungewöhnlich für einen Diener, bis Mitternacht hinein zu arbeiten, um ein Projekt fertigzustellen. Diener möchten sehen, daß jene, die sie unterstützen, zum Erfolg kommen.

Ein großes Rechenzentrum in der Stadtmitte von Seattle lud mich ein, um unter den Beschäftigten über die Motivationsgaben zu lehren. Alle Mitarbeiter waren Christen und wollten ihre Gaben noch effektiver in ihren Geschäftsbereich einbringen. Es war erstaunlich, wie viele bereits in Bereichen funktionierten, die entsprechend ihrer Begabung waren. Drei der vier Eigentümer hatten die Gabe des Administrierens. Sehr passend. Zwei Wochen später rief mich Don Kurth, einer der vier Eigentümer, an und bat mich, herauszufinden, welche Gabe für die Position einer Empfangssekretärin am passendsten sei; diese Stelle sollte neu besetzt werden. „Ich denke, eine Dienerin," sagte ich, „mit einer solchen Sekretärin werden Sie die haben, die am besten dafür geeignet ist. Sie wird die Leiterschaft unterstützen, loyal und genau sein, auf Einzelheiten achten, und es wird eine Freude sein, mit ihr zu arbeiten."

Sie interviewten drei Bewerberinnen. Als sie dabei eine Dienerin herausfanden, deren zweite Gabe Ermutigung war, wurde sie sofort eingestellt. Einen Monat später rief uns Don an, um uns zu berichten: „Wir haben euren Rat befolgt und stellten eine Dienerin ein. Sie ist die beste Empfangssekretärin, die wir je hatten. Sie ist genau das, was ihr sagtet und sogar noch mehr. Und ihre zweite Gabe der Ermutigung gibt ihr freundliche, menschenorientierte Qualitäten, wie es für den Empfang als Teilbereich ihrer Arbeit erforderlich ist. Sie ist perfekt geeignet für diese Position."

EINE AUSNAHME ZUR REGEL

An dieser Stelle ist ein guter Platz, um auf eine Ausnahme der Regel, daß Personen am besten in ihren von Gott gegeben Gaben arbeiten, hinzuweisen: *Wenn Gott dich ruft, eine Arbeit zu tun, die außerhalb des Bereichs deiner Motivationsgaben liegt, dann wird er dir auch eine Salbung geben, die dich dafür fähig macht.* Die Salbung ersetzt die Begabung. Wir wollen noch einmal nachdrücklich sagen, daß diese Lehre über die Motivationsgaben nicht dazu erstellt wurde, um dich in eine Schachtel mit der Bezeichnung *„Alles, was ich tun kann"* zu stecken. Laß dich in allem vom Heiligen Geist leiten. Sei offen für einen speziellen Ruf Gottes – und für die nachfolgende Versorgung – zu jeder Zeit in deinem Leben.

Als ein biblisches Beispiel dafür nehmen wir Moses.

Wenn du Gott wärst und wolltest mehrere Millionen Menschen aus der Sklaverei erretten, hättest du wahrscheinlich jemanden mit der Gabe des Administrierens ausgewählt. Er hätte den Auszug auf eine ausgezeichnete Art organisiert.

Aber das ist nicht, was Gott tat. Er berief einen Diener, Mose, um diese Arbeit zu tun. Woher wissen wir, welche Gabe Mose hatte und welche er nicht hatte? Erstens, wie reagierte Mose, als Gott ihn berief? „Aber Mose sagte zu Gott, 'Wer bin ich, daß ich die Söhne Israel aus Ägypten herausführen sollte?'" (Exodus 3.11, NAS)

Wäre Mose ein natürlicher Leiter gewesen, hätte er sich bestimmt über diese Aussichten gefreut: „Großartig Herr, wann können wir loslegen?" Aber als Diener hatte Mose keinen Wunsch nach Leiterschaft. Er hatte kein ́Vertrauen in seine eigenen Fähigkeiten, um diese Aufgabe zu erfüllen.

Zweitens benutzte es Mose nicht so sehr als Ausrede, sondern benannte eine Tatsache, als er sagte: „Oh Herr, ich bin nicht so beredsam, auch nicht ein Mann von Worten ..., denn ich bin langsam im Sprechen und habe eine schwere und ungeschickte Zunge" (Exodus 4.10, TAB).

Mose war sich seiner Begrenzungen voll bewußt. Seine natürlichen Fähigkeiten standen einer erfolgreichen Erfüllung der von Gott gegebenen Aufgabe *entgegen*. Der Diener hat gewöhnlich wenig Fähigkeiten, um vor einer Gruppe zu sprechen.

Aber Gott hatte eine Lösung für das Problem. Er sagte: „Gibt es da nicht Aaron, deinen Bruder, den Leviten? Ich weiß, daß er sehr gut sprechen kann ... Er wird für dich zum Volk sprechen, er wird dein Mund sein" (Exodus 4.14-16, TAB). Ohne Zweifel hatte Aaron eine der „Sprachgaben."

Drittens hatten die Leute Schwierigkeiten, in Mose natürliche Leiterqualitäten zu entdecken. Nicht immer folgten sie ihm ernsthaft, was in ihrem andauernden Murren und Beschweren zum Ausdruck kam. Sie nörgelten: „Mose hat uns in die Wüste geführt, damit diese ganze Versammlung vor Hunger stirbt" (Exodus 16:3, TAB).

Nun, ein Administrator mit einer charismatischen Persönlichkeit hätte es wahrscheinlich geschafft, ihre ganze Treue zu erlangen. Man braucht sich nur an die Tragödie von Jonestown zu erinnern, wo hunderte von Männern, Frauen und Kindern auf die Anweisung von Jim Jones ein Getränk mit tödlichem Cyanid zu sich nahmen, um deutlich zu sehen, wie beeinflussend ein geölt redender, cleverer Leiter sein kann. Mose war nicht von dieser Sorte.

Viertens versuchte Mose, so wie viele andere Leiter auch, die Arbeit allein zu tun. Es war sein Administrator-Schwiegervater, der ihn aus dieser schwierigen Lage herausboxte. „Mose setzte sich nieder, um das Volk zu richten, und das Volk stand vor Mose vom Morgen bis zum Abend. Als nun der Schwiegervater von

Mose sah, was er alles für das Volk tat, sagte er ... 'Warum sitzt du alleine zu Gericht?'" (Exodus 18:13-14, NAS).

Niemals hatte es Mose gedämmert, daß es da vielleicht eine bessere Lösung geben würde, um all die Rechtsfälle zu organisieren, die vor Mose gebracht wurden. Aber Jethro sah das sofort. „Du wirst dich ganz bestimmt aufreiben, du selbst, aber auch das Volk, das mit dir ist, denn die Aufgabe ist zu schwer für dich; du kannst sie nicht alleine tun" (Exodus 18:18, NAS).

Jethro erzählte dem Mose, daß er sein Volk ganz klar über das Gesetz und die Richtlinien Gottes unterrichten sollte und dann gottesfürchtige Männer aussuchen sollte, um die einzelnen Fälle an sie zu deligieren. Er entwarf einen speziellen Organisationsplan, mit Leitern über Tausend, Hundert, Fünfzig und Zehn – ein Plan, auf dem die Gerichtsbarkeit der Vereinigten Staaten aufgebaut wurde – nur die schwierigsten Fälle waren für Mose selbst.

„Und ... laß es so sein, daß jede gewichtige Auseinandersetzung vor dich gebracht wird, aber jede kleine Auseinandersetzung sie selbst richten sollen" (Exodus 18:22, NAS).

Fünftens hätte ein guter Administrator die Kinder Israel in elf Tagen aus dem Lande Goshen in das verheißene Land gebracht – das ist die Zeit, die man braucht, um von einem Platz zum anderen zu gehen. Der Administrator, der in seiner eigenen Stärke arbeitet, hätte die Aufgabe zu schnell erledigt. Denn Gott wollte nicht nur die Kinder Israel aus Ägypten herausholen, sondern Er wollte auch Ägypten aus den Kindern Israel herausholen. Das dauerte vierzig Jahre – zwei Generationen!

Ihre Vorfahren lebten vierhundert Jahre in dieser heidnischen Kultur – das sind zwanzig Generationen. Gottlose Aspekte der ägyptischen Kultur hatten in den Jahren an ihnen genagt. Weil Mose ein Diener war, folgte er Gott einfach zur richtigen Zeit. Gott brauchte mehr Gehorsam als Befähigung. Aber Gott gab Mose auch eine Salbung, um diese Aufgabe zu tun.

Es mag Zeiten in deinem Leben geben, wo Gott dich ruft, eine Aufgabe zu tun, und deine erste Reaktion ist: „Herr du weißt, ich bin in diesem Bereich nicht begabt." Kein Problem. Gott wird dich ausrüsten und salben für diesen Dienst; du wirst mit Seiner Hilfe fähig sein, das zu tun, was du allein nie tun könntest.

Benutze das Wissen über die Motivationsgaben nicht als eine Entschuldigung, nicht zu tun, wofür Gott dich berufen hat. Denke daran, *die Salbung übertrifft deine Begabung*.

DIE GABE DES DIENENS

Charakteristiken:

	Nie 0	Selten 1	Manchmal 2	Normalerw. 3	Meistens 4	Immer 5	PUNKTE
1. Erkennt leicht, was getan werden muß, und ist schnell im Handeln.							
2. Genießt besonders handwerkliche Projekte, Arbeiten und Funktionen.							
3. Hält alles sorgfältig in Ordnung.							
4. Konzentriert sich auf Details und hat ein gutes Gedächtnis.							
5. Zeigt sich gerne gastfreundschaftlich.							
6. Bleibt an einer Sache, bis sie zu Ende geführt ist.							
7. Hat Schwierigkeiten nein zu sagen, wenn andere Hilfe wollen.							
8. Begegnet lieber den Nöten anderer, als den eigenen.							
9. Arbeitet lieber an kurzfristigen Aufgaben, als an Langzeitprojekten.							
10. Zeigt anderen Liebe mehr in Taten, als in Worten.							
11. Braucht das Gefühl, wertgeschätzt zu werden.							
12. Tendiert dazu, mehr zu tun, als erwartet wird.							
13. Empfindet größte Freude darin, anderen helfen zu können.							
14. Möchte andere Menschen oder Projekte nicht leiten.							
15. Hat ein hohes Maß an Energie.							
16. Kann Unordnung nicht ertragen.							
17. Tendiert zum Perfektionismus.							
18. Sieht Dienen als das Wichtigste im Leben.							
19. Erledigt eine Arbeit lieber selbst, anstatt sie zu deligieren.							
20. Unterstützt andere, die in Leiterschaft sind.							
GESAMT							

11

PROBLEME DES DIENERS

Der Diener hat, wie jeder andere Empfänger der Motivationsgaben, seine eigenen typischen Problemgebiete. Erinnere dich, du mußt diese fünf Charakteristiken durchtesten, um irgendwelche Bereiche zu entdecken, in denen du Stärkung oder Wachstum benötigst. *Sie sind nicht auf dem ersten Fragebogen.*

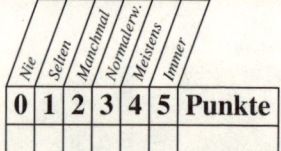

1. Reagiert kritisch auf andere, die nicht so hilfsbereit sind.

Nie	Selten	Manchmal	Normalerw.	Meistens	Immer	
0	1	2	3	4	5	Punkte

Ein klassisches Beispiel ist Martha, die Schwester von Maria und Lazarus. In Lukas 10.38-42 sehen wir Maria zu den Füßen Jesu, wie sie Seiner Lehre zuhört. Während dessen bereitet Martha in der Küche das Essen vor, um die hungrigen Gäste zu bedienen. Für sie ist Marias Vergeßlichkeit praktischen Nöten gegenüber unbegreiflich.

„Aber Martha (überbeschäftigt und zu eifrig) war verwirrt durch ihr ausgiebiges Dienen; und sie kam zu ihm und sagte: Herr, kümmert es dich nicht, daß meine Schwester mich alleine dienen läßt? Sage, sie soll mir helfen und ihren Teil dazu beitragen, mich zu unterstützen" (Lukas 10.40 TAB).

Für Martha ist die wichtigste Sache auf der Welt, diese Mahlzeit fertig zu bekommen. Natürlich liebt Jesus die Diener-Gabe in ihr, aber ebenso erkennt er das Problem des Dieners und spricht dann freundliche Korrektur aus. Der Diener steht immer in der Gefahr, auf alle Nöte in seiner Umgebung reagieren zu wollen.

Unsere Gemeinde trifft sich in einer Schulaula. Unsere Gottesdienste gehen gewöhnlich bis etwa 12.30 Uhr, und wir müssen den Raum gegen 13 Uhr ganz verlassen haben, denn eine andere Gruppe hat danach den Raum angemietet.

Einige Diener bauen regelmäßig die Bühne ab, bringen die Lautsprecheranlage weg und stellen die Stühle zusammen. Andere Leute stehen herum, haben Gemeinschaft miteinander und beachten nicht die Aktivitäten, die sich um sie herum abspielen. Manchmal, wenn die Zeit sehr kurz ist, wird eine Ansage gemacht, um zusätzliche Hilfe gebeten, damit die Arbeit rechtzeitig getan werden kann.

„Warum müssen wir darum bitten?" hörten wir einen Diener sagen.

„Können die Leute nicht sehen, was getan werden muß?"

„Wie kann man nur jeden Sonntag hier sein" stimmte ein anderer zu „und niemals Hand anlegen?"

	Nie	Selten	Manchmal	Normalerw.	Meistens	Immer	
2. Kann die Nöte der eigenen Familie vergessen, weil er zu sehr damit beschäftigt ist, anderen zu dienen.	0	1	2	3	4	5	**Punkte**

Das bekannteste Beispiel ist der Diener-Ehemann, der es so sehr genießt, den Nachbarn zu helfen, daß er keine Zeit hat, die Dinge zu Hause in Ordnung zu bringen.

Dann gibt es die Frau, die so sehr beschäftigt ist mit ehrenamtlicher Arbeit, daß sich bald die Wäsche stapelt und das Essen immer später fertig wird.

Betty, eine Dienerin schrieb uns: „Zuhause bin ich immer in Verzug, weil ich so sehr damit beschäftigt bin, Dinge für andere zu tun. Wenn ich backe, fragen die Kinder: 'Für wen ist das?' Sie sind überrascht, wenn ich sage 'für uns'. Sie sind daran gewöhnt, daß es für jemand anderen ist."

Weil Diener sich so leicht überarbeiten, müssen sie sich ihrer Prioritäten sicher sein.

Ein Diener (wir nennen ihn Jack) machte gerne ehrenamtliche Arbeit in der Gemeinde. Als nun das neue Hausprojekt startete, stürzte er sich in die Arbeit. Bald war es eine „Hin-und-Her-Situation". Er stürmte nach der Arbeit nach Hause, schlang schnell einen Bissen hinunter, rannte in die Gemeinde zum Arbeiten, bis es am Abend Zeit war, ins Bett zu gehen.

„Jack," beschwerte sich seine Frau, „ich sehe dich gar nicht mehr. Die Kinder wissen kaum mehr, daß sie einen Vater haben. Ich weiß, daß das Hausprojekt zur Zeit sehr wichtig ist, aber du hast eine Familie."

Jack's Prioritäten gerieten aus der Ordnung. Sie sollten wie folgt sein: 1) Gott, 2) Familie, 3) Arbeit und erst dann 4) die Gemeinde. In seinem Eifer zu dienen, hielt Jack die Prioritäten so: 1) Gott, 2) Arbeit 3) Gemeinde und 4) Familie, wenn noch etwas Zeit übrig war.

Obwohl für eine Frau geschrieben, ist Sprüche 31.16 ein guter Rat für alle, besonders für die Diener:

„Sie schaut sich ein neues Feld an, bevor sie es kauft oder annimmt – mit Vorsicht breitet sie sich aus [vernachlässigt nicht die gegenwärtigen Pflichten im eigenen Haus, indem sie anderes übernimmt) ..." (TAB).

	Nie	Selten	Manchmal	Normalerw.	Meistens	Immer	
3. Kann in der Hilfsbereitschaft aufdringlich und störend werden.	0	1	2	3	4	5	**Punkte**

Diener können manchmal „helfen", wo Hilfe gar nicht gewollt wird. Einmal hatten wir eine Dienerin für zwei Wochen zu Besuch in unserem Hause. Sie wollte die ganze Zeit helfen und wurde ruhelos, wenn ihre Hände nichts zu tun hatten. So tat sie Dinge, ohne zu fragen.

Manchmal war sie wirklich hilfreich, aber oft machte sie uns nur noch mehr Arbeit. Als wir außer Haus waren, leerte sie die Spülmaschine und stellte den Inhalt an Plätze, an die wir nie gedacht hatten. Monate später fanden wir noch Teller und Töpfe an den überraschendsten Orten.

Eine Frau aus einem unserer Motivationsgabenseminare teilte uns folgendes Beispiel mit: Es schien, daß eine Dienerin in ihrer Gemeinde es bemerkte, daß der Sonntagsschulraum gestrichen werden mußte. Sie ging mit dieser Sache zum Pastor, dieser versicherte ihr, daß die Diakone darauf achten würden. Als sie nach mehreren Wochen bemerkte, daß noch nichts geschehen war, beschloß sie, die Sache selbst in die Hand zu nehmen. Sie ging zum örtlichen Farbgeschäft, kaufte das Nötige und strich den ganzen Raum.

Später entdeckte sie, daß die Diakone beschlossen, den Raum zu verändern. Sie brachen eine Wand durch, um ihn zu vergrößern und Wandschränke an einer anderen Wand zu bauen. Da die Farbe, die sie benutzt hatte, dunkel war, wählten die Diakone eine hellere Farbe aus, um die beiden restlichen Wände damit zu streichen.

4. Hat Schwierigkeiten, sich von anderen dienen zu lassen.

Nie	Selten	Manchmal	Normalerw.	Meistens	Immer	
0	1	2	3	4	5	Punkte

Weil die Diener so gerne dienen, ist es ihnen unangenehm, sich von jemand anderem selbst dienen zu lassen. Tatsache ist aber, daß sie es lernen müssen, sich genauso dienen zu lassen, wie sie anderen dienen. Sonst berauben sie andere um die Freude des Dienens.

Barbara erzählte uns, daß sie es wirklich liebt, Dinge für andere zu tun, aber daß es ihr regelrecht unangenehm ist, wenn andere etwas für sie tun. „Ich würde augenblicklich nach etwas suchen, was ich für sie tun kann," erwiderte sie, „zum Beispiel, ihnen eine Ladung Plätzchen zu backen, oder ihnen Blumen zu schenken. Dann würde ich mich besser fühlen."

Dann startete Barbaras Kirche das Programm „der unbekannte Freund". „Unbekannte taten alle diese wunderbaren Dinge für mich, und ich konnte nicht herausfinden, wer es war. Ich war total frustriert, bis ich erkannte, daß das des Herrn Art sein könnte, mir zu zeigen, daß ich bereit sein mußte, mir selbst auch dienen zu lassen."

5. **Ist leicht verletzt, wenn keine Anerkennung gegeben wird.**

Nie	Selten	Manchmal	Normalerw.	Meistens	Immer	Punkte
0	1	2	3	4	5	Punkte

Das Bedürfnis nach positiver Wertschätzung ist so tief im Diener eingebaut, daß ein wenig Verletzung fast unvermeidlich ist.

Gloria schrieb uns: „Ich liebe es, anerkannt zu werden. Ich bin hochmotiviert, mehr zu tun, wenn die Leute dankbar sind. Aber offen gesagt, es verletzt mich stark, wenn ich mich selbst investiere, um Leuten zu helfen, und sie sagen niemals 'Danke'. Leider passiert das oft. Was soll ich machen? Soll ich einfach diesen Leuten weiter helfen, die meinen Einsatz scheinbar nicht zu schätzen wissen?"

„Liebe Gloria" erwiderten wir. „Zuerst untersuche deine Motive. Hilfst du anderen, um ihre Dankbarkeit zu bekommen? Wir wissen, daß deine Gabe dich motiviert zu helfen, aber du mußt auch lernen, hilfsbereit zu sein, ohne Dank zu erwarten. Wir finden es wichtig, beim Herrn nach Anerkennung zu suchen. Er gibt sie uns immer, auch wenn andere das nicht tun. Laß Seine Liebe und Anerkennung für dich genug sein, und wenn dir dann auch ein Mensch dankt, dann ist das die Sahne auf dem Kuchen! Diene weiter!" Wenn du irgend einen Diener kennst, dann gib ihm Anerkennung. Er wird dich dafür lieben.

132

Typische Problemgebiete der Gabe des Dienens:

	Nie	Selten	Manchmal	Normalerw.	Meistens	Immer	PUNKTE
	0	1	2	3	4	5	
1.						5	

1. Reagiert kritisch auf andere, die nicht so hilfsbereit sind.
2. Kann die Nöte der eigenen Familie vergessen, weil er zu sehr damit beschäftigt ist, anderen zu helfen.
3. Kann in der Hilfsbereitschaft aufdringlich und störend werden.
4. Hat Schwierigkeiten, sich von anderen dienen zu lassen.
5. Ist leicht verletzt, wenn keine Anerkennung gegeben wird.

	Nie	Selten	Manchmal	Normalerw.	Meistens	Immer	PUNKTE
1.							
2.							
3.							
4.							
5.							
GESAMT							

133

BIBLISCHE DIENER

Es ist ein bißchen schwerer, typische Diener in der Bibel zu entdecken, denn ihr Dienst spielt sich meist hinter den Kulissen ab. Und das sind nicht die Dinge, die gewöhnlich der Nachwelt berichtet werden. Aber wir haben ein sehr gutes Beispiel in Martha.

Arme Martha, es gab bis jetzt viel schlechte Nachrede über sie. Wie wünschten wir, daß mehr über sie berichtet worden wäre. Besonders darüber, wie Jesus über ihre Motivationsgabe des Dienens dachte. Wären wir persönlich bei anderen Gelegenheiten dabei gewesen, zum Beispiel, wenn Jesus zu ihr zu Besuch kam, hätten wir bestimmt den Herrn so etwas sagen hören wie:

„Martha, liebe Martha, danke für das ausgezeichnete Essen. Ich möchte, daß du weißt, daß ich all deine Arbeit und deinen Einsatz schätze."

Vielleicht wirst du, während du die folgende Szene verfolgst, in der Situation und in dem Wissen, daß Martha eine Dienerin ist, erkennen, wie sehr ihre Taten ihre Gabe demonstrierten.

Schrift: Lukas 10,38-42   ***Dein Kommentar:***
Johannes 12:2 (TAB)

Lukas 10

38 Nun, während sie sich auf ihrem Weg befanden, geschah es, daß Jesus in ein bestimmtes Dorf kam, und eine Frau mit Namen Martha empfing Ihn und lud Ihn in ihr Haus ein.

39 Und sie hatte eine Schwester namens Maria, die sich zu den Füßen des

Herrn niedersetzte und
seiner Lehre zuhörte.

40 Aber Martha
(überbeschäftigt) und zu
eifrig) war verwirrt mit
vielem Dienen; und sie kam
zu Ihm und sagte: „Herr,
kümmert es dich nicht, daß
meine Schwester das
Dienen mir alleine überläßt?
Sage ihr, daß sie mir helfen,
mit Hand anlegen und ihren
Teil dazu beitragen soll."

41 Aber der Herr erwiderte
ihr, indem er sagte:
„Martha, Martha, du bist
besorgt und beunruhigt über
viele Dinge;

42 Eins aber tut not. Maria
hat das gute Teil gewählt –
welches von Vorteil ist – das
nicht von ihr genommen
werden wird."

Johannes 12

2 So machten sie Ihm ein
Abendessen und Martha
diente, aber Lazarus war
einer von denen, die mit
Ihm zu Tisch waren.

Bitte beachte, daß Jesus niemals Marthas Gabe des Dienens
kritisierte oder geringschätzte, wenn sie diese in der angemessenen Form einsetzte. Tatsächlich lesen wir immer wieder darüber, wie Martha Jesus Gastfreundschaft erweist. Aber als die
negative Charakteristik aus Punkt 1), „Ist anderen gegenüber
kritisch, die nicht so hilfsbereit sind," an die Oberfläche kommt,
nennt Jesus das Problem beim Namen.

Martha wurde eine Macherin. Sie konnte „vor lauter Bäumen den Wald nicht mehr sehen". Ihr Blick war so sehr auf die Essensvorbereitung gerichtet, (es gab keine Essenspakete und kein Fernsehessen damals!), daß sie das freie Privileg, zu Füßen des Meisters zu sitzen und zu lernen, verpaßte.

Schrift: Lukas 10,38-42   *Unser Kommentar:*
Johannes 12,2 (TAB)

Lukas 10

38 Nun, während sie sich   # 5 zeigte Gastfreundschaft
auf ihrem Weg befanden,   #10 zeigte Liebe mit Taten
geschah es, daß Jesus in ein
bestimmtes Dorf kam, und
eine Frau mit Namen
Martha empfing Ihn und lud
Ihn in ihr Haus ein.

39 Und sie hatte eine
Schwester namens Maria,
die sich zu den Füßen des
Herrn niedersetzte und
seiner Lehre zuhörte.

40 Aber Martha   # 1 erkannte praktische Nö-
(überbeschäftigt) und zu   te
eifrig) war verwirrt mit   #12 tat mehr als nötig
vielem Dienen; und sie kam   #17 Perfektionist
zu Ihm und sagte: „Herr,   #18 sieht Dienen als über al-
kümmert es dich nicht, daß   les wichtig
meine Schwester das   #-1 kritisiert Maria
Dienen mir alleine überläßt?
Sage ihr, daß sie mir helfen,
mit Hand anlegen und ihren
Teil dazu beitragen soll.

136

41 Aber der Herr erwiderte ihr, indem er sagte: „Martha, Martha, du bist besorgt und beunruhigt über viele Dinge; 42 Eins aber tut not (aber einige Dinge, oder). Maria hat das gute Teil gewählt – welches von Vorteil ist – das nicht von ihr genommen werden wird."

#12 überspannt
#17 perfektionistisch
#-5 fühlt sich nicht anerkannt
4 Einzelheiten gingen verloren
#-2 zu beschäftigt

Johannes 12

2 So machten sie Ihm ein Abendessen und Martha diente, aber Lazarus war einer von denen, die mit Ihm zu Tisch waren.

5 zeigt Gastfreundschaft
#10 zeigt Liebe mit Taten

Vielleicht ist einer der Gründe, warum Jesus so oft in das Haus von Maria, Martha und Lazarus ging, daß er sich wegen der Gabe der Martha so heimisch fühlte. Jesus hatte keinen Ort, den er sein eigen nannte, aber wir können uns leicht vorstellen, daß ihm dieser der nächste Platz war, den er hier auf Erden hatte.

Nun lies über einige andere biblische Diener (zusammen mit einer weiteren Beschreibung über Martha). Beobachte, wieviele Charakteristiken der Motivationsgabe des Dienens du in jeder Beschreibung finden kannst:

Martha	– Johannes 11,1-40
Phoebe	– Römer 16,1-2
Stephanus	– Apostelgeschichte 6,1-15; 7,1-60
Philippus	– Johannes 1,43-45;6,5-7;12,21-22;14,8;
(Diakon)	– Apostelgeschichte 6,5;8,5-40;21,8-9
Onesimus	– Philemon; Kolosser 4,9
Schwiegermutter von Petrus	– Matthäus 8,14-15
Jakob	– Genesis 25-30

CHARAKTERISTIKEN DES LEHRERS

Die 3. Motivationsgabe in Röm. 12,6-8 ist die des Lehrens. Das griechische Wort für eine Person, die lehrt, ist: *didasko*, was so viel bedeutet wie Lehren oder Instruktionen geben. Die Person mit dieser Gabe sollte je nach individueller Ausprägung dort wirksam sein, wo es darum geht, andere zu unterrichten. Beinahe sind wir versucht, das Wort „Forscher" zu gebrauchen, weil wir festgestellt haben, daß viele mit dieser Gabe einen Drang zum Forschen haben und mehr oder weniger mit Lehren beschäftigt sind. Oder sie geben ihre Lehre weiter durch Schreiben von Artikeln, Prüfungsarbeiten oder Büchern.

Wir haben aber herausgefunden, daß die Mehrheit der Personen mit dieser Gabe auch damit beschäftigt ist, in gewisser Weise Einzelpersonen zu unterweisen. Deswegen sprechen wir von „Lehren".

	Nie	Selten	Manchmal	Normalerw.	Meistens	Immer	
1. Präsentiert Wahrheit in einer logischen und systematischen Weise.	0	1	2	3	4	5	**Punkte**

Oft kann man diese Gabe schon daran erkennen, daß die betreffende Person Wert darauf legt, schriftliche Aufzeichnungen in Punkte 1, 2, 3, a, b, c usw. zu gliedern. Das ist systematisch und wird leichter aufgenommen.

Derek Prince, ein bekannter Autor und Gelehrter, ist ein klassisches Beispiel für eine Person mit der Motivationsgabe des Lehrens. Wir haben ganze Akten voll mit Notizen von seinen Vorlesungen. Die Notizen sind reich an Fakten, Schriftstellen und Zusammenfassungen. Sie sind nur deswegen so gut geordnet, weil Derek Prince auf diese Art spricht. Es ist einfach, in diesen Notizen Informationen zu finden, weil sie logisch ange-ordnet sind.

Wir glauben, daß Ermutiger tatsächlich die interessantesten und bekanntesten Personen sind, die als Lehrer angesehen werden. Aber sie lehren manchmal eine ganze Stunde und bringen nur einen bedeutenden Punkt. Du wirst dann nur wenige Notizen haben und diese nicht besonders gegliedert.

	Nie	Selten	Manchmal	Normalerw.	Meistens	Immer	Punkte
2. Findet Wahrheit durch Untersuchung von Fakten.	0	1	2	3	4	5	

Eine Familie unserer Gemeinde bekam ein Frettchen als Haustier geschenkt. Es ist ein Tier, das andauernd herumschnüffelt und sucht – in Ecken, unter Stühlen, in Jacken. Die englische Übersetzung für Frettchen ist „ferret" und bedeutet soviel wie nachforschen, suchen. Und das ist es, was ein Lehrer die ganze Zeit macht: die Wahrheit suchen.

Lehrer wollen sicher gehen, daß das, was sie glauben und annehmen, auf Fakten basiert. Das war auch die Situation mit dem zweifelnden Thomas. Motiviert durch seine Veranlagung zum gründlichen Forschen nach Wahrheit wollte er dem nicht glauben, was er über die Auferstehung Jesu hörte. Und so war es normal für ihn, zu erwidern: „Wenn ich nicht in seinen Händen das Mal der Nägel sehe und meine Finger in das Mal der Nägel und meine Hand in seine Seite lege, so werde ich nicht glauben." Als Jesus ihm dann acht Tage später erschien, konnte Thomas nur sagen: „Mein Herr und mein Gott (Joh. 20,25-28)."

Wenn du die Motivationsgabe des Lehrens hast, wirst du vielleicht von Zeit zu Zeit der zweifelnde Thomas genannt. Nimm es als Ehre. Du bist von Gott berufen, die Fakten zu prüfen, und du bist gut genug darin, daß andere das bemerken. Das ist großartig. Mein Mann nennt Lehrer die „geistlichen Detektive". Vielleicht ist das der Grund, warum viele Lehrer gerne geheimnisvolle Geschichten lesen.

		Nie	Selten	Manchmal	Normalerw.	Meistens	Immer	
3.	**Lieben es zu studieren und zu**	0	1	2	3	4	5	**Punkte**
	forschen.							

Da dies meine zweitstärkste Gabe ist, verstehe ich den Lehrer sehr gut. Ich liebe das Forschen.

Als unsere Jungs im Vorschulalter waren, wollte ich Zuhause bleiben. So hatte ich einige Stunden für mich. Ich begann als freier Mitarbeiter Sonntagsschulmaterial für die höheren Klassen zu schreiben – für die David C. Cook Company und für die Union Gospel Press. Sie sandten mir die Unterlagen zu, und ich begann mit meinen Kommentaren und Konkordanzen das Schriftstudium. Manchmal verbrachte ich 20 Stunden an einer Lektion. „Warum verbringst du soviel Zeit mit diesem Studium?" fragte Don. „Könntest du es nicht etwas kürzen?" Dieser Gedanke entsetzte mich. Was wäre, wenn ich nicht tief genug in das Thema einsteigen würde und dann etwas Ungenaues wiedergebe? Ich könnte mir gut vorstellen, wie Tausende von Sonntagsschullehrern mit vertrauensvollen Schülern mein falsches Material durcharbeiten. Der Irrtum würde multipliziert bei einer Menge von unschuldigen Schülern, und ich wäre dafür verantwortlich. Meine Forschung muß vollständig sein. Nebenbei, ich liebe es, dies zu tun.

Wegen ihrer Liebe zum Studieren und Forschen haben Lehrer gerne eine große persönliche Bücherei von Forschungsbüchern.

Dick Mills, ein bekannter Sprecher mit der Motivationsgabe Lehren und der Dienstgabe des Propheten, hat eine fast unersättliche Liebe für Bücher – speziell für verschiedene Bibelübersetzungen. Regelmäßig zitiert er aus einer von 25 Übersetzungen. An einer christlichen Bücherei kann er nicht vorübergehen, ohne hineinzuschlittern, um nach einem neuen Forschungsbuch zu suchen.

Eines Tages bemerkte seine Frau Betty, daß Dicks Bücher allen verfügbaren Raum im Haus ausfüllten und jetzt sogar ihren Küchentisch überfüllten. Bald würden sie auf der Anrichte erscheinen, dann im Vorratsschrank und sich schließlich in der

140

Ecke stapeln. Und so war es auch. „Dick," kündigte sie an, „ich kann es nicht mehr aushalten. Ich kann nicht einmal mehr das Haus säubern, ohne Stapel von Büchern beiseite räumen zu müssen. Entweder die Bücher gehen, oder ich gehe!"

Nein, Dick wollte seine Frau nicht verlieren, noch wollte er seine Bücher verlieren. Er ging in ein örtliches Holzgeschäft und bald erschien seine neue Errungenschaft in ihrem Haus. Du kannst dir denken, was – ein neuer Anbau für seine Bücherei.

Nie	Selten	Manchmal	Normalerw.	Meistens	Immer	
0	1	2	3	4	5	**Punkte**

4. Genießt das Wortstudium.

Er ist fasziniert vom Wort Gottes und liebt es, den griechischen und hebräischen Urtext zu untersuchen. Allgemein sieht er Worte als Bausteine der Kommunikation. Lehrer möchten Worte gut und korrekt benutzen. Oft untersuchen sie die genaue Bedeutung der Worte in Lexikas aller Art. Natürlich bevorzugen sie Nachschlagewerke und Konkordanzen, die sie tiefer in den griechischen Grundtext einblicken lassen. Manchmal führt den Lehrer das Studium über nur ein Wort in ein Nachforschen von mehreren Stunden – von einer Erkenntnis zur anderen.

Wenn Dick Mills lehrt, nimmt er oft einen einzigen Schriftvers und verbringt die Zeit damit, die verschiedenen Betrachtungsweisen und Bedeutungen von jedem bedeutenden Wort zu erklären und bezieht sich dabei auf eine Vielzahl an Quellen. Der Vers wird lebendig.

Nie	Selten	Manchmal	Normalerw.	Meistens	Immer	
0	1	2	3	4	5	**Punkte**

5. Benutzt lieber biblische Beispiele, anstatt Illustrationen aus dem alltäglichen Leben.

Die Bibel ist die endgültige Autorität für den Lehrer. Selbst wenn er einen besonderen Vers nicht versteht, glaubt er, daß es sein eigener Mangel an Wissen ist. Er sieht dann darin eine Quelle neuer Erkenntnisse, die es zu entdecken gilt.

Lehrer zitieren frei aus der Bibel und benutzen dann oft Geschichten, Parabeln oder Charaktere, um den wichtigen Punkt zu illustrieren. Sie können dieser Quelle glauben.

Illustrationen aus dem Leben sind eine andere Sache. Von Natur aus sind diese subjektiv. Sie werden vom Lehrer nicht als ein zuverlässiger Fels angesehen, auf den man bauen kann. Es kann sein, daß ein Lehrer persönliche Geschichten benutzt, um einen Punkt deutlich zu machen, aber nur dann, wenn der Punkt durch die Schrift gut illustriert ist.

Ich habe entdeckt, daß das meine Tendenz ist. Wenn ich zum Beispiel über Zorn lehren will, studiere ich zuerst, was die Bibel darüber zu sagen hat:

Jesus lehrt darüber in Matthäus 5.21-26.

Paulus warnt davor in Epheser 4.26-27.

Es war das Hauptproblem von Kain in Genesis 4,1-12.

Es war das Problem von Jona in Jona 4.1-9.

Nur dann füge ich hinzu, was ich auf experimentelle Weise durch die Seelsorge über Zorn gelernt habe.

6. Wird ärgerlich, wenn das Wort Gottes aus dem Kontext gerissen wird.

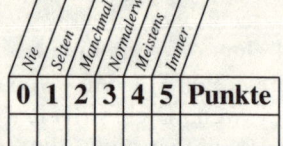

Nie	Selten	Manchmal	Normalerw.	Meistens	Immer	Punkte
0	1	2	3	4	5	Punkte

„Au weia", bei diesem rücksichtlose Verhalten kann der Lehrer sogar „die Wand hoch gehen". Für ihn ist es, als ob man mit den Fingernägeln über eine Tafel kratzt. Er ist so bedacht auf die Reinheit der Lehre – sei sie gesprochen oder geschrieben – daß er sich nicht mehr zurückhalten kann und sein Vertrauen in eine Person verliert, die mit einer einzelnen Textstelle etwas beweisen will, ohne den Zusammenhang der gesamten Textpassage zu berücksichtigen.

Ein bekannter reisender Lehrer war der Schwarm vieler Konferenzen und Camps in diesen Tagen. Er war geschickt und dramatisch in seiner Art der Darstellung, und konnte die meiste Zeit seine Zuhörerschaft fesseln, ausgenommen Leute mit der

Motivationsgabe des Lehrens. Während andere mit den Worten „War das nicht wundervoll!" den Vortrag verließen, sagten die Lehrer: „War nicht so besonders."

Das Problem war, daß der Redner, der mit der Motivationsgabe der Ermutigung gesegnet war, einen einzigen Punkt unter die Lupe genommen hatte und mehrere Schriftstellen zu Hilfe nahm, um diesem Punkt Bedeutung zu geben. Der Punkt selbst war gut ausgeführt, aber die in diesem Zusammenhang zitierten Schriftstellen haben gar nicht das ausgedrückt, was der Schreiber damit gemeint haben mag. Es wäre besser gewesen, überhaupt keine Schriftstellen zu zitieren, als sie zu gebrauchen, indem man sie einfach aus dem Textzusammenhang herausreißt. Wir bemerkten, daß Leute mit der Lehrgabe nicht mehr zu den Treffen gingen.

Der Lehrer betrachtet *falschen Gebrauch* als *Mißbrauch*.

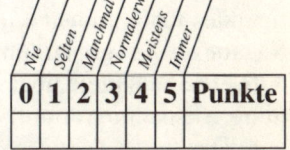

7. **Fühlt sich verpflichtet, in jeder Situation die Wahrheit zu ergründen.**

	Nie	Selten	Manchmal	Normalerw.	Meistens	Immer	
	0	1	2	3	4	5	**Punkte**

Ob im Geschäftsleben, in der Erziehung, in der Religion, in zwischenmenschlichen Beziehungen oder in anderen Gebieten des Lebens, der Lehrer möchte immer die Wahrheit herausstellen. Es ist das Fundament, der Anker, der Rahmen, innerhalb dessen er in Sicherheit arbeiten kann.

Die Gläubigen aus Beröa müssen viele Leute mit der Motivationsgabe des Lehrens unter sich gehabt haben, denn sie untersuchten vorsichtig, was Paulus jeden Tag gesagt hatte, um sicher zu sein, daß alles mit der Wahrheit der Schriften des Alten Testaments übereinstimme (Apg. 17,11).

Aquila und Priscilla, die von der Motivationsgabe her beide Lehrer waren, begrüßten Apollos, der auch ein Lehrer war. Aber sie konnten erkennen, daß er aus einem begrenzten Wissen über das Evangelium arbeitete und waren deshalb schnell dabei, ihn „genauer in den Wegen des Herrn" zu unterweisen (Apg. 18.26). Mit einer voll aufgerichteten Wahrheit in sich war Apollos dann fähig, nach Griechenland zu gehen und die Intellektuellen dieser Tage zu verwirren.

8. **Ist mehr objektiv als subjektiv.**

Nie	Selten	Manchmal	Normalerw.	Meistens	Immer	
0	1	2	3	4	5	Punkte

Im allgemeinen tendieren Männer mehr zur Objektivität, Frauen sind mehr subjektiv. Es gibt natürlich Ausnahmen. Aber wenn ein Mann die Motivationsgabe des Lehrens hat, dann sehen wir den am meisten objektiven Typ von Person, den es überhaupt gibt. Solche Männer werden oft Wissenschaftler im Bereich Forschung, Wirtschaftsexperten oder Richter.

Frauen mit der Motivationsgabe des Lehrens gehen in ähnliche Bereiche. Und es ist nicht ungewöhnlich für sie, ein bestätigendes Kompliment wie dieses zu hören: „Für eine Frau sind Sie erstaunlich objektiv."

Lehrer blicken auf das Leben mit einer bestimmten Betonung. Sie nehmen Anteil, aber ohne ihre Emotionen hineinzulegen. Das wirkt als eine Art Isolationsfaktor, der sie vor Verletzung oder emotionaler Verwundung bewahrt.

Die achtzehnjährige Erin, die dritte von vier Schwestern, besuchte unser Seminar in ihrer Baptistengemeinde. An einer Stelle kam sie zu uns, um einige interessante Erkenntnisse mitzuteilen. „Es war unschätzbar, zu entdecken, daß meine Motivationsgabe das Lehren ist," erzählte sie uns. „Ich habe mich immer gewundert, warum ich so distanziert und objektiv sein kann. Nun weiß ich warum.

„Meine Eltern kämpfen wie Hund und Katz," fuhr sie fort. „Sie lieben sich gegenseitig, aber der Kampf geht lustig weiter. Meine zwei Schwestern konnten damit nicht umgehen, deshalb verließen beide das Elternhaus, als sie sechzehn waren. Immer noch müssen sie sich mit emotionalen Verletzungen auseinandersetzen. Jetzt erkenne ich, daß beide die Gabe der Barmherzigkeit haben. Sie haben den Schmerz und die Verletzung viel stärker gefühlt als ich. Mein Standpunkt ist, wenn sie kämpfen wollen, dann ist das ihre Angelegenheit, aber ich bin jedenfalls

144

nicht bereit, meine Zeit zu vergeuden, indem ich da zuhöre. Deswegen gehe ich dann in mein Zimmer und lese ein gutes Buch."

9. Leicht entwickelt er einen großen Wortschatz und wende ihn auch an.

	Nie	Selten	Manchmal	Normalerw.	Meistens	Immer	
	0	1	2	3	4	5	**Punkte**

Lehrer benutzen Worte sehr gut und sind stolz darauf, neue zu lernen. Sogar als Kinder genießen sie Wortspiele, Scrabble, Boogle oder Kreuzwort-Puzzle. Sie sind gute Kommunikatoren, oft befehlend in ihrer Sprache und manchmal beredsam.

Vor mehreren Jahren war ich einer der Sprecher auf der Billy-Graham-Schreiber-Konferenz in Calgary, Kanada. Der Bankett-Redner war Philip Yancey, Autor vieler Bücher (z. B. *Wo ist Gott, wenn es weh tut*). Seine Rede war wundervoll.

Fließend! Glänzend! Als Verleger sann ich darüber nach, daß es fast möglich sein müßte, eine Niederschrift von dem, was er sagte, zu drucken, ohne dem noch etwas hinzuzufügen.

Später an diesem Abend sprach ich mit Philip. „Ihre Rede war herrlich," erzählte ich ihm. „Wie lange haben Sie gebraucht, um sie vorzubereiten?" Ich schätzte, daß er Wochen daran gearbeitet hatte.

„Nun," vertraute er mir an, „um Ihnen die Wahrheit zu sagen, heute morgen auf dem Flug hierher stellte ich sie zusammen. Als Grundlage machte ich mir einige Notizen auf der Rückseite eines Briefumschlags."

Als wir uns ein bißchen mehr unterhielten, bemerkte ich, daß er die *ganze* Zeit sehr gut sprach. Sogar seine beiläufige Konversation war glänzend und eindrucksvoll. Offensichtlich war Lehren seine Motivationsgabe.

	Nie	Selten	Manchmal	Normalerw.	Meistens	Immer	
10. Betont Tatsachen und die genaue Bedeutung von Worten.	0	1	2	3	4	5	**Punkte**

Lehrer sind nicht so sehr an Meinungen interessiert; sie möchten Fakten, Fakten als Grundbausteine ihres Lebens. Verbunden mit der Fähigkeit, Worte gut und genau zu benutzen, und einer außergewöhnlichen Objektivität, sind sie sehr begabt für die Verlagsarbeit. Sie werden großartige Korrekturleser. Wie eine Brieftaube finden sie immer ihr Ziel: Falschgeschriebene Worte, schlechte Grammatik, unpassende Wortwahl.

Meine Tante Aleda war so begabt. Das war für mich als Kind sehr zu meinem Nachteil. Weil mich meine Mutter drängte, schrieb ich Tante Aleda regelmäßig. Aber sie schickte mir meine Briefe immer verbessert zurück! Falschgeschriebene Worte kreiste sie ein, damit ich sie verbessern sollte. Sie korrigierte meine Grammatik, sogar zu lange Sätze, um deutlich zu machen, was ich offensichtlich in der Schule nicht richtig gelernt hatte. Ich brauche wohl nicht zu sagen, daß ich die zurückgesandten Werke nicht genießen konnte. Aber rückblickend bin ich froh, daß sie sich die Zeit nahm, ihre Gabe so zu nutzen, um mich zu unterstützen.

Unser Missionarsfreund Noel Morris aus Japan ist so ähnlich veranlagt. In Verbindung mit der Genauigkeit seiner Dienergabe hat er durch seine Lehrgabe ausgezeichnete Korrekturfähigkeiten. Während es sein Hauptdienst ist, einen Kassetten-Verleih in Japan zu leiten, trägt er noch zu seinem Unterhalt dadurch bei, daß er englische Manuskripte korrigiert, die von Japanern geschrieben wurden.

	Nie	Selten	Manchmal	Normalerw.	Meistens	Immer	
11. Findet heraus, aus welchen Quellen andere schöpfen, wenn sie lehren.	0	1	2	3	4	5	**Punkte**

Immer, wenn wir in einem Motivationsgabenseminar lehren, dann sind es die Lehrer, die nach dem Seminar zu uns kommen und fragen: „Woher haben Sie all die benutzten Informationen genommen?" Das ist schon so oft vorgekommen, daß wir jetzt eine Erklärung unserer Ausführungen eingeschlossen haben.

Lehrer sind es, die am meisten wer, was, wo, wann, und wie fragen. Bei einer jungen Person kann das als unhöflich und unverschämt angesehen werden.

Dies war der Fall bei einem fünfzehnjährigen Enkel von Freunden von uns, die in München, Deutschland, lebten. Sie hatten ihren Enkel eingeladen, mit ihnen eine gewisse Zeit zu leben und bei ihnen eine deutsche Schule zu besuchen. Sie haben aber nicht mit einem Heranwachsenden mit der Motivationsgabe des Lehrens gerechnet, noch haben sie das als die Ursache seiner unaufhörlichen Fragen erkannt.

„Er muß am Tag etwa fünfhundert Fragen gestellt haben," beklagte sich Vi. „Einige davon gingen ihn gar nichts an."

„Er ging ständig um mich herum und fragte, warum ich dies und jenes tun würde," sagte Jim. „Und das Schlimmste war, daß er mehr Deutsch lernte, als wir konnten. So korrigierte er uns immer."

Als wir die Gelegenheit hatten, den Jungen zu treffen, wurde unser Verdacht bestätigt. Er war ein Lehrer. Wir hatten die Gelegenheit, Vi und Jim mitzuteilen, daß das seine Gabe ist, und daß es notwendig sei, diese zu kanalisieren und nicht zu unterdrücken. Nur dieses einfache Bewußtsein über die Gabe ihres Enkels nahm viel Druck von der Situation.

	Nie	Selten	Manchmal	Normalerw.	Meistens	Immer	
12. Unterrichtet lieber Gläubige, anstatt zu evangelisieren.	0	1	2	3	4	5	**Punkte**

Wenn es zur Evangelisation kommt, zeigt der Lehrer ein niedriges Profil. Er kann Leute zu Jesus führen, aber gewöhnlich in Umständen, in denen er schon eine Brücke der Beziehung oder eine Freundschaft aufgebaut hat.

Aggressive Evangelisten wirken auf den Lehrer nicht anziehend. Definitiv fühlt er sich zur Straßenevangelisation und zur
Tür-zu-Tür-Evangelisation nicht hingezogen. Aber er freut sich
daran, daß andere diese Anstrengung unternehmen. Wenn einmal neue Leute für den Herrn gewonnen wurden, kann der
Lehrer endlose Stunden voller Freude diese Neubekehrten unterrichten.

July Wayner, Autorin von *Seine sanfte Stimme*, ist genau so
eine Lehrerin. Sie bekannte: „Ich würde lieber sterben, als
Tür-zu-Tür-Evangelisation zu machen. Aber gib mir eine Gruppe Neubekehrter, und ich werde mich hingeben, die notwendige
Zeit mit ihnen verbringen, um sie im Wort Gottes zu trainieren.‟

Wir sahen vor einigen Jahren, wie sie das praktisch umsetzte,
als sie einer Frauengruppe (Neubekehrte) sechs Jahre lang Bibelunterricht erteilte. Ich hatte das Vorrecht, diese Gruppe weiter
zu unterrichten, als Julie nach Michigan umzog, und ich war sehr
beeindruckt von der Reife, dem Glauben und dem Ausmaß des
Bibelwissens dieser Frauen.

Glücklicherweise ist nicht jeder Christ hauptsächlich zur
Evangelisation getrieben, denn ohne die Leute, die die Neuevan-
gelisierten lehren, würde der Leib Christi nicht zur Reife kommen.

	Nie	Selten	Manchmal	Normalerw.	Meistens	Immer	
13. Empfindet Bibelstudium als grundlegend für die Arbeit mit allen Gaben.	0	1	2	3	4	5	**Punkte**

Lehrer können sich nicht vorstellen, daß es etwas Wichtige-
res gibt, als die Bibel zu studieren. Sie glauben, daß es das
Fundament ist, das für alle anderen Gaben notwendig ist. Ihr
Denken sieht etwa so aus:

Wie kann der Erkenner genau erkennen, wenn er kein solides
Verständnis von der Bibel hat?

Wie kann ein Diener richtig dienen, wenn er mit den biblischen Gründen des Dienens nicht vertraut ist?

Wie kann ein Lehrer lehren, ohne die Schrift sorgfältig
studiert zu haben?

Wie kann ein Ermutiger effektiv ermutigen, ohne die biblische Grundlage für das Ermutigen zu kennen?

Wie kann der Geber optimal geben, wenn er die biblischen Richtlinien des Gebens nicht kennt?

Wie kann der Administrator ein effektiver Leiter sein, wenn er das offenbarte Wort Gottes in der Bibel nicht versteht?

Wie kann die barmherzige Person in der Liebe Gottes dienen, wenn sie dieser Liebe nicht in der Bibel begegnet?

„Nichts," so sagt der Lehrer, „ist fundamental wichtiger, als in der Bibel zu studieren!"

14. Löst Probleme, indem er mit dem biblischem Prinzip beginnt.

	Nie	Selten	Manchmal	Normalerw.	Meistens	Immer	
	0	1	2	3	4	5	**Punkte**

Lehrer glauben, daß es auf jedes Problem eine Antwort im Wort Gottes gibt; wenn nicht in einem aktuellen Beispiel oder Prinzip, dann wenigstens aus der Schlußfolgerung.

In ihrem Buch beschreibt Julie Wayner die Probleme und Herausforderungen, denen sie sich stellen mußte, um eine Missionarin in China zu werden. Sei es das Schließen der Nation für den Westen, ihre Liebe zu einem jungen Mann, der sich dem südamerikanischem Missionsfeld hingegeben hatte, oder die unterstützende Hilfe für eine andere Frau – jedesmal richtete sie ihren Blick auf die Bibel, um Prinzipien für ihre Entscheidungen zu bekommen.

Julie erzählte uns: „Ich blickte zuerst immer auf die biblischen Prinzipien, die in diese Situation hineinpaßten. Zweitens auf die Führung des Heiligen Geistes, und drittens auf das Sprechen der Umstände. Wenn aus irgendeinem Grund die anderen zwei Richtlinien (soweit ich sie interpretieren konnte) die ersten nicht bestätigten, hielt ich mich immer an das biblische Prinzip."

	Nie	Selten	Manchmal	Normalerw.	Meistens	Immer	
	0	1	2	3	4	5	**Punkte**

15. Ist intellektuell scharfsinnig.

Es sind diejenigen Personen, die man nicht einladen würde, um Alltagsstudien zu betreiben. Sie würden sicher gewinnen. Tatsache ist, daß Gott sie als den „Verstand" des Leibes Christi begabt hat. Dadurch müssen sie in ihrem Gebiet erfolgreich sein – sie haben ein hohen IQ. Sie sind oft brillant. Sie waren gute Schüler, liebten es zu studieren, waren selbstmotivierend und kamen oft mit guten Noten nach Hause.

Der Verstand des Lehrers kann mit einem durstigen Schwamm verglichen werden, der alles, was er kann, aufsaugt. Deswegen ist er ein profilierter Leser, der sich zu Büchern mit Fakten und genauer Information hingezogen fühlt. Er hat ein gutes Gedächtnis, besonders wenn es um Daten und historisches Wissen geht. Als wir vor acht Jahren in Neuseeland waren, reisten wir um South Island mit unseren guten Freunden Rita und Len Restall. Len ist ein Schullehrer mit der Gabe des Lehrens. Seine Kapazität an Informationen erstaunt uns immer. Überall, wo wir waren, konnte Len spontan die reiche und interessante Geschichte jeder neuseeländischen Stadt hervorbringen. Len war wie eine lebendes, wandelndes und sprechendes Lexikon. Immer, wenn wir ein neues Thema ansprachen, war es so, als ob wir einen Computerknopf drückten: heraus kam ein erstaunlicher Beitrag mit einer enormen Menge an Information, um unser Verständnis zu steigern.

	Nie	Selten	Manchmal	Normalerw.	Meistens	Immer	
	0	1	2	3	4	5	**Punkte**

16. Ist selbstdiszipliniert.

Mische eine gute Dosis Ernsthaftigkeit mit viel Objektivität, füge Liebe zur Wahrheit hinzu und einen scharfen Verstand, und du hast die Voraussetzungen für Selbstdisziplin. Lehrer können

Ziele setzen und daran festhalten, Richtlinien bauen und effektiv daran arbeiten, Zeitpläne aufstellen und sich daran halten. Es war erstaunlich, einer bestimmten Frau mit dieser Gabe in Aktion zuzusehen. Ihr Leben war so geregelt, daß ihre Arbeitskollegen ihre Uhr danach stellen konnten, wann sie ins Büro kam: immer um 8.30 Uhr, niemals 8.29 oder 8.31. Ebenso beendete sie ihre Arbeit um 16.30 Uhr. Während manche damit Schwierigkeiten hatten, setzte ihre Pünktlichkeit ein gutes Beispiel für gute Arbeitsleistung, die entsprechend entlohnt wurde.

	Nie	Selten	Manchmal	Normalerw.	Meistens	Immer	
17. Ist emotional selbstkontrolliert.	0	1	2	3	4	5	**Punkte**

Von allen Motivationsgaben ist sie diejenige, die das größte emotionale Gleichgewicht hält. Einige Leute haben emotionale Hochs und Tiefs, als ob sie sich in einer Berg- und Talbahn befinden. Andere haben sanftere Muster von Hochs und Tiefs mit gelegentlichen Extremen. Aber die Gefühlskurve des Lehrers sieht mehr aus wie eine horizontale Linie.

Lehrer denken analytisch. Sie glauben, daß eine vernünftige Entscheidung helfen kann, launischen Situationen vorzubeugen. Wenn jemand ärgerlich ist, kann es sein, daß sie raten: „Beruhige dich. Du weißt, daß du das kannst."

Bei einem unserer Gebets- und Seelsorge-Treffen gaben wir ein kleines Theaterstück zum Besten, um diesen Punkt zu verdeutlichen:

Es spielte sich in einem Haus ab. Eine Frau rührte das Essen in einem Topf um, während sie immer wieder auf ihre Uhr schaute. Sie hatte einen wütenden Gesichtsausdruck. Endlich kam der Ehemann nach Hause, offensichtlich wieder zu spät. Er hatte eine schwache Entschuldigung und seine Frau hielt ihm eine Standpauke über seine Rücksichtslosigkeit. Er konterte mit Beschwerden über ihr Temperament. Die Argumente eskalierten, die Frau wurde hysterisch und geriet in Rage.

„Reiß dich zusammen", ermahnte sie der Ehemann.

„Ich kann nicht!" schrie sie.

Brrrrrring. Das Telefon unterbrach die Auseinandersetzung. Die Frau nahm den Hörer ab. „Hallooo," hauchte sie ruhig ins Telefon. „Mensch Charlotte, wie gut, von dir zu hören. Nein, ich bin gerade nicht beschäftigt. Ja, uns beiden geht es gut. Wie geht es denn dir?"

In diesem Stil ging das Gespräch weiter – total kontrolliert. Tatsache ist: Es stimmt nicht, daß sie ihre Gefühle nicht kontrollieren konnte, als sie mit ihrem Ehemann stritt, sie *wollte* es nicht. Es ist eine Frage der Wahl.

18. Hat nur einen ausgewählten Kreis an Freunden.

Nie	Selten	Manchmal	Normalerw.	Meistens	Immer	
0	1	2	3	4	5	**Punkte**

Gemeinsame Interessen scheinen die Voraussetzung zu sein, um eine enge Beziehung aufbauen zu können. Lehrer neigen selten zu oberflächlichen Freundschaften. Sie halten sich fern von unübersichtlichen Beziehungsgefügen, sie fühlen sich darin unwohl und hassen bedeutungsloses „Gequatsche". Sie bevorzugen Freunde, mit denen sie über Ideen und Konzepte diskutieren können. Manchmal sind sie Einzelgänger. Meistens fühlen sie sich mit wenigen engen Freunden wohl.

Lehrer erzählen uns oft: „Ein wenig Auseinandersetzung mit Menschen ist gut, aber ganz ehrlich, so bald es geht, verdrücke ich mich mit einem guten Buch. „Bücher sind oft ihre besten Freunde. Unsere Nichte Gayle Hansen ist so. Mehrere Sommer verbrachten wir in unserer Hütte in Puget Sound, Seite an Seite mit meiner lieben Schwester. Von der Zeit an, als Gayle alt genug war, um zu lesen, bemerkten wir, daß sie es oft bevorzugte, im Haus zu bleiben. Sogar an schönen Tagen, steckte sie ihre Nase in ein Buch, anstatt mit anderen Kindern vor dem Haus zu spielen. Wir wunderten uns oft, warum dieses nette Mädchen so unsozial zu sein schien. Als wir ihr in ihrem Teenageralter den Motivationsgabentest gaben, waren wir nicht überrascht, daß bei ihr das Ergebnis Lehrer war. Vor kurzem besuchte sie uns in Kalifornien. „Ich bin noch immer ein Bücherwurm, Tante Katie," sagte sie. Ich geh nicht viel nach draußen. Meinen Sohn stecke ich gerne früh ins Bett und verbringe dann den Rest des Abends mit einem guten Buch."

19. Hat starke Überzeugungen und Meinungen in den selbsterforschten Bereichen.

	Nie	Selten	Manchmal	Normalerw.	Meistens	Immer	
	0	1	2	3	4	5	**Punkte**

Lehrer haben so viele Interessensgebiete. Sie sind bereit, das, was sie tun, fallen zu lassen, um sich in einem neuen Wissensgebiet zu investieren.

Eadie und Jim Goodboy sind von ihren Motivationsgaben her beide Lehrer. Es ist immer interessant, sie zu Hause zu besuchen, wo alles überquillt von Büchern der verschiedensten Art. Wir sprechen dann viel, und bald geschieht es, daß ein neues Thema auf den Tisch kommt. Immer treibt sie etwas dazu.

„Eine Minute," sagt dann Jim. „Ich denke, ich habe ein Buch, daß darüber handelt. Er wird dann schnell ein Buch vom Regal holen und die betreffende Passage finden.

Oder: „Gestern noch habe ich darüber gelesen," wird Eadie sagen. Der ganze Wohnzimmertisch wird dann mit geöffneten Büchern beladen sein, die alle zur Entwicklung einer neuen Meinung oder Überzeugung beitragen.

20. Glaubt, daß die Wahrheit die Kraft zur Veränderung in sich hat.

	Nie	Selten	Manchmal	Normalerw.	Meistens	Immer	
	0	1	2	3	4	5	**Punkte**

Wenn Lehrer lehren, präsentieren sie die Wahrheit, ohne notwendigerweise den Zuhörern zu erklären, wie sie diese Wahrheit auf ihr Leben anwenden können. Lehrer glauben, daß die Anwendung der Wahrheit die Arbeit des Heiligen Geistes ist.

„... ihr werdet die Wahrheit erkennen, und die Wahrheit wird euch frei machen" (Johannes 8.32, REB), ist ein beliebter Text der Lehrer. Sie nehmen an, daß andere auf die Wahrheit so reagieren wie sie es tun – angetrieben und freigesetzt. Lehrer sind sogar in der Lage Wahrheiten zu lehren, die sie selbst noch nicht ausprobiert haben. Eines Sommers arbeitete ich als Seelsorger in einem privaten Mädchenlager an der wunderschönen bewaldeten Küste des Winnipesaukee-Sees in New Hampshire. Eine meiner Verantwortlichkeiten war es, Schwimmen zu unterrichten, wofür ein Handbuch zur Verfügung stand. Alles ging gut, bis es zur Lektion des Brustschwimmens kam. Ich war ohne Zweifel mein ganzes Leben lang eine gute Schwimmerin gewesen, aber dies war ein Stil, den ich nicht meistern konnte. Ich lernte den Inhalt auswendig, ging dann zum Schwimmplatz und unterwies die Mädchen Schritt für Schritt.

Sie konnten es! Und ich konnte es selbst nicht. Kein Problem. Die Anweisungen wirkten. Später ging ich auch ins Wasser, befolgte, was ich selbst unterrichtete, und machte meine ersten Versuche mit dieser Art von Brustschwimmen. Die meisten Leute müssen, wenn sie andere Gaben haben, das, was sie unterrichten, vorher schon praktiziert haben. Aber der Lehrer hat die Sicherheit, daß alles, was Wahrheit ist, auch effektiv sein wird.

DIE GABE DES LEHRENS

Charakteristiken:

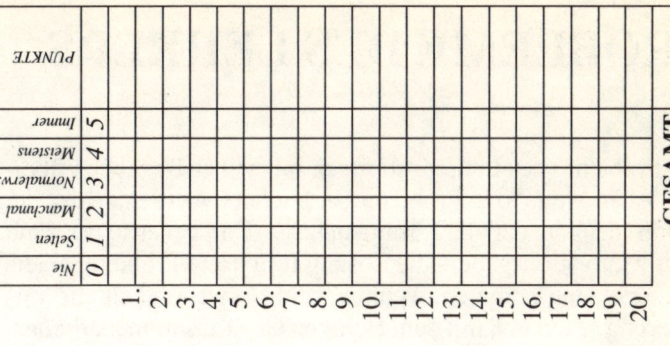

	Nie 0	Selten 1	Manchmal 2	Normalerw. 3	Meistens 4	Immer 5	PUNKTE
1.							
2.							
3.							
4.							
5.							
6.							
7.							
8.							
9.							
10.							
11.							
12.							
13.							
14.							
15.							
16.							
17.							
18.							
19.							
20.							
GESAMT							

1. Präsentiert Wahrheit in logischer und systematischer Weise.
2. Stellt Wahrheit heraus, indem er die Fakten untersucht.
3. Liebt das Studieren und Forschen.
4. Genießt das Studium des Wortes Gottes.
5. Benutzt bevorzugt biblische Illustrationen anstatt Lebensbeispiele.
6. Wird ärgerlich, wenn die Schrift aus dem Kontext gerissen wird.
7. Ist darum besorgt, daß Wahrheit in jeder Situation aufgerichtet wird.
8. Ist in seiner Einstellung mehr objektiv als subjektiv.
9. Entwickelt und gebraucht ohne Probleme einen großen Wortschatz.
10. Betont Fakten und die Genauigkeit von Worten.
11. Findet die Informationsquellen von anderen Lehrern heraus.
12. Zieht es vor, Gläubige zu unterrichten, anstatt zu evangelisieren.
13. Empfindet Bibelstudium als fundamental zum Gebrauch aller Gaben.
14. Löst Probleme zuerst nach biblischen Prinzipien.
15. Ist eine intellektuell scharfsinnige Person.
16. Ist eine selbstdisziplinierte Person.
17. Hält seine Emotionen unter Kontrolle.
18. Hat nur einen ausgewählten Kreis von Freunden.
19. Hat starke Überzeugungen und Meinungen in selbsterforschten Dingen.
20. Glaubt, daß die Wahrheit Kraft zur Veränderung in sich hat.

PROBLEME DES LEHRERS

Die Probleme des Lehrers stimmen mit seiner Begabung überein. Aber wenn die Probleme bezeichnet werden, wird der Lehrer glauben, daß die Lösung nahe ist. Und genauso ist es mit jeder Motivationsgabe – die Lösung für unsere Problemgebiete wird erst dann kommen, wenn wir die Notwendigkeit zur Veränderung sehen und mit dem Heiligen Geist zusammenarbeiten, der uns in die Reife bringen will.

1. Tendiert dahin, die praktische Anwendung der Arbeit zu vergessen.

Nie	Selten	Manchmal	Normalerw.	Meistens	Immer	
0	1	2	3	4	5	Punkte

Weil Lehrer glauben, daß es ihre Aufgabe ist, die Wahrheit mitzuteilen und die Anwendung den Leuten selbst zu überlassen, bringen sie gewöhnlich nicht viel im Bereich praktischer Anregungen. Das frustriert besonders die Ermutiger (sie konzentrieren sich mehr auf die aktuelle Anwendung der Lehre). Auch Personen mit anderen Gaben können frustriert sein.

Der Zuhörer mag sagen: „Wir haben nun viele Fakten gehört, was sollen wir jetzt damit tun?" Der Lehrer erwidert: „Du hast einen Verstand. Du wirst es herausfinden."

Aber nicht jeder Verstand arbeitet in dem Maße, wie es beim Lehrer der Fall ist. Viele brauchen eine bestimmte Richtung – Schritt eins, zwei, drei. Ein Lehrer muß lernen, wie man seinen Zuhörern wenigstens etwas an praktischer Anwendung geben kann.

Ich habe das Vorrrecht, mit einem Ermutiger zusammenzuleben. Don hilft mir, meine Verantwortung wahrzunehmen. Er hilft mir, die Notwendigkeit praktischer Anwendung zu sehen, macht meine Lehre durch seine Anekdoten und Illustrationen interessanter.

Wir haben festgestellt, wenn öffentliche Sprecher, die auf eine besondere Art lehren, bekannt werden, dann werden sie eine bestimmte Zuhörerschaft anziehen. Lehrer ziehen andere Lehrer und solche Personen an, die ein großes Interesse an gewinnbringendem Wissen im allgemeinen haben. Ermutiger ziehen Ermutiger an und solche Personen, die ein Interesse an praktischem, lebensnahem Wissen haben. Aber wenn sie es lernen, beides zu nutzen, die solide Präsentation von Fakten und die praktische Anwendung dieser Fakten, dann werden sie anziehend für jedermann.

	Nie	Selten	Manchmal	Normalerw.	Meistens	Immer	
2. Akzeptiert nur langsam die Ansichten anderer.	0	1	2	3	4	5	**Punkte**

Die „Alleswisser"-Einstellung kann eine echte Falle für die Person mit der Motivationsgabe des Lehrens sein. Natürlich wissen sie eine ganze Menge. Aber niemand weiß *alles*. George, der jetzt ein Professor an der Universität ist, erzählte uns folgendes: „Ich war immer vorsichtig bezüglich der Lehre anderer Christen. Wenn sie über ein bestimmtes Thema sprachen, dann forschte ich nach, um zu wissen, was wahr war. Das war gut so. Aber wenn es ein neues Thema war, dann ging ich nach Hause und untersuchte alle Schriftstellen selbst."

Shawn, der jetzt Recht studiert, sagte, daß er mit einer Liebe zum Studieren und Lernen aufwuchs. Aber seine besondere Zuneigung hierfür und sein Verlangen, richtig zu sein, verursachte einige Spannungen in seiner Beziehung zu Gleichaltrigen. „Oft nannten sie mich 'Professor Shawn' oder 'Mr. Informationsschuh'. Das war kein Kompliment. Aber als ich lernte, mehr annehmbar für andere zu sein, habe ich auch gelernt, die Ansichten der anderen zu akzeptieren."

3. **Neigt zu Stolz, wenn es um die eigenen intellektuellen Fähigkeiten geht.**

	Nie	Selten	Manchmal	Normalerw.	Meistens	Immer	
	0	1	2	3	4	5	Punkte

Stolz ist wahrscheinlich das Problem Nummer eins für diejenigen mit der Gabe des Lehrens. Es war Lucifers Problem, und es verwandelte ihn vom Engel Gottes zu Satan. Wir wissen, daß Stolz immer Niedergang bringt. Hör zu, was Sprüche darüber sagt:

„Kommt Übermut (NIV: 'Stolz'), kommt auch Schande, doch bei den Bescheidenen ist Weisheit" (Sprüche 11.2, REB).

„Vor dem Verderben kommt Stolz, und Hochmut vor dem Fall" (Sprüche 16.18, REB).

„Der Hochmut eines Menschen erniedrigt ihn; der Demütige aber erlangt Ehre" (Sprüche 29.23, REB).

In 1. Korinther 8.1 sagt Paulus, daß Erkenntnis aufbläht, aber Liebe aufbaut. Die größten Qualitäten, nach denen ein Lehrer trachten kann, sind Demut und Liebe. Diese werden das Probelm des Stolzes neutralisieren.

Jemand, der bei Lehren eine sehr hohe Punktezahl hatte, schrieb uns: „Ich habe es immer genossen, neue Dinge zu lernen. Ich konnte nicht verstehen, warum andere nicht mit der gleichen Überzeugung lernten, wie ich es tat. Ich dachte, sie wären faul und unmotiviert. Ich schäme mich, bekennen zu müssen, daß ich dachte, ich sei besser als die meisten Menschen. In dem Seminar wurde mir geholfen, die anderen Gaben und die Personen, die diese Gaben so wundervoll ausdrücken, zu schätzen."

Lehrer können in der Tat einen Überlegenheitskomplex entwickeln. Das Problem ist, daß sie auf intellektueller Art wirklich überdurchschnittlich sind. Aber sie sollten sich weniger auf menschliches Wissen verlassen, mehr auf den Heiligen Geist. Das erste Werkzeug eines Lehrer ist sein Verstand. Aber Sprüche 3.5 warnt davor, sich auf seinen eigenen Verstand zu verlassen.

	Nie	Selten	Manchmal	Normalerw.	Meistens	Immer	
4. Hat die Neigung, gesetzlich und dogmatisch zu sein.	0	1	2	3	4	5	**Punkte**

Diese Eigenart können sogar Kinder zeigen.

Becky, die heute eine junge Mutter ist, erzählte uns, wie unflexibel sie gewesen war. „Sogar wenn ich spielte, bestand ich darauf, daß wir streng nach den Regeln spielten. Wenn jemand vorschlug, bei Monopoly Abkürzungen zu machen, dann wollte ich, daß wir es richtig spielen sollten oder überhaupt nicht. Heute weiß ich, daß ich zu gesetzlich war, aber damals glaubte ich, rechtzuhaben."

Rechthaben ist so wichtig für den Lehrer, daß er leicht streitsüchtig wird. Manchmal denkt er so: „Ich allein habe Recht, und alle anderen irren sich." Diese Unausgewogenheit und dieser Mangel an Ballance kann den Lehrer zur Täuschung führen (Vielleicht fühlen sich deshalb einige in Sekten besonders wohl).

Gottes Wahrheit ist nicht exklusiv; sie kann in unterschiedlicher Art erscheinen.

Warst du jemals in eine gute Gruppendiskussion verwickelt, wo jede Person offen redete? Und dann kam eine Person mit einer verschmutzten Lehrergabe und hatte alles auseinandergetrieben: „Nun, ich *weiß* in Wirklichkeit die Wahrheit ..." Niemand kann eine gute Diskussion schneller beenden.

	Nie	Selten	Manchmal	Normalerw.	Meistens	Immer	
5. Ist durch neue Interessensge- biete leicht abzulenken.	0	1	2	3	4	5	**Punkte**

Lehrer sind an so vielen Dingen interessiert! Ihre ausgefeilte Art zu lesen, bringt sie in alle verschiedenen Interessensgebiete. Ihre Untersuchungen dehnen sich auf endlose Gebiete aus. Sich auf eine Sache zu konzentrieren, fällt ihnen nicht immer leicht. Ein Bekannter gestand uns: „Wenn ich ein Lexikon zur Hand nehme, schaffe ich nur selten, gleich zum Thema zu kommen. Während ich auf die einzelnen Seiten sehe, geht mein Blick unweigerlich zu den angrenzenden Bereichen. Ich wollte 'Transistor' nachschauen, und auf dem Weg komme ich an 'Tape-Recorder' vorbei. Eigentlich wollte ich schon immer wissen, was es damit auf sich hat, also verbringe ich dort fünfzehn Minuten. Dann geschieht es, daß ich das Wort 'Technologie' sehe. Es vergeht eine weitere viertel Stunde. Dann bleibe ich bei 'Television' stehen. Faszinierend! Nach einem kurzen Blick bei 'Theater' und 'Thermometer', 'Thermostat' und 'Tornado' habe ich dann fast vergessen, was ich eigentlich zuerst wissen wollte."

Josh, ein begieriger Leser, bekennt, daß er viele der an die hundert Bücher, die er besitzt, nicht zu Ende gelesen hat. „Ich habe Bemerkungen und Striche darin gemacht", gibt er zu. Kathleen hofft, daß sie einen langen Ruhestand haben wird, weil sie so viele unvollendete Projekte hat. „Ich beginne Dinge, aber dann, wenn mir etwas anderes über den Weg läuft, was mir interessanter erscheint, lege ich das erste Projekt zur Seite. Mein Dachboden und meine Schränke sind voll damit."

Wenn du eine Person mit der Motivationsgabe des Lehrens kennst, sei geduldig mit ihr. Es gibt eine Redewendung: Gott hat sie noch nicht vollendet.

Typische Problemgebiete der Gabe des Lehrens:

	Nie	Selten	Manchmal	Normalerw.	Meistens	Immer	PUNKTE
	0	1	2	3	4	5	
1.							
2.							
3.							
4.							
5.							
GESAMT							

1. Neigt dazu, praktische Anwendungen der Wahrheit zu vernachlässigen.
2. Akzeptiert nur langsam die Standpunkte anderer.
3. Neigt zu Stolz über die eigenen intellektuellen Fähigkeiten.
4. Hat eine Tendenz, gesetzlich und dogmatisch zu sein.
5. Wird leicht durch neue Interessensgebiete abgelenkt.

BIBLISCHE LEHRER

Lehrer haben einen stark sichtbaren Dienst. Jedoch haben sie oft noch eine „öffentliche" Gabe wie Erkennen oder Ermutigen, und es ist nicht einfach zu sagen, welche die primäre Gabe ist. Es kann auch sein, daß sie die Motivationsgabe des Lehrens haben, aber auch die Dienstgabe eines Pastors oder eines Propheten. Da sie zusammenhängend arbeiten können, kann es auch sein, daß bei ihnen bestimmte Manifestationsgaben mehr sichtbar werden als bei anderen Personen. Wie gut wäre es, wenn wir die Schreiber der Bibel um mehr Informationen bitten könnten.

Somit kann man einen biblischen Charakter mit einer bestimmten Gabe erkennen und gleichzeitig spüren, daß eine andere Gabe in ihm noch stärker ist.

Wir spüren jedoch, daß Apollos ein deutliches Beispiel für eine Person mit der Motivationsgabe des Lehrens ist. Tatsächlich ist er auch das, was wir einen klassischen Lehrer nennen. Es ist wahrscheinlich, daß er von Gott auch einen Ruf zur Dienstgabe des Lehrens hatte. Wenn du auf die folgenden Schriftstellen achtest, wirst du seine Begabung in verschiedenen Darstellungen in Aktion sehen.

Schrift: Apg. 18.24-28   **Dein Kommentar:**
1. Kor. 3,6 (TAB)

Apg. 18

24 Da war aber ein Jude namens Apollos aus Alexandrien, der kam nach Ephesus. Er war ein kultivierter und beredter Mann, bewandert und mächtig in den Schriften.

23 Er war im Weg des Herrn unterwiesen, und

brennend im Geist sprach
und lehrte er sorgfältig und
genau die Dinge, die Jesus
betrafen, obwohl er nur die
Taufe des Johannes hatte.

26 Er begann freimütig zu
reden – furchtlos und mutig
– in der Synagoge; aber als
Priscilla und Aquila ihn
hörten, nahmen sie ihn mit
sich und legten ihm den
Weg Gottes noch genauer
aus.

27 Und als (Apollos)
wünschte, nach Achaia (in
Griechenland) zu reisen,
schrieben die Brüder den
dortigen Jüngern und
drängten und ermutigten sie,
ihn herzlich anzunehmen
und willkommen zu heißen.
Als er ankam, war er denen,
die durch Gnade – Gottes
unverdiente Gunst und
Barmherzigkeit – geglaubt
hatten (festhielten an,
vertrauten auf – Jesus als
den Herrn und Retter) eine
große Hilfe.

28 Denn mit großer Kraft
widerstand er den Juden in
öffentlichen [Diskussionen],
indem er zeigte und bewies,
daß Jesus der Christus ist,
der Messias.

1. Korinther 3

6 Ich pflanzte, Apollos
begoß, aber Gott [über
alles] machte, daß es wuchs,
und [Er] gab das Gedeihen.

Erstaunlich, welche Orientierung Apollos durch die Wahrheit
hatte. Er war ein eifriger Studierer der Schriften und ein gewandt-
ter Sprecher. Er war gedrängt nach Griechenland, dem intellektuellen Zentrum der damaligen Welt, zu gehen, wo er seine Gabe
mit großem Effekt gebrauchte und den Juden in öffentlichen
Gesprächen widerstand und bewies, daß Jesus der versprochene
Messias war. Seine Gabe war die angemessenste für seine Aufgabe.

Schrift: Apg. 18.24-28   **Unser Kommentar:**
1. Kor. 3,6 (TAB)

Apg. 18

24 Da war aber ein Jude namens Apollos aus Alexandrien, der kam nach Ephesus. Er war ein kultivierter und beredter Mann, bewandert und mächtig in den Schriften.	# 1 logisch, kultiviert # 3 in der Schrift bewandert # 9 wortgewandt #15 intellektuell scharf
23 Er war im Weg des Herrn unterwiesen, und brennend im Geist sprach und lehrte er sorgfältig und genau die Dinge, die Jesus betrafen, obwohl er nur die Taufe des Johannes hatte.	# 1 logisch # 2 genaue Fakten # 3 Studierer, Forscher # 5 biblisch orientiert #13 auf Lehre bezogen #16 sorgfältig

164

26 Er begann freimütig zu
reden – furchtlos und mutig
– in der Synagoge; aber da
Priscilla und Aquila ihn
hörten, nahmen sie ihn mit
sich und legten ihm den
Weg Gottes noch genauer
aus.

7 offen für neue Wahrhei-
ten
9 spricht beeindruckend
#19 starke Überzeugungen

27 Und als (Apollos)
wünschte, nach Achaia (in
Griechenland) zu reisen,
schrieben die Brüder den
dortigen Jüngern und
drängten und ermutigten sie,
ihn herzlich anzunehmen
und willkommen zu heißen.
Als er ankam, war er denen,
die durch Gnade – Gottes
unverdiente Gunst und
Barmherzigkeit – geglaubt
hatten (festhielten an,
vertrauten auf – Jesus als
den Herrn und Retter), eine
große Hilfe.

#12 hilft befreundeten Gläu-
bigen
#15 zielt auf die griechische
Kultur
#19 hält sich an Überzeu-
gungen, die auf Fakten gegründet sind

28 Denn mit großer Kraft
widerstand er den Juden in
öffentlichen [Diskussionen],
indem er zeigte und bewies,
daß Jesus der Christus ist,
der Messias.

1 beweist die Wahrheit
des Evangeliums
9 spricht beeindruckend
#13 benutzt die bibl. Basis
#15 benutzt den Intellekt
#19 starke Überzeugungen

1 Korinther 3

6 Ich pflanzte, Apollos
begoß, aber Gott [über
alles] machte, daß es wuchs,
und [Er] gab das Gedeihen.

#12 unterrichtet Gläubige
#20 Wahrheit schafft Verän-
derung

Wie wertvoll doch die Gabe des Lehrens ist! Welch eine wichtige Rolle sie doch spielt im Leben derer, die das Evangelium in alle Welt tragen können.

Nimm dir die Zeit, auch etwas über die anderen Lehrer des Neuen Testaments zu lesen:

Aquila und Priscilla	– Apostelgeschichte 18,1-3, 24-28; Römer 16,3-5; 1. Korinther 16,19; 2. Timotheus 4,19
Timotheus	– 1. u. 2. Timotheus; Apostelgeschichte 16,1-3; 1. Korinther 4,27; 16,10-11
Thomas	– Johannes 20,24-28
Lukas	– Evangelium nach Lukas und die Apostelgeschichte

Es ist sehr wahrscheinlich, daß Aquila und Priscilla ein Eheteam mit gleichen Motivationsgaben war.

Thomas, bekannt für seine Zweifel, übte seine Lehrgabe ganz einfach aus, indem er Fakten wissen wollte.

Lukas schrieb die systematischste Aufzeichnung über das Leben Jesu und die Geschichte der ersten Kirche (Lukas-Evangelium und Apostelgeschichte). Die Tatsache, daß er ein Arzt war, spricht ebenfalls für die Gabe des Lehrens.

CHARAKTERISTIKEN DES ERMUTIGERS

Der Lehrer zielt auf unseren Kopf – der Ermutiger auf unser Herz. Es ist nicht so sehr seine Absicht, sich mitzuteilen, sondern viel mehr, effektiv für andere Leute zu sein.

Personen mit jeder Begabung können lehren, aber der Ermutiger hat die interessanteste und schmackhafteste Art, dies zu tun. Seine Absicht ist es, andere zu erbauen und zu ermutigen. In unseren Bibelübersetzungen ist in erster Linie von Ermahnen die Rede, was einseitig benutzt ist, denn das griechische Wort lautet *paraklesis*. Das bedeutet: gerufen, um jemandem zur Seite zu stehen, sowohl in Ermutigung, als auch in Ermahnung.

	Nie	*Selten*	*Manchmal*	*Normalerw.*	*Meistens*	*Immer*	
1. Liebt es, andere zu ermutigen, ein siegreiches Leben zu führen.	0	1	2	3	4	5	**Punkte**

Er möchte, daß alle Menschen ein erfülltes Leben führen und ihr volles Potential entfalten können. Seine größte Freude ist es, für andere gebraucht zu werden, damit sie erfolgreich sind.

Der Pastor einer Gemeinde, in der wir vor einigen Jahren waren, ist ein Ermutiger. Seine Gottesdienste waren jedesmal kraftvoll, aufbauend und positiv. Nach dem Gottesdienst waren wir immer ermutigt und gestärkt. Er weckte in seinen Zuhörern Erwartung und Hoffnung in ihre Fähigkeiten und Gaben – er prägte viele Leute in den Typ „mit der Hilfe des Herrn werde ich das schaffen".

Ein junger Mann beendete seine Bibelschule mit dem Eifer, ein Evangelist zu werden. In seiner ersten Gemeinde wollte er in erster Linie die Verlorenen evangelisieren, aber stattdessen driftete er ab und predigte hauptsächlich den Christen, damit sie ihr Leben mit dem Herrn in Ordnung brächten. Dasselbe geschah in seiner zweiten Gemeinde. Gläubige wurden gestärkt, Leben wurden verändert, die Leute lernten, wie sie ihre Probleme bewältigen konnten. Jeder wurde auferbaut. „Dann lernte ich die Motivationsgaben kennen," erzählte er mir, „und ich verstand, daß ich kein Evangelist bin, sondern ein Ermutiger mit einem Lehrdienst. Ich bin begabt zum Pastor, um die Herde zu erbauen. Sie wiederum können hinausgehen, um die Ungläubigen zu evangelisieren und sie in die Gemeinde zu bringen. Mich hat Gott begabt, die Neubekehrten dann im Glauben zu stärken. Was für eine Freisetzung war es, vorwärts zu gehen und so zu sein, wie Gott mich gemeint hat."

2. Möchte beim Lehren oder Sprechen sichtbare Reaktionen haben.

Nie	Selten	Manchmal	Normalerw.	Meistens	Immer	
0	1	2	3	4	5	**Punkte**

Auseinandersetzungen mit Hörern sind für den Ermutiger sehr wichtig. Er beobachtet genau die Körpersprache und achtet auf Erwiderungen. Er muß wissen, daß er wirklich kommuniziert und keine Monologe hält. Schlimm ist es, wenn er jemandem etwas erzählt und dann bemerken muß, daß sein Gegenüber gar nicht zugehört hat.

Da mein Mann Don mit dieser Gabe ausgestattet ist, kann ich das gut verstehen. Er sagt, daß er ohne eine aktive Zuhörerschaft gar nicht gerne redet.

Auf unserer 3. Reise nach Großbritannien waren wir in Nordschottland, um in einem Abendgottesdienst in einer Gemeinde in Petershead zu lehren. Es war kalt und windig, als wir ankamen. Der Wind kam direkt vom Ozean, und das Gebäude war nicht geheizt. Diese Schotten waren eine abgehärtete Truppe. Wir hatten immer gehört, daß Schotten reserviert sind. Aber der Frost in der Kirche kam sowohl vom Wetter, als auch von den Gemeindemitgliedern. Die erste halbe Stunde, in der wir sprachen, war für Don fürchterlich. „Sie lachten nicht über meine Witze – ihr Gesichtsausdruck schien eingefroren. Ich glaube, die halbe Stunde war umsonst," sagte er. „Dann plötzlich sah ich Reaktionen. Die Schotten erwärmten sich langsam und

168

gewöhnten sich an uns. Was für eine Freisetzung. Und später hatten wir eine wunderbare, warme Gemeinschaft in dieser Gemeinde."

3. Wendet lieber Wahrheiten an, als danach zu suchen.

	Nie	Selten	Manchmal	Normalerw.	Meistens	Immer	
	0	1	2	3	4	5	**Punkte**

Forschen ist keine Sache für Ermutiger. Wenn möglich, will er das vermeiden. „Warum das Rad zurückdrehen?" fragt er. „Wenn schon ein anderer das Material zu einem Thema zusammengestellt hat, dann laß es uns benutzen."

Pat King, Ermutigerin, Autorin und Mutter von 10 Kindern, schreibt wenigstens 1 Buch jährlich. Sie hat gelernt, die Forschungsarbeit der Lehrer zu schätzen. Als sie ihr Buch: *Wie findest du die Zeit?* schrieb, beauftragte sie ihre Lehrerfreundin Eadie Goodboy mit der Forschungsarbeit im Bereich Zeitmanagement. Diese verbrachte damit 500 Stunden.

„Warum sollte ich all die Stunden damit verbringen, etwas zu tun, was für mich sehr anstrengend ist, wenn Eadie mit der wundervollen Gabe des Lehrens es liebt, so etwas zu tun?" erklärte Pat. „Zusammen sind wir ein großartiges Team. Jeder tut das, was er am besten kann. Sie liebt es, zu forschen, und ich liebe es, die Fakten zu nehmen und über die praktische Anwendung zu schreiben.

4. Bevorzugt systematische Informationen, die sich praktisch anwenden lassen.

	Nie	Selten	Manchmal	Normalerw.	Meistens	Immer	
	0	1	2	3	4	5	**Punkte**

Es ist interessant, daß Pat King ein „Gewußt-wie" Buch schrieb. Ermutiger genießen diese Art des Schreibens. Sie sind „Gewußt-wie"-Menschen.

Sie lieben es auch, Bücher mit praktischer Anwendung zu lesen. Sie bevorzugen Gottesdienste, in denen christliche Prinzipien für das praktische Alltagsleben erklärt werden. Umgekehrt mögen sie auch keine abstrakten Bücher oder Predigten.

Ermutiger hören gerne andere Ermutiger lehren. „Wow! Das ist eine großartige Predigt," werden sie sagen, wenn jemand die praktische Anwendung von Prinzipien betont. Auf der anderen Seite sind sie gar nicht begeistert von Lehre um der Lehre willen. Zu viele Fakten und zu wenig Aktion lautet ihr Urteil, überzogene Ausschweifungen ohne Ergebnisse.

Betty, eine Freundin von uns, die es liebt, anderen Frauen Bibelunterricht zu erteilen, schrieb uns: „Ich versuche Bibelstudien zu entwerfen, die meiner Klasse helfen, das Wort Gottes in den Gebieten anzuwenden, wo sie Hilfe brauchen." Ihre Bibelschulklassen wachsen und gedeihen.

5. Liebt es, genaue Schritte zum persönlichen Wachstum zu beschreiben.

	Nie	Selten	Manchmal	Normalerw.	Meistens	Immer	
	0	1	2	3	4	5	**Punkte**

Ermutiger lieben es, den Menschen genaue Schritte zur Problemlösung vorzugeben. Sie können gut Anweisungen geben, wie man auf die beste Art und Weise von Punkt A nach Punkt C kommt. Es ist alles Teil ihrer unglaublichen Fähigkeit, konstruktive und hilfreiche Ratschläge zu geben.

Einer der deutlichsten Beispiele eines Ermutigers in Aktion ist Bill Gothard. Jeder, der seinen Grundkurs über Konflikte im Jugendalter kennt, weiß, wie genau und systematisch er jeden Bereich behandelt. Das riesige Notizbuch, Teil seines Kurses, ist ein praktisches Nachschlagewerk für geistliches Wachstum. Es ist wahrscheinlich, daß seine große Popularität auf die erfolgreiche praktische Anwendbarkeit im Alltag zurückzuführen ist.

Lorraine, eine ausgezeichnete Ermutiger-Seelsorgerin, arbeitet regelmäßig in der Seelsorge mit klar definierten Schritten. Eine junge Frau kam zu ihr wegen Eheschwierigkeiten. Am Ende der Beratung schrieb Lorraine ein einfaches 4-Punkte-Programm nieder:

a) Entschuldige dich bei deinem Ehemann für deine falsche Einstellung ihm gegenüber.

b) Koche ihm abends sein Lieblingsessen.

c) Umgib ihn mit Küssen und Umarmungen.

d) Kritisiere eine Woche lang nichts, was er sagt.

Am Tag vor ihrer nächsten Verabredung rief die junge Frau an, um abzusagen. „Ich brauch es nicht mehr," sagte sie aufgeregt. „Die vier Schritte haben so gut gewirkt, daß es fast so ist, als hätten wir unsere zweiten Flitterwochen. „Ich finde es toll, wenn meine Arbeit nicht mehr nötig ist," fügte Lorraine hinzu. „Ich wünschte, daß alle meine Klienten meinem Ratschlag so genau folgen würden."

	Nie	Selten	Manchmal	Normalerw.	Meistens	Immer	Punkte
6. Konzentriert sich auf die Arbeit mit Menschen.	0	1	2	3	4	5	

Ermutiger sind stark menschenorientiert und haben kein Interesse, mit Dingen, Systemen oder abstrakten Ideen zu arbeiten. Sie lieben es, unter Menschen zu sein, Dinge für sie oder mit ihnen zu tun.

Ken nahm eine Arbeit als Nachtwächter an, weil es das Einzige war, was er bekommen konnte. Als geselliger Mensch hatte er keine positive Erwartung an diese Art von Arbeit, ebenso war er nicht auf negative Auswirkungen vorbereitet. Seine Arbeitszeit war von Mitternacht bis 8.00 Uhr vormittags. Als er nach Hause kam, gingen seine Frau zur Arbeit und die Kinder zur Schule. Als sie nach Hause kamen, schlief er. So war er bei der Arbeit und zu Hause allein. Nach einigen Monaten konnte er die Einsamkeit nicht mehr aushalten. Er führte auf einmal Selbstgespräche und wurde depressiv. Er lebte für das Wochenende, an dem er mit der Familie und mit Freunden reden konnte. Ken hörte von den Motivationsgaben und entdeckte, daß er ein Ermutiger, eine menschenorientierte Person ist. Er begann ernsthaft, für eine neue Arbeit zu beten. „Als ich dann eine Arbeit als Aufseher in einer Konservenfabrik bekam, war es, als ob ich wieder zum Leben zurückkehren würde," sagte Ken. „Was für eine großartige Aufgabe war es, mit Menschen zu arbeiten. Ich dankte dem Herrn jeden Tag für diese Arbeit."

Nie	Selten	Manchmal	Normalerw.	Meistens	Immer	

7. Ermutigt andere, sich in ihrem persönlichen Dienst zu entwickeln.

0	1	2	3	4	5	Punkte

Er versteht normalerweise sehr gut das Konzept des Leibes Jesu, an dem jedes Glied funktioniert, um das andere zu unterstützen. Er möchte, daß dieses Ideal in der Praxis verwirklicht wird.

Ein Pastor, der ein Ermutiger ist, wird leicht Laienleiterschaft und Laiendienste entwickeln. Er spürt, daß jeder Gläubige Entwicklung in seinem Dienst braucht. Eph. 4,11-13 wird für ihn eine bevorzugte Schriftstelle sein – besonders der Teil, der darüber spricht, daß alle Heiligen zum Dienst zugerüstet werden sollen. Ein solch motivierter Pastor protokollierte die Testergebnisse seiner Gemeindeglieder, um sie zu ermutigen, sich gemäß ihrer Gaben in die Gemeindearbeit einzubringen.

Wir haben mittlerweile in viele Kirchen, in die uns ein solcher Pastor eingeladen hat, die Lehre der Motivationsgaben gebracht, um den Mitgliedern zu helfen, ihre Gaben zu entdecken. Manchmal bekommen wir ein paar Jahre später eine weitere Einladung, weil der Pastor möchte, daß alle neuen Leute auch lernen, in ihre Gaben hineinzuwachsen. Es macht mir Freude zu beobachten, wie Don's Ermutigergabe in den letzten Jahren wuchs. Egal, ob er Haustreffen leitet, als ein Gemeindeältester dient, lehrt, seelsorgerlich tätig ist oder nur mit anderen spricht, Don ermutigt dauernd andere, in den Dienst, den Gott ihnen gegeben hat, hineinzugehen. „Sitz nicht tatenlos herum, so wie ich es früher tat," sagt er. „Fang an, benutze die Gaben, die Gott dir gegeben hat."

Nie	Selten	Manchmal	Normalerw.	Meistens	Immer	

8. Entdeckt Wahrheit durch Erfahrung und beglegt sie dann mit dem Wort.

0	1	2	3	4	5	Punkte

Das Leben ist für Ermutiger voll von Lektionen und Erkenntnissen. Dabei lernen sie am meisten. Dann holen sie die Bibel hervor, um zu sehen, was sie dazu sagt.

Ermutiger entdecken die Wahrheit, indem sie durch Experimentieren herausfinden, wie eine Sache funktioniert. Es gibt für sie keine solidere Basis für die Wahrheit. Wenn sie jemand schlägt und sie schlagen nicht zurück und erleben dabei, wie dieses Verhalten den Zorn des anderen neutralisiert und sogar zur Buße bringt, dann erst akzeptieren sie es als gültig, die andere Backe hinzuhalten.

Es kann sogar sein, daß sie diese Wahrheit schon lange praktiziert haben, bevor sie sie aus der Bibel erfuhren.

Es mag sein, daß ein Ermutiger an einem Flußufer entlang läuft und dort einen großen mächtigen Baum wachsen sieht. „Aha!" denkt er, „ein Christ sollte wie dieser Baum sein – starr, ein entfaltetes Leben direkt am Fluß des Lebens von Jesus." Am nächsten Tag fallen seine Augen überraschenderweise auf den 3. Vers von Psalm 1: Er ist wie ein Baum, gepflanzt an Wasserströmen, der zu seiner Zeit Frucht bringt, und sein Laub wird nicht verwelken. Alles was er tut, gelingt ihm. „Wow," ruft er aus, „wie wahr das ist!"

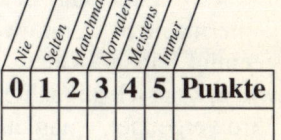

9. Gibt gerne persönliche Seelsorge.

	Nie	Selten	Manchmal	Normalerw.	Meistens	Immer	Punkte
	0	1	2	3	4	5	

Von allen sieben Motivationsgaben ist es diese, die am meisten zur Seelsorge befähigt. Ermutiger sind darin Naturtalente. Wir haben mit Dutzenden von Ermutigern gesprochen, die uns erzählten, daß sie sogar in ihrer Schulzeit oft wegen Beratung aufgesucht wurden. Die Menschen spüren ihre Fähigkeit, ihre Fürsorge und ihr Interesse zu helfen.

Eine der hilfsreichsten Qualitäten des Seelsorgers ist die Fähigkeit, transparent zu sein, wenn es um die eigenen Probleme geht. Der Ratsuchende identifiziert sich leichter mit einer solchen Person: „Wenn er es geschafft hat, schaffe ich es vielleicht auch."

Ermutiger sind die ersten, die bekennen, daß sie nicht perfekt, sondern nur Menschen auf dem Weg zu Jesus sind. Es ist leicht für sie, ihre Sünden zu bekennen und offen über ihre Sorgen, Schmerzen und Fehltritte zu reden.

Jamie Buckingham, der Pastor einer Gemeinde in Melbourne (Florida) und Autor vieler Bücher ist ein gutes Beispiel für diese wundervolle Transparenz. Seine Ermutiger-Gabe erkennt man besonders in seinem Buch „Riskantes Leben". Viele denken, daß Pastoren perfekt wären, aber in diesem Buch macht Jamie deutlich, welche Kämpfe und Fehler sich in seinem Leben ereigneten. Dadurch hilft er den Lesern, näher an die Kraftquelle des größten Seelsorgers, Jesus Christus, zu kommen.

	Nie	Selten	Manchmal	Normalerw.	Meistens	Immer	
10. Wird Seelsorge abbrechen, wenn keine Veränderung zu sehen ist.	0	1	2	3	4	5	**Punkte**

Der Ermutiger ist in der Regel sehr ausdauernd. Doch es gibt eine Situation, die ihn zum Aufgeben veranlaßt – wenn er erlebt, daß sein „Klient" sich nicht an seinen Ratschlag hält.

Gewöhnlich sagt er dann: „Wir können die Seelsorge erst weitermachen, wenn du die Dinge getan hast, auf die wir uns geeinigt haben." Oder: „Wenn du meinen Rat nicht befolgen willst, kann ich dir nicht helfen." Oder: „Schau, unser beider Zeit wird vergeudet, wenn du nicht bereit bist, dich zu ändern."

Ermutiger wissen, daß ihr Erfolg nicht in erster Linie davon abhängt, wieviel sie wissen oder können, sondern inwieweit der „Klient" bereit ist mitzuarbeiten. Ohne diese Mitarbeit hat der Ermutiger das Gefühl, Wasser in einen löchrigen Eimer zu gießen – ein sinnloses Unternehmen. Ermutiger möchten ihre Zeit sinnvoll nutzen, deshalb wollen sie denen helfen, die ihren Rat annehmen.

	Nie	Selten	Manchmal	Normalerw.	Meistens	Immer	
	0	1	2	3	4	5	Punkte

11. Ist ständig im Gespräch mit anderen.

Sie sind der Mund des Körpers mit einer starken Sprachbegabung. Petrus ist ein gutes Beispiel für einen solch hervorragenden Kommunikator. Vielleicht gilt er deshalb als Sprachrohr der Jünger.

Lynn Severande, eine begabte Grundschullehrerin, betont, daß Kommunikation für sie immer eine ganz besondere Bedeutung hatte. „Ich wuchs auf mit dem Gefühl, daß ich eine Menge zu sagen und mitzuteilen hätte," sagte sie. Aber da ich zu Hause nicht sonderlich ermutigt wurde, das zu tun, hatte ich Hemmungen, es rauszulassen. Jetzt, da ich Lehrerin bin, kann sich meine Ermutigergabe und meine Kommunikationsfähigkeit voll entfalten. Die Worte kommen aus meinem Mund wie der Atem. Es ist so gut, meine Begabung nicht verstecken zu müssen."

Ein anderer Ermutiger-Freund erzählte uns: „Es war schon immer meine größte Freude, andere Menschen zu ermutigen." Wenn ich keine Stimme hätte, würde ich aufbauende Briefe schreiben."

Es ist nicht überraschend, daß viele Ermutiger Lehrer, Prediger, Seelsorger oder Anleiter werden – sogar Radio- und Fernsehansager. Alles Bereiche, in denen Sprachbegabung erforderlich ist.

	Nie	Selten	Manchmal	Normalerw.	Meistens	Immer	
	0	1	2	3	4	5	Punkte

12. Nimmt Versuchungen als Gelgenheiten zum persönlichen Wachstum.

Ohne Frage glaubt der Ermutiger an Röm. 8,28: „Denen, die Gott lieben, dienen alle Dinge zum Besten."

Das Wort „unmöglich" lehnt der Ermutiger ab. Lieber glaubt er das, was der Engel sagte: „Denn mit Gott ist nichts unmöglich" (Luk. 1,37 KJV) und Jesu Worte: „... Wenn du Glauben hättest wie ein Senfkorn ... nichts wäre dir unmöglich" (Mt. 17,20 KJV).

Ermutiger sehen Gelegenheiten, nicht Hindernisse, Herausforderungen, nicht Probleme, Möglichkeiten und nicht Unmöglichkeiten.

Jahrelang arbeitete ich eng zusammen mit Marion Shelton, meiner lieben Ermutiger-Freundin von Aglow International. Wir teilten viele Freuden und Sorgen, Höhepunkte und Tiefpunkte miteinander. Immer, wenn ein Problem oder eine Not auf uns zukam, konnte ich sicher sein, daß Marion sagte: „Halleluja! Gott gibt uns eine neue Gelegenheit, Überwinder zu sein." Sie half uns, den Blick auf die Lösung zu werfen und nicht auf das Problem. Was für ein Segen und was für eine Ermutigung es war, unsere Augen auf Jesus zu werfen und herauszufinden, was Er von uns getan haben wollte. Immer, wenn Marion jemanden murren oder kritisieren hörte, flüsterte sie: „Haltungsprüfung, Achtung Test ... eins, zwei, drei, vier." Dann wußten wir, es war Zeit, mit dem Herrn und nicht mit anderen über andere zu sprechen.

	Nie	Selten	Manchmal	Normalerw.	Meistens	Immer	
13. Akzeptiert die Menschen ohne zu verurteilen.	0	1	2	3	4	5	**Punkte**

Erkenner sehen die Menschen entweder im Willen oder außerhalb des Willens Gottes, aber nicht zwischendrin. Im Gegenteil dazu sehen Ermutiger überhaupt keine Extreme, nur ein vages graues Feld, wo sich jeder irgendwo auf dem Weg befindet. Niemand ist schon angekommen, niemand ist ohne Fehler. Jeder steht an einem Punkt im Leben, wo ihn ein paar ausgewählte Schritte näher zu Gott bringen werden.

Deswegen sieht der Ermutiger keine Veranlassung, jemanden für das zu richten, was er getan, oder was er nicht getan hat. Vielmehr möchte er den Menschen helfen, Schritte in die richtige Richtung zu gehen. Es ist die Grundhaltung des Nicht-Richtens, die ihn befähigt, anderen Menschen so sehr zu helfen.

Warst du jemals mit einer richtenden Person zusammen? Sie braucht gar kein Wort zu sagen. Die richtende Art strömt aus ihr heraus. Es entsteht eine stille Barriere. Du bist von dieser Person ausgeschlossen. Es ist überhaupt schwierig, irgend etwas von ihr zu empfangen, sei es Rat oder Beachtung.

Aber ein Ermutiger akzeptiert dich so unvollkommen, wie du bist. Er ist ein Kamerad an deiner Seite. Ein Pastor aus Portland sagte einmal, daß die drei wesentlichen Merkmale eines reifen Christen Liebe, Vergebung und Akzeptanz sind. Ermutiger sind in allen drei Bereichen gut. Es ist einfach, sich einer solchen Person zu öffnen.

	Nie	Selten	Manchmal	Normalerw.	Meistens	Immer	
14. Wird wegen seiner positiven Einstellung geliebt.	0	1	2	3	4	5	**Punkte**

Es gibt ein altes Lied, das geht so: „Betone das Positive, vermeide das Negative, behalte das Bejahende und bleib fern von Halbherzigkeit." Es muß von einem Ermutiger geschrieben worden sein. Ermutiger sind so positiv!

In Bezug auf die Anziehungskraft, die Ermutiger auf andere ausüben, sagte jemand: „Du lockst mehr Bienen mit Honig, als mit Essig an." Genauso zieht der Ermutiger mehr Menschen an, weil er so optimistisch und positiv ist.

Ein Pastor aus dem „Biblebelt" sagte einmal, daß einige Christen so aussehen, als ob sie in Zitronensaft getauft worden wären. Anders die Ermutiger. Sie strahlen die Freude des Herrn aus. Als wir um South Island in Neuseeland mit Rita und Lenn Restall reisten (sie war damals die nationale Aglow-Präsidentin), hatten wir das Vorrecht, die Frucht des Dienstes einer reifen Ermutigerin zu sehen. Sie hatte ihre Liebe und Ermutigung den Leuten ausgeschüttet und half ihnen Chapters aufzubauen und Leiter zu schulen.

An jedem Platz, an dem wir waren, wurde sie von Frauen in Liebe und Wertschätzung begrüßt. Sie verehrten sie – es war an ihren Gesichtern zu sehen und wurde durch Worte und Taten demonstriert. Wir konnten gar nichts tun, sondern dachten nach über die beeindruckende Bibelstelle, die von der tugendhaften Frau (die Amplified Bible nennt sie „tüchtig, intelligent und tugendsam") berichtet. Sprüche 31, besonders der Vers 28: „Ihre Kinder stehen auf und preisen sie." Rita war wie eine geistliche Mutter für viele der Frauen. Und Vers 31: „Gib ihr die Früchte ihrer Hände und laß ihre eigenen Werke sie preisen in den Toren der Stadt! „Ritas Frucht wurde sichtbar in der überfließenden Liebe, die die Frauen ihr entgegenbrachten.

15. Gibt lieber Zeugnis mit dem ganzen Leben, als nur mit dem Mund.

Nie	*Selten*	*Manchmal*	*Normalerw.*	*Meistens*	*Immer*	
0	1	2	3	4	5	**Punkte**

Obwohl Ermutiger verbal Zeugnis geben können (und sie tun es auch), glauben sie trotzdem, daß sie ihr christliches Leben *leben* müssen, um glaubwürdig zu sein. „Wir müssen aufhören, so viel zu reden", sagte ein Ermutiger aufrichtig. Für Ermutiger muß der Glaube in einer praktischen Art im Alltag demonstriert werden. Sie lieben den Jakobusbrief, besonders die Verse aus dem Kapitel zwei:

„Es wird aber jemand sagen: Du hast Glauben, und ich habe Werke; zeige mir deinen Glauben ohne Werke, und ich werde dir aus meinen Werken den Glauben zeigen.

Willst du aber erkennen, o eitler Mensch, daß der Glaube ohne die Werke nutzlos ist?

Du siehst, daß der Glaube [Abrahams] mit seinen Werken zusammen wirkte und der Glaube aus den Werken vollendet wurde.

Denn wie der Leib ohne Geist tot ist, so ist auch der Glaube ohne Werke tot" (Jakobus 2.18,20,22,26, REB).

Ermutiger glauben, daß es nicht genug ist, das *logos* – das geschriebene Wort – zu kennen, sondern daß es auch lebenswichtig ist, im *rhema* – dem lebendig gemachten Wort Gottes – zu leben. Die Wahrheit der Bibel muß Fleisch werden – in uns, hier und jetzt.

Ein Ermutiger sagte einmal: „Ich kann nur darüber Zeugnis geben oder lehren, was ich in meinem *eigenen* Leben durchlebt

178

habe. Wenn mein Leben ein Zeugnis ist, dann werden die anderen Leute das haben wollen, was ich gefunden habe – Jesus Christus."

16. Kann leicht Entscheidungen treffen.

	Nie	Selten	Manchmal	Normalerw.	Meistens	Immer	Punkte
	0	1	2	3	4	5	

Ermutiger sind in der Lage, ihre Entscheidungen natürlich und leicht zu treffen. Für sie ist das Leben zu kurz, um unentschieden zu sein. Sie sind Aktions-Leute, die ihre Entscheidungen gegründet auf dem momentanen Stand des Wissens treffen „„Laß uns eine Entscheidung treffen und dann sehen, wie es weiter geht," so ist ihr Denken. Wenn mehr Informationen nötig sind, dann glauben sie, daß diese kommen werden.

„Wenn ich eine falsche Entscheidung getroffen habe, „erzählt uns Belinda, „wird Gott mich schon korrigieren. Dessen bin ich mir sicher. Es ist besser vorwärts zu gehen und die Dinge zu Ende zu führen. Selbst, wenn ich später einiges berichtigen muß, ist das immer noch besser, als durch Unentschiedenheit gelähmt zu sein.

Da Ermutiger in allem, was sie tun, so praktisch und lebensbezogen sind, bemerken wir, daß ihre Entscheidungen meistens das Ziel treffen.

17. Führt immer das Angefangene zu Ende.

	Nie	Selten	Manchmal	Normalerw.	Meistens	Immer	Punkte
	0	1	2	3	4	5	

Ähnlich wie bei der Gabe des Dienens, mag der Ermutiger keine unfertigen Arbeiten oder unvollendeten Projekte. Er beendet die Briefe, die er beginnt, macht Überstunden, um die Aufträge im Büro zu erledigen, oder er arbeitet bis Mitternacht, um sein Bibelstudium zu beenden.

Barb McGriff hatte diese Eigenschaften. Malen war für sie eine neue Sache, aber sie konnte sich dafür begeistern. Sie und ihr Ehemann Mark sind *beide* Ermutiger – einmal trafen wir auf ungewöhnliche Weise zusammen.

Jede Woche demonstrierte uns der Lehrer, wie wir neue Dinge malen konnten. Die meisten von uns konnten die Bilder nicht fertigstellen und ließen sie bis zur nächsten Woche liegen. Barb nicht. Sie nahm ihr unfertiges Bild meistens mit nach Hause, um es noch am selben Abend festigzustellen. „Warum kommst du nicht nächste Woche früher, um es zu Ende zu malen?" fragte ich sie eines Tages.

„Oh, so lange kann ich nicht warten," betonte sie. „Wenn ich einmal die Umrisse des Bildes gesehen habe, kann ich nicht mehr abwarten, bis es fertig ist. Nebenbei, ich mag es sowieso nicht, irgendetwas halbfertig liegen zu lassen."

Wir haben auch beobachtet, daß Ermutiger nur *ein* Lesezeichen brauchen. Sie lesen gleichzeitig nicht mehr als ein Buch.

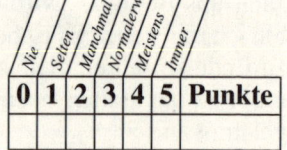

18. Möchte Probleme mit anderen möglichst schnell klären.

Nie	Selten	Manchmal	Normalerw.	Meistens	Immer	
0	1	2	3	4	5	Punkte

Ermutiger mögen keine gespannten Beziehungen. Sie gehen augenblicklich zur anderen Person, um herauszufinden, was da verkehrt ist. Wenn nötig, nehmen sie sogar eine Blamage auf sich, wenn es darum geht, eine Brücke zur rechten Beziehung zu bauen.

„Diese Charakteristik zeigte sich in meinem Leben sehr oft", schrieb uns Kathy aus Kanada. „Ich halte es einfach nicht aus, wenn jemand wütend auf mich ist. Auch wenn ich nicht diejenige bin, die das Problem verursacht hat, gehe ich den ersten Schritt, um die Situation zu klären. Um die Atmosphäre zu bereinigen, sage ich dann, daß es mir leid tut. Es ist gut so, wenn man alle seine Beziehungen in Ordnung hat."

Weiter sagte sie: „Ich liebe es auch, andere zu ermutigen, solche Situationen so bald als möglich zu klären."

19. Erwartet viel von sich und von anderen.

Don empfindet, daß nur wenige Menschen ihr Potential ausschöpfen. „Ich erwarte viel von mir selbst," sagt er, „und ich glaube, das hält mich motiviert, mehr zu erreichen. Gott hat jeden von uns so überfließend ausgestattet. Oft erkennen wir das gar nicht. Wenn wir niedrige Ziele setzen, wird das alles sein, was wir erreichen werden. Wenn wir uns höhere Ziele setzen, werden wir wachsen. Oft sehe ich Potential in anderen, das sie selbst nicht erkennen. Ich genieße es, sie zu ermutigen, sich nach mehr auszustrecken."

Jeder von uns hat eine bequeme Zone, einen Bereich, indem er operieren kann, ohne besonders herausgefordert zu sein. Es ist einfach, dort zu verweilen. Der Ermutiger glaubt, daß dies nicht der perfekte Wille Gottes für unser Leben ist. Er glaubt, daß Gott von uns möchte, daß wir uns in das Ungewisse hineinwagen und auch solche Dinge anpacken, von denen wir meinen, daß wir sie nicht tun könnten.

„Es gibt soviel, was im Reich Gottes getan werden muß," sagt Don. „Das Evangelium muß zu Hause und draußen verkündigt werden. Die Unterstützung von Diensten ist überall notwendig, den Verletzten muß geholfen werden, die Hungrigen müssen zu essen bekommen.

Immer wenn jemand zu mir sagt: 'Don, ich weiß nicht, was ich tun tun soll,' sage ich, 'Okay, laß mich es dir sagen ...'"

Don bekennt, daß es eine Zeit gab, wo er eben nur ein Nichtstuer war. Nie mehr! Jetzt hat er mehr das Problem, daß der Tag zu wenig Stunden hat. „Am liebsten würde ich die Zeit selbst machen," erzählt er den Leuten oft. „Du hast dieselben vierundzwanzig Stunden, die ich auch habe. Du kannst da nichts mehr hinzufügen. (Ooh, das klingt ja nach einem Ermutiger – aber ich bin froh, einer zu sein!)"

**20. Braucht eine „Schallwand",
um Ideen und Gedanken los-
zuwerden.**

	Nie	Selten	Manchmal	Normalerw.	Meistens	Immer	
	0	1	2	3	4	5	**Punkte**

In der ersten Zeit, als Don und ich verheiratet waren, entdeckte ich, daß es eine meiner Rollen als Ehefrau war, eine „Schallwand" meines Mannes zu sein. Don mußte mir seine Ideen
mitteilen. Ich wollte zuhören, analysieren, und dann meine
Meinung dazu sagen. Genau das wollte er aber nicht. Er wollte
nur, daß ich zuhöre. Du mußt verstehen, Ermutiger denken oft
mit ihrem Mund. Sie lieben es, einen Gedanken laut auszusprechen, damit sie hören, wie er klingt. Es ist so, als ob sie einen
Test durchführen wollen. Erst danach können sie selbst die
Analyse machen. Eine Schallwand ist hauptsächlich passiv. So
habe ich gelernt, daß es einen Grund gibt, warum ich einen Mund
und zwei Ohren habe! Ich habe gelernt *zuzuhören*.

Für einen verheirateten Ermutiger ist es normal, seinen Ehepartner als Schallwand zu benutzen, manchmal ist es auch ein
enger Freund. Alleinstehende halten sich an Freunde, Verwandte, Lehrer und Klassenkameraden, wenn sich die Gelegenheit
dazu bietet.

DIE GABE DER ERMUTIGUNG

Charakteristiken:

	Nie	Selten	Manchmal	Normalerw.	Meistens	Immer	PUNKTE
	0	1	2	3	4	5	
1. Liebt es, andere zu ermutigen, ein siegreiches Leben zu führen.							
2. Möchte beim Lehren oder Sprechen sichtbare Reaktionen haben.							
3. Wendet lieber Wahrheiten an, als danach zu suchen.							
4. Bevorzugt systematische Informationen mit praktischer Anwendung.							
5. Liebt es, praktische Schritte zum persönlichen Wachstum anzuwenden.							
6. Konzentriert sich auf die Arbeit mit Menschen.							
7. Ermutigt andere, sich in ihrem perönlichen Dienst zu entwickeln.							
8. Entdeckt Wahrheit durch Erfahrung und belegt sie dann mit dem Wort.							
9. Gibt gerne persönliche Seelsorge.							
10. Wird Seelsorge abbrechen, wenn keine Veränderung zu sehen ist.							
11. Ist ständig im Gespräch mit anderen.							
12. Nimmt Versuchungen als Gelegenheiten zum persönlichen Wachstum.							
13. Akzeptiert die Menschen wie sie sind, ohne zu richten.							
14. Wird wegen seiner positiven Einstellung sehr geliebt.							
15. Gibt lieber Zeugnis mit dem ganzen Leben, als nur mit dem Mund.							
16. Kann leicht Entscheidungen treffen.							
17. Führt immer das Angefangene zu Ende.							
18. Möchte Probleme mit anderen möglichst schnell klären.							
19. Erwartet viel von sich selbst und von anderen.							
20. Braucht eine „Schallwand", um Ideen und Gedanken loszuwerden.							
							GESAMT

183

PROBLEME DES ERMUTIGERS

Ermutiger haben oft ein „Mundproblem". Da Gott sie zum Mund des Leibes gemacht hat, machen sie davon oft Gebrauch – manchmal zum Guten, um andere zu ermutigen – manchmal aber auch in einer negativen Art, wie wir gleich sehen werden.

Denke betend über deine Bewertung nach, um zu sehen, ob es Gebiete gibt, in denen du noch wachsen mußt. Keiner von uns ist schon angekommen. Sogar Paulus erkannte in den letzten Jahren seines Dienstes, daß er sich „ausstrecken muß nach dem Ziel der himmlischen Berufung in Christus Jesus."

1. Tendiert beim Mitteilen von Meinung und Rat dazu, andere zu unterbrechen.

Nie	Selten	Manchmal	Normalerw.	Meistens	Immer	Punkte
0	1	2	3	4	5	

Ermutiger haben viel zu sagen. Und eigentlich ist das nicht das Problem. Aber wenn es einen fortlaufenden Wechsel an Konversation gibt oder ein vorbereitetes Treffen stattfindet, kann die Tendenz des Ermutigers, andere zu unterbrechen, eine Quelle von Frustration sein.

Als ich in einer christlichen Arbeit diente, gab es eine Mitarbeiterin, eine Ermutigerin, die bekannt war für ihre ausgezeichnete Fähigkeit, andere Leute aufzubauen. Aber in den Gesprächsrunden war sie ebenso bekannt wegen ihrer Unterbrechungen.

Eines Tages hatte ich einige Male versucht, etwas zu sagen, aber sie unterbrach mich ständig. Mein Frustrationsspiegel stieg. „Du hast mich fünf Mal unterbrochen," platzte ich heraus. „Bitte laß mich das beenden, was ich sagen will."

„Ich hab' dich nicht unterbrochen," protestierte sie.

„Natürlich hast du," beharrte ich.

„Du machst Spaß," sagte sie, mit einem Ausdruck auf ihrem Gesicht, der mir deutlich machte, daß sie es gar nicht mehr merkte, wie oft sie dazwischensprach, bevor andere zu Ende sprachen.

„Du unterbrichst sehr viel," bestätigte ein anderes Mitglied. „Ich glaube das nicht," erwiderte sie. „Ich mach euch einen Vorschlag ," sagte sie zu mir. „Das nächste Mal, wenn ich jemanden unterbreche, stoß mich in die Seite. Wenn ich das wirklich mache, werde ich es merken."

„Okay" sagte ich, in der Hoffnung, daß ihre Rippen das aushalten würden. Während der nächsten vier Stunden der Sitzung stieß ich sie fünfzehn Mal an.

„Ich bin erstaunt," sagte sie, noch schockiert von der Offenbarung. „Ich hatte keine Ahnung, daß ich so oft unterbreche. Ich möchte diese Angewohnheit wirklich überwinden." Sie machte ausgezeichnete Fortschritte, da sie das Problem erkannt hatte.

	Nie	Selten	Manchmal	Normalerw.	Meistens	Immer	
2. Nimmt Schriftstellen aus dem Kontext, um eine Aussage zu machen.	0	1	2	3	4	5	Punkte

Der Ermutiger glaubt, daß eine Aussage an sich sehr wichtig ist. Deswegen ist für ihn die Gewichtung durch Schriftstellen sekundär. Viele, die den Ermutigern zuhören, machen sich nicht die Mühe, die Schriftstellen herauszusuchen. Aber Lehrer und Erkenner suchen sie heraus. Und wenn die Schriftstellen aus dem Kontext herausgerissen sind, werden sie die Aussage zurückweisen oder sogar denjenigen, der die Aussage getroffen hat. Vielleicht versuchen sie sogar, den Ermutiger zu korrigieren.

Ermutiger sind anpassungsfähig. Wenn ihnen ihr Irrtum gezeigt wird, werden sie sagen: „Okay, wenn diese Schriftstelle nicht paßt, dann werde ich eine andere finden, die dazupaßt."

Gewöhnlich haben Ermutiger auch einen guten Sinn für Humor. Wir möchten gerne einige ihrer zweckgebundenen „aus dem Kontext gerissenen", gesammelten Werke erzählen:

Ein Ermutiger, der eine christliche Gruppe für Diät leitete, benutzte ein Motto: „Er muß zunehmen, ich aber muß abnehmen" (Johannes 3,30, KJV).

Ein anderer, christlicher Zahnarzt, erzählte seinen Patienten, daß seine beliebteste Bibelstelle folgende ist: „Tue deinen Mund weit auf, und ich will ihn füllen" (Psalm 81.10b, REB).

Eine Ermutiger-Krankenschwester malte folgende Schriftstelle in Großbuchstaben an die Wand eines kirchlichen Krankenhauses in Seattle: „Wir werden nicht alle entschlafen, aber wir werden alle verändert" (1. Korinther 15,51, KJV).

3. Kann „kurz und trocken" die Schritte zur Aktion beschreiben.

Nie	Selten	Manchmal	Normalerw.	Meistens	Immer	
0	1	2	3	4	5	**Punkte**

Weil Ermutiger gerne Ratschläge geben, können sie in die Falle geraten, plumpe Antworten zu geben. Es kann sein, daß sie drei Leute mit dem gleichen Problem in Seelsorge haben und nach dem Gebet die gleichen Schritte zur Problembewältigung weitergeben. Tatsächlich wird allen Leuten geholfen. Dann kommt eine vierte Person, wieder mit dem gleichen Problem. Diesmal macht sich der Ermutiger nicht mehr die Mühe, darum zu beten, welchen Rat er geben soll, weil der gleiche Rat in den anderen drei Fällen schon gewirkt hat. Aber jetzt ist es nicht das, was der Heilige Geist getan haben möchte. Der Rat ist nutzlos.

Es ist für den Ermutiger sehr wichtig, beständig vom Heilgen Geist – dem Ratgeber – abhängig zu sein, um Weisheit und Leitung für die Seelsorge zu bekommen. Sonst kann er eine eingebildete „Ich weiß, was in jeder Situation zu tun ist"-Mentalität entwickeln.

	Nie	Selten	Manchmal	Normalerw.	Meistens	Immer	
	0	1	2	3	4	5	**Punkte**

4. Hält offen an seiner Meinung fest.

Ein Ermutiger ist immer froh, wenn er dir sagen kann, was er denkt. Er hält nicht so strikt an seiner Meinung fest, wie ein Erkenner oder Lehrer, aber wenn es um Fragen des praktischen Lebens geht, hat er starke Überzeugungen. Diese Eigenschaft in Verbindung mit dem gut geölten Unterkiefer bewirkt, daß seine Ansichten leicht aus ihm herausfließen.

Er kann auch geschwätzig, kommandierend, sehr gesprächig und frech sein. Es ist so, wie es ein Ermutiger selbst gesagt hatte: „Mein Mund läuft meinem Verstand oft weg."

Peggy erzählte mir, wie es war, als sie sich eine Woche lang um ihre zehnjährige Ermutiger-Enkelin kümmerte: „In den ersten Tagen lief es ganz gut," erzählte sie. „Ich genoß Margrets Geschnatter. Aber am dritten Tag wünschte ich mir, sie würde nicht so viel reden. Am vierten Tag dachte ich, kann dieses Kind nichts anderes machen, als seinen Mund gebrauchen? Am fünften Tag, nachdem ich ihr immer und immer wieder zuhören mußte, platzte ich heraus: 'Stop, Margret! Hör auf zu reden! Ich halte es nicht mehr aus, auch nur ein einiges Wort zu hören.' Armes Kind. Sie blickte ganz entfremdet. Ihre Antwort brachte mich wieder auf den Teppich, kann ich dir sagen. Das half mir zu erkennen, daß sie sehr nach meiner Art geschlagen war: 'Aber Großmama,' protestierte sie, 'du redest auch viel!' "

Die befehlende Art des Ermutigers kommt von seinem Wunsch, Rat zu geben. Ermutiger genießen es sehr, anderen zu sagen, was sie tun sollen. Jemand sagte einmal: „Beantworte keine Fragen, die nicht gestellt wurden, und gib keinen Rat, um den nicht gefragt wurde." Der Ermutiger könnte von dieser Weisheit profitieren. Das effektivste Gebet für manche Ermutiger lautet: „Herr, stelle eine Wache vor meinen Mund." Jesus warnt, daß wir für jedes unnütze Wort aus unserem Mund Rechenschaft abgeben müssen.

187

5. Kann ein überzogenes Selbstbewußtsein entwikkeln.

In unserer heutigen Zeit ist Selbstbewußtsein eine begehrte Qualität. Aber wie der törichte Mensch, der sein Haus auf Sand baut, ist das ein schlechtes Fundament. Unsere grundlegende Sicherheit muß im Herrn sein. Dann können wir mit einer nüchternen Einschätzung der Gaben und Fähigkeiten, die Er uns gegeben hat, damit beginnen, göttliches Selbstvertrauen aufzubauen. Joleen bekennt uns, daß sie einmal ein Ermutiger mit überzogener Selbstsicherheit war. „Ich war überzeugt, daß ich eine Antwort für alles habe," bekannte sie. „Ich gab Rat weiter, so wie einige Ärzte Pillen weitergeben. Es gab keine Probleme, sondern nur Herausforderungen. Ich war erschüttert, als ich die Ergebnisse meiner Einmischungen zu sehen begann. Manchmal war mein Rat für die betreffende Person vollkommen falsch gewesen oder widersprach der Art, wie Gott mit der Person umging. Gott demütigte mich wirklich und half mir, mein Selbstbewußtsein in Ihm zu finden."

Sie bekannte, daß die Schlacht noch nicht vorrüber war – daß es da immer noch einen Kampf mit einer Alleswisser-Einstellung gibt. Aber sie war dankbar, daß sie gelernt hatte, das zu erkennen und angemessen damit umzugehen.

Wenn du einem solchen Ermutiger in die Arme läufst, wirst du gewöhnlich gesegnet sein. Aber wenn du nur das Opfer eines Redeschwalls bist, dann fühle dich frei, einfach zu sagen: „Bitte, sage das in fünfundzwanzig oder weniger Worten!"

Typische Problemgebiete der Gabe der Ermutigung:

	Nie	Selten	Manchmal	Normalerw.	Meistens	Immer	PUNKTE
	0	1	2	3	4	5	
1.							
2.							
3.							
4.							
5.							
GESAMT							

1. Tendiert beim Mitteilen von Meinung und Rat dazu, andere zu unterbrechen.
2. Reißt Schriftstellen aus dem Kontext, um eine Aussage zu machen.
3. Kann „kurz und trocken" die Schritte zur Aktion beschreiben.
4. Hält offen an seiner Meinung fest.
5. Kann ein überzogenes Selbstbewußtsein entwickeln.

BIBLISCHE ERMUTIGER

Wo wären wir ohne Ermutiger? Wir wissen, wie sehr sie heutzutage nötig sind, und es war dasselbe in biblischen Tagen. Es ist eine Sache, ein Christ zu werden, und eine ganz andere, das christliche Leben zu leben. Ermutiger wurden so begabt, damit sie die Gläubigen ermutigen können, die Gnade Gottes in ihrem christlichen Alltag anzuwenden.

Barnabas ist eine gute Illustration der Gabe der Ermutigung. Sogar sein Name bedeutet „Sohn der Ermutigung (Trostes)." Schau' mal, was die Apostelgeschichte über ihn zu sagen hat. Wir denken, du wirst von seinen Ermutigereigenschaften beeindruckt sein.

Schrift: Apg. 4,36;11.22-26 (TAB)   *Dein Kommentar:*

Apg. 4

36 Josef aber, ein Levit aus
Zypern, der von den
Aposteln (besondere
Botschafter) Barnabas
genannt wurde, was
übersetzt Sohn des Trostes
heißt ...

22 Die Rede darüber kam
zu den Ohren der Gemeinde
(Versammlung) in
Jerusalem, und sie sandten
Barnabas nach Antiochien.

23 Als er ankam und sah,
welche Gnade (Gunst)
Gottes auf ihnen war, war er
voller Freude; und
beständig ermahnte –
warnte, drängte und

ermutigte – er sie alle,
festzuhalten und
vertrauensvoll und
hingegeben (entschieden
und beständig) mit
Herzensentschluß beim
Herrn zu verharren.

24 Denn er war ein guter
Mann (gut in sich selbst und
auch gleichzeitig gut zum
Vorteil für andere Leute),
voll und kontrolliert durch
den Heiligen Geist und
voller Glauben (das heißt, er
vertraute, daß Jesus der
Messias ist, durch den wir
ewige Errettung erhalten).
Und eine große Menge
wurde dem Herrn
hinzugetan.

25 (Barnabas) zog aus nach
Tarsus, um Saul zu suchen.

26 Und als er ihn fand,
brachte er ihn zurück nach
Antiochien. Ein ganzes Jahr
waren sie zusammen in der
Gemeinde und unterwiesen
eine große Menge von
Leuten; und in Antiochien
wurden die Jünger zum
ersten Mal Christen genannt.

Aus der Tatsache, daß Barnabas voller Freude war, läßt sich
ableiten, daß er in seinem richtigen Gebiet gearbeitet hat, denn
Freude entsteht als Nebenprodukt, wenn wir in unserer Motivationsgabe arbeiten. Bemerke auch, daß Barnabas nach Saul
suchte. Andere im Leib Christi waren einfach nicht bereit,
diesem zu vertrauen, der die Gemeinde so bösartig verfolgt

hatte, aber Barnabas konnte das Potential in Saul sehen und am sichersten dazu beitragen, daß Paulus zu dem mächtigen Mann wurde, wie man ihn später kannte.

Schrift: Apg. 4,36;11.22-26 (TAB)   ***Unser Kommentar:***

Apg. 4

36 Josef aber, ein Levit aus Zypern, der von den Aposteln (besondere Botschafter) Barnabas genannt wurde, was übersetzt Sohn des Trostes heißt ...

\# 1 Name: Ermutigung

22 Die Rede darüber kam zu den Ohren der Kirche (Versammlung) in Jerusalem, und sie sandten Barnabas nach Antiochien.

\# 1 sandten ihn zu Ermutigen

23 Als er ankam und sah, welche Gnade (Gunst) Gottes auf ihnen war, war er voller Freude; und beständig ermahnte – warnte, drängte und ermutigte – er sie alle, festzuhalten und vertrauensvoll und hingegeben (entschieden und beständig) mit Herzensentschluß beim Herrn zu verharren.

\# 1 er ermutigte zur Treue
\# 4 praktischer Glaube
\# 7 ermutigt zum Dienst
\# 9 gibt Seelsorge einer ganzen Gruppe
\#13 richtet nicht
\#14 positiv und freudig
\#19 erwartet viel von anderen

24 Denn er war ein guter Mann (gut in sich selbst und auch gleichzeitig gut zum Vorteil für andere Leute), voll und kontrolliert durch den Heiligen Geist und voller Glauben (das heißt, er vertraute, daß Jesus der Messias ist, durch den wir ewige Errettung erhalten). Und eine große Menge wurde dem Herrn hinzugetan.

2 bekommt sichtbare Reaktionen
6 konzentriert sich auf Menschen
7 ermutigt zum geistl. Wachstum
#13 akzeptierend
#14 allgemein beliebt
#15 lebt ein Zeugnis
#17 führt zu Ende, was er angefangen hat

25 (Barnabas) zog aus nach Tarsus, um Saul zu suchen.

#13 akzeptierend

26 Und als er ihn fand, brachte er ihn zurück nach Antiochien. Ein ganzes Jahr waren sie zusammen in der Gemeinde und unterwiesen eine große Menge von Leuten; und in Antiochien wurden die Jünger zum ersten Mal Christen genannt.

1 lehrt, wie man lebt
3 hilft Wahrheit anzuwenden
4 lehrt praktisch
6 auf Menschen bezogen
#11 kommuniziert
#17 ergänzt die Lehraufgabe

Einige von den Aposteln hatten mehr als eine starke Motivationsgabe. Paulus war einer von ihnen. Während wir glauben, daß seine primäre Gabe das Geben war, sehen wir auch eine starke Gabe der Ermutigung genauso wie Erkennen und Lehren. Wir sehen oft, wie Paulus praktischen Rat und Ermutigung gibt! Es gibt einfach zu viele Möglichkeiten, die man hier für Paulus aufzählen könnte, aber wenn du seine Briefe liest, beobachte seine Gabe in Aktion. Petrus, der das Mundstück der Jünger ist, hat offensichtlich eine große Redebegabung. Wir glauben, daß Petrus auch ein Ermutiger war. Denk an diese Abschnitte: Apg. 2,14-41; 3,1-4,21.

Lies auch:

Silas   – Apg. 15:22-40; 16:25,29; 17:4, 10-15; 1. Petrus 5:12
Titus   – 2. Korinther 2:13;7:6, 13-14; 8:6-23;12:18;
               Galater 2:1, 3; 2. Timotheus 4:10;
Aaron – Exodus, Leviticus, Numerus

19
CHARAKTERISTIKEN DES GEBERS

Von allen Motivationsgaben ist diese von demjenigen, der sie hat, am schwierigsten herauszufinden. Vielleicht deswegen, weil die linke Hand nicht weiß, wenn die rechte Hand Almosen gibt (Mt. 6, 3). Ein anderer Grund könnte die Allround-Persönlichkeit des Gebers sein. Der Geber hat einige Eigenschaften des Dieners. Er kann ein Leiter oder ein Folger sein, und er kann – wie der Erkenner und der Lehrer – eine Liebe zum Wort Gottes haben. Aber wenn es zum Punkt der Ressourcen kommt, dann ist der Geber eindeutig.

Das griechische Wort heißt *metadidomi* (unterschiedlich zu *didomi*, geben) und bedeutet: „übergeben, überreichen, teilen, mitteilen". Es hat mit *haplotetes* – Einfachheit, Schlichtheit, Ehrlichkeit, Freizügigkeit zu tun.

Während du diese Gabe einschätzt, gehe sicher, zwischen gelerntem Verhalten und in dir verwurzelten Tendenzen zu unterscheiden. Zum Beispiel kann es sein, daß du von deinen Eltern und auch von deiner Gemeinde gelernt hast, großzügig zu sein und den Zehnten zu geben. Aber war das auch immer deine *innere Motivation* gewesen, der du mit Freuden nachgegangen bist? Es kann sein, daß du in deiner Kindheit nachfragen mußt, um dich richtig einschätzen zu können.

	Nie	Selten	Manchmal	Normalerw.	Meistens	Immer	
1. Gibt freizügig Geld, Besitz, Zeit, Energie und Liebe.	0	1	2	3	4	5	**Punkte**

Wohlgemerkt, Geber geben nicht nur Geld, sondern alles, was sie besitzen – auch das Evangelium. Sie geben umfassend reichlich. Reife und erfahrene Geber geben geradlinig und mit aufrichtigen Motiven. Sie werden nicht Kanäle für den Herrn, damit seine Schätze gut verteilt werden, denn sie sind überzeugt, daß alles dem Herrn gehört.

Sharon, eine junge Hausfrau, die sich danach sehnte, ihre Gabe des Gebens auszudrücken, achtete sehr auf die Haushaltskasse der Familie. Es war ihre freie Wahl, nicht einer Arbeit außerhalb des Hauses nachzugehen, sondern eine Vollzeitmutter zu sein.

Eines Tages hatte sie eine gute Idee. „Liebling," fragte sie ihren Ehemann, „könnten wir 25 Cents an 5 Tagen in der Woche für ein spezielles Projekt zurücklegen?" „Ja, natürlich," antwortete ihr Mann. Das sind ja nur 5 $ im Monat. Sharon war erfreut. Sie kaufte die ersten 5 Briefmarken und startete ihr Projekt. Jeden Tag nahm sie einen Namen von einer Weihnachtskartenliste und verbrachte Zeit, um für die Person, das Ehepaar oder die Familie zu beten. Sie bat den Herrn, sie zu segnen und zu führen. Wenn sie betete, gab ihr der Herr oft Schriftworte für die Personen. Dann schrieb sie Briefe und drückte darin ihre Liebe aus, legte den Schriftvers in der Form eines von ihr kreativ entworfenen Lesezeichens dazu.

Was für ein Segen das für die Empfänger gewesen sein mag zu einer Zeit, zu der sie das gar nicht erwartet hatten?

Schließlich müssen wir zu dem Punkt kommen: Die beste Gabe kann nicht gekauft oder verkauft werden. Sie ist ein Teil von uns selbst.

	Nie	Selten	Manchmal	Normalerw.	Meistens	Immer	
2. Liebt es zu geben, ohne daß andere es wissen.	0	1	2	3	4	5	**Punkte**

Jesus sprach viel darüber, daß wir unsere guten Werke nicht absichtlich vor anderen Menschen demonstrieren sollen.

„Seid vorsichtig, eure Taten der Gerechtigkeit vor anderen Menschen nicht zur Schau zu stellen."

... Also, wenn du dem Bedürftigen gibst, dann posaune es nicht heraus. Geben soll geheim sein. „Dann wird dein Vater das, was im Verborgenen getan wurde, dir offenbaren" (Mt. 6,1,2 und 4). Geber wollen sich kein Ansehen verschaffen, sie wollen ihren

196

Vater im Himmel erfreuen. Diese Freude ist genug für sie. Oft möchten sie verhindern, daß andere sie als Geber herausfinden. Während meiner Zeit als Herausgeber der Aglow-Zeitschrift erhielten wir ein Buchmanuskript von Joanne Sekowsky mit dem Titel: „Eine christliche Straßenkarte für Frauen, die alleine reisen". Wir empfanden, daß dies eine großartige Quelle für Singles wäre, aber wir hatten die 1.000 $ nicht, um es in Druck zu geben. Trotzdem hielten wir es erst einmal fest.

Penny hörte davon, kam in mein Büro, schlug die Tür hinter sich zu und sagte: „Hier ist ein Scheck über 1.000 $. Das Buch muß erscheinen." „Das ist wundervoll, danke schön," sagte ich dankbar. „Nur eins noch," sagte sie, „niemand soll das erfahren. Es ist nur eine Sache zwischen dem Herrn und mir."

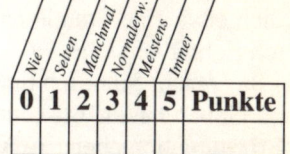

3. Möchte ein Teil des Dienstes sein, den er unterstützt.

	Nie	Selten	Manchmal	Normalerw.	Meistens	Immer	
	0	1	2	3	4	5	Punkte

Geber investieren bevorzugt in solche Dienste, die effektiv das Evangelium verkündigen. Deswegen geben sie nicht nur Geld, sondern bringen sich auch anders ein. Zum Beispiel werden sie für den Dienst beten, oder sie schreiben ermutigende Briefe. Oder sie senden Hilfspakete, und manchmal helfen sie sogar in der Arbeit persönlich mit.

Weldon, ein Pastor mit dieser Gabe, unterstützte einen Dienst auf den Philippinen. Er schrieb nicht nur selbst Briefe, sondern ermutigte außerdem seine Gemeindemitglieder, dies auch zu tun. Sogar an die Kinder wurde gedacht, wenn sie Geburtstag hatten und wenn Weihnachten kam.

Dann begann der Heilige Geist, Weldon zu drängen, selbst zu gehen, um persönlich zu helfen. Er tat es, indem er beim Predigen half, den Armen diente und Leiter ausbildete. Danach sagte er: „Es war das Beste, was ich erlebte."

4. Leistet Fürbitte für Nöte und für die Errettung von Seelen.

Es ist nicht außergewöhnlich für Geber, daß sie mitten in der Nacht mit einer Gebetslast aufwachen. Ein Mann mit dieser Gabe stellte einem Missionar auf Heimaturlaub folgende Frage: „Was geschah vor 3 Wochen, am 6. Mai?" „Am 6. Mai? Warum?" fragte der Missionar. „Das war der Tag, an dem unsere Station überfallen wurde. Aber aus irgendeinem Grund ließ der Dieb alles fallen und floh – wir wissen nicht warum." „Oh, das erklärt alles," sagte Graham. „Erklärt was?" „Nun, ich erwachte mitten in der Nacht aus tiefem Schlaf und hatte das Gefühl, daß ihr in großer Gefahr seid," erklärte Graham. „Also betete ich für dich etwa eine Stunde lang, bis die Gebetslast weg war. Wenn ich richtig verstehe, ist es bei uns Nacht, wenn bei euch Tag ist – das macht Sinn. Ich bin froh, daß der Herr mich aufweckte."

Geber haben oft eine Liste mit Namen von Leuten, die Errettung brauchen. In Treue tun sie Fürbitte, bis sie mit großer Freude wieder einen Namen von der Liste streichen können. Wenn du für eine Gruppe Fürbitte brauchst, oder für die Errettung eines Verwandten oder Nachbarn, dann sind es die Geber, die dieses Gebetsanliegen durchziehen. Die anderen fangen vielleicht auch an zu beten, aber vergessen es auch schnell wieder. Nicht so der Geber. Vorrangig möchte er, daß Menschen in das Reich Gottes kommen.

5. Freut sich, wenn seine Gabe Antwort auf spezielles Gebet ist.

Da Geber wissen, daß es das Höchste und Beste ist, wenn sie vom Heiligen Geist zum Geben geführt werden, sind sie begeistert, wenn jemand sagt: „Woher wußtest du von meiner Not? Es ist eine Gebetserhörung."

Einmal geschah es, daß wir im Zentrum eines solchen Geschehens waren. Annie trat eine Erbschaft von 700 $ an. Sie wollte das Geld an jemanden verschenken, der es wirklich nötig hatte. Sie besuchte ein Treffen, auf dem ein Missionarsehepaar sprach. Sie ließ sich in einen Stuhl direkt neben uns gleiten. „Glaubt ihr, sie könnten 700 $ gebrauchen?" fragte sie. „Während ich zuhörte, hatte ich das Gefühl, daß Gott zu mir sprach, ich solle das Geld geben. Aber ich weiß nicht, ob sie es wirklich nötig brauchen." „Aber natürlich," versicherten wir ihr. Tatsächlich erfuhren wir, daß sie Geld gesammelt hatten, um eine Videoausrüstung zu kaufen, und daß ihnen genau 700 $ fehlten. „Ist das nicht großartig?" rief Annie und beeilte sich, den Missionaren einen Scheck zu überreichen. Wir wissen nicht, wer mehr gesegnet war – der Empfänger oder der Geber. Annie verließ das Treffen, indem sie immer noch ausrief: „Ist Gott nicht gut?"

6. Geschenke sollen von hoher Qualität oder handgemacht sein.

	Nie	Selten	Manchmal	Normalerw.	Meistens	Immer	
	0	1	2	3	4	5	**Punkte**

Wenn sie schon geben, dann wollen sie das Beste geben. Sie sind großzügig, ja sogar verschwenderisch darin. Sie möchten, daß ihre Gaben von bester Qualität sind. Wenn sie es sich nicht leisten können, ein Geschenk zu kaufen, dann stellen sie es mit größter Sorgfalt und mit Geschick selbst her.

Jo Ann besuchte die Dienstagmorgen-Bibelstunde in unserem Hause. Sie bemerkte, daß meine Bibel schon fast auseinanderfiel. Es war eine Amplified-Bibelausgabe mit hartem Umschlag, die schon 10 Jahre ständigen Gebrauch hinter sich hatte. Immer, wenn ich sie in der Mitte des Neuen Testaments aufschlug, fiel der Epheserbrief heraus. Steckte ich ihn wieder zurück und blätterte weiter, fiel jedesmal der Galaterbrief heraus. Ich gewöhnte mich daran, schießlich war es meine Lieblingsbibel, und ich hatte alle meine Markierungen und Notizen darin. Eines Nachmittags stand Jo Ann vor unserer Haustüre. „Hier," sagte sie und überreichte mir ein Paket, „das ist für dich,"

drehte sich um und ging. Ich öffnete das Paket. Es war eine
wunderschöne ledergebundene Amplified Bibel. Die teuerste
und robusteste Ausgabe, die es gab. Jo Ann hatte für mich die
teuerste Ausgabe angeschafft. Ich benutze diese Bibel jetzt
schon 14 Jahre. Und was glaubst du? Keine der Seiten ist bis
jetzt herausgefallen.

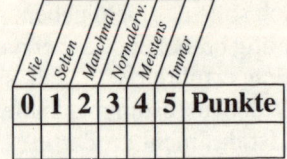

**7. Gibt nur durch die Führung
des Heiligen Geistes.**

Nie	Selten	Manchmal	Normalerw.	Meistens	Immer	
0	1	2	3	4	5	**Punkte**

Einen reifen Geber kannst du nicht zum Geben überreden.
Manipulationen wird er widerstehen. Er gibt nur so, wie er sich
von Gott geführt weiß.

Vor etwa 10 Jahren wollten wir nach Übersee reisen, um über
die Motivationsgaben zu lehren. Wir hatten gerade das Material
überarbeitet und brachten es zu Barb, einer professionellen
Schreiberin, damit wir ein sauberes Muster zu Vervielfältigungs-
zwecken bei uns hätten. Wir mußten allerdings den Schreibauf-
trag verschieben, da wir nicht das nötige Geld zur Verfügung
hatten. Am Tag vor unserer Abreise beschlossen wir, daß ich zu
Barb fahren sollte, um sie zu fragen, ob wir die Arbeit schon
mitnehmen und erst dann bezahlen könnten, wenn wir wieder
zurückkämen. Als ich ankam, fand ich Barb mit Schmerzen vor.

Sie hatte starke Rückenbeschwerden und fand keine bequeme Lage mehr. „Laß mich für dich beten," bot ich ihr an. „Danke
schön," stöhnte sie. „Vielleicht hilft das." Ich betete dafür, daß
der Rücken wiederhergestellt werde, und daß der Herr ihr alle
Schmerzen wegnehmen solle. „Hey!" rief sie aus. „Der Schmerz
ist weg. Er ist weg." Sie stand auf und bewegte sich in alle
Richtungen, um sicher zu sein. „Der Herr hat dich genau zum
richtigen Zeitpunkt geschickt. Dann händigte mir Barb die
Rechnung aus. Aber über der Rechnung stand „voll bezahlt."
„Was ist das?" fragte ich. „Oh, das?" erwiderte Barb. „Der Herr
sagte mir, es sei wichtig für mich, euren Dienst zu unterstützen.
Es ist etwas, womit ich helfen kann." „Barb," sagte ich, „du
kannst dir nicht vorstellen, wie sehr mich das segnet." Als ich

nach Hause fuhr, pries ich den Herrn die ganze Zeit. „Danke, Herr, daß du zu einem deiner Geber über unsere Not gesprochen hast."

8. Gibt, um andere zu segnen, oder um einen Dienst zu unterstützen.

Nie	Selten	Manchmal	Normalerw.	Meistens	Immer	
0	1	2	3	4	5	Punkte

Wenn Geber einen Dienst aussuchen, um ihn finanziell zu unterstützen, dann testen sie ihn durch, bis sie sicher sind, daß a) das Evangelium effektiv verkündigt wird und b) die Unkosten und Ausgaben für Administration nicht zu viel von den Spendengeldern verschlingen.

Manchmal möchte der Geber eine anonyme Quelle des Segens für diejenigen sein, die existentielle Nöte haben.

Ein Mann aus einer kleinen Stadt in Montana ist solch ein Geber. Sein Geschäft geht sehr gut und je mehr er gibt, desto mehr scheint es zu wachsen. Eines Tages wurde während eines Gottesdienstes seine Aufmerksamkeit auf ein junges Mädchen mit stark hervorstehenden Zähnen gelenkt. Ihre Mutter ist eine Witwe, und ihr geringes Einkommen erlaubte keine Zahnkorrektur.

Der Mann ging zum örtlichen Zahntechniker, gab ihm 3.000 $ und sagte, „rufen Sie das Mädchen an und regeln Sie, daß sie die Zähne in Ordnung bekommt. Wenn zusätzliche Kosten entstehen, dann informieren Sie mich. Aber bitte erzählen Sie ihr oder jemand anderem nicht, woher das Geld kommt. Sagen Sie nur, es ist Gottes Versorgung." In den nächsten Jahren hatte der Geber die Freude, das breite, strahlende Lächeln des Mädchens mit ihrer Metallspange zu sehen, während ihre Zähne allmählich in die richtige Stellung kamen.

9. Sieht Gastfreundschaft als Gelegenheit zum Geben.

Wie der Diener zeigt der Geber seine Liebe gerne durch Gastfreundschaft. Äußerlich könnte man denken, daß beides das Gleiche ist. Aber vom inneren Standpunkt gesehen ist es doch verschieden. Der Diener sieht in Gastfreundschaft eine Gelegenheit zum Dienen. Der Geber drückt damit das Geben aus.

Vor einiger Zeit hielt ich mich im Hause eines Gebers auf. Damals sprach ich im nördlichsten Britisch Kolumbien. Charlotte tat alles, um mir den Aufenthalt so angenehm wie möglich zu machen. Sie machte ein wunderbares Abendessen. Dann, während des restlichen Abends, versuchte sie mir immer wieder etwas zu essen zu geben – noch einen Nachtisch, noch eine Tasse Kaffee, Früchte, Pfefferminzbonbons, Nüsse.

Außerdem schien kaum eine halbe Stunde zu vergehen, in der sie mir nicht ein Geschenk brachte. „Hier ist ein Lippenstift. Ich denke, er paßt ganz gut zu deiner Farbe," erzählte sie. Sie sah auf ihr Angebot und suchte den richtigen Farbton für mein rotes Haar.

Später brachte sie mir ein spezielles Reinigungsspray für meine Brille. „Ich denke, das wirst du sehr brauchbar finden," sagte sie voller Hoffnung. Dann kam etwas Parfüm, eine Puderdose, ein Stift, Bilder von ihrem Haus und ihrer Katze. Ich fühlte mich etwas verwirrt, so viele Geschenke zu empfangen, aber ich wußte, sie liebte jede Gelegenheit zum Geben. „Wir haben hier wenig Gäste," erklärte sie. „Nur selten habe ich die Gelegenheit, jemanden zu bedienen." Ihr aufgestautes Bedürfnis war freigesetzt und ich war die Bevorzugte!

10. Behandelt Finanzen mit Weisheit und Vorsicht.

Im Umgang mit Geld sind Geber gut, ja am besten. Sie sind vorsichtig, behutsam und sogar ein wenig streng, was die eigenen Ausgaben betrifft. Sie haben etwas gegen Geldverschwendung.

Ein Ehepaar befand sich in Geldschwierigkeiten. Die Schulden wurden immer mehr und mehr. Sie gingen zu einem Gemeindeältesten und fragten um Rat. Nachdem dieser eine Weile zugehört hatte, sprach er zum Ehemann: „Es scheint, daß Ihre Frau natürliche Fähigkeiten hat, mit Finanzen umzugehen. Warum geben Sie ihr nicht die Verantwortung für 6 Monate zur Probe? Mal sehen, vielleicht kann sie das Problem lösen?" „Daran hab' ich noch gar nicht gedacht," sagte der Ehemann. „Ich hatte bisher immer angenommen, die Finanzen wären Sache des Ehemannes," bemerkte er. „Aber ich bin nicht gut darin, deswegen würde ich ihr gerne die Verantwortung übergeben." Die Frau, eine klassische Geberin, stellte sofort ein Budget auf, vereinbarte Ratenzahlungen mit den Gläubigern und kürzte alle Ausgaben, ausgenommen solcher, die dringend notwendig waren. Keine Restaurantessen und keine Schul-Cafeteria-Mahlzeiten mehr für die Kinder. Papiertragetaschen mußten ausreichen. Vorerst gab es keine Neuanschaffung von Kleidung. Sie streckte das Essensbudget, indem sie Gutscheine ausschnitt und Früchte, Gemüse und Brot bei der Essensausgabe der Gemeinde holte. Am Ende von sechs Monaten waren sie fast wieder im Plus. „Liebling," sagte ihr dankbarer Ehemann, „ich delegiere die Familienfinanzen jetzt ganz an dich." Geber sind gute Geldverwalter für jede Art von Gruppen. Sie sind großartig in der Mitarbeit in einem Finanzausschuss und können anspruchsvolle Buchhalter und Kassierer sein.

	Nie	Selten	Manchmal	Normalerw.	Meistens	Immer	
11. Hilft schnell, wo eine Not zu sehen ist.	0	1	2	3	4	5	**Punkte**

Hier ist eine weitere Eigenart, die ein Geber gemeinsam mit dem Diener hat. Der Diener jedoch ist dazu geneigt, als Erster einzuspringen, um eine Not zu lindern, während der Geber daneben kommt, um zu helfen, wo jemand anders die Not bereits identifiziert hat.

Denken wir an eine Feier in der Kirche an irgendeinem Samstag, dann werden es die Diener und die Geber sein, die den größten Enthusiasmus zeigen. Sie arbeiten den ganzen Tag und kommen wieder zurück, wenn die Arbeit noch nicht erledigt ist. Bitte um ehrenamtliche Mitarbeiter für irgendeinen wertvollen Zweck, was meinst du, welche Gaben zuerst darauf reagieren werden? Wenn jemand krank ist oder im Krankenhaus liegt, dann werden es in der Regel die Diener und die Geber sein, die etwas zu essen mitbringen. Bevor jemand anders überhaupt daran denkt, solche Taten der Freundlichkeit zu organisieren, haben sie schon gehandelt.

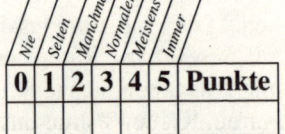

12. Sucht Bestätigung über den zu gebenden Geldbetrag.

Nie	Selten	Manchmal	Normalerw.	Meistens	Immer	Punkte
0	1	2	3	4	5	

Steve Lightle erzählte uns, daß er und seine Frau Judy, bevor sie etwas geben, immer darüber beten, welchen speziellen Betrag sie über den Zehnten hinaus anderen geben sollen. „Wir haben herausgefunden, daß bei uns über die Höhe des Betrages in wenigstens achtzig Prozent der Fälle Übereinstimmung herrscht", sagte Steve. „Es ist so gut, eine solche Bestätigung zu haben." Er gab ein spezielles Beispiel: „Kürzlich, während ich im Gebet war, brachte mir der Herr einen Freund aus Israel, der einen sehr lebendigen Dienst hat, in Erinnerung. Nachdem ich eine Weile für ihn gebetet hatte, legte mir es der Herr aufs Herz, ihm einen bestimmten Geldbetrag zu geben. Ungewöhnlich an der Sache war, daß der Betrag keine runde Summe wie fünfzig, einhundert oder zweihundert war. Es waren genau zweihundertvierzig Dollar. Ich erzählte Judy, daß der Herr zu mir sprach, unserem Freund etwas Geld zu schicken und ich bat sie, darüber zu beten, um zu sehen, welcher Betrag es sein sollte. Ein bißchen später rief mir Judy zu: 'Steve, ich glaube der Herr möchte von uns, daß wir zweihundertvierzig Dollar schicken.' 'Danke Herr,' sagte ich, 'das ist die Bestätigung!' Und schnell machte ich den

Scheck für meinen Freund in Israel fertig. Wir erhielten einen Brief zurück. Er war voller Freude. Unsere Gabe war eine spezielle Antwort auf sein Gebet. Er benötigte ein wichtiges Teil einer Ausrüstung, das vierhundert Dollar kostete. Er hatte bereits zweihundert Dollar angezahlt und betete gerade für die anderen zweihundertundvierzig Dollar, damit er auch den Zehnten von den vierhundert Dollar bezahlen konnte. Unsere Gabe war *genau* das, was er brauchte. 'Niemand kannte meine Not,' sagte er, 'nur Gott.'"

	Nie	Selten	Manchmal	Normalerw.	Meistens	Immer	
13. Hält sich streng an das Geben des Zehnten und gibt auch mehr.	**0**	**1**	**2**	**3**	**4**	**5**	**Punkte**

Die Person mit der Motivationsgabe des Gebens würde niemals daran denken, etwas von seinem Zehnten zurückzuhalten. Für den Geber würde das bedeuten, den Herrn zu berauben. Er glaubt, daß alles, was er hat: Geld, Haus, Auto und alle anderen Besitztümer, dem Herrn gehören und sieht sich selbst als Verwalter der Reserven Gottes. Der Zehnte ist nur der grundlegende Aspekt seines Gebens. Geber geben darüber hinaus oft zwanzig, dreißig oder mehr Prozent von ihrem Einkommen.

In einem Buch über einen berühmten Geber, Erfinder und Hersteller, Robert Gilmour LeTourneau, schreibt der Erzähler: „In der Angelegenheit des Gebens sieht sich R. G. LeTourneau selbst mehr als ein Verwalter des Geldes, das Gott ihm anvertraut hat. Seine oft wiederholte Aussage ist, daß er neunzig Prozent seines Einkommens für das Werk des Herrn gibt."(9) Zu der Zeit, als die Biographie geschrieben wurde, achtundzwanzig Jahre bevor Tourneau starb, hatte er bereits zwölf Millionen Dollar in die Mission und an verschiedene christliche Werke gespendet.

	Nie	Selten	Manchmal	Normalerw.	Meistens	Immer	
14. Konzentriert sich darauf, das Evangelium mitzuteilen.	0	1	2	3	4	5	**Punkte**

Geber sind natürlich evangelistisch. Wir haben entdeckt, daß sogar Kinder (vorausgesetzt, sie kennen den Herrn), die Geber sind, dazu neigen, andere Kinder zu Jesus zu führen. Jerry Raaf, ein Geistlicher der kanadischen Streitkräfte, erzählte uns, wie stark schon seit langem in ihm das Verlangen war, das Evangelium anderen mitzuteilen. Sogar als fünfjähriger Junge hatte er versucht, seinen kleinen Freunden von Jesus zu erzählen. Sie wollten das nicht immer hören und rannten nach Hause. Aber das entmutigte Jerry nicht. Eines Tages suchten ihn seine Eltern und fanden ihn endlich draußen im Hühnerstall. Er hatte die Tür zugesperrt, so daß die Hühner nicht hinaus konnten, und predigte sein Herz dem gefangenen Publikum. Geber-Evangelist Rod McDougal hatte fünfundsiebzig Heilungsevangelisationen während der vergangenen vier Jahre auf den Philippinen gehalten. (Wir kennen Rod und seine Frau Trena seit den Sechziger Jahren, als sie Leiter der Jesus-People-Bewegung in Seattle waren). Nachdem wir an einem stadtweiten Evangelisationsfeldzug in Iriga City teilgenommen hatten und mit unseren eigenen Augen sahen, wie jeden Abend zwischen siebenhundert und zweitausend Menschen zum Herrn kamen, sagten wir zu Rod: „Warum veröffentlichst du das nicht in deinem Nachrichtenblatt? Du sprichst nur von einigen Hundert, die erreicht wurden."

„Diejenigen, die nicht hier sind, können das nicht glauben", erklärte Rod. „Einige sind sogar bei dieser Zahl, die wir jetzt benutzen, kritisch. Sie glauben, daß wir übertreiben. Es ist sogar für uns schwer, das zu glauben. Aber die Erntefelder sind reif zur Ernte. Es macht soviel Freude, in der Ernte zu helfen, es ist so überfließend."

Nie	Selten	Manchmal	Normalerw.	Meistens	Immer	
0	1	2	3	4	5	**Punkte**

15. Glaubt daran, daß Gott die Quelle seiner Versorgung ist.

Aus der Sicht des Gebers gehört Gott alles. Deswegen bedeutet christliche Arbeit für ihn, Geld und andere Resourcen einfach dorthin zu bringen, wo es gebraucht wird. Sollte die Versorgung ausbleiben (begründet er), ist es die Angelegenheit Gottes, diese wiederherzustellen. In der Zwischenzeit ist der Geber zufrieden, mit dem auszukommen, was er gerade hat oder nicht hat. Wie Paulus, der biblische Geber, weiß er, wie man mit Überfluß oder mit Mangel zufrieden sein kann.

Geber lieben die Schriftstelle: „Aber mein Gott wird alles, was ihr bedürft, erfüllen nach seinem Reichtum in Herrlichkeit in Jesus Christus." (Philipper 4:19, KJV). Sie haben alle Zuversicht zu Gott, daß Er sich um alle Belange kümmert, wenn sie in allem gehorsam sein wollen. Das erscheint uns widersprüchlich. Auf der einen Seite scheinen Geber am meisten begabt zu sein, wenn es darum geht, ein gutes Leben zu verdienen, während sie auf der anderen Seite gerade die sind, die am meisten aus dem Glauben leben. Das vielleicht am meisten hervorstechendste Beispiel eines solchen Glaubens ist Georg Müller, der vor mehr als hundert Jahren in England lebte. Er begann mit einem Kinderheim und bat nur Gott um finanzielle Versorgung. Er wußte ohne Zweifel, daß Er die Quelle der Versorgung für die Arbeit ist, zu der er gerufen war. Gott begegnete solchen Bedürfnissen, indem Er ganz verschiedene Leute leitete, Versorgung zu senden. In kürzester Zeit wurden fünf Kinderheime in Ashley Down gebaut, die 2500 Waisen aufnehmen konnten. Heute dauert die Arbeit in Müllers Tradition an und es gibt immer noch keine Finanzkampagnen. Für die Versorgung wird Gott vertraut.

	Nie	Selten	Manchmal	Normalerw.	Meistens	Immer	Punkte
	0	1	2	3	4	5	**Punkte**
16. Ist fleißig und erfolgreich.							

Egal, was Geber in die Hand nehmen, es scheint sich in Gold zu verwandeln. Die Anstrengungen, die sie unternehmen, führen gewöhnlich zum Erfolg. Echte Geber sind hart arbeitende Menschen. Aber das ist nicht alles. Wir glauben, daß Gott Geber erfolgreich werden läßt, damit sie (und gewöhnlich tun sie es) noch mehr in das Werk des Herrn geben. Als eine Geberin, Patricia Stamets, nach Seattle umzog, war sie eine alleinerziehende Mutter, die versuchte, ihre Kinder gut durch die Schule zu bringen. Die Lebenshaltungskosten in Seattle waren niedrig, trotzdem wollte sie unbedingt eine Arbeit als Grundstücksmaklerin annehmen und war dankbar, als ihre Mutter ihr genug Geld lieh, um ein Auto zu kaufen, eine Notwendigkeit für diese Arbeit. Patricia pries den Herrn für Seine Versorgung mit dem Auto. Als sie Gott dann fragen hörte: „Bist du *wirklich* dankbar?" erwiderte sie: „Oh ja Herr, ich bin wirklich dankbar."

„Dann möchte ich, daß du es zeigst."

„Aber wie Herr?"

Dann erzählte ihr der Herr, daß sie „Der Herr ist mein Hirte ..." in vier Zoll großen, altenglischen Buchstaben an die Vordertüren und an die Heckklappe ihres Wagens schreiben soll. „Okay Herr, ich werde das tun," sagte sie. Es dauerte nicht lange, bis der Chef des Maklerbüros diese Worte sah und Patricia ins Büro rief. Er verlangte von ihr in eindeutiger Sprache diesen „religiösen Mist" von ihrem Auto wegzumachen, oder sie würde ihre Arbeit verlieren. Am nächsten Tag, die Schrift war noch an ihrem Platz, ging sie zu einem Haus, um eine Bestandsaufnahme zu machen. Als die Kundin mit Patricia zum Auto zurückging, sah sie die Worte. „Sie kennen den Herrn!" rief die Frau aus. Sie bat Patricia, mit ihr in das Haus zurückzugehen, um mit ihr für die ernste Situation zu beten, in der sie sich befand. Um 22.30 Uhr desselben Abends bekam Patricia von der Frau einen Anruf. Sie berichtete ihr, daß die Krise sich aufgelöst hatte. „Obwohl ich niemals die Initiative ergriff, meinen Glauben mitzuteilen," erzählte Patricia, „reagierten Tag für Tag Leute auf die Schrift und erlaubten mir, für sie zu beten und ihren Nöten zu begegnen. Meine Verkaufszahlen stiegen an und innerhalb von ein paar Monaten war ich Spitzenangestellte in dieser Branche. Der Herr segnete mich auf zwei Arten: finanziell und als Kanal für Seine Absichten. Es gibt keine Rezession in der Wirtschaft Gottes."

Sie fügte hinzu, daß der Leiter der Firma von ihrem Erfolg beeindruckt war und die Schrift auf dem Auto nicht mehr erwähnte. Patricia fährt jetzt schon ihr drittes Auto mit der Schrift „Der Herr ist mein Hirte ..."

	Nie	Selten	Manchmal	Normalerw.	Meistens	Immer	
17. Hat natürliche und effektive Geschäftsfähigkeiten.	0	1	2	3	4	5	**Punkte**

Geber verstehen es, Geld zu verdienen. Sogar als Kinder haben sie einen Hang zum „Geschäftemachen". Sie sind die Leute, die am Eck einen Limonadenstand eröffnen oder von Tür zu Tür gehen und selbstgemachte „Geschäftskarten" verteilen, mit denen sie Babysitting, Rasenmähen oder Autowaschen anbieten. Geber lernen auch schon im frühen Alter, Geld zu sparen. Mein Neffe Rex, sein Bruder und zwei Schwestern, lebten eine Zeit lang in unserer Familie. Immer, wenn wir den Kindern Geld zum Einkaufen gaben, gingen drei von ihnen sofort in den Lebensmittelladen. Rex nicht. Er sparte es, bis er genug hatte, um das zu kaufen, was er wirklich wollte, anstatt es für Süßigkeiten auszugeben.

Wenn den Kindern Nüsse oder Süßigkeiten gegeben wurden, aß Rex nur ein kleines Stück und packte dann den Rest für später weg. Manchmal, wenn ich das Haus reinigte, fand ich seine Schätze hinter Tassen im chinesischen Schrank oder unter dem Sofapolster. Ich hielt seine Verstecke geheim.

Heute zeigt Rex immer noch die Eigenschaften eines Gebers: Er arbeitet hart in seinem Geschäft, investiert sein Geld sehr vorsichtig, baut sein eigenes Haus und verbringt jedes Jahr mit seiner Frau einen aufregenden Zwei-Wochen-Urlaub.

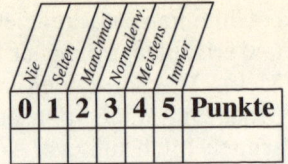

	Nie	Selten	Manchmal	Normalerw.	Meistens	Immer	
18. Möchte Geld nur für die besten Dinge ausgeben.	0	1	2	3	4	5	**Punkte**

Geber mögen es nicht, Geld zu verschwenden. Wenn sie geben, dann geben sie das Beste. Aber, wenn es darum geht, Geld für sich selbst auszugeben, sind sie genügsam. Sie suchen nach Gelegenheitskäufen und guten Geschäften. Ein Geber sagte uns einmal: „Ich kaufe mir niemals ein Kleidungsstück zum normalen Einzelhandelspreis. Ich suche die Verkaufsstände durch oder warte bis zum Schlußverkauf."

Mary Jane ist eine Geberin, die immer die Gutscheine ihres Lebensmittelgeschäftes sammelte. Doch vor ein paar Jahren war sie sehr erfreut, als sie erfuhr, daß ihr örtlicher Supermarkt auch Gutscheine aus Zeitungen und anderen Geschäften annahm. „Auf diese Art spare ich wenigstens zehn Dollar in der Woche," sagte uns Mary Jane. „Die Warengutscheine, die doppelten Geschäftsgutscheine und die freien Geschäftsgutscheine, die ich aus der Zeitung ausschneide, bringen mir nicht selten Lebensmittel im Wert von fünfunddreißig für nur zwanzig Dollar. Für die zwölf Eier, die ich in der Woche verbrauche, zahle ich schon seit zwei Jahren gar nichts, da ein Geschäft sie seit dieser Zeit als kostenfreies Lockmittel anbietet. Vor kurzem bekam ich ein ganzes Hühnchen und eineinhalb Liter Apfelsaft umsonst. Diese Art von Gutscheine-Sammeln kostet mich nur dreißig Minuten in der Woche und setzt ungefähr fünfhundertDollar im Jahr für die Arbeit des Herrn frei."

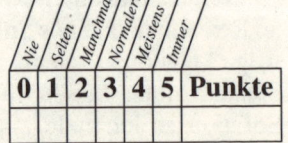

	Nie	Selten	Manchmal	Normalerw.	Meistens	Immer	
19. Ist bestimmt nicht gutgläubig.	0	1	2	3	4	5	**Punkte**

Wir glauben, daß Gott die Geber mit dieser Eigenschaft ausgestattet hat, um sie vor jenen zu schützen, die sie fälschlicherweise um ihr Geld bringen wollen. Man kann sie nicht leicht 'reinlegen. Man kann sie nicht blenden. Diese Qualität wird nicht nur in finanziellen Bereichen sichtbar. Lucy, eine reife Geberin, die eine Privatklinik besitzt, demonstrierte das jeden Tag in ihrem fürsorglichen Umgang mit älteren Leuten. Ein weißhaariger Mann rollte in seinem Stuhl zu ihr, während ich gerade anwesend war. Er sagte: „Bitte, sagen Sie der Schwester am Schreibtisch, daß ich an diesem Wochenende zu meiner Tochter gehen kann." „Nein Herr Jones," sagte Lucy, „Sie wissen, daß Ihre Tochter Sie nur an einem Wochenende im Monat zu sich nimmt. Sie waren schon letzte Woche bei ihr." Danach humpelte eine Frau zu ihr und beschwerte sich darüber, daß ihr die Zimmernachbarin Kleider gestohlen hätte. „Nein, Frau Smith," versicherte Lucy, „sie wäre dazu gar nicht in der Lage. Sie kann nicht mal aus ihrem Bett steigen. Suchen sie noch einmal. Ihre Kleider sind alle noch da, meine Liebe." Als wir so in der Eingangshalle verweilten, kamen noch andere und berichteten ihre Probleme, und Lucy konnte alles aufklären. Einige waren so überzeugend, daß wir den Personen am liebsten geholfen hätten. Aber Lucy erklärte uns: „In dieser Arbeit mußt du dazu fähig sein, das Wirkliche vom Eingebildeten und das Echte von der versuchten Manipulation zu unterscheiden. Viele leben in der Vergangenheit oder in einer Phantasiewelt. Ich bin dankbar, daß der Herr mich so begabt hat, daß ich nicht gutgläubig bin."

	Nie	Selten	Manchmal	Normalerw.	Meistens	Immer	
20. Besitzt natürliche und von Gott gegebene Weisheit.	0	1	2	3	4	5	**Punkte**

Geber sind fair und objektiv. Oft sind sie über ihre Jahre hinaus weise.

Wir können nicht anders, als an Salomo zu denken, einem biblischen Geber, der um Weisheit betete und viel bekam. In 1. Könige 3:16 lesen wir, daß zwei Frauen beanspruchten, die Mutter des überlebenden Babys zu sein. Nachdem Salomo ihre Ansprüche hörte, bat er um ein Schwert und gab den Befehl, das lebende Baby in zwei Teile zu schneiden und jeder Frau eine

Hälfte zu geben. Welch ein fürchterlich klingender Befehl! Aber es war wirklich Weisheit, denn die wahre Mutter schrie auf, das Kind zu schonen, während die Mutter des toten Kindes damit einverstanden war: „Weder mir noch dir soll es gehören, zerschneidet es!" Salomo hatte aus den Frauen die Reaktion herausgelockt, die ihn befähigte, die Fakten zu bestimmen. Bemerke den schließenden Vers: „Und ganz Israel hörte das Urteil, das der König gefällt hatte, und sie fürchteten sich vor dem König. Denn sie sahen, daß die Weisheit Gottes in ihm war, rechtes Gericht zu halten" (REB).

DIE GABE DES GEBENS

Charakteristiken:

1. Gibt freizügig Geld, Besitz, Zeit, Energie und Liebe.
2. Liebt es zu geben, ohne daß andere es wissen.
3. Möchte ein Teil des Dienstes sein, den er unterstützt.
4. Leistet Fürbitte für Nöte und für die Errettung von Seelen.
5. Freut sich, wenn seine Gabe Antwort auf spezielles Gebet ist.
6. Geschenke sollen von hoher Qualität oder handgemacht sein.
7. Gibt nur durch die Führung des Heiligen Geistes.
8. Gibt, um andere zu segnen oder um einen Dienst zu unterstützen.
9. Sieht Gastfreundschaft als Gelgenheit zum Geben.
10. Behandelt Finanzen mit Weisheit und Vorsicht.
11. Hilft schnell, wo eine Not zu sehen ist.
12. Sucht Bestätigung über den zu gebenden Geldbetrag.
13. Hält sich streng an das Geben des Zehnten und gibt auch mehr.
14. Konzentriert sich darauf, das Evangelium mitzuteilen.
15. Glaubt daran, daß Gott die Quelle seiner Versorgung ist.
16. Ist fleißig und erfolgreich.
17. Hat natürliche und effektive Geschäftsfähigkeiten.
18. Möchte sein Geld nur für die besten Dinge ausgeben.
19. Ist bestimmt nicht gutgläubig.
20. Besitzt natürliche und von Gott gegebene Weisheit.

	Nie	Selten	Manchmal	Normalerw.	Meistens	Immer	PUNKTE
	0	1	2	3	4	5	
1.							
2.							
3.							
4.							
5.							
6.							
7.							
8.							
9.							
10.							
11.							
12.							
13.							
14.							
15.							
16.							
17.							
18.							
19.							
20.							
						GESAMT	

PROBLEME DES GEBERS

Offengesagt denken wir, daß Geber eigentlich nicht so stark ausgeprägte Problembereiche haben wie die anderen Motivationsgaben. Trotzdem listen wir hier fünf mögliche Schwierigkeiten auf, die auftreten können. Es scheint, daß Geber mit denselben typischen Problemen zu kämpfen haben wie alle anderen, nämlich mit Stolz und Lauheit.

Schätze dich jetzt selbst ein und bitte den Heiligen Geist, dich zu führen.

	Nie	Selten	Manchmal	Normalerw.	Meistens	Immer	
1. Steht in der Gefahr, die Verwendung von Finanzen kontrollieren zu wollen.	0	1	2	3	4	5	**Punkte**

Während Geber einerseits großzügig sind, können sie andererseits mit eingeschränkten Bedingungen geben. Ein klassisches Beispiel ist die Person, die Geld für einen neuen Teppich in der Gemeinde spenden will, aber die Farbe selbst aussuchen will. Oder die Person, die Geld in den Orgel-Fond gibt, aber dafür das Komitee, das die Orgel aussucht, leiten will.

Solchen Problemen sind wir in einem anderen Land begegnet, wo einer der Ältesten einer kleinen Kirchengemeinde ein Begegnungshaus gestiftet hatte und dann darauf bestand, das letzte Wort zu haben, was darin geschehen soll, „denn, schließlich", so sagte er „habe ich das Gebäude bezahlt." Der Pastor widerstand ihm und stellte ihn vor die Wahl, entweder der Gemeinde das Gebäude zur freien Verfügung zu stellen oder es ihr zu vermieten.

So wie Eltern die Schürzenschnüre von ihren Kindern trennen müssen, wenn sie erwachsen sind, so müssen Geber lernen, alle unsichtbaren Schnüre abzuschneiden, die den Verbleib ihrer Gaben einschränken.

Nie	Selten	Manchmal	Normalerw.	Meistens	Immer	
0	1	2	3	4	5	Punkte

2. Tendiert dahin, andere zum Geben überreden zu wollen.

Wie die Empfänger anderer Gaben, so sehen auch die Geber ihre Gabe als die wichtigste an. Sie verstehen nicht, warum andere nicht genausoviel geben wie sie. Und so können sie, ob bewußt oder unbewußt, eine Quelle von Druck werden.

Janet war ihr ganzes Leben lang eine großzügige Geberin. Es gab dabei kein Problem, bis sie heiratete. Bis dahin hatte sie ihr eigenes Geld verdient und es für den Zweck ausgegeben, den sie für angemessen hielt. Ihr Ehemann war überhaupt nicht so motiviert wie sie. Tatsächlich war er übertrieben konservativ in Bezug auf Geld. Mit dem Zehnten war er einverstanden, aber bei allem, was darüber hinaus ging, fühlte er sich überfordert. Janet bemerkte, wie sie damit begann, ihn zum Geben zu überreden, ganz besonders dann, wenn ein Missionar in die Gemeinde kam. Jedesmal gab es ein bestimmtes Projekt, das unterstützt werden mußte. Jedesmal erfuhr sie, daß es jemanden in der Gemeinde gab, der eine besondere Not hatte.

„Mir wurde gar nicht klar, welche Spannung ich auf unsere Ehe gelegt hatte," bekannte sie. „Zuerst sagte mein Ehemann nicht viel. Dann eignete er sich eine generelle Zurückhaltung gegenüber Geld an. Er begann auf die verschiedensten Sachen aggressiv zu reagieren. Es schien, als ob er mir alle Vorschläge übel nahm, sogar solche, die mit Geld nichts zu tun hatten." Es brauchte eine Zeit, bis Janet merkte, daß ihr Drängen in Bezug auf das Geben die Wurzel für sein Verhalten war. „Ich bat den Herrn, mir zu vergeben, weil ich meinen Ehemann so unweise gedrängt hatte," bezeugte Janet. „Dann bat ich meinen Ehemann um Vergebung, ich sagte ihm: 'Liebling, du weißt, wie sehr ich das Geben liebe, aber ohne dich als Ballance würde ich alles weggeben, was wir haben.' Das Wunderbarste passierte. Er machte den Vorschlag, daß immer, wenn uns eine Not auffallen würde, wir beide – zusammen – darüber beten könnten, um herauszufinden, was der Herr möchte. Das eröffnete in unserer Ehe eine neue Dimension."

3. Kann Familie und Freunde durch hohe Maßstäbe an das Geben überfordern.

Nie	Selten	Manchmal	Normalerw.	Meistens	Immer	
0	1	2	3	4	5	Punkte

Da Geber von der Leitung des Heiligen Geistes abhängig sind, kann es sein, daß sich Außenstehende kein Bild davon machen können, warum sie so handeln. Tatsächlich können die augenscheinlich verrückten Einfälle eine Quelle von Verunsicherung für seine Lieben sein. Blanche ist eine freudige Geberin, die ihre eigene Einkommensquelle aus einem kleinen Geschäft zu Hause hat. Eines Tages rief ihre Tochter Trudy aus Hawaii an. „Mam, ich bin so deprimiert. Mark hat unsere Verlobung aufgelöst. Ich weiß, es ist so am besten, aber ... könntest du nicht für eine Woche zu mir kommen? Ich brauche etwas Ermutigung."

Blanche erwiderte: „Trudy, nichts würde ich lieber machen. Aber meine Arbeit häuft sich und ich muß meine Auftragsfristen einhalten." Blanche fühlte sich schlecht, als sie den Telefonhörer auflegte.

Drei Stunden später kam ein anderer Anruf, diesmal von einer engen Freundin der Familie, die in einen anderen Staat umgezogen war. „Blanche, ich muß unbedingt mit dir reden. Ich fühle mich so niedergeschlagen."

„Was ist los, Alice?"

„Na ja, ich weiß, es klingt dumm, aber ich fühle mich so nutzlos, so überflüssig. Ich glaube, ich habe das 'Leere-Nest-Syndrom'."

Der Zeitplan des Heiligen Geistes war für Blanche kristallklar! „Alice," fragte sie, „wie würde dir eine Woche Hawaii gefallen?"

„Wem würde das nicht gefallen?" erwiderte Alice, „aber unsere Finanzen sind zu knapp."

„Nein, ich meine damit, daß ich für dich bezahle." Blanche fing an, über Trudy's Not und über ihre vorrangigen Verpflichtungen zu sprechen. „Trudy mag dich doch so sehr und es würde ein solcher Segen für mich sein, wenn du meinen Platz einnehmen könntest."

216

Blanche ließ das Geld Alice zukommen, die am nächsten Tag nach Hawaii reiste und eine wundervolle Aufgabe als Ersatzmutter für Trudy übernahm. Alle drei waren gesegnet. Nur ihr Ehemann nicht. Er konnte nicht verstehen, warum Geld für eine Reise nach Hawaii ausgegeben wurde und er nicht derjenige war, der gehen konnte.

„Zuerst ärgerte ich mich über die Reaktion meines Mannes," bemerkte Blanche. „Dann erkannte ich, daß er nicht verstand, wieso ein Mädchen die Schulter einer anderen Frau brauchte, um sich auf diese Art auszuweinen. Ich konnte sehen, daß ich ihm das genau begründen mußte, und ich bat ihn um Vergebung für meine unüberlegte Unabhängigkeit."

		Nie	Selten	Manchmal	Normalerw.	Meistens	Immer	
4.	**Neigt dazu, die eigenen Kinder oder Verwandten durch Geben zu verwöhnen.**	0	1	2	3	4	5	**Punkte**

Geber lieben es so sehr zu geben, daß sie ihre eigenen Kinder, Nichten und Neffen damit übermäßig verwöhnen können. Georgia bekennt, daß sie es gewohnt war, an Geburtstagen und zu Weihnachten mit Geschenken stark zu übertreiben. „Ich habe meine Kinder mit Geschenken so überschüttet, daß sie nicht mehr wußten, mit was sie zuerst spielen sollten. Schlimmer noch, sie hatten bald die Erwartung, immer sehr viele Geschenke zu bekommen. Ich sah, wie sie die Haltung 'die Welt schuldet mir viel' entwickelten. Deswegen entwarfen mein Ehemann und ich einen Plan. Wir setzten uns mit den Kindern zusammen und erklärten ihnen, daß Weihnachten der Geburtstag Jesu sei und daß wir Ihm Geschenke geben könnten, indem wir solche beschenken, die in ernster Not sind, anstatt uns gegenseitig zu beschenken.

Wir waren erstaunt, wie die Kinder diese Idee aufnahmen. Wir 'adoptierten' verschiedene bedürftige Familien, wir erfuhren die Namen und das Alter der Kinder und nahmen unsere Kinder mit zum Einkaufen, um die Geschenke auszusuchen. Die Freude auf ihren Gesichtern sagte uns, daß wir die richtige Sache machten.

Am Weihnachtsmorgen sangen wir 'Happy Birthday' für Jesus und dann nahmen wir alle Geschenke, um sie den verschiedenen Familien zu überreichen. Was für eine wunderbare Zeit wir alle miteinander hatten! Wir luden zwei Alleinerzieher-Familien aus unserer Gemeinde zum Weihnachtsessen ein. Danach spielten die Kinder der drei Familien miteinander, während sich die Erwachsenen unterhielten.

Als wir unsere älteste Tochter ins Bett brachten, sagte sie: 'Das war das schönste Weihnachten, das wir jemals hatten.'"

5. Benutzt das Geben, um sich aus anderen Verpflichtungen zu lösen.

Nie	Selten	Manchmal	Normalerw.	Meistens	Immer	
0	1	2	3	4	5	**Punkte**

Manchmal rechnen Geber damit, daß sie ihren Teil getan haben, wenn sie für das Geld gesorgt haben. Sie genießen ihre Arbeit und machen oft Überstunden.

Als Jim's Gemeinde – sie traf sich bisher lange in einer alten Schule – Pläne über einen eigenen Bau mitteilte, spendete er einen großzügigen Beitrag auf das Baukonto. Aber als die Zeit kam, die praktischen Bauarbeiten hauptsächlich durch ehrenamtliche Arbeiter auszuführen, war Jim zu beschäftigt, um zu helfen. Er begründete es damit, daß er am Samstag viele Überstunden in seiner Arbeit bringen muß, um einen zusätzlichen finanziellen Beitrag leisten zu können. Aber es dauerte nicht lange, da überführte ihn der Heilige Geist. Jim erkannte, daß er in Wirklichkeit seine Büroarbeit der körperlichen Arbeit vorzog und tat Buße.

Als er am nächsten Samstag zur Baustelle kam, stellte er fest, daß es großen Spaß machte, mit den anderen Männern zu arbeiten. Er erkannte, daß auch die persönliche Teilnahme an der Arbeit ein wichtiger Teil des Gebens ist.

Typische Problemgebiete der Gabe des Gebens:

1. Steht in der Gefahr, die Verwendung von Finanzen kontrollieren zu wollen.
2. Tendiert dahin, andere zum Geben zu überreden.
3. Kann Familie und Freunde durch hohe Maßstäbe an das Geben überfordern.
4. Tendiert dazu, die eigenen Kinder oder Verwandte durch Geben zu verwöhnen.
5. Benutzt das Geben, um sich aus anderen Verpflichtungen zu lösen.

	Nie	Selten	Manchmal	Normalerw.	Meistens	Immer	PUNKTE
	0	1	2	3	4	5	
1.							
2.							
3.							
4.							
5.							
						GESAMT	

21

BIBLISCHE GEBER

Geber sind wegen ihrer Großzügigkeit, ihrer Fähigkeit, Gewinne zu erwirtschaften, und wegen ihrer geschäftlichen Erfolge bekannt. Abraham, das biblische Beispiel, das wir zum Studium in diesem Kapitel ausgewählt haben, ist ein herausragendes Beispiel all dieser Qualitäten.

Geber haben auch eine enge Beziehung zu Gott und einen starken Wunsch, das Evangelium anderen mitzuteilen. In den Tagen des Alten Testaments war den Menschen die Frohe Botschaft noch nicht gegeben. Abraham war der „Starpropagandist" des Monotheismus. Die Nähe Gottes in seinem Leben machte ihn fähig, die Sicherheit seines Heimatlandes zu verlassen und in das Verheißene Land zu gehen:

Schrift: Genesis 13-14 (TAB)   Dein Kommentar:

Genesis 13

2 Und Abraham war sehr reich an Vieh, an Silber und an Gold.

9 Ist nicht das ganze Land vor dir? Trenne dich doch selbst von mir. Willst du nach links, dann will ich nach rechts; oder wenn du nach rechts willst, dann gehe ich nach links.

14 Als Abraham hörte, daß (sein Neffe) gefangen genommen wurde, bewaffnete er (ließ er ausrücken) seine 318 bewährten Diener, die in seinem eigenen Haus

geboren waren und jagte
dem Feind nach bis nach
Dan.

16 Und er brachte die ganze
Habe zurück. Er brachte
auch seinen Verwandten Lot
zurück, dessen Besitz, die
Frauen und und das Volk.

19 Und er (Melchisedek)
segnete ihn und sprach:
„Gesegnet (begünstigt mit
Segen, glückselig und
freudevoll) sei Abraham
von Gott, dem Höchsten,
dem Besitzer und Erschaffer
des Himmels und der Erde.

20 Und gesegnet, gepriesen
und verherrlicht sei Gott,
der Höchste, der deine
Bedränger in deine Hand
ausgeliefert hat!" Und
(Abraham) gab ihm den
Zehnten von allem (was er
genommen hatte).

22 Aber Abraham sagte zum
König von Sodom: „Ich
hebe meine Hand auf und
schwöre zu dem Herrn, dem
höchsten Gott, dem Besitzer
und Erschaffer des Himmels
und der Erde,

23 daß ich keinen Faden
oder einen Schuhriemen
oder irgend etwas, was dir
gehört, nehmen werde,
damit du nicht sagen kannst:

Ich habe Abraham reich
gemacht."

Das Herz eines Gebers wird in Abrahams Leben immer und
immer wieder sichtbar. Folgendes haben wir aus den einzelnen
Passagen herausgefunden:

Schrift: Genesis 13-14 (TAB)	*Unser Kommentar:*
Genesis 13	
2 Und Abraham war sehr reich an Vieh, an Silber und an Gold.	# 1 hat Besitz zu geben #10 weise in Finanzen #16 geschäftlicher Erfolg
9 Ist nicht das ganze Land vor dir? Trenne dich doch selbst von mir. Willst du nach links, dann will ich nach rechts; oder wenn du nach rechts willst, dann gehe ich nach links.	# 1 läßt Lot die Landwahl # 8 segnet die, die um ihn herum sind #15 traut Gottes Versorgung #20 Weisheit
14 Als Abraham hörte, daß (sein Neffe) gefangen genommen wurde, bewaffnete er (ließ er ausrücken) seine 318 bewährten Diener, die in seinem eigenen Haus geboren waren und jagte dem Feind nach bis nach Dan.	# 1 gab Energie und Zeit #11 war Lot behilflich
16 Und er brachte die ganze Habe zurück. Er brachte auch seinen Verwandten Lot zurück, dessen Besitz, die Frauen und das Volk.	# 1 gibt Besitz zurück #11 war Lot behilflich #16 hat Erfolg bei seiner Unternehmung

19 Und er (Melchisedek) segnete ihn und sprach: „Gesegnet (begünstigt mit Segen, glückselig und freudevoll) sei Abraham von Gott, dem Höchsten, dem Besitzer und Erschaffer von Himmel und Erde.

\# 1 reichlich gesegnet
\# 8 gesegnet, um andere zu segnen

20 Und gesegnet, gepriesen und verherrlicht sei Gott, der Höchste, der deine Bedränger in deine Hand ausgeliefert hat!" Und (Abraham) gab ihm den Zehnten von allem (was er genommen hatte).

\# 7 gibt, wie Gott ihn führt
\#13 zuerst dorthin
\#16 erfolgreich

22 Aber Abraham sagte zum König von Sodom: „Ich hebe meine Hand auf und schwöre zu dem Herrn, dem höchsten Gott, dem Besitzer und Erschaffer des Himmels und der Erde,

\#14 auf Gott bezogen

23 daß ich keinen Faden oder einen Schuhriemen oder irgend etwas, was dir gehört, nehmen werde, damit du nicht sagen kannst: Ich habe Abraham reich gemacht."

\#15 Gott ist seine Quelle
\#20 weise in Entscheidungen

Gott konnte Abraham große Reichtümer anvertrauen, weil Abraham großzügig war und es niemals zuließ, daß die Besitztümer zu Götzen wurden. Auch sehen wir, wie Abraham die Wahl des Landes seinem Neffen überläßt. Dann investiert er Zeit, Energie und personelle Ressourcen, um Lot zu retten. Nachdem die Schlacht gewonnen war, gab er den Zehnten der Beute an Melchisedek. Das wurde der ersterwähnte Zehnte.

Am ausgeprägtesten finden wir Abrahams Gabe in Genesis 22. Die Geschichte erzählt, wie Abraham, ohne zu mißtrauen, Gott gehorchte, als dieser ihm befahl, seinen einzigen Sohn Isaak, durch den alle Verheißungen erfüllt werden sollten, als ein Brandopfer zu geben. Gott hielt Abraham im letzten Moment davor zurück, Isaak zu töten, indem er sagte: „... Nun weiß ich, daß du Gott fürchtest und hoch achtest, denn du hast mir deinen Sohn, deinen einzigen Sohn, nicht vorenthalten" (Genesis 22.12, TAB). Lies selbst die ganze Geschichte dieses bemerkenswerten Gebers in Kapitel 12. Lies auch über:

Dorkas   – Apostelgeschichte 9:36-42
Kornelius   – Apostelgeschichte 10:1-31
Epaphras   – Kolosser 1:7; 4:12, Philemon 23
Paulus   – Römer 1:1-20; Apostelgeschichte 9-28
                (Beachte: Paulus war auch stark begabt als
                Erkenner, Lehrer und Ermutiger. Aber seine
                Hauptrolle war es, das Evangelium aller Welt zu
                verkündigen.)
Lydia   – Apostelgeschichte 16:14,40
Zachäus   – Lukas 19:1-10
Salomo   – 1. Könige 1-11; 2. Chronik 1-9

CHARAKTERISTIKEN DES ADMINISTRATORS

Der Administrator ist der geborene Leiter. Er wird so in Leiterschaft kommen, wie es bei Joseph, unserem biblischen Beispiel, der Fall war.

Wir können auch andere Worte benutzen wie: Förderer, Organisator, Regierer, Leiter, Beaufsichtiger. Im Griechischen steht das Wort *proistemi* – abgeleitet von „vorstehen", „präsidieren", oder „den Vorsitz führen."

	Nie	Selten	Manchmal	Normalerw.	Meistens	Immer	
1. Ist hochmotiviert, Dinge zu organisieren, für die er verantwortlich ist.	0	1	2	3	4	5	**Punkte**

Administratoren lieben die Herausforderung. Don meint, daß das der Grund ist, warum ich ihn so sehr liebe, weil er eine Herausforderung für mich ist.

Sie wollen auch gerne „umgraben", entwickeln und organisieren. Bei ihnen ist eine natürliche Motivation vorhanden, ein kreativer Wunsch, „Rohmaterial" und Menschen zusammenzufügen, um etwas zu produzieren, was vorher noch nicht da war, z. B. einen Bürobetrieb organisieren, Komitees gründen, ein Projekt entwickeln etc.

Obwohl ich schon immer ein Organisator war – angefangen beim Organisieren meiner Spielkameraden bis zur Verantwortung für 900 Jugendliche als Direktor einer christlichen Schule in einer großen Methodisten-Gemeinde – war doch mein liebstes Projekt die Entwicklung des Aglow Magazins.

Die eigentliche Herausforderung lag darin, Zeugnisse christlicher Frauen denen mitzuteilen, die nicht in unsere Versammlungen kommen konnten. Die Frauen gaben die kleine Zeitschrift an Fremde und Verwandte weiter. Mehr und mehr

Abonnements überschütteten uns. Wir erkannten, daß unbeabsichtigt unsere Zeitschrift zu einer nationalen Publikation in unserer Hand wurde. Der Herr fügte unentwegt tüchtiges Personal hinzu, so daß unsere Vision wuchs und sich unsere Auflage vergrößerte. Jeder Tag war aufregend. Wir sahen, wie sich unser Magazin von 12 Schwarz-Weiß-Seiten zu 32 Farbseiten entwickelte. Am Ende von 7 Jahren gingen 100.000 Kopien in 65 Nationen.

Ein Organisationsleiter ist vom Anforderungsprofil ein „Hansdampf in allen Gassen". Er muß ein weites Gebiet an Interessen und Fähigkeiten haben. Diejenigen, die spezielle Aufgaben ausführen, sind fähiger und spezialisierter. Um einen effektiven Überblick zu haben, müssen sie von jeder Sache ein wenig verstehen. Oft preise ich den Herrn für Fachleute. Zusammen sind wir ein gutes Team.

	Nie	Selten	Manchmal	Normalerw.	Meistens	Immer	
2. Drückt eine Idee oder einen Organsiationsplan klar und deutlich aus.

Nie	Selten	Manchmal	Normalerw.	Meistens	Immer	
0	1	2	3	4	5	Punkte

Administratoren sind ausgezeichnete Kommunikatoren. Sie suchen nach optimalen Möglichkeiten, das auszudrücken, was sie klar und verständlich sagen wollen. Sie glauben, daß ein Bild mehr Wert ist als tausend Worte. Sie lieben es, Tafeln, Diagramme, Zeichnungen, Graphiken und andere visuelle Möglichkeiten zu benutzen.

Warum befinden sich in diesem Buch Profilübersichten und Fragebogensysteme? Weil dies meine primäre Motivationsgabe ist. Das erste, worüber ich nachdachte, als ich die Motivationsgaben kennen lernte, war: „Warum hat es noch niemand in eine entsprechende Form gebracht, so daß die Leute sich selbst testen können?" Was für eine Freude ist es für mich, überall auf der ganzen Welt Menschen zu sehen, die das Testmaterial benutzen und dabei ihre von Gott gegebenen Gaben entdecken.

Während meiner Zeit bei Aglow fertigte ich gerne Übersichtstafeln an. Wir wollten den ganzen Prozeß vom Sammeln der Informationen und Artikel bis zur fertigen Zeitschrift darstellen. Zusätzlich stellten wir den Tagesfortschritt und die Verkaufsübersicht an der Rückseite meiner Bürotür in deutlicher Weise dar. Auf einen Blick konnte ich sehen, wie wir finanziell standen. Diagramme zeichnen, wurde für mich zu einem alltäglichen Vorgang. Als Don und ich frisch verheiratet waren und unseren ersten Streit hatten, nahm ich ein Stück Papier, zeichnete ein Diagramm über unsere Meinungsverschiedenheiten und entwarf die Lösung. Es war aber nicht das, was wir sehen wollten. Ich dachte, es würde die Sache klären, aber ich mußte lernen, daß es einen bestimmten Platz und eine bestimmte Zeit für diese Sache gab.

	Nie	Selten	Manchmal	Normalerw.	Meistens	Immer	
3. Bevorzugt es, unter Autorität zu stehen, um selbst Autorität auszuüben.	0	1	2	3	4	5	Punkte

Der Administrator versteht Ehre und respektiert Autoritätsstrukturen. Darin fühlt er sich heimisch, egal, ob er an der Spitze ist oder irgendwo dazwischen.

Der Hauptmann, der zu Jesus kam, um Ihn um Heilung für seinen Knecht zu bitten, hatte diese Gabe. Als Jesus ihm anbot, zum Kranken zu kommen, erwiderte der Hauptmann: „Herr, ich bin nicht würdig, daß du einkehrst in mein Haus. Sprich doch nur ein Wort und mein Knecht wird gesund. Denn ich selbst bin ein Mann unter Autorität mit Soldaten unter mir. Wenn ich diesem sage: 'Geh,' dann geht er und jenem: 'Komm,' dann kommt er. Ich sage zu meinem Diener: 'Tue dies,' und er tut es (Mt. 8,8-9)."

Jesus lobte das Vertrauen des Hauptmanns in seine Autorität, und der Diener wurde geheilt.

Administratoren wollen wissen, wieviel Autorität sie haben und welche Autorität sie nicht haben, denn sie respektieren diese Begrenzungen. Sie möchten gerne genaue Abmessungen definieren, damit sie nicht darüber hinausgehen, und lieben es, sich frei innerhalb der Richtlinien zu bewegen, um ihr eigener Boß zu sein. In dieser Situation zeigen sie sich kreativ und produktiv.

**4. Übernimmt keine Verant-
wortung, wenn sie nicht
übertragen wurde.**

	Nie	Selten	Manchmal	Normalerw.	Meistens	Immer	
	0	1	2	3	4	5	**Punkte**

Im Normalfall übernimmt ein Administrator erst dann Verantwortung, wenn sie ihm ausdrücklich übertragen wurde. Wegen seines Respektes vor Autorität wird er Verantwortung nicht
selbst an sich reißen. Er wird sich in Situationen, in denen
Autorität existiert, nicht vordrängen, um seine Fähigkeiten einzusetzen, egal, wie sehr sie auch gebraucht werden, bis derjenige, der in Autorität ist, ihn bittet, das zu tun.

Vor einigen Jahren war ich als Sprecher bei einer Frauenfreizeit in Kansas City. Am letzten Abend, nachdem ich meine
abschließende Botschaft gebracht hatte, sang ein Frauenquartett.
Danach wurde zum Gebet eingeladen. Ungefähr 50 Frauen
reagierten. Ich dachte, daß das Stunden dauern wird. Gern hätte
ich geholfen, aber ich wurde von den Leitern nicht dazu eingeladen. Weil ich mich immer den Leitern der einladenden Gemeinde voll unterordne, konnte ich das nicht tun. Ich saß wie
festgeklebt auf meinem Stuhl in der Nähe der Frauen. Ich wollte
helfen, aber ich konnte nicht. Später beschrieb ich mein Dilem-
ma den Leitern. „Oh, für uns war das doch selbstverständlich,
daß du während der Gebetszeit mithelfen würdest," sagten sie
ganz überrascht. „Wir dachten nicht, daß wir das extra erwähnen
müssen." Da sie es nicht getan hatten, glaubte ich, nicht teilnehmen zu dürfen.

Es gibt viele Administratoren, die ihre Fähigkeiten wegen
dieser Eigenschaft nicht einsetzen. Wir ermutigen diejenigen,
die in Leiterschaft sind, nach solchen Leuten Ausschau zu halten
und Verantwortungsbereiche an sie zu delegieren.

**5. Wird Verantwortung über-
nehmen, wenn keine Leiterschaft da ist.**

	Nie	Selten	Manchmal	Normalerw.	Meistens	Immer	
	0	1	2	3	4	5	**Punkte**

In Situationen ohne Autoritätsstruktur sind es die Administratoren, die natürliche Schritte unternehmen und verantwortungsbewußt handeln. Teile eine Gruppe in Untergruppen und gib jeder eine Aufgabe, und es werden diejenigen mit der Motivationsgabe des Administrierens sein, die sich als spontane Leiter der individuellen Einheiten herauskristallisieren.

Natürlich hätten sie es lieber, offiziell als Leiter beauftragt zu werden, aber wo eine Gruppe ohne bestimmte Leitung ist, werden sie die Zügel in die Hand nehmen.

Dan, ein junger Mann mit der Ausbildung eines Geschäftsführers, sagte einmal, daß er Mangel an Leitung und Organisation nicht aushalten könne. Wenn es keiner machen würde, endete es gewöhnlich so, daß er die Kontrolle übernehme und Ordnung in das Chaos bringe.

In den Anfängen von Aglow gab es niemanden, der in dieser lockeren Gemeinschaft die Leitung übernahm. So ergriff ich die Initiative und begann ein Magazin. Aber acht Jahre später, als der Herr mir zeigte, daß ich den Aglow Fernsehdienst aufbauen solle, hatte die Organisation eine gefestigte Struktur mit einem Präsidenten und sechs stellvertretenden Präsidenten (einer davon war ich). So wartete ich, ohne etwas zu sagen, bis die ganze Mannschaft erkannte, daß es an der Zeit war, einen solchen Dienst zu starten und sie wählten mich aus, um das zu tun.

	Nie	Selten	Manchmal	Normalerw.	Meistens	Immer	
6. Geniet besonders die Arbeit an Langzeitprojekten.	0	1	2	3	4	5	**Punkte**

Während der Diener es liebt, kurzfristige Ziele zu stecken – zwei Tage oder zwei Wochen – blüht der Administrator erst richtig auf, wenn er die Möglichkeit hat, an Zwei-Jahresprojekten zu arbeiten. „Tatsache ist," so sagte ein Administrator, „daß ich Projekte, die mehrere Jahre dauern, bevorzuge. Ich liebe es, mich in einer Sache voll zu investieren, langfristig zu planen und auf meinem Weg ein kurzfristiges Ziel nach dem anderen zu erreichen."

Wenn du eine Person mit der Gabe der Barmherzigkeit bittest, ein Ziel zu setzen, dann wird diese Person wahrscheinlich sagen: „Wofür denn?" Sie lebt ganz und bewußt für den jetzigen Tag – oder besser gesagt mehr für den Moment. Es sind die Administratoren, die Zeitmanagementseminare besuchen. Sie möchten noch mehr lernen, um auch mit größeren Projekten umgehen zu können.

Dorothy, eine Schriftstellerin von Pazifik Nord-West, erzählte uns, daß sie erst, als sie 40 Jahre alt war, richtig erkannte, wie sehr sie Langzeitherausforderungen genießen konnte. „Zur Zeit," so erklärte sie, „tue ich mich mit anderen Schriftstellern zusammen und merke, wie ich mich für diese Gruppe einsetze. Meine Aufgabe war es, neue oder unsichere Schriftsteller zu ermutigen, und nun ist das fast zu einer Besessenheit geworden. Ich helfe ihnen, persönliche Langzeitziele für ihre Schriften zu setzen und achte darauf, daß sie sich an ihr Programm halten. Damit helfe ich ihnen, ihre Ziele zu erreichen. Sogar, wenn es bedeutet, auf mein eigenes Schreiben zu verzichten."

	Nie	Selten	Manchmal	Normalerw.	Meistens	Immer	
7. Ist eine visionäre Person mit einer breiten Perspektive.	0	1	2	3	4	5	**Punkte**

Sprüche 29,18 sagt uns: „Wo keine Vision ist, da kommt ein Volk um ..." Vision ist notwendig, um die Menschen auf Kurs zu halten. Ein guter Leiter ist eine Person mit Vision, und indem er diese Vision hochhält, damit die anderen sie sehen können, kann er viel erreichen.

Diese Vision kann alles sein – von einer Offenbarung Gottes, Seiner besonderen Berufung für eine Gruppe bis hin zu den einfachen Fähigkeiten, deutlich zu machen, wie Menschen zusammenarbeiten können, um ein gemeinsames Ziel zu erreichen.

Nehemia hatte ein Vision vom Wiederaufbau der Jerusalemer Mauer. Josua hielt die Vision vom verheißenen Land fest. Joseph hatte eine Traumvision, die verdeutlichte, wie der Mittlere Osten von einer Hungersnot verschont blieb. David hatte eine Vision von seiner Aufgabe als König, aber er wartete, bis der Zeitpunkt Gottes da war. Gideon hatte eine Vision vom Sieg. Die Bibel ist voll von visionären Menschen.

Einhergehend mit der Vision kommt eine spezifische Art von Glauben. Administratoren glauben, daß sie das, was sie „sehen", mit der Hilfe anderer verwirklichen können. Administratoren haben meistens eine Vision, die über die Sicht der Personen, mit denen sie zu tun haben, hinausgeht. Aber diejenigen, die ihnen folgen, sind angespornt und bleiben auf Kurs durch die Vision des Administrators. Ohne diese Vision würden die Leute ihr Potential nicht entfalten können.

	Nie	Selten	Manchmal	Normalerw.	Meistens	Immer	
8. Fördert Mittel und Menschen, um Aufgaben und Ziele zu erreichen.	0	1	2	3	4	5	**Punkte**

Wie jemand, der es liebt, die Teile eines Puzzles zusammenzufügen, so setzt der Administrator gerne Menschen und Hilfsmittel zusammen, um eine Aufgabe zu erreichen.

Paul ist ein Systemanalytiker bei einer Boeing Fluggesellschaft. „Ich muß ein Organisator, ein Ausbilder und Motivator für verschiedene Leute sein. Ich bin dazu bestimmt, sonst kann ich meine Aufgaben nicht erledigen," erklärte er. „Ich liebe es, Organisationstalent, Logik und Überzeugungskraft als Grundlagen in der Zusammenarbeit mit Menschen einzusetzen und meine Arbeit zu erledigen."

Im Gegensatz dazu nutzt Julia ihre administrative Gabe zu Hause. „Das erste, was ich morgens mache, ist eine Liste von den Dingen, die ich während des Tages erledigen möchte," sagte sie. „Dann denke ich über die Arbeiten nach, wer sie machen soll und wann sie getan werden sollen. Ich plane Aufgaben für die Kinder. Ich lege die Hilfsmittel bereit – den Besen, den Mop, die Gartengeräte, den Badewannenreiniger. Sogar meinen Ehemann organisiere ich. Er ist nicht immer glücklich darüber, aber er weiß, wenn er seinen Teil macht, werden wir die Arbeit planmäßig schaffen."

	Nie	Selten	Manchmal	Normalerw.	Meistens	Immer	
9. Genießt es, Aufgaben zu delegieren und Personen zu beaufsichtigen.	0	1	2	3	4	5	Punkte

Administratoren lieben es, den Leuten zu sagen, was sie tun sollen. Wir meinen das in einer positven Weise. Sie erkennen leicht, welche Arbeiten getan werden müssen, und wissen auch, wer sie am besten tun kann. Sie genießen es, Arbeiten so zu verteilen, daß es ein Maximum an Befriedigung und an Ergänzung bringt.

Marvin wurde gebeten, die Leitung einer großen christlichen Organisation, die durch uneffektive Arbeiter in Schwiegrigkeiten geraten war, zu übernehmen. Marvins Gabe des Administrierens befähigte ihn, die Mitarbeiter zu trainieren und fähige Leute in Schüsselpositionen zu setzen. Dann delegierte er eine Menge an Verantwortung, unterrichtete die Schlüsselpersonen in Leiterschaftsprinzipien und trainierte sie, effektiv anzuleiten. Die Organisation erholte sich vom finanziellen Zusammenbruch und wurde effektiv.

Unser Sohn Dave hat auch diese Gabe. Wir schmunzelten immer, wenn er am Wochenende vom College nach Hause kam und schon in der Tür eine Kette von Anweisungen gab: „Papa, würdest du bitte nach dem Auto sehen, es fährt ganz komisch. Mama, würdest du bitte diese Wäsche für mich erledigen, ich hatte in der Woche keine Zeit, das selbst zu erledigen. Dan, würdest du bitte für mich den Rasen mähen, ich muß für eine Riesenprüfung lernen!" In kürzester Zeit hatte er uns alle mit seinen Aufgaben beschäfigt, während er sein wichtigstes Ziel anpeilen konnte.

	Nie	Selten	Manchmal	Normalerw.	Meistens	Immer	
10. Kann Kritik aushalten, um ein begrenzte Aufgabe zu erledigen.	0	1	2	3	4	5	Punkte

Leiter werden kritisiert! Es scheint ein Teil des „Berufsrisikos" des Administrators zu sein. Es gibt immer Menschen, die meinen, der Leiter sollte die Dinge anders, langsamer, schneller, vorsichtiger, wagemutiger oder irgendwie anders machen.

Eine Abwandlung von Abraham Lincolns bekanntem Ausspruch könnte so lauten: „Du kannst alle Menschen manchmal erfreuen und manche Menschen die ganze Zeit erfreuen; aber du kannst nicht alle Menschen jederzeit erfreuen." Das jedoch wird einen Admninistrator nicht von seinem Kurs abbringen.

Ein Pastor sagte einmal: „Das Problem, in einer Gemeinde zu arbeiten, ist daß du es mit Menschen zu tun hast. Wenn du mit Menschen zu tun hast, dann hast du Probleme." Jemand anders sagte es mit einer ausgesprochenen Kritik über Gemeinden: „Es gibt keine perfekte Gemeinde. Und wenn du eine finden solltest und dich ihr anschließt, dann ist sie nicht mehr perfekt!" Wenn du irgendwelche Administratoren kennst, dann bete für sie. Sie werden mit mehr als nur mit ausgesprochener Kritik bombardiert.

	Nie	Selten	Manchmal	Normalerw.	Meistens	Immer	
11. Zeigt für seine Aufgaben großen Eifer und Begeisterung.	0	1	2	3	4	5	**Punkte**

Auf natürliche Art bringt der Administrator Enthusiasmus hervor. Die Amplified Bible sagt, daß Administratoren ihre Arbeit mit „Eifer und Einfachheit der Gesinnung" tun sollen. Das griechische Wort heißt *Sorgfalt*, welches von der King-James-Bibel mit „Fleiß" und von Wuest mit „intensivem Eifer und Anstrengung" übersetzt wird. Von der *Strong Concordance* lernen wir, daß das Wort auch die Gedanken von Schnelligkeit, Erledigung, Ernsthaftigkeit, Eile, intensive Anstrengung und Bestimmung enthält.

Es ist so, als ob Gott dem Administrator die Fähigkeiten gegeben hat, all seine Kräfte in eine Situation hineinzugeben, um eine Lösung zu erhalten.

Dennis, der in mehreren Bereichen administrative Verantwortung trägt, bezeugt uns: „Ich habe absolute Liebe für das, was ich tue. Ich kann es kaum erwarten, jeden Tag zur Arbeit zu gehen. Ich liebe die Anforderungen und Herausforderungen meines Berufes. Ich genieße es, meine Arbeiten schnell zu erledigen und dann in das nächste Gebiet mit dem gleichen Eifer und Enthusiasmus hineinzugehen."

Obwohl die Ziele des Administrators rein und uneigennützig sind, sind sie so stark, daß sich andere davon oft bedroht oder überrannt fühlen.

„Ich war verantwortlich für eine ehrenamtliche Organisation", sagte Hazel. „Ich war ihren Zielen wirklich hingegeben und investierte mich von ganzem Herzen in diese Arbeit. Aber einige der Mitglieder zeigten sich befremdet über meinen Enthusiasmus und widerstanden jeder Idee, die ich vortrug. Schließlich organisierte ich einen Vortrag über die Motivationsgaben, damit sie lernen konnten, welche Erwartungen sie an die Unterschiedlichkeit der anderen haben dürfen. Es half. Sie begannen, meinen Eifer zu akzeptieren, und wir konnten viel besser zusammenarbeiten.

12. Findet Erfüllung und Freude in der Arbeit, wenn es darum geht, Ziele zu erreichen.

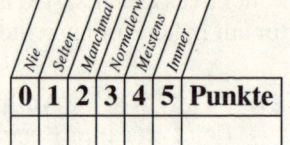

Nie	Selten	Manchmal	Normalerw.	Meistens	Immer	
0	1	2	3	4	5	Punkte

Diener arbeiten, um kurzfristige Ziele zu erreichen, und erleben Freude, wenn sie jedes einzelne erreicht haben. Für Administratoren mit ihren Langzeitprojekten liegt der Zeitpunkt der Freude oft „ganz weit am Ende der Straße."

Erst, wenn ich eine Ausgabe unseres Magazins fertig hatte (die Bilder waren fertig, die Artikel, die Untertitel und die Überschriften waren geschrieben, das Lay-Out war vervollständigt) und dann das Paket an die Druckerei verschickt wurde, kam der Zeitpunkt meiner Freude. Es dauerte drei Monate, um dahin zu kommen. (Aber ich muß bekennen, daß mich auf dem Weg eine Art „teilnehmende Freude" begleitete.)

Wanda entdeckete ihre administrative Gabe als sehr wertvoll in ihrer Arbeit als Koordinator eines christlichen Ausbildungsprogramms ihrer Gemeinde. „Das erste Ziel, an dem ich arbeitete", sagte sie, „war ein Hilfsmittel-Zentrum zur organisieren, um die Lehrer mit allem Material zu versorgen, das sie brauchten, um ihre Arbeit gut zu machen. Dann verbrachte ich Monate des Trainings damit, ihnen die Lehrmethoden beizubringen. Was für eine Erfüllung war es, schließlich zu sehen, wie alle Mitarbeiter zusammenarbeiteten, um unsere Sonntagsschule zu einer qualifizierten Einrichtung zu machen."

13. Ist bereit, anderen die Anerkennung zu lassen, damit die Arbeit getan wird.

Nie	Selten	Manchmal	Normalerw.	Meistens	Immer	
0	1	2	3	4	5	Punkte

Der reife Administrator macht sich keine Sorgen um die Anerkennung seiner Leistung. Wie jeder andere genießt er natürlich auch das Schulterklopfen, aber lieber würde er die Anerkennung mit der ganzen Gruppe teilen. Er sieht Erfolg als ein kollektives Ziel. Es ist kein falscher Stolz, wenn der Administrator auf hohe Ehrung keinen Wert legt: „Nichts von all dem hätte geschehen können, wenn es nicht durch die ausgezeichnete Arbeit meiner Mitarbeiter getan worden wäre." Er meint es wirklich so. Er sieht sich selbst als Förderer, die anderen als Vollbringer.

Roy Burkhart, der Pastor einer großen Gemeinde in Ohio, drückte es wie folgt aus, als er 500 Studenten einer Schule über die praktischen Aspekte der pastoralen Arbeit unterwies: „Es ist unglaublich, was Sie in einer Gemeinde alles erreichen können, wenn es Ihnen egal ist, wer die Anerkennung bekommt."

In der Geschäftswelt hat Jeff gelernt, wie gut man arbeiten kann, wenn man freizügig seinen Mitarbeiten Wertschätzung vermittelt.

„Aber ich selbst stelle mich sogar zurück", bekennt er. „Immer, wenn ich einen Rat oder eine Idee habe, und einer meiner Beschäftigten greift es auf und entwickelt etwas daraus, dann gebe ich ihm die Anerkennung für seine Mühe. Ich liebe es, wenn Menschen sich nützlich und wertvoll fühlen. Das gibt mir auch ein gutes Gefühl."

**14. Braucht eine neue Heraus-
forderung, wenn eine Aufgabe erledigt ist.**

Nie	Selten	Manchmal	Normalerw.	Meistens	Immer	
0	1	2	3	4	5	**Punkte**

Wenn Administratoren ein Ziel erreicht haben, sind sie bereit, weiterzuziehen. Manche meinen, wenn ein Organisator ein Geschäft oder eine Gemeindegruppe zum Funktionieren gebracht hat, es genießen würde, weiterhin am Ruder zu bleiben und zu koordinieren. Dem ist nicht so. Wenn das System erst einmal reibungslos funktioniert, dann wird er es lieber jemand anderem übergeben und zu einer neuen Herausforderung schreiten.

Nach sieben Jahren funktionierte das Aglow Magazine reibungslos. Schließlich konnten wir sogar die Mitarbeiter, eine gute Gruppe von Redakteuren, bezahlen, und ich fühlte, daß ich nicht mehr gebraucht wurde. Ohne Pionierarbeit fühlte ich mich gelangweilt und frustriert.

Dann, am Ende meines achten Jahres, öffnete sich das ganze Feld des Fernsehens für uns. Es war unbeschriebenes und unerreichtes Territorium, ich war beglückt darüber. Ich konnte das Potential erahnen, das sich für Frauen bot, das Evangelium andern Frauen in der Privatsphäre ihres eigenen Heimes mitzuteilen.

Ich erinnere mich, wie ich auf dem Dach eines Wolkenkratzers in Chikago stand, der eine christliche Fernsehstation beherbergte. Ich blickte in die Dunkelheit, auf unzählige Mengen von hoch hinaufragenden Wohnhäusern und stellte mir Tausende und Abertausende von Frauen in diesen Wohnungen vor – einige einsam, einige mißbraucht, einige voller Angst, viele ohne Hoffnung. „Oh Gott!" schrie ich. „So können wir sie erreichen! Sie würden wahrscheinlich nicht nach draußen kommen zu einem Treffen, aber sie werden einer anderen Frau zuhören, die ihnen etwas am Fernsehgerät mitteilt."

	Nie	Selten	Manchmal	Normalerw.	Meistens	Immer	Punkte
	0	1	2	3	4	5	
15. Schreibt andauernd Notizen.							

Diese Charakteristik trifft ohne Ausnahme auf alle Menschen mit der Gabe des Administrierens zu. Täglich schreiben sie Erinnerungsnotizen für sich selbst. Sie machen Listen über Dinge, die sie erledigen wollen und setzen sich Ziele, die sie erreichen wollen. Administratoren haben den Hang, so viele Dinge in ihrem Kopf zu haben, daß sie vieles wieder vergessen würden, wenn sie es nicht aufschreiben würden.

Auf einer Schriftsteller-Konferenz sprach ich mit dem frisch-gebackenen Redakteur des *Decision*-Magazins. Er erzählte mir einige Dinge, die er bei seiner neuen Arbeit besonders mochte, und ich konnte leicht sehen, daß er die Gabe des Administrierens hatte. Nur aus Spaß sagte ich: „Sie schreiben sich dauernd Notizen auf, stimmt's?"

„Woher wissen sie das", fragte er erstaunt. Ich erwiderte ihm: „Weil ich weiß, daß Sie ein Administrator sind, diese Leute schreiben *immer* Notizen auf!"

Adele bekennt: „Ich lebe mein Leben mit Listen. Manchmal verbringe ich mehr Zeit damit, sie zu erstellen, als die Aufgaben zu tun. Ich hab eine starke Tendenz zum Organisieren, aber manche Dinge sollte ich lieber spontan erledigen."

Eine andere Administratorin vertraute uns an, daß sie immer, wenn sie kein Papier zur Hand hat, ihre Notizen auf die Hand schreibt und dann hofft, daß sie sich nicht vorher wäscht, bevor sie diese Notiz übertragen hat!

	Nie	Selten	Manchmal	Normalerw.	Meistens	Immer	
16. Ist ein natürlicher und fähiger Leiter.	0	1	2	3	4	5	.Punkte

Wie eine Biene vom Honig angezogen wird, und eine Kuh abends zum Stall zurückkommt, genauso ist ein Administrator, zumindest zeitweise, ans Leiten gebunden.

Eine Sache, die wir über die Administratoren gelernt haben ist, daß sie in jeder Art von Team-Leiterschaft Schwierigkeiten haben. Sie haben starke Überzeugungen über die Art ihrer Leitung. Jeder hat seinen eigenen Stil und zwei Leiter würden anecken. Sie haben es lieber, wenn man ihnen bestimmte Gebiete überträgt, in denen sie alleine leiten können, als einen Platz, der aus ihrer Sicht ein Niemandsland für Doppelleiterschaft ist. Wenn ein anderer Leiter seinen Platz eingenommen hat, würde ein Administrator lieber folgen, anstatt Leiterschaft auf gleicher Ebene auszuüben.

Eine der wenigen Paare, das die Motivationsgabe des Administrierens miteinander teilt, ist ein junger Pastor und seine Frau, Duncan und Judy. Beide wuchsen in der Landwirtschaft auf und lieben es, im Garten zu arbeiten. Auf ihrer ersten Pastorenstelle entschieden sie sich, hinter dem Haus einen Gemüsegarten anzulegen. Später ereignete sich folgende Szene:

„Diese Reihe sollte nach Nord und Süd gehen," erklärte Duncan. „Oh, nein," betonte Judy, „wir pflanzten zu Hause immer von Osten nach Westen."

„Gut, die großen Gemüsearten müssen hier im Süden wachsen, damit sie auf das andere Gemüse etwas Schatten werfen," behauptete Duncan. „Du scherzt wohl," platzte Judy heraus. „Jeder weiß, daß man das Getreide und die Bohnen im Norden anpflanzt, damit die kleineren Pflanzen optimalen Sonnenschein bekommen."

Die nächste Stunde verbrachten sie damit, zu verhandeln, wo jede Gemüseart wachsen sollte.

„Wir kamen zu nichts," sagte Judy. „Wir waren beide so sicher, daß wir recht hatten. Ich glaube, wir wären nicht mehr dazugekommen, unseren Garten zu bepflanzen, wenn Gott Dun-

238

can nicht besondere Weisheit gegeben hätte. Er nahm einen Stock zog eine Linie in der Mitte des Feldes und gab mir die rechte Seite, während er die linke nahm. Unsere Reihen verliefen in unterschiedliche Richtung und jeder von uns folgte der Methode, die er gewohnt war. Und weißt du was? Beide hatten wir einen wunderschönen, ertragreichen Garten."

Es kann auch Ausnahmen geben. Meine Administratoren-Freundin Bette Ayers schrieb mir: „Ich dachte, es würde dich interessieren, daß ich einen Fall kenne, wo zwei Administratoren zusammenarbeiten *können*. Während ich die Vorsitzende der „Zuflucht" unserer Gemeinde war, hatte ich Jo Ann McMoran als meine rechte Hand. Ich kann dir hier nicht erzählen, wie wunderbar es war, mit ihr zusammenzuarbeiten. Ich war so gesegnet, sie als Gebetspartnerin zu haben, und mit ihr in allen Angelegenheiten den Willen des Herrn zu suchen. Ich entdeckte, wenn zwei Administratoren gut zusammenarbeiten können, dann nur, weil sie den Herrn als ihren Administrator haben!"

	Nie	Selten	Manchmal	Normalerw.	Meistens	Immer	
17. Weiß, wann alte Methoden behalten und neue vorgestellt werden müssen.	0	1	2	3	4	5	**Punkte**

In jeder Gruppe oder Organisation, in der eine bestimmte Arbeitsweise eingeführt wurde, fühlen sich die Leute wohl dabei. Aber wenn ein Administrator in die Leitungsposition kommt, sieht er oder sie, daß Veränderungen notwendig sind. Aber es ist nicht einfach, die Leute aus ihrer „Bequemlichkeitszone" herauszubewegen. Dazu ist große Weisheit notwendig, und der Administrator hat sie.

Jesus erklärte einmal, daß ein Leiter im Reich Gottes wie ein Haushalter ist, der „aus seinem Lagerhaus Schätze hervorbringt, die neu und (Schätze, die) alt sind – das Frische (als auch) das Bekannte" (Mat. 13.52, TAB)

In Japan besuchten wir Meiji-Mura, ein restauriertes Dorf aus der Meiji-Zeit. Unser Gastgeber, Pastor Tempei Wada, zeigte uns ein Haus, das ein altmodisches Lagerhaus auf der Hinterseite hatte. „So stelle ich mir das Lagerhaus vor, das Jesus erwähnte," sagte er. „Da war es, wo der Hausherr seinen Schatz, sein Geld, sein Silbergeschirr und alles, was er an Wertgegenstände hatte, aufbewahrte."

„Seht ihr, es hat keine Fenster," kommentierte er. „Wenn die Tür verschlossen war, gab es keinen Möglichkeit für den Dieb einzubrechen. Der Hausherr würde seine Wertgegenstände da aufbewahren – Neuerworbenes, sowie altbekannte Erbstücke – und wenn er sie zu genießen möchte, würde er sie ins Haus bringen."

Wir fanden die Parallele sehr treffend. Der weise Leiter wird gleichzeitig ein oder zwei neue, funktionierende Wege vorstellen. Er läßt die Leute an altbekannten Dingen festhalten, während er sie auch an das Frische gewöhnt. Dann kann eine neue Idee vorgestellt werden, dann wieder eine, aber nicht alle auf einmal.

	Nie	Selten	Manchmal	Normalerw.	Meistens	Immer	
18. Genießt es, mit Menschen zu arbeiten und unter Menschen zu sein.	0	1	2	3	4	5	**Punkte**

Administratoren sind stark menschenorientiert. Sie teilen diese Charakteristik mit den Ermutigern, aber es ist nicht ihre Motivation, zu ermutigen, sondern Menschen kennenzulernen, voneinander zu lernen und sich gegenseitig zu beeinflussen. Administratoren sind große Beobachter menschlichen Verhaltens und sie lernen beständig, wie man mit Menschen noch effektiver arbeiten kann. Wir haben unseren Sohn Don beobachtet, wie sehr er auf Menschen bezogen ist. In der Höheren Schule liebte er es, Teil einer Gruppe zu sein, egal, ob es ein Fußballteam, eine christliche Gesangsgruppe, die Jugendgruppe der Gemeinde, die Schülermitverantwortung oder nur eine eigene Gruppe von Freunden war.

Als junger Mann bemerkte er, daß viele der Studenten den Problemen der Dritten Welt gleichgültig gegenüberstanden. Er war besonders interessiert an der Unterstützung der Menschen von Haiti, und er kam auf eine Idee, um die Mitstudenten auf diese Nöte aufmerksam zu machen.

240

Mit der Hilfe eines Lehrers und eines Mitarbeiters von World Concern organisierte er für acht Studenten und zwei Erwachsene eine 10-Tage-Reise, zuerst nach Washington, D. C., um mit einem Kongressabgeordneten zu sprechen, dann nach Florida, um ein Flüchtlingslager zu besichtigen und schließlich nach Haiti, um christliche Krankenhäuser, Schulen, Kirchen und Waisenhäuser zu besichtigen und die Menschen kennenzulernen. „Es war eine echte Erfahrung in kulturübergreifenden Beziehungen," sagte Dave. Während des zweiten und dritten Jahres an der Seattle Pacific Universität wurde Dave Jugendberater eines Schlaftraktes. Das half ihm, für Zimmer und Verpflegung zu bezahlen, aber viel wichtiger war, daß es ihm eine Gelegenheit gab, mit anderen Studenten zusammenzusein und seine Leiterschaftsbegabung zu entwickeln.

Als Dave uns erzählte, daß er für das Amt des Präsidenten der Studentenmitverantwortung kandidieren will, konnten wir ihn ermutigen, das zu tun, denn wir wußten, daß er durch seine Motivationsgabe des Administrierens und durch seine Liebe zu den Menschen großartige Arbeit leisten würde. Er wurde gewählt.

Später wurde Dave an der Yale University Divinity School angenommen. Er beabsichtigt jetzt, Pastor oder College-Professor zu werden, damit er Einfluß auf das Leben von möglichst vielen Menschen haben kann.

	Nie	Selten	Manchmal	Normalerw.	Meistens	Immer	
19. Möchte, daß Arbeiten so schnell wie möglich erledigt werden.	0	1	2	3	4	5	Punkte

Administratoren möchten, daß die Arbeit getan wird, und zwar schnell! Sie mögen keine Verzögerung, kein rotes Licht oder Leute, die schleppend vorangehen.

Eine Administratoren-Mutter sagte einmal: „Ich werde ärgerlich und frustriert, wenn ich ein einfaches Projekt nicht schnell beenden kann. Das größte Hindernis ist, wenn ich nicht weiß, wo bestimmte Dinge sind. In meiner großen Familie (sie hat sechs Kinder) ist es erstaunlich, wieviel verschwindet oder nicht wieder an seinen richtigen Platz zurückkehrt."

Jenni, der die Leitung einer Mädchen-Sportgruppe übertragen wurde, erzählte uns, wie frustrierend es ist, wenn Kinder nicht aufpassen oder sich nicht anstrengen. „Sie haben das Potential, Meister zu werden, aber das ändert nichts. Oft spielen sie einfach nur, während wir die Übungen lernen. Das verzögert unseren Fortschritt; ich wünschte, sie würden die Zeit nicht verschwenden."

	Nie	Selten	Manchmal	Normalerw.	Meistens	Immer	
	0	1	2	3	4	5	Punkte

20. Mag keine Routineaufgaben.

Es bringt dem Administrator Langeweile, wenn er mehrmals die gleiche Arbeit machen muß. Er hat dann keine Herausforderung, nichts von Interesse.

Wir schätzen, daß es ein Administrator nicht länger als einen Tag an einer Fließbandarbeit aushalten würde. Auf der anderen Seite mögen Diener die Sicherheit einer Routinearbeit, wenn sie genau wissen, was von ihnen erwartet wird. Kein Wunder, daß Adminstratoren gerne Diener in ihrem Team haben, damit sie diese Art von Arbeit an sie übertragen können.

Susan, eine Administratorin aus Kamloups in Kanada, schrieb uns, daß sie in der Zeit, während sie mit Routinearbeiten im Haus beschäftigt ist, die Langeweile fernhält, indem sie in ihrem Kopf aktuelle Projekte organisiert. „Nicht nur die Hausarbeit fällt mir dadurch leichter," berichtet sie, „sondern, wenn ich Zeit habe, an meinem Projekt zu arbeiten, ist das meiste der Planungsarbeit schon getan, und ich spare Zeit."

Gladys sagt, daß sie Routinehausarbeit erledigt und nebenbei Lehrkasetten hört. Wilma hat ein ähnliches System, nur bei ihr ist es gute Musik. Mark trägt seinen Walkman mit den Kopfhörern, während er den Rasen mäht. Georgia betet, während sie den Teppichboden saugt. Und Pete lernt während seiner halbstündigen Fahrt zur Arbeit und nach Hause Schriftstellen auswendig. Alles gute Ideen für Administratoren!

242

DIE GABE DES ADMINISTRIERENS

Charakteristiken:

1. Ist hochmotiviert, Dinge zu organisieren, für die er verantwortlich ist.
2. Drückt eine Idee oder einen Organisationsplan klar und deutlich aus.
3. Bevorzugt es, unter Autorität zu stehen, um selbst Autorität auszuüben.
4. Übernimmt keine Verantwortung, wenn sie nicht ausdrücklich übertragen wurde.
5. Wird Verantwortung übernehmen, wenn keine Leiterschaft da ist.
6. Genießt besonders die Arbeit an Langzeitprojekten.
7. Ist eine visionäre Person mit einer breiten Perspektive.
8. Fördert Mittel und Menschen, um Aufgaben und Ziele zu erreichen.
9. Genießt es, anderen Aufgaben zu übertragen und Personen zu beaufsichtigen.
10. Hält Kritik stand, um eine gesetzte Aufgabe zu erreichen.
11. Zeigt für seine Aufgaben großen Eifer und Begeisterung.
12. Findet Erfüllung und Freude, wenn es darum geht, Ziele zu erreichen.
13. Ist bereit, anderen die Anerkennung zu lassen, damit die Arbeit getan wird.
14. Braucht eine neue Herausforderung, wenn ein Projekt erledigt ist.
15. Schreibt fortwährend Notizen.
16. Ist ein natürlicher und fähiger Leiter.
17. Weiß, wann alte Methoden behalten und neue vorgestellt werden müssen.
18. Genießt es, mit Menschen zu arbeiten und unter Menschen zu sein.
19. Möchte, daß Arbeiten so schnell wie möglich erledigt werden.
20. Mag keine Routinearbeiten.

	Nie	Selten	Manchmal	Normalerw.	Meistens	Immer	PUNKTE
	0	1	2	3	4	5	
1.						5	
2.							
3.							
4.							
5.							
6.							
7.							
8.							
9.							
10.							
11.							
12.							
13.							
14.							
15.							
16.							
17.							
18.							
19.							
20.							

GESAMT

PROBLEME DES ADMINISTRATORS

Es gibt eine „Hauptfalle" für Leute mit der Gabe des Administrierens. Es sind Situationen, in denen ihre positiven Eigenschaften extrem ausgelebt werden und dann zum Problemfeld werden. Gott hat sie mit Fähigkeiten und Gaben ausgerüstet, um Aufgaben und angepeilte Ziele zu erreichen. Aber, wenn sie nicht langsam genug vorangehen, um „die Rosen zu riechen", dann verzerrt ihre Gabe die Prioritäten des Lebens so sehr, wie es niemals beabsichtigt war.

Ein lieber Bruder aus Australien erzählte uns einmal, daß, wenn Satan einen Christen nicht in vorsätzliche Sünde bringen kann, dann ist seine nächste Taktik, ihn zu drängen, gute Werke so extrem zu tun, daß alles aus der Ballance gerät und sein Zeugnis nicht mehr effektiv sein kann. Wenn du dich selbst einschätzt, achte auf diese Gefahr.

	Nie	Selten	Manchmal	Normalerw.	Meistens	Immer	
1. Wird ärgerlich, wenn andere nicht die gleiche Vision oder gleiche Ziele haben.	0	1	2	3	4	5	**Punkte**

Wie bereits erwähnt, findet es der Administrator schwierig, in Teamleiterschaft zu arbeiten. Wenn die Mitarbeiter die Vision verkümmern lassen, was das Erreichen von Zielen blockiert, dann ist dies für ihn wie ein Mühlstein um den Hals.

Ein Administrator namens Ed arbeitete für eine Organisation, die bereits strukturiert war, so daß alle sieben Männer, die eine Abteilung leiteten, auch im Leitungsvorstand dienten. Ihre Devise war es, kein neues Projekt anzufangen, wenn nicht *alle* damit einverstanden waren. Es sah aus wie die ideale Art der Leitung, aber in der Praxis gab es Frustrationen, wenn die negative Stimme einer Person der bestimmende Faktor wurde.

„Es waren mehrere im Vorstand, die konservativ und miß-
trauisch gegenüber jeder neuen Idee waren," erzählte Ed. „Jedesmal, wenn ich einen Vorschlag machte, um die Wirksamkeit
der Organisation zu vergrößern, gab es jemanden, der sicher war,
daß es noch etwas zu bedenken gäbe: 'Ja, aber wir haben das
noch nicht ausprobiert', oder: 'Besser wir stellen das jetzt zurück.' Ich wurde sehr ärgerlich," bekannte er. „Ihr Mangel an
Vision war absolut frustrierend. Und schließlich ging ich dann
in die Luft. Es war nicht mein Stolz, ich erzählte ihnen nur, daß
wir niemals einen Fortschritt machen würden, wenn wir es
zulassen, daß die Person mit der geringsten Vision den Stand
unserer Arbeit bestimmt."

„Der Herr arbeitete wegen dieser Haltung an mir, gleichzeitig
machte er mir deutlich, daß diese besondere Autoritätsstruktur
nichts für mich war. Es machte mir auch nichts aus, an einen
anderen Arbeitsplatz zu wechseln, wo mir nicht so viele Be-
schränkungen auferlegt wurden."

Vielleicht ist die wichtigste Sache, die ein Administrator zu
lernen hat, die Tatsache, daß Gebet die Dinge verändern kann.
Überzeugungsversuche und die Darlegung von Fakten allein
gehen nur bis zu den Grenzen der Sicht der anderen. Aber Gott
kann Berge versetzen – und Menschen – und die Vision der
anderen vergrößern, wenn wir nur darum bitten.

	Nie	Selten	Manchmal	Normalerw.	Meistens	Immer	
2. Entwickelt äußere Gleich-gültigkeit, wenn er Ziel für Kritik geworden ist.	0	1	2	3	4	5	**Punkte**

Wenn es wahr ist, was uns die Psychologen sagen, daß jedes
negativ ausgesprochene Wort vier positive Aussagen benötigt,
um die Negativeffekte zu neutralisieren, dann ist es verständlich,
daß viele Administratoren eine Gleichgültigkeit aufbauen, um
sich vor der Flut an Kritik zu schützen, die ihre Position heraus-
fordert.

Malcolm, ein Administrator in leitender Position, ist mit einer
Frau verheiratet, die es gewohnt war, ihn ständig zu kritisieren.

Sie konzentrierte sich auf seine Schwachpunkte und bombardierte ihn mit unfreundlichen Kommentaren.

„Am Arbeitsplatz kann ich Kritik aushalten," erzählte er, „aber es war die kritische Haltung meiner Frau, die mir zu schaffen machte. Ich baute Mauern des Schweigens und des Sarkasmus auf und beschloß, mich nicht mehr verletzen zu lassen. Wir lebten im selben Haus, aber das war schon alles. Meine Ehe fiel auseinander und ich sagte mir, es sei egal.

Glücklicherweise dachte unser Pastor anders. Er holte uns in die Seelsorge und half mir langsam, meine Mauern fallen zu lassen. Er erklärte meiner Frau, wie man sich mitteilen kann, ohne zu kritisieren. Es brauchte Zeit, aber was wir beide lernten, war es wert, und nun helfen wir anderen mit ähnlichen Problemen."

	Nie	Selten	Manchmal	Normalerw.	Meistens	Immer	
3. Steht in der Gefahr, andere zu benutzen, um eigene Ziele zu erreichen.	0	1	2	3	4	5	**Punkte**

Administratoren sind so zielorientiert, daß sie vergessen können, daß andere Menschen keine Figuren sind, die man wie auf einem Schachbrett bewegt. Sie machen das nicht absichtlich, aber es passiert eben, daß sie diese Fähigkeit aus Unachtsamkeit bis zum Extrem treiben können und andere dadurch verletzen.

Ich erinnere mich an die frühen Tage der Aglow-Bewegung, als unser Verlagsbüro noch in einem Raum über unserer ungewöhnlich großen Garage war. Damals glitt ich von Zeit zu Zeit in dieses Verhalten ab. Die meisten unserer Mitarbeiterinnen arbeiteten bis vier Uhr nachmittags, so daß sie noch vor ihrem Ehemann zu Hause sein konnten. Eines Tages sah ich, daß wir den Versand unseres Magazins nur schaffen würden, wenn jeder von uns eine halbe Stunde länger arbeiten würde. Ich fragte, ob sie dazu bereit wären.

„Mein Ehemann wird sehr ärgerlich, wenn ich zu spät komme", entschuldigte sich eine Frau. „Er hat nichts gegen meine Mitarbeit, solange dadurch unser Familienleben nicht beeinträchtigt wird." „Ich bleibe gern länger und helfe dir" sagte eine andere, gleichzeitig sich entschuldigend: „Aber mein Babysitter kann nur bis 16.15 Uhr bleiben."

„Ich kann höchstens noch zehn Minuten bleiben," sagte eine Frau, denn ich muß noch einkaufen und für meinen Sohn das Abendessen vorbereiten, sonst verpaßt er sein Baskettballtraining."

Plötzlich erkannte ich, was ich im Begriff war zu tun. Ich hatte mehr die vielen Hände gesehen, die eine Arbeit schaffen, als daß ich in ihnen Menschen mit Familien sah, die echten Bedürfnissen begegnen mußten. *Ich* war diejenige, die sich zu entschuldigen hatte!

	Nie	Selten	Manchmal	Normalerw.	Meistens	Immer	
4. Tendiert zum Egoismus und vernachlässigt persönliche und familiäre Nöte.	0	1	2	3	4	5	Punkte

Prioritäten! Das ist es, was Administratoren in ihrem Kopf behalten müssen. Jemand erzählte uns: „Ich investiere mich zu hundert Prozent in alles, was ich tue." Aber diese grundsätzlich bewundernswerte Qualität kann auch verheerende Auswirkungen auf andere Lebensgebiete haben.

Administratoren können stark übertreiben und zu hingegeben an ihre Arbeit sein. Dabei vernachlässigen sie das eigene Wohlergehen oder auch das der Familie. Ihr Eifer für ihre Arbeit oder für ihren Dienst kann dazu führen, daß sich ihre Liebsten am meisten vernachlässigt fühlen.

Ein wunderbarer Rat wird uns in Sprüche 31 gegeben: „Sie hält Ausschau nach einem neuen Feld, bevor sie es kauft oder akzeptiert – vorsichtig ausweitend (und verliert und verleugnet nicht ihre momentanen Pflichten, indem sie andere aufnimmt)" (Vers 16a, TAB).

Immer, wenn Administratoren sich neue Arbeitsgebiete suchen, müssen sie auf ihre gegenwärtigen Verpflichtungen achten und nur dann neue Verantwortungen übernehmen, wenn sie damit ihr eigenes Wachstum, ihre Familie, ihre Gemeindeverpflichtung nicht vernachlässigen und ihnen genug Zeit für Gebet und Freizeit bleibt.

Nie	*Selten*	*Manchmal*	*Normalerw.*	*Meistens*	*Immer*	
0	1	2	3	4	5	**Punkte**

5. Vernachlässigt häusliche Routineaufgaben wegen intensivem Arbeitsinteresse.

Ich wurde gewaltig freigesetzt, als ich lernte, daß Administrator-Frauen die Hausarbeit nicht lieben müssen! Denn ich fühlte mich in dieser Sache sehr schuldig. Ich habe die Arbeit zwar immer geschafft, aber ich muß bekennen, man sah, daß in unserem Haus gelebt wurde. Es war oft eine langwierige Sache. Ich mag das Staubwischen nicht, trotzdem muß ich es tun. Doch am nächsten Tag setzt er sich überall wieder. Ich mache die Betten, und dann, stell dir vor, schlafen wir wieder darin, und am nächsten Tag muß ich sie schon wieder machen. Ich wasche die Wäsche, und bald muß ich sie schon wieder waschen. Es gibt da kein Ende der Routine. (Ich bin so dankbar für Berichte, die sagen, es gäbe keinen Staub im Himmel.) Die Hausarbeit muß getan werden. Aber ich habe ein langes Telefonkabel, damit ich die Spülmaschine einräumen kann, während ich am Telefon rede. Ich höre Kassetten, während ich den Boden putze. Ich sehe meine Lieblingsfernsehsendung, während ich die Wäsche mache und bügle. Ich habe gelernt, mir die Hausarbeit erträglich zu machen.

Und für dich, Administrator-Mann, ist es in Ordnung, wenn du es haßt, Arbeiten im Haus zu tun, die Dachrinne zu reinigen oder die Wände neu zu streichen. Aber denke daran, daß diese Dinge trotzdem erledigt werden müssen. Du, Mann, und ebenso du, Karriere-Frau, ihr seid es, die am schnellsten zum „Workaholik" werden und am schnellsten „mit der Arbeit verheiratet sind". Deswegen gebt acht!

Für *uns alle*, die wir Administratoren sind, gilt es, daran zu denken, daß unsere Arbeit, unsere ehrenamtlichen Projekte, unsere Gemeindearbeit oder welche Arbeiten wir auch immer tun, uns nicht dazu verleiten dürfen, die notwendigen Pflichten unseres alltäglichen Lebens zu vernachlässigen.

Typische Problemgebiete der Gabe des Administrierens:

	Nie	Selten	Manchmal	Normalerw.	Meistens	Immer	PUNKTE
	0	1	2	3	4	5	
1.							
2.							
3.							
4.							
5.							
GESAMT							

1. Wird ärgerlich, wenn andere nicht die gleiche Vision oder gleiche Ziele haben.
2. Entwickelt äußere Gleichgültigkeit, wenn er Ziel für Kritik geworden ist.
3. Steht in der Gefahr, andere zu benutzen, um eigene Ziele zu erreichen.
4. Tendiert zum Egoismus und vernachlässigt persönliche und familiäre Nöte.
5. Vernachlässigt häusliche Routineaufgaben, wegen intensivem Arbeitsinteresse.

24

BIBLISCHE ADMINISTRATOREN

In der Bibel sind Administratoren oft Könige, Priester oder Bischöfe. Solche Leute mögen in Leiterschaft kommen, nicht wegen ihrer Begabung, sondern wegen ihrer Geburt, ihrer Position oder ihrer Macht. Das Beispiel für die Motivationsgabe des Administrierens, das wir gewählt haben, ist jedoch eine Person, die ohne Status und Einfluß in Leiterschaft hineinwuchs.

Joseph wurde in einer wichtigen jüdischen Familie geboren. Er wurde wirklich von seinem Vater bevorzugt. Aber das war nicht genug, um ihn aus seinen späteren Schwierigkeiten herauszuhelfen. Josephs Fehler war, daß er seine Leitungsfähigkeiten aussprach, bevor überhaupt jemand bereit war, sie zu akzeptieren. Dann, nachdem seine Brüder ihn in die Sklaverei verkauft hatten, gab es nichts mehr an Unterstützung oder Empfehlung aus seiner eigenen Familie, das ihm hätte helfen können, ein solcher Leiter zu werden.

Beobachte, wie häufig sich die Merkmale der Gabe des Administrierens in den folgenden Beschreibungen finden lassen.

Schrift: Genesis 37-50 (TAB)   Dein Kommentar:

Genesis 37

9 Aber Joseph träumte noch einen anderen Traum und erzählte ihn (auch) seinen Brüdern. Er sagte, paßt auf, ich habe wieder geträumt, und siehe da, (nicht nur diesmal) elf Sterne, ebenso die Sonne und der Mond, beugten sich vor mir nieder und erwiesen mir Ehre!

10 Und er erzählte es seinem Vater (ebenso) wie seinen Brüdern. Aber sein Vater wies ihn zurecht und sagte ihm: „Was ist die Bedeutung des Traumes, den du hattest? Sollen etwa ich, deine Mutter und deine Brüder kommen und sich vor dir zur Erde niederbeugen, um dir zu huldigen?"

Genesis 39

4 So erfreute Joseph (Potiphar) und erlangte Gunst in seinen Augen und diente ihm. Und (sein Herr) machte ihn zum Aufseher über sein ganzes Haus und gab alles in seine Verantwortung.

Genesis 41

29 Merke dir! Sieben Jahre großen Reichtums im ganzen Land von Ägypten werden kommen.

30 Dann werden sieben Jahre des Hungers und Mangels kommen; und (da wird so viel Not sein, daß) all der Überfluß der vorigen Jahre wird im Lande Ägypten vergessen sein; und Hunger (Not, Elend) wird das Land erschöpfen (verzehren, beenden).

40 Du sollst die Aufsicht
über mein Haus haben, und
all meine Leute sollen nach
deinen Worten regiert
werden (mit Ehrerbietung,
Achtung und Gehorsam).
Nur in Sachen des Thrones
will ich größer sein als du.

Gott hatte einen Plan mit der Leiterschaftsbegabung des
Joseph. Er konnte in seiner Gabe erst im Gefängnis tätig werden,
dann durfte er sie im ganzen Land Ägypten und den es umge-
benden Ländern ausüben. Hier sind die Charakteristiken, die wir
herausgefunden haben:

Schrift: Genesis 37-50 (TAB)   Unser Kommentar:

Genesis 37

9 Aber Joseph träumte noch   # 7 visionäre Person
einen anderen Traum und   #11 Eifer im Träumen
erzählte ihn (auch) seinen   #16 Leiterschaftsfähigkeiten
Brüdern. Er sagte, paßt auf,   im Traum offenbart
ich habe wieder geträumt,   #19 möchte schnelle Erfül-
und siehe da, (nicht nur   lung des Traumes
diesmal) elf Sterne, ebenso
die Sonne und der Mond,
beugten sich vor mir nieder
und erwiesen mir Ehre!

10 Und er erzählte es seinem Vater (ebenso) wie seinen Brüdern. Aber sein Vater wies ihn zurecht und sagte ihm: „Was ist die Bedeutung des Traumes, den du hattest? Sollen etwa ich, deine Mutter und deine Brüder kommen und sich vor dir zur Erde niederbeugen, um dir zu huldigen?"

#10 zieht Kritik an

Genesis 39

4 So erfreute Joseph (Potiphar) und erlangte Gunst in seinen Augen und diente ihm. Und (sein Herr) machte ihn zum Aufseher über sein ganzes Haus und gab alles in seine Verantwortung.

#3 arbeitet unter Autorität
#5 übernimmt Verantwortung
#8 seine Begabung
#9 genießt es, Aufsicht zu führen
#16 ein Leiter; sogar im Gefängnis

Genesis 41

29 Merke dir! Sieben Jahre großen Reichtums im ganzen Land von Ägypten werden kommen.

#7 ein Visionär

30 Dann werden sieben Jahre des Hungers und Mangels kommen; und (da wird so viel Not sein, daß) all der Überfluß der vorigen Jahre wird im Lande Ägypten vergessen sein; und Hunger (Not, Elend) wird das Land erschöpfen (verzehren, beenden).

#6 setzt Langzeitziele
#7 ein Visionär
#14 genießt Herausforderung

40 Du sollst die Aufsicht
über mein Haus haben, und
all meine Leute sollen nach
deinen Worten regiert
werden (mit Ehrerbietung,
Achtung und Gehorsam).
Nur in Sachen des Thrones
will ich größer sein als du.

#1 motiviert zu organisieren
#3 akzeptiert Autorität
#6 Langzeitziele
#7 breite Perspektive
#16 ein fähiger Leiter

Hast du dich jemals gefragt, was damals aus den Ländern des Mittleren Osten geworden wäre, *ohne* eine Person mit einer solch außergewöhnlichen Gabe des Administrierens.

Josephs weitsichtige Leiterschaft rettete Millionen von Menschen. Nun nimm dir Zeit, um noch mehr von Joseph zu lesen und von anderen biblischen Personen mit der Gabe des Administrierens.

Joseph	– Genesis 30-40
Nehemia	– Nehemia 1-7
Deborah	– Richter 4-5
David	– 1. Samuel 16-31; 2. Samuel; 1. Könige 1-2; 1. Chr. 10:13-30
Annas	– Lukas 3:2; Johannes 18:13-24; Apg. 4:5-6
Jakobus, der Bruder Jesu	– Matthäus 13:55; Markus 6:3; Apg. 12:17; Apg. 15:13; 21:18; 1. Korinther 15:7; Galater 1:19; 2:9
Jairus	– Matthäus 9:18; Markus 5:22-43; Lukas 8:41-45

CHARAKTERISTIKEN DER BARMHERZIGEN PERSON

Von allen Gaben ist die Gabe des Erbarmens die am stärksten sich verschenkende. Wie wunderbar, daß es so ist. Denn was die Welt braucht, ist Liebe, süße Liebe. Vielleicht hat Gott deshalb überdurchschnittlich viel barmherzige Menschen gegeben, weil es so viele verletzte Menschen gibt. Auf unseren Reisen durch das Land entdeckten wir, daß die barmherzigen Personen etwa 30 % aller primären Motivationsgaben ausmachen.

„Erbarmen haben" heißt im Griechischen *eleeo*. *Strong's* definiert dieses Wort so: „*mitleiden* (durch Worte oder Taten, besonders durch göttliche Gnade): Mitgefühl haben, (Mitleid mit), Barmherzigkeit (erlangen, erhalten, zeigen)". (Wir haben uns entschieden, das Wort „Erbarmen" zu benutzen, weil das Wort „Mitleid" negative Assoziationen erwecken könnte.

Die barmherzige Person zeigt ihr Mitgefühl mit Fröhlichkeit. *Hilarotes* im Griechischen; eine Fröhlichkeit, wie wir sie im Zusammenhang mit Wein kennen. Gemeint ist „die Offenheit unseres Geistes, die überschwengliche Freude, mit der wir fähig sind, spontan und voller Heiterkeit alles zu tun."

Wuest bemerkt, daß das englische Wort „hilarity" von diesem griechischen Wort abstammt. Vincent definiert es so: „Die Fröhlichkeit, die entgegenkommende Gnade, die Bereitwilligkeit, die „die Länge des Weges" mitgeht. Es ist das, was der Besucher am Krankenbett ausstrahlt; es ist wie die Sonne, die unsere Herzen erwärmt." Die Amplified Bible sagt, daß unsere Taten der Nächstenliebe „mit echter Fröhlichkeit und freudigem Eifer" geschehen sollen.

Denke daran, es gibt keine achte Gabe. Es ist die letzte Gabe der Liste. Also, komme jetzt zum Ende des Abenteuers, deine Gaben zu entdecken. Wenn du die Zahlenwerte dieser letzten Fragen auf deine Profilübersicht übertragen hast, wirst du das ganze Bild deiner Begabung sehen. Im nächsten Kapitel, das diesen Abschnitt beendet, werden wir einen Blick auf die Aussagen deiner Profilübersicht werfen und sehen, wie wir diese auswerten können.

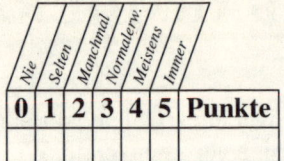

1. Hat eine gewaltige Kapazität, Liebe zu zeigen.

	Nie	Selten	Manchmal	Normalerw.	Meistens	Immer	
	0	1	2	3	4	5	**Punkte**

Von allen Motivationsgaben hat diese das größte Vermögen und die größte Fähigkeit, anderen Liebe zu zeigen. Indem sie die Liebe des Vaters reflektieren, scheinen die barmherzigen Personen über unerschöpfliche Quellen von Agape-Liebe zu verfügen. Je mehr Gelegenheiten sie haben, Liebe zu geben, desto fröhlicher und erfüllter sind sie.

Als ich vor einigen Jahren auf einer Frauenfreizeit über die Motivationsgaben lehrte, bemerkte ich, wie einer Frau in der ersten Reihe dicke Tränen herabflossen. Ich wunderte mich. Hatte ich sie vielleicht verletzt? Während der nächsten Pause kam sie zu mir. „Ich wollte nur, daß Sie wissen, daß das, was Sie sahen, Tränen der Freude waren," sagte sie zu mir.

„Während der ganzen Zeit saß ich da und dachte, das geht mich nichts an und dies betrifft mich auch nicht. Und langsam wurde ich entmutigt. Ich sagte: 'Herr, in diese Gaben passe ich nicht hinein.' Dann, als Sie begannen, über die Gabe des Erbarmens zu reden, sprach der Herr zu mir und sagte: 'Das ist die Gabe, die ich dir gegeben habe, und jetzt werde ich dein Herz erweitern, so daß du noch mehr von meiner Liebe an die Menschen weitergibst.' Katie, ich fühlte eine Sensation in meinem Herzen, so als wäre es gestreckt worden, und dann fühlte ich die Liebe Gottes pur in meinem Herzen, und ich konnte sehen, wie Er wirklich liebt und sich um jeden in der Welt kümmert. Ich war überwältigt von der Größe Seiner Liebe und von der Tatsache, daß Er mich in solcher Art begabt hat, ein Kanal für Seine Liebe zu sein. Da konnte ich nicht mehr anders, als vor Freude zu weinen."

2. Sieht immer das Gute im Menschen.

Nie	Selten	Manchmal	Normalerw.	Meistens	Immer	
0	1	2	3	4	5	**Punkte**

Barmherzige Menschen sind nicht kritisch. Es ist fast so, als ob sie Schranken eingebaut haben, die sie daran hindern, die schlechten Dinge in einem Menschen zu sehen. Ihr Augenmerk konzentriert sich auf das Gute. Ebenso wollen sie andere nicht über das Schlechte im Menschen reden hören.

Barbara Ann Chese, die als internationale Leiterin von Aglow einige Jahre diente, war ein großartiges Beispiel für diese Charakteristik. Wann immer sie jemanden von uns negativ reden hörte, unterbrach sie uns mit den Worten: „Aber diese Person hat so viele gute Qualitäten," und dann begann sie, sie aufzuzählen. Ihre wunderbare Fähigkeit, die guten Qualitäten anderer in den Vordergrund zu stellen, war eine wichtige Kontrolle für uns alle. Wir können nämlich immer die schlechten Punkte an einer Person entdecken, wenn wir nur intensiv genug beobachten. Ich kenne auch andere Menschen, die es sich zur Angewohnheit gemacht haben, ihr Leben lang nur nach den guten Seiten der Menschen zu suchen.

3. Spürt die Atmosphäre einer Gruppe oder einer Einzelperson.

Nie	Selten	Manchmal	Normalerw.	Meistens	Immer	
0	1	2	3	4	5	**Punkte**

Man könnte fast sagen, daß die barmherzige Person unsichtbare Fühler oder Antennen auf dem Kopf hat, um die emotionale Verfassung anderer zu spüren. Barmherzige Menschen wissen, wann andere „up" oder „down" sind, freudig oder betrübt, selbstsicher oder ängstlich.

Jeanette erzählte uns, daß sie schon immer sensibel gegenüber den geistigen Nöten anderer war. „Gott hat mich mit der Fähigkeit begabt, zu erkennen, wann andere Menschen in Not sind oder von anderen verletzt wurden. Während eines Gesprächs wende ich mich automatisch dieser Person zu, um ihr zu helfen.

Barmherzige Personen können auch gut die Körpersprache anderer lesen. Einige Experten haben herausgefunden, daß 75-85 % der menschlichen Kommunikation nonverbal abläuft. Die Art, wie wir stehen, sitzen oder unsere Arme halten, kann ausdrücken: Ich bin offen für dich, ich will von dir nichts annehmen, oder ich langweile mich. Tatsächlich sprechen wir auch mit unserem Gesichtsausdruck. Aber auch wenn wir reden, kann der Tonfall manchmal mehr ausdrücken, als unsere Worte. Im Lesen dieser ungesprochenen Botschaften ist die barmherzige Person Experte. Und je mehr sie sich auf diesem Gebiet betätigt, desto stärker empfindet sie die tiefsten Gefühle anderer.

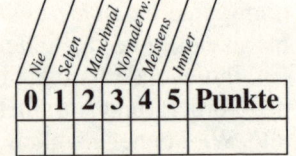

4.   Fühlt sich stark zu Menschen hingezogen, die verletzt oder mit Nöten beladen sind.

	Nie	Selten	Manchmal	Normalerw.	Meistens	Immer	
	0	1	2	3	4	5	**Punkte**

Diese Eigenschaft ist bei den barmherzigen Personen oft vorherrschend. Schon als Kinder waren sie diejenigen, die den verlorenen Hund oder die streunende Katze mit nach Hause brachten. Sie brachten auch die einsamen Kinder mit nach Hause, um die sich niemand kümmerte.

Unsere Tochter Linda war auch so. Wir erinnern uns, wie sie in den höheren Schulklassen damit anfing, einige eigentümliche, neue Freundinnen mit nach Hause zu bringen. Eine war sozial so geschädigt, daß wir sie fragten: „Linda, warum willst du gerade mit ihr spielen?" Sie erwiderte: „Dieses Kind hat keine einzige Freundin in der Schule. Deswegen werde ich ihr eine Freundin sein."

Nicht jeder kann die Zuneigung der Erbarmer zu verletzten Menschen verstehen und nicht jeder kann so barmherzig handeln. Arlene erzählte uns, wie sie eines Tages ein mexikanisches Mädchen traf, das noch nie einen Weihnachtsbaum gesehen hatte. Deshalb lud sie dieses Mädchen zum Weihnachtsessen ein. „Als Maria in ihren zerschlissenen Kleidern ankam, war meine Mutter entsetzt," erzählte Arlene. „Meine Mutter wuchs mit einer Menge an Rassen- und Klassenvorurteilen auf. Deswegen konnte sie kaum verstehen, warum ich eine solche Person nach Hause einlud. Als Mutter sagte, sie müsse gehen, weinte ich mir mein Herz aus. Marie sollte doch zum Essen bleiben und unseren Baum sehen, aber Mutter war von dieser Idee gar nicht begeistert."

5. **Hilft gerne, um Schmerz zu lindern und speziellen Nöten zu begegnen.**

Nie	Selten	Manchmal	Normalerw.	Meistens	Immer	
0	1	2	3	4	5	**Punkte**

Barmherzige Menschen werden nicht nur zu verletzten Menschen hingezogen, sie tun auch etwas, um ihnen zu helfen.

Eine Frau mit dieser Gabe gab uns eine kurze Definition über den Unterschied zwischen Sympathie, Empathie und Erbarmen:

Die *Sympathie* sagt: „Es tut mir leid, daß du verletzt bist!"

Die *Empathie* sagt: „Es tut mir leid, daß du verletzt bist. Ich bin mit dir verletzt!"

Der *Erbarmer* sagt: „Es tut mir leid, daß du verletzt bist. Ich bin mit dir verletzt, und ich werde hier bei dir bleiben, bis der Schmerz vergangen ist!"

Mollie, eine Krankenschwester, die gerne anderen dient, erzählte uns: „Als ich mit den amerikanischen Indianern im Bereich öffentlicher Gesundheit und Fürsorge arbeitete, hatte ich gute Gelegenheiten, meine Gabe in einer ganz praktischen Art und Weise mitzuteilen."

Bonnie, die zur Zeit mit „Eltern in der Krise" arbeitet (einer Hilfsorganisation für solche, die mit Kindesmißbrauch und Drogenabhängigkeit zu tun haben) erzählte uns, wie sie schon den Verletzten helfen wollte, als sie noch ein Kind war.

„Als ich sechs Jahre alt war," sagte sie, „hatte ich die Angewohnheit, nach der Schule schnell nach Hause zu gehen, um einem 5jährigen Mädchen aus unserer Nachbarschaft, das immer noch im Kinderwagen sitzen mußte, mitzuteilen, was ich alles gelernt hatte. Sie hatte einen ganz großen Kopf, den Körper eines Babys und einen großen Buckel auf ihrem Rücken. Ich wollte ihr helfen und die einzige Möglichkeit dies zu tun, war einfach bei ihr zu sein und ihren seelischen Schmerz zu teilen."

	Nie	Selten	Manchmal	Normalerw.	Meistens	Immer	
6. Konzentriert sich mehr auf geistige und emotionale Nöte, als auf materielle.	0	1	2	3	4	5	**Punkte**

Stell dir vor, du müßtest ins Krankenhaus. Was meinst du, wer würde der erste sein, der dich besucht? Die barmherzige Person.

Sie wird sich nach deinem Wohlergehen und nach der medizinischen Prognose erkundigen. Dann wird sie fortfahren, sich danach zu erkundigen, wie du dich dabei fühlst, im Krankenhaus zu sein. „Machst du dir Sorgen, ob zu Hause alles klar geht? Kämpfst du mit Angst? Spürst du die Gegenwart Gottes in dieser Zeit der Not? Brauchst du Gebet?" Vielleicht sitzt sie aber nur am Bett und hält deine Hand. Sprichwörtlich wird der Erbarmer weinen mit den Weinenden.

Sharon war so betroffen von Menschen in Not, daß sie in der Gemeinde eine neue Gruppe gründete, die sie „Sharing & Caring" (Mitteilen und Helfen) nannte. Ein Ort, wo Menschen zusammenkommen und über ihre Verletzungen sprechen können und solche finden, die in ähnlichen Situationen sind.

Jacquie, die die Gebetskette ihrer Gemeinde leitet, stellte fest, daß sie sich zu informeller Seelsorge sehr hingezogen fühlte. „Es scheint, als ob ich immer jemanden in meinem Leben habe, der meine emotionale Unterstützung braucht. Sobald ich jemandem geholfen habe, seine Probleme durchzustehen, schickt mir der Herr die nächste Person."

	Nie	Selten	Manchmal	Normalerw.	Meistens	Immer	
7. Hilft gerne bei der Klärung von Beziehungen.	0	1	2	3	4	5	**Punkte**

Barmherzige Menschen sind bekümmert über zerbrochene Beziehungen. Sie sind Brückenbauer, Lückenschließer und Friedensstifter. Sie möchten den Leib Jesu in Einheit und in Liebe funktionieren sehen. Sie lieben das Gebet Jesu in Johannes 17 und arbeiten auf dieses Ziel hin.

Robin Adams, zur Zeit ein Missionar in Japan, lebt beispielhaft und konsequent nach dieser Charakteristik. Während sie noch in den Vereinigten Staaten wohnte, beobachteten wir sie, wie sie Treffen in ihrem Haus veranstaltete und Menschen aus unterschiedlichen Kirchen und unterschiedlichem Hintergrund zusammenbrachte, damit sie sich kennen- und liebenlernen konnten. Als wir sie in Japan besuchten, tat sie immer noch dasselbe. Sie lud Japaner aus unterschiedlicher Umgebung ein, in ihr Haus zu kommen, um mit ihr zu essen. „Damit haben sie eine Gelegenheit, Christen außerhalb ihrer eigenen Kirche kennenzulernen," sagte sie. „Die Japaner tendieren dahin, ihre christliche Gemeinschaft zu begrenzen auf ihre eigene kleine Gruppe. Sie müssen wissen, daß es viel mehr Menschen gibt, die den Herrn auch lieben. Ich möchte gerne sehen, wie Freundschaften aus diesen Gruppen überspringen und sich entwickeln. Ich bin hoch erfreut, wenn ich jemandes Sicht für den Leib Jesu erweitern darf."

Wir haben erlebt, wie Barbara Ann Chase versucht hat, ganze christliche Organisationen für eine gemeinsame Aufgabe zusammenzubringen. Und David du Plessis, mit der außergewöhnlichen Gabe der Barmherzigkeit, besuchte die Leiter jeder Denomination, um für Verständnis, Liebe und Gemeinschaft unter den Kirchen zu werben.

8. Liebt Gelegenheiten, anderen den Vorzug zu geben und Platz zu machen.

Nie	Selten	Manchmal	Normalerw.	Meistens	Immer	
0	1	2	3	4	5	**Punkte**

Es sind jene Leiter, die für dich die Türe öffnen, dir den Vortritt lassen, dir den besten Stuhl zuweisen.

Lynn Koontz hatte wegen seiner Rückenschmerzen um 9.30 Uhr einen Termin beim Arzt. Der Doktor war schon sehr spät, als um 10.30 Uhr eine ältere Frau in den Warteraum kam, die offensichtlich sehr krank war. Die Dame an der Rezeption sagte, daß alle Termine bereits vergeben seien, aber daß sie versuchen würde, sie zwischendurch dranzunehmen. Lynn konnte das nicht mit ansehen. Sie stand auf und ging zur Arzthelferin: „Bitte lassen Sie dieser Frau meinen Termin. Ich warte bis ich zwischendurch drankommen kann." Lynn mußte bis Mittag warten, um den Doktor zu sehen. Sie saß da mit einem schmerzenden Rücken und einem freudigen Herzen.

9. Ist vorsichtig im Reden und Handeln, um andere nicht zu verletzen.

Nie	Selten	Manchmal	Normalerw.	Meistens	Immer	
0	1	2	3	4	5	**Punkte**

Das Allerletzte, was barmherzige Personen wollen, ist es, die Ursache für die Verletzung einer Person zu sein. Deswegen achten sie sehr auf ihre eigenen Handlungen und Worte. Wir haben erlebt, wie sie inmitten eines Satzes einhalten, um das richtige Wort zu wählen, damit sie nicht etwas sagen, was andere verletzen könnte.

Dixie teilte uns mit: „Als ich gerade fünf Jahre alt war, weigerte ich mich, zwischen meinen Eltern zu wählen, als mein Vater mich fragte, ob ich ihn oder meine Mutter mehr lieben würde. Obwohl ich Mutter mehr liebte, hatte ich immer geantwortet:·„Ich habe euch beide gleich lieb."

„Dann, im Alter von neun, als ich wegen einer ansteckenden Krankheit isoliert wurde, fragte mich mein Vater, mit wem ich gehen möchte, mit Mutter oder mit ihm. Ich wußte, daß ich wieder gefragt wurde, wen ich mehr liebe. Also sagte ich: 'Ich gehe allein. Ich möchte von keinem von euch eingefangen werden.'"

Henry erzählte uns, wie dieser Charakter seine Arbeit beeinflußte. „Ich arbeite in der Beschwerdeabteilung eines Geschäfts. Wenn sich Kunden wie verrückt benahmen, herumsprangen, anstatt sachlich zu verhandeln, fühlte ich augenblicklich mit ihnen und sprach zu ihnen mit solcher Konzentration, daß sie manchmal vergaßen, worüber sie sich aufgeregt hatten. Oft ließen sie ihre Beschwerde fallen. Mein Chef war darüber so erfreut, daß ich eine nette Gehaltserhöhung bekam."

	Nie	*Selten*	*Manchmal*	*Normalerw.*	*Meistens*	*Immer*	
10. Erkennt leicht Unwahrhaftigkeit oder falsche Motive.	0	1	2	3	4	5	**Punkte**

Ein „eingebautes Radarsystem" hilft den barmherzigen Personen, falsche Motive und Unaufrichtigkeiten jeder Art zu entdecken. Sie weichen zurück, wenn sie es bemerken. Auf Empfehlung einer Freundin ging Virginia zu einer Gebetsgruppe. Zuerst war sie beeindruckt. Die Leiterin schien hingegeben zu sein – sowohl für die Welt und die Nation, als auch für individuelle Nöte zu beten. „Aber irgendetwas störte mich an ihr," sagte Virginia. „Es war wie ein kleines Warnsignal, das in mir anging." Die nächste Woche ging Virginia wieder zu dieser Gruppe. „Irgendwann während des Morgens erkannte ich plötzlich, was mich gestört hatte," erklärte sie. „Die Leiterin hatte gemischte Motive. Ich denke, sie glaubte wirklich an die Macht des Gebets, aber sie kontrollierte die Frauen in der Gruppe. Es war nicht strenge Leiterschaft, die mir auffiel, sondern sie beeinflußte die Richtung des Treffens und genoß ihre Macht. Ich ging nicht wieder dorthin."

Jill, eine Frau mit der Gabe der Barmherzigkeit, die als Kind die meiste Zeit mit Tieren verbrachte, weil sie sie so sehr liebte, erklärte uns: „Unaufrichtigkeit bei Menschen ärgerte mich schon als kleines Mädchen. Das ist jetzt immer noch so." Shelly sagte: „Unaufrichtigkeit spüre ich sofort, und ich habe gelernt, meinen Eindrücken zu vertrauen. Sogar wenn Leute zum Gebet kommen, kann ich sagen, ob ihre Motive in Ordnung sind. Ich habe gelernt, so zu dienen, wie mich der Herr führt und nicht so, wie die Leute es wollen."

	Nie	Selten	Manchmal	Normalerw.	Meistens	Immer	
11. Fühlt sich zu anderen, die auch barmherzig sind, stark hingezogen.	0	1	2	3	4	5	**Punkte**

Personen mit dieser Motivationsgabe ziehen sich gegenseitig an. Sie lieben es, sich auszutauschen, füreinander zu beten oder eben nur zusammenzusein. Es ist nicht so, daß sie gleich denken, sondern sie *fühlen* gleich. Anderen Menschen und Situationen gegenüber haben sie gleiche emotionale Reaktionen. Sie teilen die gleichen Interessen. Es ist erstaunlich, wieviele barmherzige Personen uns bestätigt haben, daß ihre besten Freunde auch die Gabe des Erbarmens haben. Das trifft besonders auf Erwachsene zu. Oft kommen sie nicht so gut mit jenen zurecht, die die sogenannten Sprechgaben haben; mit den Erkennern, Lehrern, Ermutigern und Administratoren. Von ihnen fühlen sie sich überfahren. Aber sie kommen gut aus mit den Dienern, Gebern und besonders mögen sie Erbarmer.

Während im allgemeinen weniger als ein Prozent der Personen mit denselben Gaben verheiratet sind, trifft es doch auf ungefähr die Hälfte derer zu, die die Gabe der Barmherzigkeit haben. Unsere Tochter ist mit einem Erbarmer verheiratet. Ihr Mann Don (Simms) ist sanft, liebevoll und fürsorglich. „Deshalb fühle ich mich zu ihm so hingezogen," erzählte uns Linda. „Er ist so gut zu mir!"

Wenn zwei Personen verheiratet sind, die dieselbe Gabe haben, dieses Ehepaar aber unreif ist, neigen die negativen Charaktereigenschaften dazu, sich gegenseitig zu verstärken. Aber wir haben einige reife barmherzige Paare getroffen, die so etwas wie eine „Ehe im Himmel" führten. Sie sind so liebevoll und fürsorglich zueinander, daß es herrlich anzusehen ist. Einige von ihnen bekannten jedoch, daß es nicht immer so war, und daß sie sich durch eine Reihe von Problemen in den frühen Ehejahren durcharbeiten mußten.

12. Ist zu anderen besonders aufmerksam.

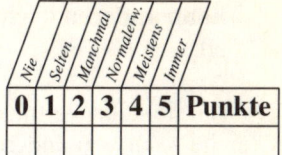

	Nie	Selten	Manchmal	Normalerw.	Meistens	Immer	
	0	1	2	3	4	5	**Punkte**

Es sind die Leute, die an Geburtstage, Hochzeitstage, Mutter- und Vatertag und an den Valentinstag denken und andere Gelegenheiten finden, eine Karte zu schicken, um mitzuteilen, daß sie an dich denken.

Wenn du mit einer solchen Person verheiratet bist, kannst du dich glücklich schätzen. Ein barmherziger Ehemann wird seine Frau viel öfter zu einem Abendessen-Rendezvous einladen, als ein Mann mit einer anderen Gabe. Eine barmherzige Frau wird viel eher ein intimes Kerzenlichtmahl arrangieren, während Frauen mit anderen Gaben auf eine solche Idee gar nicht kämen.

Die Aufmerksamkeiten erstrecken sich auf alle Beziehungen. Barmherzige Töchter und Söhne werden viel aufmerksamer zu ihren Eltern sein und umgekehrt. Barmherzige Freunde investieren sich viel stärker in die Freundschaft.

Gail war für lange Zeit eine Alleinstehende in unserem Hauskreis. Ihre Gabe der Barmherzigkeit drängte sie, viele mit ihrer Freundlichkeit zu segnen. Manchmal nahm sie sich Einzelne zur Seite – nur um ihnen mitzuteilen, wie sehr sie sie schätze. Wie oft vergessen wir, das zu tun! Wir bekamen von ihr wunderschöne Karten zum Vater- und zum Muttertag, auf denen sie uns mitteilte, daß sie uns liebhabe wie einen Vater und eine Mutter. Manchmal bekamen wir „Nichtgeburtstagskarten" oder nur eine Notiz von ihr – ohne besonderen Grund. Einfach nur, um uns mitzuteilen, wieviel wir ihr bedeuten.

13. Ist vertrauenswürdig und kann anderen leicht vertrauen.

	Nie	Selten	Manchmal	Normalerw.	Meistens	Immer	Punkte
	0	1	2	3	4	5	

Weil sie selbst vertrauenswürdig sind, erwarten Erbarmer das Gleiche auch von anderen. Sie setzen solange voraus, daß jemand aufrichtig und zuverlässig ist, bis sie das Gegenteil herausgefunden haben. Sie können tatsächlich so vertrauensfähig sein, daß sie gutgläubig werden.

Sie sind sehr enttäuscht, wenn sich jemand als unzuverlässig erweist. Aber weißt du was? Sie werden weiterhin trotzdem das Beste von dieser Person annehmen. Sie glauben an die Fähigkeit der Menschen, sich zum Guten zu ändern. Und oft bringt gerade diese Erwartung bei den Menschen in ihrer Umgebung das Beste hervor. Aber es kann für die barmherzige Person auch zum Schaden werden.

Von barmherzigen Menschen, die unsere Seminare besucht haben, hörten wir diese Kommentare. Doug: „Manchmal komme ich an den Punkt, daß ich glaube, dumm zu sein. Ich erwarte von Menschen immer, mich so zu behandeln, wie ich sie behandle. Selbst wenn ich wütend werde, habe ich weiterhin Vertrauen." Donna: „Meine Einstellung war immer, daß jede Person, die ich treffe, eine gute Person sei. Wenn ich dann herausfinde, daß es nicht stimmt, habe ich ein Schockerlebnis. Ich bin erschlagen, wenn jemand unehrlich ist." Cathy: „Wenn mich jemand, dem ich vertraut habe, übervorteilt, werde ich ärgerlich. Meistens über mich selbst, weil ich mich so leicht habe zum Narren halten lassen."

14. Vermeidet Konflikte und Konfrontationen.

	Nie	Selten	Manchmal	Normalerw.	Meistens	Immer	Punkte
	0	1	2	3	4	5	

Gerade kleine Kinder mit der Barmherzigkeitsgabe finden es sehr schwierig, mit Konflikten fertig zu werden. Sie verlangen nach Frieden und Harmonie in ihrem Zuhause. Wenn die Eltern sich streiten oder sich trennen, sehen das die barmherzigen Kleinen als ihr Versagen an: „Wenn ich ein besseres Kind gewesen wäre, würden meine Mama und mein Papa noch zusammen sein." Zwei Erbarmer drückten das so aus:

Benn: „Wenn meine Eltern gegeneinander kämpften, dann fand ich mich selbst wieder, wie ich schrie und sie anbettelte, aufzuhören. Ich erzählte ihnen, wie sehr ich sie lieb habe und bat sie, sich gegenseitig zu lieben."

Ruth: „Ich hatte schon immer etwas gegen Konflikte, aber ich schien der Vermittler in gespannten Beziehungen zu sein – auch bei meinen Eltern. Die ganze Zeit versuche ich Beziehungen zu reparieren und gleichzeitig will ich die Leute vor Verletzungen schützen."

Barmherzige Personen konfrontieren nicht. Vielleicht weisen sie darauf hin, daß sie über etwas traurig sind, aber selten werden sie – anders als der Erkenner oder der Ermutiger – ein Problem direkt ansprechen. Die Auswirkung dieser Charakteristik bei kleinen Jungen kann zu einem Problem werden, denn sie werden normalerweise vermeiden wollen zu kämpfen und dann von den Klassenkameraden gern als Schwächlinge eingestuft.

Michael erinnert sich: „Ich schlug nie zurück, wenn Groblinge es auf mich abgesehen hatten, weil ich Kämpfen niemals für lohnenswert hielt. Die meisten meiner Freunde waren genau wie ich stille Typen. Wir waren diejenigen, die am Rande des Spielplatzes spielten, um vor den aggressiven Kindern sicher zu sein."

	Nie	Selten	Manchmal	Normalerw.	Meistens	Immer	
15. Mag es nicht, bei der Arbeit oder anderen Aktivitäten gedrängt zu werden.	0	1	2	3	4	5	**Punkte**

Barmherzige Personen haben eine Geschwindigkeit und das ist: *langsam* voran. Als Kinder sind sie diejenigen, die man zur Tür hinaus schubsen muß, damit sie rechtzeitig zur Schule kommen. Sie achten nicht sehr auf die Uhrzeit.

Wie oft sagten wir zu Linda: „Beeile dich, sonst verpaßt du den Schulbus!" Ich wünschte, ich hätte all das Geld, das ich ausgab, um sie zur Schule zu fahren.

Pünktlichkeit blieb ein Problem bei ihr, auch als sie älter wurde. Wenn man ihr eine Arbeit gab, erledigte sie diese zwar, aber nicht im notwendigen Zeitplan.

Irgendwie ist die Zeit für diese Personen nicht so wichtig. Es sind *Jetzt*-Leute. Sie leben für den Moment. Sie rechnen damit, daß die Zukunft auf sich selbst aufpassen wird, solange sie in der Gegenwart mit den Angelegenheiten des Vaters beschäftigt sind.

Eine barmherzige Frau, mit der wir zusammenarbeiteten, kam zu den Treffen immer zu spät. Sie erschien immer 15 Minuten später und hatte eine „gute Entschuldigung". In etwa sagte sie dann: „Ich traf eine Freundin, die Gebet brauchte" oder: „Ich war so tief in meiner Andacht, ich bemerkte nicht, wie schnell die Zeit verging."

Es war aber notwendig, sie von Anfang an dabeizuhaben, denn wir konnten uns Zeitverschwendung nicht erlauben. So beschlossen wir, offiziell 15 Minuten später zu beginnen, ohne sie zu informieren. Ohne daß sie es erwartete, war sie nun immer von Anfang an dabei.

	Nie	Selten	Manchmal	Normalerw.	Meistens	Immer	
16. Ist typischerweise heiter und fröhlich.	0	1	2	3	4	5	**Punkte**

Barmherzige Personen sind positive Leute. Die „Amplified Bible" sagt, daß sie Gnade und Erbarmen zeigen „mit echtem Frohsinn und freudigem Eifer" (Röm. 12,8). Gerne zeigen sie anderen ihre Liebe. Es bereitet ihnen Freude. Jemand sagte: „Ich bin sehr gern mit barmherzigen Menschen zusammen. Ihr Frohsinn baut mich auf."

Da sich barmherzige Personen danach sehnen, Verletzungen zu heilen und Beziehungen aufzubauen, arbeiten sie ständig daran, ihren Standard der Freude anderen noch besser zu bringen. Wie oft brauchen wir diese Art von Hilfe!

268

Ein barmherziger Mann hatte die Verantwortung, sich um seine betagten Eltern zu kümmern. Diese waren sehr altersschwach und die Fürsorge forderte viel von Bart's Zeit. Als Folge davon konnten er und seine Frau an vielen öffentlichen Ereignissen nicht mehr teilnehmen. Trotzdem versicherte er uns jedesmal, wenn wir ihn trafen, daß bei ihm die Dinge „großartig" vorangehen würden. Keine Beschwerden. Er empfand es als Freude, seinen Eltern zu helfen.

Robert hatte die Haltung, seiner Frau gegenüber besonders liebevoll zu sein – sowohl in der Öffentlichkeit als auch zu Hause. Andere Frauen sagten, sie wünschten auch, daß ihr Mann sie so behandeln würde. Aber wir bemerkten, daß Robert jeden mit Liebe behandelte. Seine Stimme und sein Verhalten ist so sanft und sein Gesicht strahlt vor innerer Freude. Es fällt schwer, sich in Roberts Gegenwart „down" zu fühlen.

	Nie	Selten	Manchmal	Normalerw.	Meistens	Immer	
17. Wird mehr vom Herzen als vom Verstand regiert.	0	1	2	3	4	5	**Punkte**

Im Leben von barmherzigen Personen spielt das Herz die Hauptrolle. Das Herz ist ihr Kanal, durch den die Liebe zu anderen Menschen fließen kann.

Barmherzige Personen sind in der Regel keine sogenannten Denker, Intellektuelle oder Analytiker. Vielmehr sind sie die *Gefühlsmenschen*. In ihrer Lebensführung sind sie mehr von Gefühlen als von mentalen Prozessen abhängig. Es sind diejenigen, die sagen würden: „Bring mich mit deinen Fakten nicht durcheinander, meine Gefühle meinen schon das Richtige." Das heißt nicht, daß sie ihren Verstand nicht benutzen. Das tun sie schon – aber immer in Verbindung mit dem, was sie empfinden.

Einmal teilten wir auf einer Insel von Neuseeland unser Zeugnis mit. Da kam ein Mann auf uns zu und sagte: „Was Sie sagten, hat mich tief berührt, aber ich wünschte, ich würde nicht so schnell weinen, wenn ich auf diese Art fühle. Es sieht nicht männlich aus. Ich versuche deswegen, meine Tränen zurückzuhalten, aber sie kommen trotzdem."

Wir stellten ihm einige Fragen über seine Person und fanden schnell heraus, daß er die Gabe der Barmherzigkeit hatte. Wir gaben ihm den Rat, seine Tränen nicht zurückzuhalten: „Gott hat Ihnen ein sensibles und fürsorgliches Herz gegeben und er möchte, daß Sie mit tiefen Gefühlen reagieren. Die Welt braucht mehr Männer, die offen Sorge tragen und weinen."

„Sie meinen, es ist richtig, so zu sein?" fragte er. „Natürlich," erwiderten wir ihm und beschrieben kurz die Gabe der Barmherzigkeit. „Was für eine Befreiung," sagte er und wirkte, als ob man ihm ein schweres Gewicht von seinen Schultern nahm. „Mein ganzes Leben lang habe ich mich geärgert, so zu sein."

Offensichtlich ist es für einen Mann wesentlich schwerer, so begabt zu sein, als für eine Frau. Die Gesellschaft erlaubt es einer Frau, vom Herzen geführt zu werden und leicht zu Tränen gerührt zu sein. Aber sie billigt es nicht dem Mann zu. Die meisten Kulturen haben die Tendenz, den Mann in eine Macho-Rolle hineinzudrängen, aber da paßt die Gabe der Barmherzigkeit nicht hinein. Unsere Hoffnung ist es, daß ein größeres Verständnis der Motivationsgaben den barmherzigen Personen beiderlei Geschlechts erlauben wird, die wunderbaren weichherzigen Menschen zu sein, zu denen Gott sie auch geschaffen hat.

	Nie	Selten	Manchmal	Normalerw.	Meistens	Immer	
18. Freut sich, wenn andere gesegnet sind, ist traurig, wenn andere verletzt sind.	0	1	2	3	4	5	**Punkte**

Personen mit der Gabe der Barmherzigkeit haben eine immense Kapazität, sich mit dem zu identifizieren, was andere gerade durchleben. Sprichwörtlich werden sie sich mit den Freuenden freuen und mit den Weinenden weinen. Es gibt Zeiten in unser aller Leben, wo wir so etwas brauchen. Hast du schon mal jemandem eine Sache erzählt, der dann nur indifferent reagiert und sagt: „Oh, das ist mir schon oft passiert, es ist nichts Besonderes." Du wünschst dann, du hättest es nie erzählt.

Aber teile die gute Nachricht einer barmherzigen Person mit, und sie wird wahrscheinlich vor Freude aufspringen und sagen:

„Ich freue mich ja so für dich," oder „Preis dem Herrn, ich freue mich so, daß du mir das erzählt hast."

Earl gesteht, daß seine Gabe geradezu überläuft: „Ich lege meinen Arm um eine verletzte Person und fühle ihren Schmerz. Und wenn jemand glücklich ist, dann teile ich diese Freude gerade so, als ob es meine eigene sei."

Es gibt Zeiten in unserem Leben, in denen wir jemanden brauchen, der unsere Sorgen und Schmerzen mitfühlt. Wir brauchen dann keinen Rat oder Ermahnung oder Bewertung, sondern nur jemanden, der neben uns sitzt und für und mit uns fühlt. Wir brauchen jemanden, der sich um uns sorgt.

Als Jane nach einem schweren Autounfall im Krankenhaus lag, wußte sie, daß, wenn sie überleben würde, niemals mehr so aussehen würde, wie bisher. Die Besucherin, die ihr am meisten bedeutete, war ein barmherzige Freundin, die nur an ihrer Seite saß, ihre Hand hielt und weinte. „Nur sehr wenig Worte wurden gewechselt, aber die Tränen meiner Freundin sprachen Bände."

	Nie	Selten	Manchmal	Normalerw.	Meistens	Immer	
19. Ist ein Verfechter sozialer Gerechtigkeit.	0	1	2	3	4	5	**Punkte**

In den Augen der barmherzigen Person müssen Rechte durchgesetzt werden. Wenn das Böse in einer Gesellschaft am Werk ist, bemüht sich die barmherzige Person, das zu überwinden – gewöhnlich auf die Art eines stummen Zeugnisses, zum Beispiel durch Sit-Ins, durch Zurückbleiben, durch Friedensmärsche oder durch Hungerstreiks. Extrovertierte Erbarmer oder jene mit einer starken zweiten „Sprechgabe" werden sich vielleicht auch an politische Versammlungen wenden oder auf dem Bildschirm erscheinen. Aber alle arbeiten, um Veränderungen zu bewirken. Sie möchten uneigennützig handeln und wollen keinen Nutzen für sich selbst, sondern für andere.

Shannon erzählte uns, wie ihre Gabe der Barmherzigkeit in Aktion trat, als die Mutter ihres ersten Ehemanns starb und seinen Bruder mit achtzehn und die dreizehnjährige Schwester als Waisen zurückließ. „Mein Ehemann, der als sekundäre Gabe

Erbarmen hat, und ich gingen gerichtlich gegen den Onkel vor, der die beiden trennen wollte. Wir brachten sie nach Hause, um mit ihnen zu leben. Der Junge beendete seine Schule und bekam gleich eine gute Arbeitsstelle; jetzt lebt er alleine. Das Mädchen blieb bei mir, sogar nachdem mein Ehemann starb, bis sie verheiratet war. Ich setze mich gerne für eine gute Sache ein."

Stan erzählte uns, wie er 1974 plötzlich seine Arbeit verlor, weil er in den Streik trat, nicht um mehr Lohn zu bekommen, sondern um sich für die Gleichberechtigung der Frauen in seinem Büro einzusetzen.

Wir vermuten, daß ein hoher Prozentsatz der „Blumen-Kinder" der 60er Jahre barmherzige Personen waren, die einen „ungerechten Krieg" nicht ertragen konnten. Sie schufen eine Subkultur, von der aus sie in der Lage waren, sich als Gesamtheit für gute Zwecke in der Gesellschaft einzusetzen und doch von Zeit zu Zeit in die Sicherheit ihrer Gruppe zurückkehren konnten.

	Nie	Selten	Manchmal	Normalerw.	Meistens	Immer	
20. Leistet Fürbitte für die Verletzungen und Probleme anderer Menschen.	0	1	2	3	4	5	**Punkte**

Dies ist die dritte der sieben Motivationsgaben, die den Ruf und die Salbung zur Fürbitte hat. In erster Linie beten barmherzige Menschen für die Verletzungen und Probleme, die sie im Leben anderer erkennen.

Es sind tiefe und herzliche Gebete, die sie sprechen. Wenn du die Gabe der Barmherzigkeit in einem Gebetstreffen in Aktion erlebt hast, denkst du vielleicht: „Oh, wie wunderschön. Ich wünschte, ich könnte auch so beten." Sie sind so ausdrucksvoll, weil sie das, was sie beten, so tief empfinden. Es ist nicht ungewöhnlich für sie, wenn sie während der Fürbitte zu Tränen gerührt sind. Sie beten mit Hingabe und vergessen fast, daß andere da sind, und schämen sich nicht ihrer Tränen oder anderer Gefühle. Personen, die zu regelmäßigen Mitgliedern einer Fürbittegruppe werden, sind die Erkenner, die Geber und die barmherzigen Menschen. Jeder von ihnen bringt seine eigene Art mit in das Treffen.

Der *Erkenner* wird dafür beten, daß der Wille Gottes in Nationen, in Gemeinden in anderen Gruppen und im Leben von Menschen geschieht.

Der *Geber* wird für die Errettung verlorener Seelen im speziellen und im allgemeinen beten.

Die *barmherzige Person* wird für die Probleme und Verletzungen der Leute und für die Einheit im Leib Christi beten. Es ist wunderschön, solch eine Gruppe in Aktion zu erleben. Es ist die Verwirklichung der Erklärung Jesu: „Wiederum sage ich euch, wenn zwei von euch auf der Erde übereinstimmmen werden (zusammmen harmonieren, eine Symphonie bilden) über irgendeine Sache, für die sie bitten, so wird sie ihnen werden und getan von meinem Vater im Himmel. Denn wo zwei oder drei in meinem Namen zusammmen sind (sich als meine Nachfolger nähern), da bin ICH mitten unter ihnen" (Matth. 18,19-20).

Beachte, daß das griechische Wort für „übereinstimmen" *symphoneo* heißt. Das bedeutet „zusammmen harmonisieren oder eine Symphonie bilden". Ein wunderbares Bild darüber, was geschieht, wenn diese drei Gabenträger zusammmen beten. Genauso, wie ein Akkord reicher und lieblicher ist als eine einzelne Note, ist auch der Harmonieklang ausgezeichnet, wenn man sich von ganzem Herzen im Gebet mit dem anderen eins macht. Es berührt das Herz Gottes und bringt Ergebnisse.

Wir ermutigen Gemeinden, nicht *jeden* zu drängen, zu den Fürbitte-Gebetstreffen zu gehen, sondern dem Heiligen Geist zu erlauben, jene zusammenzuführen, die besonders dazu berufen sind. Drei oder vier Leute von der oben erwähnten Gaben-Dreier-Gruppe werden mehr echte Fürbitte leisten, als Dutzende von Personen mit den anderen vier Gaben.

Das soll nicht bedeuten, daß wir nicht alle beten sollen. Wir sind *alle* zum Gebet gerufen, aber nicht alle haben einen Ruf zur Fürbitte.

DIE GABE DER BARMHERZIGKEIT

Charakteristiken:

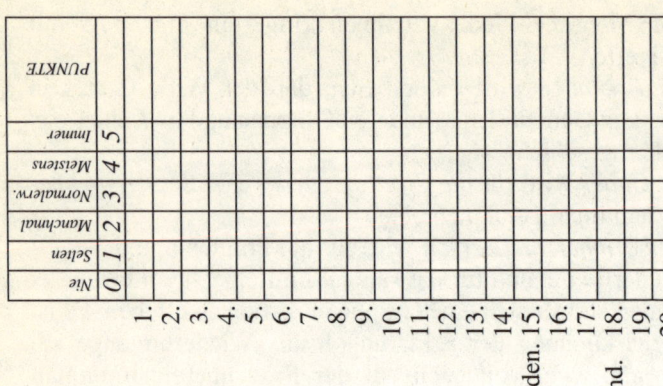

	Nie	Selten	Manchmal	Normalerw.	Meistens	Immer	PUNKTE
	0	1	2	3	4	5	
1. Hat eine gewaltige Kapazität, Liebe zu zeigen.							
2. Sieht immer das Gute im Menschen.							
3. Spürt die Atmosphäre einer Gruppe oder einer Einzelperson.							
4. Fühlt sich stark zu Menschen hingegezogen die verletzt oder in Not sind.							
5. Hilft gern, um Schmerz zu lindern und Nöten zu begegnen.							
6. Konzentriert sich mehr auf geistige u. emotionale Nöte als auf materielle.							
7. Hilft gerne bei der Klärung von Beziehungen.							
8. Liebt Gelegenheiten, anderen den Vorzug zu geben und Platz zu machen.							
9. Ist vorsichtig im Reden und Handeln, will andere nicht verletzen.							
10. Erkennt leicht Unwahrhaftigkeit oder falsche Motive.							
11. Fühlt sich zu anderen, die auch barmherzig sind, stark hingezogen.							
12. Ist zu anderen besonders aufmerksam.							
13. Ist vertrauenswürdig und kann anderen leicht vertrauen.							
14. Vermeidet Konflikte und Konfrontationen.							
15. Mag es nicht, in seiner Arbeit und in anderen Aktivitäten gedrängt zu werden.							
16. Ist typischerweise heiter und fröhlich.							
17. Wird mehr vom Herzen als vom Verstand regiert.							
18. Freut sich, wenn andere gesegnet sind, ist traurig, wenn andere verletzt sind.							
19. Ist ein Verfechter sozialer Gerechtigkeit.							
20. Leistet Fürbitte für die Verletzungen und Probleme anderer Menschen.							
GESAMT							

26

PROBLEME DER BARMHERZIGEN PERSON

Die Motivationsgabe des Erbarmens kann potentiell beides sein: die wunderschönste Gabe von allen und die am meisten emotional zerstörende. Es hängt alles davon ab, in welchem Maß die barmherzige Person ihre eigenen gefühlsmäßigen Verletzungen überwunden hat.

Barmherzige Personen haben die stärkste Fähigkeit, Verletzungen aufzunehmen, da ihre Herzen für andere am weitesten geöffnet sind. Wenn sie verraten werden, gibt es keinen Schutz für sie, kein Versteck, keine Bewahrung, um den Angriff abzuwehren.

Von allen Empfängern der Gaben braucht das barmherzige Kind am meisten Liebe, Sanftheit und elterlichen Schutz. Kinder, die solch einen elterlichen Beistand erfahren, sind fähig, die Herausforderungen des Lebens zu bewältigen. Solche Kinder, die das nicht erleben, brauchen viel Ermutigung, Seelsorge, Befreiung und Heilung, um ohne Behinderung ihr rechtmäßiges Erbe antreten zu können.

Wir haben herausgefunden, daß eine barmherzige Person mehr dazu neigt, alkohol-, drogenabhängig oder psychisch krank zu werden, als jede andere Personen. Barmherzige Menschen sind auch idealistisch und haben den Hang dazu, in einer Phantasiewelt zu leben, wenn die reale Welt unerträglich wird. Unglücklicherweise wachsen viele barmherzige Personen in einer Umgebung auf, in der Streit und Unfreundlichkeit – sogar Mißbrauch und Belästigung – vorherrschen. Aber die gute Nachricht ist, daß Jesus alle diese Verletzungen heilen kann. Unsere Erfahrungen im Dienst haben das bestätigt.

Also wenn du merkst, daß du verletzt bist, laß Jesus dich heilen und freisetzen. Oft passiert das gerade dann, wenn du bittest. Oder laß es zu, daß jemand anders dir dabei hilft: Dein Pastor oder ein reifer Christ, der im Dienst für innere Heilung steht. Dann wirst du in der Schönheit und Fülle deiner Gabe funktionieren können.

	Nie	Selten	Manchmal	Normalerw.	Meistens	Immer	
	0	1	2	3	4	5	Punkte

1. Tendiert zur Unentschlossenheit.

Für die barmherzige Person ist es schwer, Entscheidungen zu treffen. Sie wird die möglichen Konsequenzen abwägen und die Entscheidung so lange es geht hinauszögern oder die Verantwortung möglichst an andere abgeben.

Ein junger Mann mit der Gabe der Barmherzigkeit verliebte sich in eine junge Frau aus unserer Gemeinde mit derselben Gabe. Das erste Jahr ihrer Ehe war eine echte Herausforderung. „Laß uns heute Essen gehen," sagte er. „Okay," erwiderte sie. „Wo würdest du denn gerne hingehen?" „Ach, mir ist das egal, entscheide du." „Nein, du suchst den Ort aus." „Ich denke es wäre besser, wenn du das tun würdest." „Ich hatte letztes Mal die Wahl. Jetzt bist du dran." „Na ja, jeder Ort ist für mich gut." „Ich will aber nicht!" „Nun, ich auch nicht."

Zwischenzeitlich waren sie zu wütend geworden, um auszugehen. Das Problem war, daß es jedesmal so war, wenn es um eine Entscheidung ging. Bis sie endlich zu ihrem Pastor in die Seelsorge gingen, um Entscheidungsfindung zu lernen.

Diese Charakteristik hat eine besonders schädliche Auswirkung in der Kindererziehung. Oft sind barmherzige Eltern nicht gewillt, dem falschen Verhalten ihrer Kinder entgegenzutreten. Sie hoffen, daß der andere Elternteil darauf achtet. Tatsächlich erziehen sie ihre Kinder dadurch zum Ungehorsam und zur Respektlosigkeit.

2. Hat die Neigung, Angriffe, die anderen gelten, auf sich zu nehmen.

Nie	Selten	Manchmal	Normalerw.	Meistens	Immer	Punkte
0	1	2	3	4	5	

Weil eine barmherzige Person nicht zusehen kann, wie ein anderer verletzt oder angegriffen wird, ist sie schnell dabei, die angegriffene Person zu verteidigen.

Das läuft etwa so ab: Person A sagt etwas Verletzendes zu Person B. Die barmherzige Person beobachtet das und sympathisiert mit Person B. Mittlerweile vertragen sich A und B wieder und erneuern ihre Beziehung. Aber die barmherzige Person hat noch immer Groll gegen Person A.

Sie muß lernen, daß solche Sachen nicht zu ihren Aufgaben gehören, es sei denn, sie betet für die Beteiligten.

3. Ist leicht verletzlich.

Nie	Selten	Manchmal	Normalerw.	Meistens	Immer	Punkte
0	1	2	3	4	5	

Das ist das größte Problem. Niemand wird so leicht verletzt wie die barmherzigen Personen. Sie sind es, die am schnellsten verwundet sind.

Normalerweise beginnt das schon in der Kindheit – unter Umständen schon sehr früh. Ein Frau, die wir in Seelsorge hatten, war ein ungewolltes Kind. Sie war den Eltern eine Last, woran sie immer wieder erinnert wurde. Als Erwachsene empfand sie ständig, sie sei den Menschen im Wege. Oft brach sie zusammen und schrie nach Liebe. Jesus begegnete ihr in Seiner Liebe auf eine ganz persönliche Art – und sie wurde geheilt.

Brian erzählte uns, daß er ein schwieriges Zuhause hatte: „Meine Mutter und mein Vater hatten heftige und laute Auseinandersetzungen. Mein Herz blutete, aber ich hatte Angst. Deswegen tat ich so, als ob ich nichts hören würde. Seit diesem Tag verursacht es mir Schmerzen, wenn ich Leute streiten höre."

Unglücklicherweise nehmen barmherzige Kinder die Schuld für den Streit zwischen den Eltern auf sich. Sie haben die Tendenz, alles sehr persönlich zu nehmen.

Gary war erst sieben, als seine Eltern sich scheiden ließen. Er sagte: „Ich war mir sicher, es sei mein Fehler. Und die ganze Zeit dachte ich, daß all dies nicht passiert wäre, wenn ich nur ein besseres Kind gewesen wäre. Dieser Schuldkomplex war damals nicht wegzubekommen. Jahre der Seelsorge waren notwendig, um zu erkennen, daß nicht ich der Grund für das Problem meiner Eltern war."

Es klingt ironisch, daß gerade die Leute, die am leichtesten verletzbar sind, jene sind, die anderen am besten helfen können, ihre Verletzungen zu überwinden. Oder ist es deswegen, weil Gott gerade die Dinge, durch die wir selbst gehen, benutzen möchte – wenn wir es Ihm erlauben?

	Nie	Selten	Manchmal	Normalerw.	Meistens	Immer	
	0	1	2	3	4	5	Punkte

4. Empfindet zu stark das Leiden anderer.

Dies ist ein anderes Problemfeld für Personen mit der Gabe des Erbarmens. Wenn sie zu umfassend mit den Leiden anderer fühlen, kann sie das niederdrücken und ineffektiv in ihrerm Dienst machen.

Dinah schrieb uns über dieses Problem in ihrem Leben. „Immer will ich jemanden, der verletzt ist, helfen, weil ich die Verletzung mitfühle. Aber ich habe die Tendenz, ihre Qualen auf mich selbst zu nehmen und in allem mit ihnen zu gehen. Dann bin ich nicht mehr objektiv genug, um ihnen wirklich helfen zu können."

Die Anwort auf Dinahs Problem war, sich daran zu erinnern, daß Jesus all unsere Qualen und Schmerzen bereits am Kreuz getragen hat. Er ist der einzige, dessen Herz groß genug ist, um das zu tragen. Es ist notwendig, daß wir Ihm die Leiden dieser Welt übergeben, anstatt sie selbst zu tragen.

In einigen Fällen haben wir sogar barmherzige Menschen erlebt, die die Krankheiten anderer auf sich nahmen. Wir dürfen das nicht tun. Jesus trug unsere Krankheit ans Kreuz, zur selben Zeit, als Er unsere Sünden auf sich nahm.

Eine Frau aus Kalifornien (wir nennen sie Amanda) fühlte den Schmerz einer Freundin, die Krebs hatte. Amanda begann ähnliche Krebssymptome in ihrem eigenen Körper zu zeigen, obwohl ihr Arzt keinerlei physische Anhaltspunkte entdecken konnte. Wir warnten Amanda, daß sie nicht versuchen dürfe, eine Krankheit auf ihren eigenen Körper zu nehmen, egal wie sehr sie sich auch um ihre Freundin sorgte. Sie blieb darauf bestehen, mit ihrer Freundin leiden zu wollen. Selbst Amandas Ehemann konnte sie davon nicht abhalten. Sie wurde dadurch total geschwächt.

	Nie	Selten	Manchmal	Normalerw.	Meistens	Immer	
5. Die liebevolle Art wird vom anderen Geschlecht oft falsch interpretiert.	0	1	2	3	4	5	**Punkte**

Weil die barmherzige Person eine starke Fähigkeit hat, Liebe zu zeigen, und weil es so viel Menschen gibt, die Liebe brauchen, kann es leicht geschehen, daß ihre Zuneigung vom anderen Geschlecht falsch interpretiert wird.

Eines Tages, als wir für eine Reisegruppe ins Heilige Land verantwortlich waren, waren zwei ledige Frauen mit der Barmherzigkeitsgabe dabei. Sie wollten ihre Liebe zu Jesus sehr gerne dem Busfahrer und dem Reiseführer mitteilen, so daß sie jede Gelegenheit nutzten, um mit ihnen zu reden. Bald konnten Don und ich erkennen, daß die Männer die Agape-Liebe der Frauen als persönliches Interesse verstanden. Als wir entdeckten, daß sie von den Männern in ihr Apartment eingeladen wurden, mußte Don in dieser Situation die Bremsen ziehen.

Zuerst ärgerten sich die Frauen über dieses Einmischen, denn sie sahen die Einladung als eine Gelegenheit, den zwei Männern von Jesus zu erzählen. Schließlich konnte Don sie doch überzeugen, daß sein Handeln ihrem Schutz galt; wenn die Männer wirklich bereit seien, das Evangelium zu hören, dann könne das auch in der Sicherheit der Gruppe geschehen.

Sheila, eine Studentin mit einer Punktzahl von achtundneunzig bei der Gabe des Erbarmens, erzählte uns folgendes: „Ich muß sehr vorsichtig sein, wenn ich dem anderen Geschlecht seelsorgerlich diene, sogar in der Jungen-Erwachsenen-Gruppe unserer Gemeinde ist das erforderlich. Mehr als einmal verliebte sich ein „Bruder" in mich, nur weil ich ihm meine Liebe gezeigt hatte – was für ein Problem. Es ist so schwierig, in solch einer Situation ehrlich zu sein, ohne die Gefühle des anderen zu verletzen." Wir empfehlen, daß eine barmherzige Person *niemals*, und wir meinen *niemals*, dem anderen Geschlecht *alleine* dienen sollte. (Tatsächlich ist es auch für jeden eine gute Regel.) Wenn du einige barmherzige Personen kennst, dann nimm dir Zeit, ihnen deine Liebe zu zeigen und Positives in ihr Leben zu legen.

Typische Problemgebiete der Gabe der Barmherzigkeit:

	Nie	Selten	Manchmal	Normalerw.	Meistens	Immer	PUNKTE
	0	1	2	3	4	5	
1.							
2.							
3.							
4.							
5.							
GESAMT							

1. Tendiert zur Unentschlossenheit.
2. Hat die Neigung, Angriffe, die anderen gelten, auf sich zu nehmen.
3. Ist leicht verletzbar.
4. Empfindet zu sehr das Leiden anderer.
5. Die liebevolle Art wird vom anderen Geschlecht oft falsch interpretiert.

27

BIBLISCHE BARMHERZIGE PERSONEN

Erbarmer kann man am schnellsten an ihren Taten erkennen: Sie sind Gefühlsmenschen und ihre Taten der Sorge und der Barmherzigkeit sind von erkennbarer Deutlichkeit. Die Geschichte Jesu vom barmherzigen Samariter ist ein klassisches Bild einer barmherzigen Person. Die Geschichte verdeutlicht die gewaltige Bedeutung dieser Gabe. Jesus nagelte einen unehrlichen Gesetzesgelehrten damit fest, als er darauf hinwies, daß das Leben im Reich Gottes mit der Liebe zu Gott und zum Nächsten zu tun hat.

Schrift: Luk. 10.30-35 (TAB)   **Dein Kommentar:**

Lukas 10

30 Ein bestimmter Mensch ging von Jerusalem nach Jericho hinunter, und er fiel unter die Räuber, die ihm seine Kleider und Habseligkeiten herunterrissen, ihn schlugen und weggingen (unbekümmert) und ihn danach halbtot liegenließen.

31 Nun kam zufällig ein bestimmter Priester diese Straße entlanggelaufen; als er ihn sah, ging er auf der anderen Seite an ihm vorbei.

32 Ebenso kam auch ein Levit an diesen Ort, sah ihn und ging auf der anderen

Seite (der Straße) an ihm
vorbei.

33 Aber ein bestimmter
Samariter, der auf der
Durchreise war, kam zu
ihm, und als er ihn sah,
wurde er bewegt von
Mitleid und Sympathie (für
ihn).

34 Und er ging zu ihm und
verband seine Wunden,
indem er Öl und Wein
daraufgoß. Dann setzte er
ihn auf sein eigenes Tier,
brachte ihn zu einer
Herberge und trug Sorge für
ihn.

35 Am nächsten Tag zog er
zwei Denare heraus (der
Lohn von zwei Tagen) und
gab sie dem Wirt, indem er
sagte: „Trage Sorge für ihn,
und was du noch mehr für
ihn ausgeben wirst, werde
ich selbst zurückzahlen,
wenn ich wiederkomme."

Weder der Priester noch der Levit, die religiösen Leiter dieser
Zeit, zeigten Erbarmen für den Mann, der beraubt und geschlagen wurde. Religiösität ohne den Geist kann uns davon isolieren,
für die Menschen um uns herum „Mitgefühl" zu haben.

Auf der anderen Seite war der Samariter so voll von Erbarmen, daß seine Sorge die sozialen Barrieren zwischen Samari-
tern und Juden durchbrach. Obwohl von Juden gemieden,
streckte sich der barmherzige Reisende zu einem Menschen in
Not aus. Hier unsere Beobachtungen:

Schrift: Luk. 10.30-35 (TAB)	Unser Kommentar:

Lukas 10

30 Ein bestimmter Mensch ging von Jerusalem nach Jericho hinunter, und er fiel unter die Räuber, die ihm seine Kleider und Habseligkeiten herunterrissen, ihn schlugen und weggingen (unbekümmert) und ihn danach halbtot liegenließen.

31 Nun kam zufällig ein bestimmter Priester diese Straße entlanggelaufen. Als er ihn sah, ging er auf der anderen Seite an ihm vorbei.

Merke: Der Priester hatte kein Erbarmen

32 Ebenso kam auch ein Levit an diesen Ort, sah ihn und ging auf der anderen Seite (der Straße) an ihm vorbei.

Merke: Der Levit hatte kein Erbarmen

33 Aber ein bestimmter Samariter, der auf der Durchreise war, kam zu ihm, und als er ihn sah, wurde er bewegt von Mitleid und Sympathie (für ihn).

#1 große Kapazität an Liebe
#4 zu den Verletzten hinge-zogen
#17 Herzensreaktion
#18 Mitgefühl

34 Er ging zu ihm und verband seine Wunden, indem er Öl und Wein daraufgoß. Dann setzte er ihn auf sein eigenes Tier, brachte ihn zu einer Herberge und trug Sorge für ihn.

#5 handelt, um Verletzun-gen zu lindern
#6 behebt körperliche Not
#17 vom Herz regiert

284

35 Am nächsten Tag zog er zwei Denare heraus (der Lohn von zwei Tagen) und gab sie dem Wirt, indem er sagte: „Trage Sorge für ihn, und was du noch mehr für ihn ausgeben wirst, werde ich (selbst) zurückzahlen, wenn ich wiederkomme."

#6 entfernt mögliche gefühlsmäßige Not
#12 bedeutungsvolle Taten
#13 vertraut dem Wirt

Wir sehen, wie der barmherzige Samariter sich nicht nur um die körperlichen Verletzungen des Opfers kümmert, sondern auch an seinem gefühlsmäßigen Streß teilnimmt, der in der Herberge entsteht, nachdem er aus dem Koma aufwacht und feststellt, daß er kein Geld hat, um für die Versorgung zu zahlen. Tatsächlich deckt der Samaritaner alle Grundlagen der Barmherzigkeit ab, wie es nur jemand mit einer solchen Gabe tun kann.

Ein weiteres auffallendes Beispiel für die Motivationsgabe des Erbarmens ist Johannes, „der Jünger, den Jesus liebte." Sicher sind barmherzige Menschen außergewöhnlich liebenswert. Zusätzlich sehen wir die liebende, sensible Natur des Johannes in seinen Briefen. Beobachte, wie bedeutend diese Gabe in seinem Evangelium ist!

Andere barmherzige Menschen, auf die wir sehen können sind:

Ruth	– Ruth
Joseph, der legale Vater Jesu	– Matthäus 1.26-24; 2.13; Lukas 1,27; 2,4-51; 3,23; – Lukas 4,22; Johannes 1,45; 6,42
Jeremia	– (mit dem *Ruf* eines Propheten; bemerkenswert, daß er oft der „weinende Prophet" genannt wird)
Rachel	– Genesis 29-31, 35,46; 48,7; Ruth 4,11; 1. Samuel 10,2;
Rebekka	– Genesis 22;23; 24,29; 35,8; 49,31

28

AUSWERTUNG DEINES PROFILBOGENS

Nun hast du dein Gabenprofil vervollständigt. Deine Werte sind ausgerechnet und übertragen, und du siehst ein Profil, ähnlich dem folgenden Beispiel. Was bedeutet es nun? Wie kannst du dieses Ergebnis auswerten? Was ist der Unterschied zwischen dem ersten und dem zweiten Platz? Was ist, wenn nicht viel Unterschied zwischen all deinen Werten besteht? Was ist, wenn deine Werte zu hoch erscheinen? Oder zu niedrig? Nun, versuch einfach diese Fragen zu beantworten und benutze dein eigenes Gabenprofil als Beispiel:

Name: Katie Fortune	0	10	20	30	40	50	60	70	80	90	100
Erkenner								(3)			
Diener						(7)					
Lehrer									(2)		
Ermutiger								(4)			
Geber						(5)					
Administrator											(1)
Barmherzige Person						(6)					

Folgendes können wir aus meinem Gabenprofil entnehmen:
1) Meine primäre Gabe ist Administrieren. Da habe ich einen hohen Wert (94). Das bedeutet, daß ich nahezu immer in dieser Gabe funktioniere. Es bedeutet auch, daß ich fähig bin zu leiten, es auch gerne tue und daß es mir leicht fällt zu organisieren.
2) Meine zweitstärkste Gabe ist Lehren (82). Daraus kann man entnehmen, daß ich auch in dieser Gabe sehr oft arbeite. Es macht auch deutlich, daß meine Lehrbegabung einen ständigen Einfluß auf meine stärkste Gabe, die des Administrierens, ausübt. Es bedeutet auch, daß ich gesondert auch in meiner sekundären Gabe operieren kann, obwohl die Art, in der sich das äußern wird, wiederum von meiner Primärbegabung gefärbt

sein wird. Zum Beispiel: Wenn ich mich aufs Lehren vorbereite, dann werde ich eine Menge Nachforschung treiben, aber immer mit einer Gesamtübersichticht in meinen Gedanken und mit einem Blick für das systematische Organisieren meines Materials.

3) Meine dritte Gabe, Erkennen (74), ist mittelmäßig hoch. Deswegen wird auch diese Gabe einigen Einfluß auf mein Leben haben, aber nicht im mindesten so viel wie die ersten zwei Gaben. Sie ist nicht hoch genug, um ein regelmäßiger Fürbitter zu sein, besonders deshalb, weil meine ersten zwei Gaben keine Fürbittegaben sind. Trotzdem ist sie stark genug, um mich mit einem ausgeprägten Sinn für richtig und falsch zu motivieren und mir ein Verlangen zu geben, daß durch meine stärksten Gaben der Wille Gottes geschehen soll.

4) Nahe gelegen an meiner dritten Gabe ist Ermutigen (72), die, wie die ersten drei eine Sprechgabe ist. Deshalb sind meine kommunikativen Fähigkeiten stark ausgeprägt.

5) Die drei niedrigsten Gaben sind die Tat- oder Dienstgaben – Geben (63), Erbarmen (56) und Dienen (42) – das bedeutet, daß ich im Allgemeinen auf das Dienen nicht ausgerichtet bin.

6) Die niedrigste Punktezahl ist bei Dienen. Dazu bin ich wohl am wenigsten motiviert. Natürlich vertrete ich die Ansicht, daß ich „diene", wenn ich mich selbst in Leitung und in Lehre zur Auferbauung anderer einbringe.

7) Die Tatsache, daß auch Don bei Dienen eine niedrige Punktezahl hat, besagt, daß wir manchmal Haus und Hof vernachlässigen, zugunsten der Beschäftigung mit Menschen, in Bereichen, wo wir beide unsere Sprechgaben einsetzen können.

Name: Don Fortune	0	10	20	30	40	50	60	70	80	90	100
Erkenner								(3)			
Diener							(5)				
Lehrer						(7)					
Ermutiger										(1)	
Geber								(2)			
Administrator						(6)					
Barmherzige Person							(4)				

Jetzt wollen wir über Don's Gabenprofil sprechen:

1) Don's primäre Gabe ist Ermutigen. Der hohe Wert (89) zeigt an, daß er die meiste Zeit in dieser Gabe funktioniert. Für ihn ist es völlig normal, in jeder Situation andere Leute zu ermutigen. Es handelt sich hier ebenso um eine Sprech- und Leitungsgabe, und beides tut er sehr oft.

2) Seine zweite Gabe, das Geben (73), ist auch stark ausgeprägt. Das hat ihm ein starkes Interesse an Mission und Evangelisation gegeben, und deshalb dient er sehr gerne auf dem Missionsfeld. Diese Gabe motiviert ihn auch stark, Missionare und Evangelisationsprojekte zu unterstützen.

3) Erkennen (69) die dritte Gabe, ist nahe an seiner Gebergabe; von dieser Kombination kommt sein Ruf zum Gebets- und Fürbittedienst. Er empfindet seine Teilnahme an unseren allmorgendlichen Gebetstreffen in der Zeit von 6 bis 7 Uhr als besonders wichtig und fruchtbar.

4) Erbarmen (62) und Dienen (61) liegen fast gleichwertig auf dem 4. und 5. Platz, während Don's niedrigste Punktezahlen bei Administrieren (55) und Lehren (54) ebenso nur einen Punkt auseinander sind. Don's Lehrfähigkeit kommt von seiner Ermutigergabe und nicht von der Lehrgabe.

5) Beachte, daß seine letzten zwei Gaben meine ersten zwei sind. Das bedeutet, daß wir uns in mindestens zwei Gebieten ergänzen. Das schafft von Zeit zu Zeit einige interssante Herausforderungen in unserer Ehe. Eins ist sicher, wir werden uns nicht langweilen.

Don übt seine primäre Gabe als ein Hauskreisleiter und als Ältester der Gemeinde aus. Außerdem lehrt er in vielen Ländern in Seminaren und leitet die Missionsarbeit unserer Gemeinde. Ebenso beaufsichtigt er die Fürsorgedienste der Gemeinde, wie zum Beispiel die Essensverteilung, und ist darüberhinaus noch in der Seelsorge tätig.

Das ist die Art der Auswertung, die du auch aus deinem Gabenprofil ersehen kannst. Denke daran, es gibt dich nur einmal in dieser Welt und Gott hat dich gestaltet, damit du ein lebendiger Teil des Leibes Christi bist.

GRÜNDE FÜR EIN ENGES PROFIL

In einigen Fällen wird eine Person ein so enges Profil haben, daß sie Schwierigkeiten bekommt, ihre Primärgabe zu entdecken. Das kann eine Reihe von Gründen haben:

1. Zuerst könnte es sein, daß deine Motivationsgaben in deiner Kindheit unterdrückt wurden oder daß sie durch die momentanen Umstände blockiert werden. Daher könnte es sein, daß eine andere Gabe sich über die primäre stellt.

2. Ein zweiter Grund könnte sein, daß dein Selbstbewußtsein so schwach ist, daß du nicht in der Lage bist, mit deiner verborgenen Persönlichkeit und deiner wirklichen Begabung in Berührung zu kommen.

3. Ein dritter Grund könnte sein, daß du gegenwärtig so stark in solche Aktivitäten und Arbeiten eingespannt bist, die besonders deine sekundäre Begabung fordern; dann wurde deine Bewertung mehr beeinflußt durch die momentane Beschäftigung als durch deine in dir wohnende Begabung.

4. Ein vierter Grund könnte sein, daß du versuchst jemand zu sein, der du nicht bist (oder jemand nicht zu sein, der du doch bist).

5. Schließlich kann es wirklich so sein, daß du zwei Motivationsgaben hast, die gleich stark sind, weil dich Gott in dieser Art begabt hat. Wir haben erlebt, daß das durchaus vorkommen kann. Die zwei Gaben beeinflussen sich dann gegenseitig, um eine notwendige Ballance zu schaffen, die für die besondere Art des Dienstes dieser Person wichtig ist. Am Ende dieses Kapitels findest du mehr Information darüber.

GLEICHE KURVEN

Wenn du für deine ersten beiden Gaben ein gleiches Ergebnis hast, wie kannst du dann herausfinden, ob sie wirklich gleich stark sind oder ob nicht doch eine unter die andere gehört?

Hier ist ein Test, der dir hilft herauszufinden, welche stärker ist. Die Fragen bauen auf Bevorzugung auf. Es ist eine subjektive Art der Einschätzung, herauszufinden, welche Gabe dich motiviert.

Beantworte jede Frage, auch wenn du bemerkst, daß du beides gerne tust. *Zwinge dich, eine Wahl zu treffen*, auch wenn der Spielraum zur Bevorzugung ganz gering ist.

Wenn du zwei oder drei der Fragen mit (a) beantwortest, ist anzunehmen, daß die zuerst genannte Gabe die deine ist. Wenn die Mehrzahl deiner Antworten (b) ist, dann ist es deine zweite. Die gleiche Prozedur kannst du auch mit deiner zweiten oder dritten Gabe, mit deiner dritten und vierten Gabe, usw. durchführen.

ERKENNER/DIENER

1. *Würdest du lieber Zeit verbringen,*
    ___ a. für andere zu beten, (oder)
    ___ b. Gäste zu bewirten?
2. *Würdest du in erster Linie einer Person Liebe zeigen,*
    ___ a. um sie durch deine Hilfe zu verändern,
    ___ b. (oder) um durch dein Tun einer bestimmten Not zu begegnen, die sie hat?
3. *Würdest du eine Person mehr befreien wollen von*
    ___ a. Sünde in ihrem Leben, (oder)
    ___ b. von Belastungen in ihrem Haus?

ERKENNER/LEHRER

1. *Würdest du in einer Bibelarbeit mit anderen eher*
    ___ a. sagen, ob die Auslegung falsch oder richtig ist, (oder)
    ___ b. ihnen Anweisungen geben, wie sie studieren können, um die Wahrheit herauszufinden?
2. *Würdest du lieber*
    ___ a. Zeit in der Fürbitte verbringen, (oder)
    ___ b. in einem Glaubensgrundkurs unterrichten?
3. *Um dir eine Meinung über etwas zu bilden, würdest du wahrscheinlich eher*
    ___ a. nach dem gehen was du fühlst und/oder glaubst, (oder)
    ___ b. danach forschen, bis du genug überzeugt bist?

ERKENNER/ERMUTIGER

1. *Um anderen eine gute Hilfe zu sein, würdest du lieber*
    ___ a. zur Buße rufen, um ihre Wege zu ändern, (oder)
    ___ b. sie ermutigen, ihre Beziehungen zu klären?

290

2. *Im seelsorgerlichen Gespräch*
___ a. erzählst du, was falsch ist und was sie tun sollen, (oder)
___ b. akzeptierst du erst, wer sie sind, und schlägst dann eine Änderung vor?

3. *Wenn du Rat gibst,*
___ a. nimmst du Schriftstellen als eine absolute Grundlage für das Handeln, (oder)
___ b. gibst du praktische Schritte zur Hilfe?

ERKENNER/GEBER

1. *Um anderen zu helfen, würdest du mehr*
___ a. Rat aus dem Wort Gottes geben, (oder)
___ b. etwas hilfreiches tun?

2. *Würdest du lieber*
___ a. für jemanden beten, (oder)
___ b. jemanden versorgen?

3. *Wenn du mit Ungläubigen zu tun hast, bist du so, daß*
___ a. du ihnen erzählst, daß sie Sünder sind und sich bekehren müssen, (oder)
___ b. ihnen einfach den Weg zur Errettung zeigst?

ERKENNER/ADMINISTRATOR

1. *Wenn du jemandem geistlich weiterhilfst, würdest du mehr*
___ a. erzählen, „was die Schrift sagt", (oder)
___ b. helfen, die Gesamtschau des ganzen Bildes zu sehen?

2. *Wenn du Personen beraten sollst, würdest du lieber*
___ a. sagen, daß sie falsch oder richtig liegen, (oder)
___ b. erst versuchen, alles über ihre Probleme herauszufinden?

3. *Würdest du lieber Zeit verbringen*
___ a. im Beten und Fasten, (oder)
___ b. im Organisieren eines christlichen Projekts?

ERKENNER/BARMHERZIGE PERSON

1. *Wenn du Menschen hilfst, tendierst du mehr dazu,*
___ a. ihre geistlichen Nöte zuerst anzusprechen, (oder)
___ b. ihre emotionalen Nöte zuerst anzusprechen?

2. *Wenn jemand verletzt ist, wirst du ihm lieber*
    ___ a. von der Schrift her aufzeigen, wie man Verletzungen überwinden kann, (oder)
    ___ b. dich mit der Person identifizieren und bei ihr bleiben, bis der Schmerz gegangen ist?
3. *Würdest du lieber teilnehmen*
    ___ a. an einer Fürbitte-Gebetsgruppe, (oder)
    ___ b. an einem Programm, um den Armen zu helfen?

DIENER/LEHRER

1. *Wenn du jemanden belehrst, tust du es durch*
    ___ a. Darstellen der fürsorgenden Natur Gottes, (oder)
    ___ b. Erläuterungen aus dem Wort Gottes?
2. *Wenn jemand etwas braucht, würdest du*
    ___ a. ihm das besorgen, (oder)
    ___ b. ihm erklären, wie er sich das besorgen kann?
3. *Würdest du eher*
    ___ a. helfen, ein Essen herzurichten, (oder)
    ___ b. nach dem Essen zur Gruppe reden?

DIENER/ERMUTIGER

1. *Würdest du eher*
    ___ a. mit deinen Händen arbeiten, (oder)
    ___ b. mit deinem Mund sprechen?
2. *Wenn eine Person deinen Anweisungen nicht folgt, würdest du dann*
    ___ a. einfach vorangehen und es selbst machen, (oder)
    ___ b. noch deutlicher erklären, damit sie es macht?
3. *Hast du nach einem Treffen das Gefühl, daß es wichtiger ist*
    ___ a. sicherzugehen, daß der Raum ordentlich verlassen wird, (oder)
    ___ b. Zeit mit Gesprächen zu verbringen?

DIENER/GEBER

1. *Siehst du Gastfreundschaft mehr als eine Gelegenheit*
    ___ a. zu dienen, (oder)
    ___ b. zu geben?
2. *Würdest du eher*
    ___ a. Leuten in praktischen Dingen helfen wollen, (oder)
    ___ b. die Zeit nutzen wollen, Zeugnis zu geben?

292

3. *Würdest du jemandem in Not eher helfen, indem du*
___ a. etwas für ihn tust, (oder)
___ b. ihn anonym finanziell unterstützt?

DIENER/ADMINISTRATOR
1. *Würdest du eher*
___ a. jemandem helfen, etwas auszuführen, (oder)
___ b. ihm erzählen, wie er es ausführen kann?
2. *Wenn ein Raum gereinigt werden muß, würdest du*
___ a. einen Besen holen und auskehren, (oder)
___ b. herausfinden, wer diese Arbeit am besten tun kann?
3. *Nimmst du die Dinge,*
___ a. wie sie kommen, (oder)
___ b. planst du im voraus?

DIENER/BARMHERZIGE PERSON
1. *Kümmerst du dich mehr*
___ a. um die praktischen Nöte der Leute, (oder)
___ b. um ihre gefühlsmäßige Situation?
2. *Würdest du eher*
___ a. bei einem Gemeindefest helfen, (oder)
___ b. Gefängnisinsassen besuchen wollen?
3. *Würdest du eher*
___ a. an einem Projekt bis zum Ende arbeiten, (oder)
___ b. dich von emotionalen Bedürfnissen ablenken lassen?

LEHRER/ERMUTIGER
1. *Würdest du lieber anderen Leuten helfen, indem du*
___ a. sie in einer Bibelklasse unterrichtest, (oder)
___ b. ihnen seelsorgerlich behilflich bist?
2. *Würdest du es bevorzugen,*
___ a. ein gutes Buch zu lesen, (oder)
___ b. mit Menschen zusammen zu sein?
3. *Würdest du lieber*
___ a. wenig ausgewählte Freunde mit ähnlichen Interessen haben, (oder)
___ b. viele Freunde haben?

LEHRER/GEBER

1. *Würdest du es gerne sehen, wenn Gott deine Fähigkeiten erweitert,*
   ___ a. effektiver lehren zu können, (oder)
   ___ b. großzügiger geben zu können?
2. *Würdest du lieber*
   ___ a. forschen und studieren, (oder)
   ___ b. Zeugnis geben und evangelisieren?
3. *Hast du mehr Erfolg*
   ___ a. in einer Karriere als Lehrer, (oder)
   ___ b. in geschäftlichen Unternehmungen?

LEHRER/ADMINISTRATOR

1. *Würdest du lieber*
   ___ a. andere trainieren, eine Arbeit zu tun, (oder)
   ___ b. die Arbeit an andere delegieren?
2. *Entdeckst du dich mehr*
   ___ a. beim Lesen eines guten Buches, (oder)
   ___ b. beim anfertigen einer Liste noch zu erledigender Aufgaben?
3. *Würdest du lieber*
   ___ a. gründliche Nachforschungen über einen bestimmten Bereich anstellen, (oder)
   ___ b. ein Gruppenprojekt leiten und organisieren?

LEHRER/BARMHERZIGE PERSON

1. *Ist dein Treffen von Entscheidungen*
   ___ a. auf Nachforschungen aufgebaut, (oder)
   ___ b. eine schwierige Angelegenheit für dich?
2. *Neigst du dazu,*
   ___ a. deine Gefühle unter Kontrolle zu halten, (oder)
   ___ b. schnell zu schreien?
3. *Findest du dich*
   ___ a. mehr angezogen von intellektueller Betätigung, (oder)
   ___ b. von Tagträumen oder Phantasien?

ERMUTIGER/GEBER

1. *Ermutigst du Menschen,*
   ___ a. indem du deine eigenen Erfahrungen mitteilst, (oder)
   ___ b. indem du ihnen praktische Hilfe gibst?
2. *Würdest du lieber*
   ___ a. dein Leben als ein Beispiel für Ungläubige hinstellen, (oder)
   ___ b. jemand durch ein mündliches Zeugnis zum Herrn führen?
3. *Würdest du es vorziehen,*
   ___ a. vor einer Gruppe zu sprechen, (oder)
   ___ b. lieber unterstützend im Hintergrund mitzuarbeiten?

ERMUTIGER/ADMINISTRATOR

1. *Würdest du lieber*
   ___ a. individuelle Seelsorge geben, (oder)
   ___ b. die Leiterschaft einer Gruppe übernehmen?
2. *Wenn du an einem Projekt arbeitest, tendierst du mehr dazu*
   ___ a. dranzubleiben, bis es zu Ende ist, (oder)
   ___ b. soviel als möglich an andere zu delegieren?
3. *Glaubst du, da du*
   ___ a. dich jeder Situation anpassen kannst, (oder)
   ___ b. durch Verzögerung und bürokratische Methoden frustriert wirst?

ERMUTIGER/BARMHERZIGE PERSON

1. *Würdest du lieber*
   ___ a. persönliche Seelsorge geben, (oder)
   ___ b. bei Barmherzigkeitsdiensten mithelfen ?
2. *Bist du so,*
   ___ a. daß du ein Problem als Herausforderung siehst, (oder)
   ___ b. daß du dich manchmal von einem Problem überwältigt fühlst?
3. *Entscheidungen zu treffen,*
   ___ a. fällt dir leicht, (oder)
   ___ b. fällt dir schwer?

GEBER/ ADMINISTRATOR

1. *Würdest du lieber*
   ___ a. bei einem laufenden Projekt assistieren, (oder)
   ___ b. ein Projekt selbst organisieren?
2. *Wärst du lieber*
   ___ a. Unterstützer, (oder)
   ___ b. Leiter?
3. *Würdest du lieber deine Zeit damit verbringen,*
   ___ a. von Haus zu Haus Zeugnis zu geben, (oder)
   ___ b. als Pionier in ein neues Projekt zu gehen?

GEBER/ BARMHERZIGE PERSON

1. *Gilt dein Hauptinteresse*
   ___ a. den Bedürfnissen der Leute, (oder)
   ___ b. den Gefühlen der Leute?
2. *Wenn du gerade an einem Projekt arbeitest, und jemand erklärt dir seine Not, würdest du*
   ___ a. das Projekt zuerst beenden und dann der Not begegnen, (oder)
   ___ b. zuerst der persönlichen Not begegnen und dann das Projekt beenden?
3. *Würdest du die Leute eher ermutigen,*
   ___ a. großzügig zu geben, um das Evangelium zu verbreiten, (oder)
   ___ b. denen zu dienen, die verletzt sind?

ADMINISTRATOR/ BARMHERZIGE PERSON

1. *Wenn du auf Lebenssituationen blickst, achtest du dann auf*
   ___ a. Lang-Zeit-Abschnitte, (oder)
   ___ b. auf das was sich gerade jetzt ereignet?
2. *Würdest du lieber deine Zeit damit verbringen,*
   ___ a. Menschen und Projekte zu organisieren, (oder)
   ___ b. jemandem in einer Problemsituation zu dienen?
3. *Würdest du lieber*
   ___ a. mit einer Gruppe arbeiten, (oder)
   ___ b. mit nur einer Person arbeiten?

AUFKLÄRUNG ENGER PROFILERGEBNISSE

Hier sind einige andere Anregungen, die helfen können, Sicherheit über die primäre Motivationsgabe zu bekommen:

1. Lege deinen Test für einge Tage, für einige Wochen oder sogar für einge Monate zur Seite. Mach dir dein Verhalten und deine Interessen bewußter; beobachte, was dich zu motivieren scheint. Wenn du dich etwas mehr an die sieben Gaben gewöhnt hast, dann wirst du dir über ihr Wirken in deinem Leben bewußter sein. Dann nimm den Test wieder zur Hand; diesmal kann es sein, daß du entscheidungsfreudiger bist.

2. Wenn du die Tendenz hattest, beim Ankreuzen fünf und null zu vermeiden, dann mach den Test noch einmal, aber mit der Bereitschaft, in angemessenen Extremen zu antworten. Denke daran, es ist nicht Stolz, eine Fünf anzukreuzen. Wenn du das manchmal tust, wird das der Wahrheit entsprechen.

3. Suche nach Vorbildern. Schau deinen Fragebogen durch und suche nach Bestätigung für deine Hauptgabe. Zum Beispiel kann es sein, daß du bei zwei Gaben einen ähnlichen Endwert hast, aber bei einer der Gaben hast du Bewertungen von zwei bis fünf, während du bei der anderen meistens die vier angekreuzt hast. Die letztere scheint dann eher deine primäre Gabe zu sein.

4. Schau auf die Problemcharaktertistiken. Einige Leute haben uns erzählt, „die Problemgebiete schreien am lautesten, ’das bist du!‘“ Das stimmt besonders dann, wenn du ein ganz neuer Christ bist oder jemand, der noch eine ganze Menge an Problemen aufzuarbeiten hat.

5. Prüfe dich durch die Aufstellung der Kinder-Charakteristiken in Kapitel dreiunddreißig, indem du auf Seite 346 anfängst. Viele haben gesagt, daß sie erst beim Zurückgehen in die Kindheit ihre Begabung klar erkannten. (Das wird dir aber nicht helfen, wenn in dieser Zeit deine Persönlichkeit unterdrückt und kontrolliert wurde.)

Bei einigen hat es sich als hilfreich erwiesen, diesen Lebensabschnitt zu untersuchen, indem sie alle Charakterzüge einkreisten, die in ihrer Kindeit deutlich waren. Welche Gabe ist dann vorherrschend?

Eine andere Hilfe ist es, sich selbst mit den Testbögen für Jugendliche oder sogar mit denen für Kinder zu befragen (die du ebenso im Kapitel dreiunddreißig findest). Sei sicher, daß du so antwortest, *wie es der damaligen Situation entsprechen würde.*

6. Bitte deinen Ehepartner, einen engen Freund oder Verwandte, dir beim Beantworten behilflich zu sein, oder laß sie die Fragen für dich beantworten. Es mag sein, daß dann Dinge über dich herauskommen, die du nicht wahrgenommen hattest. Benutze dies jedoch nur als Bestätigung, denn die Person, die dich am besten kennt, bist du selbst!

7. Frage den Herrn. Das ist wahrscheinlich die wichtigste Sache, die du überhaupt machen kannst! Vor allem hat Er dich gemacht und Er kennt dich am besten von allen. Wenn er weiß (und er weiß es wirklich), wieviel Haare in diesem Moment auf deinem Kopf sind (und du weißt es bestimmt nicht), dann kennt er sicher auch die Gaben, die er in dich eingearbeitet hat. Erinnere dich, er will, daß du am Leib Jesu voll funktionsfähig bist. Er möchte, daß du deine Gaben gebrauchst, um anderen zu helfen. Er will, daß du die Freude hast, die hervorkommt, wenn du deine Gabe(n) einsetzt und zur Entfaltung bringst.

KOMBINATIONSGABEN

Nehmen wir an, du hast alles gemacht, von dem wir weiter oben geschrieben haben und immer noch stehen zwei oder mehr Gaben an der ersten Stelle deiner Liste. Dann nimm es an: *Einige Leute haben Kombinationsgaben.* Das bedeutet, daß Gott sie mit zwei Motivationsgaben gleicher Stärke geschaffen hat, weil sie beide für das Werk ihres Dienstes brauchen. In diesem Falle verändern sich die beiden Gaben gegenseitig. Es ist jene Veränderung, die ihnen hilft, das besser zu tun, was sie tun.

Jede Kombination schafft eine interessante Veränderung. Zum Beispiel wird eine Person, die mit Erkennen und Erbarmen begabt ist, entdecken, daß ihre Erkennergabe sanfter gemacht ist. Weil die Person auch für die Verletzungen anderer sensibel ist, wird sie nicht so derb und urteilend auftreten.

Die Barmherzigkeitsgabe wird auch verändert. Die Person ist entscheidungsfähiger und kann mit einer zuverlässigen Portion an Objektivität seelsorgerlich tätig sein. Der Hang zu Kompromissen wird durch die Kompromißlosigkeit des Erkenners ausgeglichen. Das bedeutet, daß die Person nur dann Kompromisse schließen wird, wenn es einen berechtigten Grund dafür gibt.

Die Lehrer/Ermutiger-Kombination erzeugt eine individuelle Besonderheit des Lehrens, mit der Fähigkeit, nicht nur wohlerforschte Fakten zu präsentieren, sondern diese auch mit farbenprächtigen, interessanten und lebensnahen Anekdoten dem Hörer nahezubringen.

Die Geber/Erkenner-Kombination befähigt eine Person, einen kraftvollen Dienst als Evangelist oder Missionar zu tun, mit außergewöhnlichen Erfolgen, Menschen zur Buße und Errettung zu führen. Die Diener/Geber-Kombination schafft einen gut abgerundeten Christen mit zwei Diensten in einer Person und sorgt auch für das Verlangen, andere Dienste finanziell unterstützen zu wollen.

Die Liste geht weiter und weiter. Wenn du eine Kombinationsgabe hast, preis den Herrn für deine einheitlich gemischte Zurüstung.

BIBLISCHE ERMUTIGUNGEN

Es ist egal, welche Gabe oder Kombination der Gaben dir gegeben wurden. Das Wichtigste, woran du immer denken mußt, ist, sie in Liebe einzusetzen und zwar immer!

Wenn wir in Römer 12 nach der Liste der Motivationsgaben weiterlesen, sehen wir, daß der Rest des Kapitels verschiedenen „Ermahnungen" gewidmet ist, die uns zeigen sollen, wie wir durch unsere Gaben die Liebe in Aktion setzen können.

Während es scheint, daß einige Verse direkt auf bestimmte Motivationsgaben gerichtet sind, glauben wir doch, daß *alle* Gaben gemeint sind und wir *alle* uns an diese Richtlinien halten sollen. Solche Dinge, wie Gastfreundschaft, Harmonie, Vergebung und Freundlichkeit sind beides, ein Vorrecht und eine Verpflichtung für jeden Gläubigen. Es scheint, als ob Paulus sie extra aus seinem Brief und aus anderen biblischen Quellen hervorgehoben hat, um sie in einer genauen Beschreibung christlichen Verhaltens zusammenzufassen.

Man könnte sagen – egal, welche Motivationsgabe man auch hat – hält man sich an diese Ermahnungen, wird das eigene Leben gut, und Beziehungen werden sich gesund entwickeln.

Diese Aussage trifft zu. Wenn wir uns nicht an diese Dinge halten, verfehlen wir die Erfüllung des Gesetzes der Liebe. Hier ist eine verdichtete Beschreibung, wie wir den Ermahnungen des Paulus folgen können.

1. Liebe die anderen (Römer 12:9a).
2. Hasse das Böse (Römer 12:9b).
3. Halte fest am Guten (Römer 12:9c).
4. Praktiziere brüderliche Liebe (Römer 12:10a).
5. Achte die anderen (Römer 12:10b).
6. Sei eifrig im Geist (Römer 12:11b).
7. Diene dem Herrn (Römer 12:11b).
8. Sei fröhlich in der Hoffnung (Römer 12:12a).
9. Halte in Trübsal aus (Römer 12:12b).
10. Im Gebet halte an (Römer 12:12c).
11. Teile mit anderen (Römer 12:13a).
12. Praktiziere Gastfreundschaft (Römer 12:13b).
13. Segne, wenn du verfolgt wirst (Römer 12:13.b).
14. Fluche nicht (Römer 12:14b).
15. Freue dich mit den Freuenden (Römer 12:15a).
16. Trauere mit den Trauernden (Römer 12:15b).
17. Lebe in Harmonie (Römer 12:16a).
18. Vermeide Stolz (Römer 12:16b).
19. Sei nicht eingebildet (Römer 12:16c).
20. Gib Böses nicht zurück (Römer 12:17a).
21. Tu, was richtig ist (Römer 12:17b).
22. Lebe im Frieden mit allen Menschen (Römer 12:18).
23. Räche dich nicht selbst (Römer 12:19a).
24. Laß Gott zum Zuge kommen (Römer 12:19b)
25. Sei freundlich zu deinen Feinden (Römer 12:20).
26. Überwinde das Böse mit Gutem (Römer 12:21).

DIE CHARAKTERISTIKEN JESU

Nur in der Person Jesu finden wir alle sieben Motivationsgaben in einer vollkommenen und perfekten Art und Weise in Aktion.

ALS EIN ERKENNER:

1. Er sprach nur das, was Er den Vater reden hörte.

„Denn ich habe nicht aus mir selbst geredet, sondern der Vater, der mich gesandt hat, er hat mir ein Gebot gegeben, was ich sagen und was ich reden soll" (Johannes 12.49, REB).

2. Er war die Wahrheit.

Jesus antwortete: „Ich bin der Weg und die Wahrheit und das Leben" (Johannes 14.6, REB).

3. Er sah in das Herz der Leute.

„... denn fünf Männer hast du gehabt, und der, den du jetzt hast, ist nicht dein Mann; hierin hast du wahr geredet" (Johannes 4.18, REB).

„Otternbrut! Wie könnt ihr Gutes reden, da ihr böse seid? Denn aus der Fülle des Herzens redet der Mund" (Matthäus 12.34, REB).

4. Er betete und tat Fürbitte.

Und frühmorgens, als es noch sehr dunkel war, stand er auf und ging hinaus und ging fort an einen einsamen Ort und betete dort (Markus 1.35, REB).

5. Er haßte das Böse.

Und er spricht zu ihnen: „Es steht geschrieben: 'Mein Haus wird ein Bethaus genannt werden'; ihr aber habt es zu einer Räuberhöhle gemacht" (Matthäus 21.13, REB).

6. Er ist freimütig und spricht offen.

„Wehe euch, Schriftgelehrte und Pharisäer, Heuchler! Denn ihr gleicht übertünchten Gräbern, die von außen zwar schön scheinen, inwendig aber voll von Totengebeinen und aller Unreinigkeit sind" (Matthäus 23.27, REB).

ALS EIN DIENER:

1. Er arbeitete mit seinen Händen als ein Zimmermann bei seinem Vater Joseph.

Und er ging mit ihnen hinab und kam nach Nazareth, und er war ihnen untertan. (Lukas 2.51, REB).

2. Er demonstrierte das Dienen.

Dann gießt er Wasser in das Waschbecken und fing an, die Füße der Jünger zu waschen ... (Johannes 13.5, REB).

3. Er erhöhte das Dienen.

„... sondern wer unter euch groß werden will, soll euer Diener sein ..." (Markus 10.43, REB).

4. Er hatte ein hohes Maß an Energie und hielt Schritt mit den Anforderungen seines Dienstes.

Und wieder kommen Volksmengen bei ihm zusammen, und wie er gewohnt war, lehrte er sie wieder (Markus 10.1, REB).

ALS EIN LEHRER:

1. Er lehrte Gottes Wahrheit.

Ein anderes Gleichnis legte er ihnen vor und sprach: „Das Reich der Himmel gleicht einem Senfkorn, das ein Mensch nahm und auf seinen Acker säte" (Matthäus 13.31, REB).

2. Er erfüllte das Gesetz.

„Meint nicht, daß ich gekommen sei, das Gesetz oder die Propheten aufzulösen; ich bin nicht gekommen, aufzulösen, sondern zu erfüllen" (Matthäus 5.17, REB).

3. Er zitierte die Schriften.

Jesus antwortete: „Es steht geschrieben: 'Nicht von Brot allein soll der Mensch leben, sondern von jedem Wort, das durch den Mund Gottes ausgeht'" (Matthäus 4.4, REB, zitiert aus 5. Mose 8.3).

4. Er baute auf Wahrheiten aus der Schrift.

„Ihr habt gehört, daß zu den Alten gesagt ist: Du sollst nicht töten; wer aber töten wird, der wird dem Gericht verfallen sein. Ich aber sage euch, daß jeder, der seinem Bruder ohne Grund zürnt, dem Gericht verfallen sein wird ..." (Matthäus 5.21,22a, REB).

5. Er war intelligent und wißbegierig.

Und es geschah, daß sie ihn nach drei Tagen im Tempel fanden, wie er inmitten der Lehrer saß und ihnen zuhörte und sie befragte (Lukas 2.46, REB).

6. Er war selbstbeherrscht.

Er befragte ihn aber mit vielen Worten; er [Jesus] jedoch antwortete ihm nichts ... Als aber Herodes mit seinen Kriegsleuten ihn geringschätzend behandelt und verspottet hatte ... (Lukas 23.9-11, REB).

• .

ALS EIN ERMUTIGER

1. Er lehrte die Menschen erfolgreich zu leben.
   Die Bergpredigt, Matthäus 5-7.

2. Er gab positive Ermutigung.
   „... Liebe deine Feinde ... segne ... gebe ... verleihe ... sei freundlich ... sei barmherzig ... richte nicht ... vergebe ..." (nach Lukas 6.27-35).

3. Er beschrieb genaue Schritte zur Aktion.
   „Geh hin und sündige nicht mehr!" (Johannes 8.11, REB).
   Jesus antwortete: „Wenn du vollkommen sein willst, so geh hin, verkaufe deine Habe und gib den Armen ... Und komm, folge mir nach!" (Matthäus 19.21, REB).

4. Er nahm die Menschen an, wie sie waren.
   Die Frau am Brunnen (Johannes 4:4-30), der Zolleinnehmer (Markus 2:13-16).

5. Sein eigenes Leben war ein Zeugnis der Wahrheit.
   Jesus antwortete ... „Ich bin dazu geboren und dazu in die Welt gekommen, daß ich für die Wahrheit Zeugnis gebe" (Johannes 18.37, REB).

ALS EIN GEBER:

1. Er speiste die Fünftausend.

   Und er nahm die fünf Brote und die zwei Fische ... und gab sie den Jüngern, damit sie ihnen vorlegten ... (Markus 6.41, REB).

2. Er gab seine Zeit, Energie, Fähigkeiten, und seine Liebe den anderen.

   Er trainierte seine Jünger, lehrte die Mengen, heilte die Kranken, trieb Dämonen aus, weckte Tote auf.

3. Er lehrte über das Geben.

   Und eine arme Witwe kam und legte zwei Scherflein ein, das ist ein Pfennig. Und er [Jesus] rief seine Jünger herbei und sprach zu ihnen: Wahrlich, ich sage euch: Diese arme Witwe hat mehr eingelegt als alle, die in den Schatzkasten eingelegt haben (Markus 12.42-43, REB).

4. Er konzentrierte sich stark auf die Verkündigung des Evangeliums.

   Er aber sprach zu ihnen: „Ich muß auch den anderen Städten das Evangelium vom Reich Gottes verkündigen, denn dazu bin ich gesandt worden" (Lukas 4.43, REB).

5. Er gab sein Leben für uns.

   „Größere Liebe hat niemand als die, daß er sein Leben hingibt für seine Freunde" (Johannes 15.13, REB).

ALS EIN ADMINISTRATOR:

1. Er organisierte seine Nachfolger.

   (Er hatte einen inneren Kreis von drei Jüngern.) Und nach sechs Tagen nimmt Jesus Petrus und Jakobus und Johannes mit und führt sie für sich allein auf einen hohen Berg ... (Markus 9.2, REB).

   (Er trainierte seine zwölf Jünger.) Und er steigt auf den Berg und ruft zu sich, die er wollte. Und sie kamen zu ihm; und er bestellte zwölf, damit sie bei ihm seien und damit er sie aussende ... (Markus 3.13-14, REB). (Er sandte die Siebzig zu zweien aus.) Nach diesem aber bestellte der Herr auch siebzig andere und sandte sie zu je zwei vor seinem Angesicht her in jede Stadt und jeden Ort, wohin er selbst kommen wollte (Lukas 10.1, REB).

2. Er war hoch motiviert, seine Mission zu erfüllen.

... Jesus ..., der um der vor ihm liegenden Freude willen die Schande nicht achtete und das Kreuz erduldete und sich gesetzt hat zur Rechten des Thrones Gottes (Hebräer 12.2, REB).

3. Er war ein Mann unter Autorität und lehrte über Autorität.

Und Jesus trat zu ihnen und redete mit ihnen und sprach: „Mir ist alle Macht gegeben im Himmel und auf Erden" (Matthäus 28.18, REB).

4. Er war ein effektiver Leiter.

Diese zwölf sandte Jesus aus und befahl ihnen und sprach: „... Heilt Kranke, weckt Tote auf, reinigt Aussätzige, treibt Dämonen aus! Umsonst habt ihr empfangen, umsonst gebt" (Matthäus 10.5-8, REB).

5. Er ertrug Kritik um des Kreuzes willen, das war sein Langzeitziel.

„... gleichwie der Sohn des Menschen nicht gekommen ist, um bedient zu werden, sondern um zu dienen und sein Leben zu geben als Lösegeld für viele" (Matthäus 20.28, REB).

ALS EINE BARMHERZIGE PERSON:

1. Er hatte eine gewaltige Kapazität, Liebe zu zeigen.

Und als er [Jesus] ausstieg, sah er eine große Volksmenge, und er wurde innerlich bewegt über sie und heilte ihre Kranken (Matthäus 14.14, REB).

2. Er nahm die physischen Nöte der Menschen wahr.

Als Jesus aber seine Jünger herangerufen hatte, sprach er: „Ich bin innerlich bewegt über die Volksmenge, denn schon drei Tage harren sie bei mir aus und haben nichts zu essen; und ich will sie nicht hungrig entlassen, damit sie nicht etwa auf dem Weg verschmachten" (Matthäus 15.32, REB).

3. Er achtete auf emotionale und psychische Bedürfnisse.

Als er aber die Volksmenge sah, wurde er innerlich bewegt über sie, weil sie erschöpft und verschmachtet waren wie Schafe, die keinen Hirten haben (Matthäus 9.36, REB).

4. Er kümmerte sich um die Kinder.

Jesus aber sprach: „Laßt die Kinder, und wehrt ihnen nicht, zu mir zu kommen, ..." (Matthäus 19.14, REB).

5. Er hatte Mitgefühl für andere.

Und als der Herr sie sah [die Witwe, deren Sohn gestorben war], wurde er innerlich bewegt über sie und sprach zu ihr: „Weine nicht!" (Lukas 7.13, REB).

6. Er drückte seine Gefühle aus.

Jesus weinte (Johannes 11.35, REB).

7. Er trauerte über Jerusalem.

„Jerusalem, Jerusalem, ... Wie oft habe ich deine Kinder versammeln wollen, wie eine Henne ihre Küken versammelt unter ihre Flügel, und ihr habt nicht gewollt!" (Matthäus 23.37, REB).

Jeder von uns hat als Teil des zusammenarbeitenden Leibes Christi eine oder mehrere Motivationsgaben erhalten, damit wir fähig sind, das Werk zu tun, das Er hier begonnen hat. Wenn wir zusammenarbeiten, können wir (in gewisser Weise) soviel schaffen und sogar noch mehr als Jesus in den drei Jahren seines irdischen Dienstes konnte.

„Wahrlich, wahrlich, ich sage euch: Wer an mich glaubt, der wird auch die Werke tun, die ich tue, und wird größere als diese tun, weil ich zum Vater gehe" (Johannes 14.12, REB). Sogar das Abendmahl hat für dich und mich eine größere Bedeutung gewonnen, seitdem wir verstanden haben, wie die Motivationsgaben in ihm zum Ausdruck kommen. Wir können uns vorstellen, wie Jesus beim letzten Abendmahl spricht, während er das Brot bricht, das Seinen Körper darstellt, durch den Er den Menschen gedient hat: „Hier, Petrus. Ganz bestimmt bist du ein Teil meiner Gabe der Ermutigung. Ich möchte, daß du in deiner Begabung wächst, um mutig vor dieser Gruppe zu sprechen.

Hier, Thomas. Ich möchte, daß du weiter gehst als ein Teil meiner Gabe des Lehrens, denn dazu habe ich dich gemacht. Finde immer die reine Wahrheit heraus, wie ich es dir beigebracht habe. Und hier, Johannes. Ich möchte, daß du beständig als ein Teil meiner Gabe des Erbarmens wächst. Laß es zu, daß die Liebe meines Vaters zunehmend durch dein Leben zu anderen fließt."

In Jesus sehen wir *alle* Motivationsgaben in vollkommener Weise ausgeprägt. Als Sein Leib können wir heute mit Ihm arbeiten, um anderen zu dienen und sie zu segnen. Wenn Don und ich jetzt das Abendmahl nehmen, betrachten wir die Leute um uns, mit denen wir verbunden sind, und sagen mit tiefer Wertschätzung: „Danke Jesus für Pastor Mike, der so unendlich viel von sich dieser Herde gibt. Seine Gaben des Lehrens, der Administration und des Dienens sind eine solch wunderbare Kombination. Und Danke Herr für Pati und für ihre aufrichtige aber liebevolle Ehrlichkeit, die durch ihre Erkennergabe kommt. Wie danken wir Dir für Claudias Gabe des Dienens. Was würden wir tun, ohne ihre Treue zur Arbeit und zu den Kleinigkeiten hinter der Bühne. Und Herr, wir schätzen Johns Fähigkeit durch Lehre zu Ermutigen und zu Ermahnen. Danke für Phil's Gabe des Gebens: Es ist so gut zu sehen, wie er Menschen zu Dir bringt. Wir sind dankbar für Bonnie's aufblühende Gabe des Administrierens und für Ted's sorgfältiges Forschen in deinem Wort. Und Danke Herr für Lynn's schöne, sanfte und überfließende Gabe des Erbarmens."

Jedesmal, wenn wir das Abendmahl nehmen, feiern wir mit Freude die Tatsache, daß jede Person im Leib Christi großzügig von Gott begabt ist!

TEIL 3

PRAKTISCHE ANWENDUNGEN

IN DEINEN GABEN LEBEN

Da du nun deine Gaben kennst, kannst du den Anweisungen aus 1. Petrus 4:10 und Römer 12:6 folgen, um sie zu nutzen. Du wirst entdecken, welche Freude es ist, in deinen Gaben zu leben. Auch wenn du erkannt hast, daß du es in der Vergangenheit ganz natürlich und spontan gelebt hast, wirst du jetzt mehr erfreut sein, wenn du in der Zukunft deine Gabe in Aktion beobachten kannst.

Du wirst fähig sein, in Weisheit Auswahl und Entscheidungen zu treffen. Du wirst fähig sein, das Leben in seiner Fülle zu leben, um dauerhaft ein Segen für andere zu sein und andere anzunehmen und zu akzeptieren, wie sie in ihrer Gabe funktionieren. Tatsächlich wirst du fähig sein, aus eigener Erfahrung die Erfüllung des Gebetes Jesu im siebzehnten Kapitel des Johannesevangeliums zu erleben.

In jeder gegebenen Situation wirst du fähig sein, die Motivationsgaben in Aktion zu erkennen – in Unterhaltungen, in Gruppen, in Predigern, in Leitern und in jenen, die still hinter dem Vorhang arbeiten. Du wirst die Gabe einer Person erkennen, während sie spricht oder lehrt, sogar wenn du sie am Bildschirm oder im Radio erlebst. Biografien werden dir mehr sagen. Sogar Zeitungsberichte werden dir, wenn genug Details gegeben sind, die Gaben einer Person offenbaren.

Wir möchten gerne das folgende Beispiel mitteilen, das deutlich macht, wie natürlich die Motivationsgaben in Aktion treten.

Stell dir vor, du hast sieben Leute zum Essen eingeladen und es ist so, daß jede Person eine andere Motivationsgabe hat. Du bringst gerade drei Salatplatten an den Tisch, da rutscht dir eine aus der Hand und knallt auf den Boden. Glassplitter und Salat liegen in einem großen Matsch auf dem Boden. Wie wird jede einzelne Person reagieren?

Der Erkenner: „Das passiert, wenn man versucht zu viele Platten auf einmal zu tragen."

Der Diener: „Ich mach das schon sauber."

Der Lehrer: „Das Tablett ist dir nur aus der Hand gerutscht, weil es nicht richtig ausbalanciert war."

Der Ermutiger: „Laß dir das nächste Mal von jemandem helfen."

Der Geber: „Ich will dir gerne behilflich sein, einen neuen Salat zuzubereiten."

Die barmherzige Person: „Reg dich nicht auf, das hätte mir genauso passieren können."

Der Administrator: „John hol' den Besen und die Schaufel. Sally bring den Aufnehmer. Marie hilf mir, einen anderen Salat zu machen."

HERAUSFORDERUNGEN IN DER EHE

Wir haben herausgefunden, daß sich in der Ehe gewöhnlich die Gegensätze anziehen. Normalerweise wird der eine Ehepartner eine sprachtypische Gabe und der andere eine diensttypische Gabe haben. Es kann sein, daß ein Erkenner von einer barmherzigen Person angezogen wird oder ein Lehrer von einem Ermutiger oder ein Diener von einem Administrator – offensichtlich gegensätzliche Gaben.

Wir könnten ein ganzes Buch über dieses Thema schreiben (und vielleicht tun wir es auch). An dieser Stelle wollen wir nur soviel sagen, daß viele Eheschwierigkeiten schon allein dadurch ausgemerzt werden können, wenn die Ehepartner ihre Motivationsgaben erkennen und annehmen lernen.

Nimm zum Beispiel Tim und Darlene. Tim ist ein ruhiger Typ, der es liebt, mit seinen Händen zu arbeiten, von Beruf ein Bootbauer. Er ist leicht zu Tränen gerührt, leicht schwankend in seinen Ansichten. Darlene ist mehr nach außen gerichtet, sie ist sehr eigensinnig, unbeweglich in ihren Maßstäben, mit einem starken Hang zum Gebet.

Am Anfang gab es bei ihnen viele Konflikte. Darlene war irritiert durch Tims „Wischi-Waschi-Art" und durch seine Wetterwendigkeit. Er wiederum war erschrocken über ihre dogmatische und unbeugsame Art und durch ihre Offenheit schnell verletzt.

Dann wurde beim Motivationsgabentest offenbar, daß sie eine Erkennerin und er eine barmherzige Person ist. Fast augenblicklich wurde ihre Beziehung verbessert. Darlene erkannte, daß es für sie notwendig war, mehr zu beten und weniger zu kommentieren. Sie begann, die Sensibilität und Sanftheit ihres Ehemanns als eine wunderbare Gabe vom Herrn zu schätzen, und verstand, daß auch er von Gott hören konnte.

Tim erkannte, daß Darlenes Begabung vom Herrn war und daß er das mehr annehmen sollte, anstatt sich von ihren strengen Maßstäben bedroht zu fühlen. Er bemerkte, daß es für sie in Ordnung war, diejenige zu sein, die mehr spricht.

Sie begannen einnander in ihrer Begabung zu ermutigen, anstatt zu widerstehen. Die Unterschiede sahen sie jetzt als Bereicherung an. Seitdem sind sie eines der liebevollsten und geistlich reifsten Paare geworden, die wir kennen. Darlene sagte: „Ich erkannte, daß, wenn wir beide gleich wären, einer von uns überflüssig wäre."

Dann sind da Gill und Gloria. Er ist ein dynamischer Redetyp, der jahrelang versuchte, seine stille, zurückhaltende Frau in einen öffentlichen Dienst an seiner Seite hineinzudrängen. Er warf ihr Sturköpfigkeit und Rebellion vor, weil sie nicht bereit war, so mit ihm zusammenzuarbeiten, wie er es wollte. Bei ihren Versuchen, vor einer Gruppe zu sprechen, fühlte sie sich entblößt, verlegen und vernichtet. Auf der anderen Seite beschuldigte sie Gill dominant und kontrollierend zu sein. Außerdem sah sie ihn als stolz an, weil er einen sichtbaren, öffentlichen Dienst wollte.

Nachdem sie den Motivationsgabentest gemacht hatten, taten beide Buße, weil sie einander gerichtet hatten. Sie entdeckten, daß er eine Kombination von Administrator und Erkenner war und sie eine Dienerin mit der zweiten Gabe des Erbarmens. Gill gab Gloria frei, eine unterstützende Person „hinter dem Vorhang" sein zu dürfen, und sie akzeptierte die Tatsache, daß nicht Stolz der Grund war, warum Gill einen hoch profilierten Dienst genießen konnte. Jetzt kommen sie sehr gut miteinander klar.

Wir empfehlen jedem Ehepaar und jedem Paar, das heiraten möchte, ihre Motivationsgaben kennenzulernen. Jede Art von Beziehung, nicht nur Ehemann und Ehefrau, kann dadurch verbessert werden.

Benutze die folgende Übersicht, um Einblick zu bekommen, mit welchen Personen du aufgrund der Motivationsgaben in

Konflikte und Schwierigkeiten kommen könntest. Schreibe in die erste Spalte den Namen und die Beziehung, die du zu der Person hast. Dann definiere in der zweiten Spalte kurz die Probleme, die in dieser Beziehung auftreten. In der dritten Spalte liste auf, welche Gaben du bei ihnen vermutest (vielleicht kannst du ihnen auch den Test geben, wenn sie dafür offen sind), und was sie zu tun haben mit den Reibungen, die du erlebst. Die vierte Spalte ist für die möglichen Lösungen. Überlege, was du tun kannst, um dazu beizutragen, den Streß zu reduzieren. Es kann sein, daß schon dadurch, daß du die Unterschiede (oder in manchen Fällen auch die Ähnlichkeiten) in den Gaben siehst, vieles von dem Druck weggenommen wird.

Die Person & die Beziehung	Konflikte & Probleme	Motivations- gaben	Mögliche Lösungen
Ehemann/-frau:			
Mutter/Vater:			
Bruder/Schwester:			
Andere:			

Andere Dinge, die man auch berücksichtigen könnte, sind deine Arbeit, dein Arbeitskollege, Pastor, Leiter, Lehrer, Verschwägerter, Kind, Freund, Zimmernachbar oder Nachbar.

Bitte den Herrn, dich zu führen, während du nach einer Lösung suchst. Denk daran, *du kannst den anderen nicht ändern, aber du kannst dich selbst ändern, beides, deine Haltungen und deine Taten.*

SEELSORGERLICHE HINWEISE

Wir haben im Laufe unserer seelsorgerlichen Tätigkeit festgestellt, daß wir auf das Wissen über die Motivationsgaben der Person nicht verzichten können. Eine verschmutzte Gabe kann sehr wohl die Ursache für die Schwierigkeiten einer Person sein. Es kann aber auch sein, daß die Person mit jemandem in Konflikt steht, der eine gegensätzliche Gabe hat, oder in Konkurrenz mit jemandem, der die gleiche Gabe hat. Den Rat, den wir in dem einen Fall geben, unterscheidet sich natürlich von dem anderen Fall.

Manchmal bewirkt die Hartnäckigkeit eines Problems eine Verstärkung der Gabe. Eine Frau, die sich von ihrem Mann andauernd unterdrückt fühlt, könnte eine barmherzige Person sein. Ein Vater, der von seinem Sohn einen zu hohen Standard akademischer Leistung erwartet, könnte ein Lehrer sein, dessen Sohn ein Diener ist.

Oft können wir die Gabe einer Person dadurch unterscheiden, daß wir in einem Interview gezielte Fragen stellen. Wir fragten einen Mann, der bedingungslosen Gehorsam von seiner Frau erwartet, ob er glaube, immer recht zu haben. Seine „Ja"-Antwort war ein Hinweis auf seine Erkenner-Gabe.

Zu anderen Gelegenheiten geben wir dem Hilfesuchenden unseren Motivationsgabentest, um ihn zuhause ausfüllen zu lassen und ihn beim nächsten Seelsorgetermin wieder mitzubringen.

Hier sind noch einige mögliche Probleme bei bestimmten Motivationsgaben, weswegen Menschen zu uns in die Seelsorge kommen:

Erkenner: Richtend, intolerant, kritisch, stolz, dominierend, kontrollierend, nicht vergeben wollend, schwaches Selbstvertrauen.

Diener: Perfektionistisch, kritisch, einmischend, zu stark von Anerkennung abhängig, hängt am Rockzipfel.

Lehrer: Stolz, intolerant, gesetzlich, dogmatisch, eigensinnig, distanziert, unromantisch, besserwisserisch.

Ermutiger: Eigensinnig, unterbrechend, bloßstellend, zu gesprächig, drängend, strapaziert die Wahrheit.

Geber: Manipulierend, zu sehr auf Geld bezogen, arbeitsabhängig, zu genügsam, kann durch zu viel Geschenke Kinder verderben, stiehlt.

Administrator: Kommandierend, dominierend, unsensibel, grob, übereifrig oder zögernd, vernachlässigt Routinearbeiten.

Barmherzige Person: Leicht verwundbar, zu emotional, Kompromisse schließend, unentschieden, unabhängig, langsam, unlogisch, überempfindlich.

Wir können uns einfach nicht vorstellen, konstruktiv seelsorgerlich tätig zu sein, ohne Hinweise und Erkenntnisse über die Motivationsgaben der Hilfesuchenden zu haben.

ZEUGNISSTILE

In den meisten Kursen und Ausbildungsstätten für Evangelisation wird angenommen, daß es eine Grundformel des Evangelisierens gibt, die auf jeden anwendbar ist.

Wir konnten das nicht entdecken. Vielmehr glauben wir, daß effektives Zeugnisgeben bei jeder der sieben Motivationsgaben anders auszusehen hat.

Deshalb halten wir es für besonders wichtig, etwas über die Begabung der Person zu wissen, bevor wir ihr unseren Glauben mitteilen. Es kann sein, daß die „Hammermethode" einige für Christus gewinnt, wieviel besser ist es aber, unser Zeugnis individuell unterschiedlich weiterzugeben.

Ich kann mich erinnern, als ich mit fünfzehn Jahren von einer Gruppe junger Leute – aufrichtige aber übereifrige Christen –, regelrecht „angemacht" wurde. In der Öffentlichkeit stellten sie mich zur Rede, indem sie fragten: „Bist du gerettet?" Ich wurde nur wütend. Erstens waren sie frech und schroff. Sie machten keine Anstalten, zuerst ein Gespräch anzufangen oder mir eine Gelegenheit zur Antwort zu geben. Zweitens war die Aussage bedrohlich und richtend. Man konnte daraus folgern, daß ich auf jeden Fall verloren bin, wenn ich nicht mit „ja" antwortete. Sie lebten ein „Christsein", das mit Ungläubigen oder mit Gläubigen aus traditionellem Hintergrund nicht kommunizierte.

Drittens wußten sie überhaupt nichts über meine individuelle Art der Annäherung an neue Ideen, und deshalb hatte ich automatisch alles abgelehnt, was sie sagten. Ich antwortete: „Natürlich bin ich das!", obwohl ich keine Ahnung hatte, was sie damit meinten. Ich weiß nur, daß ich sie mir damit vom Leibe hielt und weitergehen konnte, während ich dachte, „Bin ich froh, daß ich nicht so bin wie die!"

Diese Begegnung, weit davon entfernt, effektives Zeugnis zu sein, führte mich dazu, alle Zeugnisse in den folgenden elf Jahren zu ignorieren.

Hier sind einige Beobachtungen über Zeugnisgeben innerhalb des Rahmens der Gabe einer Person, die es wert sind, gehört zu werden. In allen Fällen geht es darum, zuerst eine Brücke zu bauen. Laß die Person spüren, daß du zunächst an ihr, an ihren Nöten und an ihrer Einstellung interessiert bist.

Erkenner werden am besten auf Falsch- und Richtig-Fragen, auf Gutes kontra Böses, auf Gottes Gericht oder ähnliches reagieren. Zum Beispiel: „Warum meinst du, gibt es soviel Böses in der Welt?" oder „Wie kann Gott beides sein, liebevoll und richtend?" oder „Weißt du, was den Leuten passiert, wenn sie sterben?" Abhängig von ihren Antworten kannst du sie dahin führen, wie und was du über diese Dinge denkst.

Diener werden auf ein Evangelium ansprechen, das praktisch und nützlich ist. Fragen wie: „Was ist die größte Not der Menschheit?" oder „Glaubst du, daß die guten Werke einer Person helfen können, in den Himmel zu kommen?" oder „Hast du dir jemals vorgestellt, wie sehr Jesus es betont hat, daß wir das Herz eines Dieners haben sollen?" werden Interesse und Reaktion hervorrufen.

Lehrer wollen Fakten und eine verläßliche Basis bekommen, oder sie wollen prüfen, was du sagst. Frage sie etwa so: „Warum, glaubst du, hat Gott seinen Sohn auf die Erde gesandt?" oder „Schau mal auf diesen Vers. Ist das nicht der zwingende Beweis, daß Jesus wirklich der eine Sohn Gottes war?" oder „Hast du jemals über den Anspruch Jesu nachgedacht? Glaubst du, daß Er es wert ist?"

Ermutiger sind mit Menschen und ihren Problemen beschäftigt und fragen sich, was sie tun können, um zu helfen. Fragen wie „Welches ist die beste Art, Menschen zu helfen, ihre Probleme zu überwinden?" oder „Was meinst du, könnte von größter Wichtigkeit sein, um ein erfülltes Leben zu haben?" oder „Möchtest du von mir hören, wie ich mit dem Problem umgegangen bin, mit dem du gerade zu tun hast?" werden Reaktionen hervorrufen.

Geber zeigen eine angeborene heftige Reaktion, wenn sie das Evangelium hören. Deine Annäherung kann direkter sein:

„Weißt du, was es heißt, von neuem geboren zu sein?" oder „Was meinst du, bedeutet das Wort Errettung in der Bibel?" oder „Welche ist die größte Gabe, die du Gott geben kannst?"

Administratoren haben ein Interesse, das Leben und das Universum insgesamt zu betrachten. Gewinne ihr Interesse mit „Warum, meinst du, hat Gott den Menschen geschaffen?" oder „Welches ist die wichtigste Sache, die die Bibel lehrt?" oder „Was meinst du, wird mit der menschlichen Rasse geschehen?"

Barmherzige Personen wirst du am besten auf der Gefühlsebene ansprechen können; Logik läßt sie kalt. Versuche „Wie empfindest du, möchte Gott, daß wir einander behandeln sollen?" oder „Wenn Jesus heute hier wäre, was denkst du, womit er seine Zeit verbringen würde?" oder „Meinst du, daß es irgendeine Hoffnung für die leidenden Menschen in dieser Welt gibt?".

Du wirst natürlich deine eigenen Fragestellungen entwickeln. Denke daran, daß der Schwerpunkt für jede Gabe anders ist. Nachdem du das Interesse einer Person erworben hast, wirst du herausfinden, daß jede Person auf eine andere Art zu Jesus kommt:

Der *Erkenner* wird wahrscheinlich die Notwendigkeit der Buße verstehen und die Errettung zu einer freien Wahl seines Willens machen.

Der *Diener* wird durch die guten Werke Jesu angezogen und ihn empfangen, weil er auch gute Werke tun möchte.

Der *Lehrer* liest vielleicht das Neue Testament durch, um die Fakten für eine intellektuelle Entscheidung herauszufinden.

Der *Ermutiger* wird sich über die Methoden Jesu, Menschen zu helfen, freuen und sich ihm anschließen.

Der *Geber* wird begeistert sein, wenn für ihn das Evangelium plötzlich Sinn macht, und möchte sofort den anderen Zeugnis darüber ablegen.

Der *Administrator* wird die ganze Geschichte von der Schöpfung bis zum Tausendjährigen Reich untersuchen, bevor er sich dafür entscheidet, daß Jesus der Sohn Gottes ist.

Die *barmherzige Person* wird vor Freude über die Größe der Liebe Gottes zu ihr persönlich, zu Tränen gerührt sein.

JEDER CHRIST EIN GEISTLICHER

Ich wuchs in einer traditionellen Kirche auf und dachte, daß nur der Pastor ein Geistlicher sei. Ich war nie darauf gekommen, daß jeder Christ ein Priester ist.

In Epheser 4:12 erzählt Paulus, daß jeder von uns für das Werk des Dienstes zugerüstet werden soll, damit der Leib Christi erbaut wird und zur Reife gelangt. Aber wir dienen auf unterschiedliche Art und Weise; das hängt von unseren Motivationsgaben und möglichen Dienstgaben (Vers 11) ab und davon, wie die Manifestationsgaben durch uns fließen.

Nicht jeder hat einen solchen Ruf, wie es bei den Dienstgaben ist, im Vollzeitdienst zu stehen, um die „Heiligen" zuzurüsten. Aber *alle sind gerufen, im Namen des Herrn Jesus einander zu dienen*. Die meisten von uns werden einer Vollzeitarbeit außerhalb der Gemeinde, oder einer Vollzeitverantwortung zu Hause nachgehen. Wir werden noch herausfinden, daß es da eine Menge von Möglichkeiten gibt, in unseren Gaben anderen zu dienen: Der Nachbar mit einem Problem, der beste Freund unseres Sohnes, den die Eltern hinausgeworfen haben, die falsche Nummer, die jemand in einer Krise gewählt hat, der Kollege am Arbeitsplatz, die entmutigte Frau in der Gebetsgruppe.

Hier sind einige spezielle Bereiche:

DIENST AN NACHBARN

Eine Krankheit macht einer Frau einen Monat lang zu schaffen. Wenn jeder ihrer angenommenen Nachbarn eine andere Motivationsgabe hat, wie wird jeder von ihnen seine Liebe zum Ausdruck bringen?

Der *Erkenner* wird sowohl bei sich zu Hause als auch an ihrem Bett für Heilung, Stärkung und Erleichterung beten.

Der *Diener* wird ihr Mahlzeiten bringen, ihr anbieten, die Hausarbeit zu machen, Erledigungen übernehmen, den Rasen mähen.

Der *Lehrer* wird es schwer finden, eine Beziehung zu ihr aufzubauen, aber schließlich wird er ihr einige gute Bücher und Kassetten bringen.

Der *Ermutiger* wird zu ihr gehen, um sie zu ermutigen und ihr stärkende Bibelworte mitzuteilen.

Der *Geber* wird Essen und andere Gaben bringen und Zeit mit Sprechen und Zuhören verbringen.

Der *Administrator* wird herausfinden, was sie braucht und die Nachbarschaft mobilisieren, um ihr zu helfen.

Die *barmherzige Person* wird nachfragen, wie sie sich fühlt und mitempfinden, sie drücken, weinen und bei ihr am Bett bleiben.

DIENST IN DER SONNTAGSSCHULE

In einem Sonntagsschulprogramm gibt es für jeden einen Platz zum Dienen. Nicht jeder wird Lehren wollen, aber es gibt eine Fülle anderer Aufgaben.

Der *Erkenner* wird besonders die ältere Jugend oder die Erwachsenenklassen lehren wollen.

Der *Diener* wird es bevorzugen, einem Lehrer zu dienen, die Kinder zu beaufsichtigen oder als Sekretär der Sonntagsschule zu arbeiten.

Der *Lehrer* wird darauf zielen, die Erwachsenen und das höhere Schulalter zu unterrichten oder zusätzliches Material vorzubereiten und zu besorgen.

Der *Ermutiger* wird sich darüber freuen, jedes Alter zu unterrichten, und wird besonders gut darin sein, mit Kindern und Teenagern zu arbeiten.

Der *Geber* wird für jedes Alter eine gute Lehre geben, vielleicht kümmert er sich um die Finanzen oder sorgt dafür, daß Missionsprojekte unterstützt oder Opfer eingesammelt werden.

Der *Administrator* wird erfreut sein, wenn er in Verantwortung steht, ein Bereichsleiter ist oder eine Erwachsenenklasse unterrichten darf.

Die *barmherzige Person* wird sich in der Unterweisung des Grundschul- und Vorschulalters einbringen oder im Bereich der Beaufsichtigung von Kindern tätig sein wollen.

DER DIENST IN BIBELSTUDIENGRUPPEN

Jeder kann im Lehren einer Bibelstudiengruppe dienen. Aber die Thematik und die Gestaltung wird bei jeder Gabe anders sein:

Der *Erkenner* wird
1. viel Zeit in der Gebetsvorbereitung verbringen.
2. die Bibel als Grundlagentext verwenden.
3. sich auf Dinge wie Gebet, Prophetie und den Willen Gottes konzentrieren.

Der *Diener* wird
1. bevorzugt vorbereitetes Material benutzen.
2. eine detaillierte Vorbereitung der Lektion machen.
3. sich auf praktische Inhalte beziehen, die Glauben zeigen.

Der *Lehrer* wird
1. seine eigenen Schulungspläne entwerfen.
2. viel Zeit mit biblischen Forschungen verbringen.
3. bevorzugt ein ganzes Buch der Bibel oder eine wichtige Thematik lehren.

Der *Ermutiger* wird
1. vorbereitetes Material benutzen.
2. von Lebenserfahrungen und Illustrationen ausgehen.
3. Themen aussuchen, die den Leuten helfen ein siegreiches Leben zu führen.

Der *Geber* wird
1. es genießen, seine Dinge selbst vorzubereiten.
2. in jeder Lektion versuchen, jemanden für Christus zu gewinnen.
3. bevorzugt Themen wie Evangelisation und Mission behandeln.

Der *Administrator* wird
1. Material für eine eigene spezielle Schulung zusammenstellen.
2. Hilfsmittel einbringen, um die zusätzlichen Interessen der Leute zu berücksichtigen.
3. eine breite Thematik aus unterschiedlichen Gesichtspunkten entfalten.

Die *barmherzige Person* wird
1. vorbereitetes Material benutzen.
2. in den Lehrmethoden besondere Spontanität entwickeln.
3. sich auf die Liebe Gottes und auf richtige Beziehungen konzentrieren.

DIENST AM LEIB CHRISTI UND AN ANDEREN
Paulus sagt uns in Epheser 4:16, daß der Leib Christi beständig wächst und sich selbst auferbaut in Liebe und Reife, so daß *jedes Teil* seine Arbeit optimal tun kann. Jede Person wird gebraucht. Jede Person dient den anderen, bewußt oder unbewußt. Vielleicht hast du noch nie daran gedacht, daß die vielen spontanen Dinge, die du tust, um anderen zu helfen, ein Dienst sind. Wenn du in deiner Gabe nicht so funktionierst, daß du anderen damit dienst, dann herrscht da ein Mangel im Leib Christi. Du wirst gebraucht! Um die große Weite der verschiedenen Arbeitsgebiete zu demonstrieren und greifbar zu machen, haben wir folgende Liste zusammengestellt. Dabei haben wir die Gebiete gruppiert und unter allgemeine Rubriken gestellt, obwohl sich viele überlappen. Wir haben gezeigt, welche Motivationsgabe normalerweise in diesen Gebieten dient, was aber nicht bedeutet, daß auch andere Motivationsgaben darin dienen.

Zwei andere Möglichkeiten stehen in Klammern. Es kann auch sein, daß deine zweite Gabe dich führt, in diesem Gebiet zu dienen, obwohl deine erste Gabe dich nicht dorthin zieht.

Während du diese Liste studierst, bitte den Heiligen Geist, dir mögliche Wege aufzuzeigen, wie du dienen könntest.

Dienstmöglichkeiten

GEBETS- UND HEILUNGSDIENST: Erkenner
(Geber u. barmherzige Person)

– Fürbittegebet	– Gebetsgruppen	– Gebetsketten
– Salben mit Öl	– Krankenhausanrufe	– Fasten
– Gebetsfrühstück	– Beten am Telefon	– Gebetsseelsorge

PRAKTISCHE DIENSTE: Diener
(Geber und barmherzige Personen)

– Büroarbeit	– Gemeindeküchenhilfe	– Aufsicht
– Gemeindesäkretariat	– Kinderbetreuung	– Reparieren

- Botengänge
- Briefe schreiben
- Abendmahl bereiten
- Kinderaufsicht
- Sozialfond
- Verbände anlegen
- Handarbeiten
- Kassettendienst
- Baby säubern

- Aufräumarbeit
- Telfondienst
- Aufnahmedienst
- Werbung
- Geschenke machen
- Arbeitstreffen
- Sportprogramme
- Ordnerdienst
- Hochzeitsaufwasch

- Gebäck verkaufen
- Hochzeit ausr.
- Chorkleider näh.
- Gastfreundschaft
- Kassierer
- Missionspakete packen
- Freizeitplanung
- Fahrdienst
- Nachrichten

LEHRDIENST: Lehrer (Administratoren und Erkenner)

- Bibellehrer
- Workshopleiter
- Jugendarbeit
- Konferenzsprecher
- Forschungsarbeit
- Gemeindebücherei

- Seminarleiter
- Erwachsenenklassen
- Kinderarbeit
- Jüngerschaft
- Schriftstudium
- Korrekturlesen

- Sonntagschule
- Frauenstunde
- Redakteur
- Bibelschullehrer
- Tutor
- Neubekehrte l.

SEELSORGEDIENST: Ermutiger (Erkenner und barmherzige Personen)

- Gebetsseelsorge
- Eheseelsorge
- Jugendseelsorge
- Schwangerschafts- beratung

- andere ermutigen
- Hausbesuche
- Krankenhausbesuche
- Problembewältigung

- Nachsorge
- Krisenzentrum
- innere Heilung
- Telefonseelsorge

EVANGELISATIONSDIENST: Geber (Erkenner und Ermutiger)

- Kinderevangelisation
- Pantomimeteam
- Busdienst
- Theaterspielen
- an höheren Schulen
- politische Sachen

- Weltmission
- Evangel. Einsätze
- TV/ Radioprogr.
- Studenten erreichen
- Straßeneinsätze
- Evangelisationszentrum

- Cafearbeit
- Männerfrühstück
- Frauenessen
- Tür-zu-Tür-Aktion
- Ferienbibelschule
- Bibeln verteilen

322

LEITUNGSDIENST: Administratoren
(Ermutiger und Lehrer)
- Organisierer
- Planer
- Leiter
- Konferenzleiter
- Konfliktlöser
- Komiteevorsitzender
- Sonntagschulleiter
- Hauskreisleiter
- Erziehungsdirektor
- Bereichsleiter
- Missionskoord.
- Gemeindevorstand

BARMHERZIGKEITSDIENST: Barmherzige Personen
(Geber und Diener)
- Gastfreundschaft
- Übernacht-Gäste
- Bedienen
- Essensausgabe
- Kleiderkammer
- Gefängnisbesuche
- Krankenhausbes.
- Privatklinik
- Altenhilfe
- Essen für Gefangene
- Abendmahl austeilen
- Essen für junge Mütter
- Fahrdienst
- Krisenzentrum
- Behindertenhilfe
- Babysitting
- Krankenfürsorge
- Armenhilfe
- AA/Al-Anon
- Langsamen helfen
- Abholdienst
- Telefongebet
- Gebetsdienst
- Hungrige speisen
- Weltmission
- Abhängigenhilfe
- Therapiehaus
- Straßenarbeit
- Frauenhaus
- Hilfe für led.Mütter

Praktische Anwendungen

KREATIVE DIENSTE: Alle Gaben
(je nach Begabung und Interesse)
- Musik
- Schauspielerei
- Schreiben
- Chor
- Lobpreisleitung
- Liederschreiben
- Klavierspielen
- Orgelspielen
- Gemeindeorchester
- Theaterlesungen
- Pantomime
- Gemeindeband
- Trio/ Quartett
- Puppentheater
- Dekorieren
- Übersetzungsarbeit
- Übersetzen
- Banner machen
- Plakate entwerfen
- Infowand
- Kunst/ Handwerk

Zusätzlich zu all diesen personen- und gemeindebezogenen Diensten gibt es Hunderte von bürgerlichen, stadtteilorientierten und übergemeindlichen Organisationen, zu denen du Zugang finden kannst, um dort mitzuarbeiten. Aber denke daran, deine Prioritäten richtig zu setzen: Gott, Familie, Arbeit und dann der nach außen gerichtete Dienst.

BERUF UND ARBEIT

Eine der Fragen, die uns immer wieder gestellt worden ist, lautet: „In welchem Zusammenhang stehen meine Motivationsgaben zu meinem Beruf oder zu meiner Arbeit?" In diesem Kapitel haben wir die Motivationsgaben 180 der bekanntesten Berufe und Arbeiten zugeordnet. Wenn du deinen Beruf in der Liste nicht findest, dann kannst du vielleicht einen ähnlichen aussuchen und aus dem Vergleich einen angemessenen Schluß ziehen.

Aber zuerst wollen wir die Motivationsgabe(n) auf eine bestimmte Art zu jedem gewählten Beruf, einschließlich deines jetzigen, in Beziehung setzen. Hier sind einige generelle Richtlinien, um zu bestimmen, wie erfolgreich und erfüllt du in Arbeit oder Beruf sein kannst.

DEINE EINGEBAUTEN CHARAKTERZÜGE

Als Teil deiner Motivationsgabe hast du bestimmte eingebaute Charakterzüge oder Verhaltensweisen. Das Leben in diesen Charakterzügen gibt uns Befriedigung und das Gefühl der Erfüllung. Immer, wenn man eine bestimmte Beschäftigung anstrebt, sollte man sich folgende Frage stellen: In welchem Maß wird mir das helfen, das zu tun, wozu ich motiviert bin.

Um bei der Beantwortung dieser Frage zu helfen, haben wir einige Listen vorbereitet. Sie sollen ein Hinweis darauf sein, welche Tätigkeiten zu welcher Motivationsgabe passen. Achte auf die Dinge, die unter deiner ersten Gabe aufgeführt sind – und auch auf die, die unter der zweiten Gabe stehen. Sind sie stark genug, und bist du in der Lage, sie im Rahmen einer Arbeit gut auszuführen, dann kennzeichne sie. Wenn vieles zutrifft, dann ist es wahrscheinlich, daß du in dieser Arbeit glücklich und erfolgreich sein wirst. Wenn sehr wenig Dinge zutreffen, dann ist es wahrscheinlich, daß du dafür gar nicht geeignet bist. Es ist viel besser, schon vorher zu erkennen, ob man eine Arbeit genießen kann, anstatt schon fest eingebunden zu sein und mit andauernden Frustrationen kämpfen zu müssen.

Statistiken sagen aus, daß zwei von drei Personen mit ihrer gegenwärtigen Arbeit unzufrieden sind. Wie traurig! Viele Leute verbringen ihre Arbeitszeit damit, Dinge zu tun, die ihre Motivationsgaben nicht fordern.

Wir glauben nicht, daß dies Gottes Absicht ist. Er möchte, daß wir in dem, was wir tun, Erfüllung erleben. Es mag sein, daß Adam unter den Fluch der Arbeit gestellt wurde, aber Jesus hat uns freigesetzt, damit wir unsere Arbeit *genießen* können. Unsere Motivationsgaben sollen ein Segen für uns und für andere sein.

Motivationsgabe des Erkennens

– mahnen	– verteidigen	– richten
– verfechten	– disziplinieren	– verhandeln
– beraten	– dramatisieren	– überwinden
– analysieren	– erzwingen	– beharren
– beurteilen	– auswerten	– überreden
– warnen	– beschwören	– predigen
– herausfordern	– aufdecken	– durchsetzen
– verändern	– vorwarnen	– ausrufen
– bekämpfen	– erkennen	– offenbaren
– überführen	– erschüttern	– lösen
– überzeugen	– inspirieren	– stärken
– korrigieren	– fürbitten	– drängen
– entscheiden	– moralisieren	– ermahnen

Motivationsgabe des Dienens

– versammeln	– befestigen	– Nöten begegnen
– assistieren	– folgen	– dienen
– nützlich sein	– nachgehen	– gehorchen
– durchtragen	– Erwart. erfüllen	– handeln
– Pläne ausführen	– behandeln	– vollenden
– bauen	– helfen	– beharren
– vervollständigen	– bewirten	– produzieren
– konstruieren	– durchführen	– reparieren
– beschreiben	– behaupten	– effektiv sein
– entwickeln	– machen	– arbeiten
– tun	– instand setzen	– beitragen
– Gästen dienen	– Arbeiten erl.	– bedienen.
– beenden	– schaffen	– s. einsetzen

Motivationsgabe des Lehrens

- analysieren
- kommunizieren
- zusammenfassen
- disziplinieren
- entdecken
- herausgeben
- erziehen
- verdeutlichen
- Wahrheit statuieren
- auswerten
- examinieren
- experimentieren
- erläutern
- herausfinden
- formulieren
- testen
- inspirieren
- anweisen
- interpretieren
- interviewen
- untersuchen
- lernen
- vortragen
- beobachten
- Wahrheit erklären
- veröffentlichen
- zurückführen
- forschen
- suchen
- lösen
- studieren
- systematisieren
- lehren
- theoretisieren
- trainieren
- unterrichten
- logisch denken
- begründen
- schreiben

Motivationsgabe des Ermutigens

- Potential erreichen
- mahnen
- raten
- verfechten
- versichern
- aufbauen
- trainieren
- kommunizieren
- überzeugen
- beraten
- ausbilden
- demonstrieren
- entwickeln
- anweisen
- stärken/erbauen
- aushalten
- ermutigen
- beschwören
- ermahnen
- erläutern
- erklären
- fördern
- Reaktion erzeugen
- Meinung abgeben
- führen
- testen
- beeinflussen
- inspirieren
- beauftragen
- verändern
- motivieren
- überreden
- beschreiben
- beziehen auf
- anregen
- stärken
- sprechen
- praktisch lehren
- drängen

Motivationsgabe des Gebens

- aushelfen
- erwerben
- verfechten
- hinzufügen
- assistieren
- zurückholen
- aushandeln
- fördern
- segnen
- ausstatten
- unterhalten
- annehmen
- evangelisieren
- erledigen
- liefern
- verlangen
- geben
- gewähren
- verändern
- Vermögen haben
- beschützen
- leisten
- ausrufen
- besorgen
- andeuten
- retten
- teilen

- stützen
- Geld verwalten
- beisteuern
- untermauern
- entwickeln
- bezuschussen
- ermutigen

- bewirten
- helfen
- verbessern
- erfinden
- investieren
- improvisieren
- besser machen

- stabilisieren
- erfolgreich sein
- versorgen
- unterstützen
- erhalten
- bestätigen
- bezeugen

Motivationsgabe des Administrierens

- erreichen
- vervollständigen
- verwalten
- erlangen
- bevollmächtigen
- herausgefordert sein
- verantwortlich sein
- verursachen
- bauen
- kommandieren
- kommunizieren
- dirigieren
- koordinieren
- kreativ sein
- delegieren

- entwickeln
- entwerfen
- erblicken
- gründen
- übertreffen
- erforschen
- fördern
- regieren
- führen
- Projekte managen
- beeinflussen
- initiieren
- leiten
- handeln
- organisieren

- überschauen
- motivieren
- pionieren
- planen
- Vorsitz führen
- Abläufe machen
- werben
- zusammenfügen
- regeln
- Zeit einteilen
- Ziele setzen
- formen
- strategisch s.
- Aufsicht führen
- darstellen

Motivationsgabe des Erbarmens

- akzeptieren
- unterbringen
- bestätigen
- assistieren
- versichern
- Verletzung vorbeugen
- sanft sein
- aufmerksam sein
- zusammenbringen
- Beziehungen bauen
- aufbauen
- sorgen für
- freudig sein

- erleichtern
- mitfühlen
- befestigen
- aufschieben
- sich einsetzen
- mitfühlen
- fühlen
- vergeben
- heilen
- harmonisieren
- helfen
- fürbitten
- nachsehen

- betreuen
- Einheit werben
- Schmerz lindern
- Verletzungen heilen
- erneuern
- Herzen repar.
- retten
- erwidern
- herusholen
- freundlich sein
- Gnade zeigen
- unterstützen
- ertragen

– umsorgen	– lieben	– sympathisieren
– bemitleiden	– ernähren	– vertrauen

Diese Listen können auch angewendet werden, wenn du gefragt wirst, ob du bei einem Projekt, einem Programm oder einer Aufgabe in der Gemeinde mithelfen willst. Ebenso können sie bei der Auswahl eines angemessenen Dienstes oder für die Arbeit von ehrenamtlichen Mitarbeitern behilflich sein.

ERFOLGSCHANCEN IN BERUF UND ARBEIT

Wir führen 180 Arbeitsmöglichkeiten auf, die unserer Meinung nach verdeutlichen, in welchem Maße die einzelnen Personen mit den bestimmten Gaben Erfüllung und Erfolg in den jeweiligen Bereichen erlangen werden. Wir bieten diese Liste einfach nur als unsere Meinung an, die auf zwölf Jahre Forschung und Arbeit mit Menschen im Bereich der Motivationsgaben basiert. Wir hoffen, daß es dir bei der Suche nach dem Willen Gottes bezüglich deiner Arbeit helfen kann.

Bedenke, daß neben den Gaben viele andere Faktoren zum Erfolg in jedem Bereich beisteuern: Talente, spezielle, angeeignete Fähigkeiten, Training, Ausbildung, Familienhintergrund, emotionale Stabilität, Verläßlichkeit, Hingabe, Anpassungsfähigkeit und so weiter. Eine Person mit geringer Begabung auf einem Gebiet kann trotzdem Erfolg haben, wenn sie eifrig im Lernen ist und sich selbst einsetzt, während eine Person, mit großer Begabung auf dem gleichen Gebiet versagen kann, wenn sie eine lässige Haltung einnimmt oder faul oder gleichgültig ist und nicht bereit ist, sich mit ganzer Hingabe einzubringen.

Einige Bereiche sind so breit, daß jeder einen Platz finden kann, wo seine Gaben gezielt eingesetzt werden können – zum Beispiel in einem Schreibberuf. Jeder mit bestimmten erlernten Grundfähigkeiten kann dieses Feld betreten. Die Gaben jedoch werden bestimmen, zu welcher Art von Schreibberuf jede einzelne Person tendiert und wo sie am erfolgreichsten sein kann. Laßt uns in diesen Bereich tiefer einsteigen, um zu verdeutlichen, wie das gemeint ist.

Als ich auf einer Konferenz der Billy-Graham-Schreiber lehrte, war es nicht nur mein Ziel, den Schriftstellern zu helfen, ihre Motivationsgaben zu entdecken, sondern auch die verschiedenen Arten des Schreibens zu entdecken, um mehr Erfolg haben zu können.

Die *Erkenner* werden sich zum Beispiel in Arbeiten mit hoher Anforderung, als Nachrichtenreporter oder in einer redaktionellen Tätigkeit bewähren. Ihr Interessensgebiet ist ganz und gar nicht das Romaneschreiben. Sie werden gut darin sein, Artikel und Bücher zu schreiben, die über gut und böse handeln, über geistliche Prinzipien, Politik, Prophetie, Gebet, Charakterentwicklung und über geistliches Wachstum. Sie schreiben gute Theaterkritiken, Hintergrund-Interviews und herausfordernde Artikel. Ihr Stil ist überzeugend, sehr eigensinnig und oft derbe.

Diener werden nicht glücklich sein in Tätigkeitsbereichen mit hohem Streßniveau oder in Leitungspositionen. Sie leisten gute Arbeit als Redaktionsassistenten, als zweite Redakteure oder als Nachschreiber. Sie sind gut im Korrekturlesen und im Schreiben einzelner Abschnitte. Sie sind gute unterstützende Mitarbeiter. Diener lieben Phanatasieromane, Dichtung und Kinderliteratur. Sie schreiben exzellente Artikel über die praktische Anwendung christlicher Prinzipien, sogenannte „Gewußtwie"-Themen und „Hilf-dir-selbst"-Ideen.

Lehrer werden sich in fast allen Gebieten im Schreiben bewähren. Sie werden die besten Herausgeber und Autoren von Fachliteratur sein. Sie arbeiten gut unter Streß und Zeitdruck. Sie sind ausgezeichnete Schreiber von Studienplänen und Bibelstudien und bewähren sich in allen biblischen Bereichen. Sie lieben es zu forschen und große Mengen allgemeiner Informationen zu sammeln. Im Schreiben über Erziehung, Religion, Wissenschaft, Medizin, Geschichte und Recht sind sie gut. Sie können auch gute Forschungsberichte und ausgezeichnete Schilderungen schreiben. Sie sind gute Reporter und finden sich auch gut mit Textbüchern und Forschungsbüchern zurecht. Sie könnten auch gute Bühnenschriftsteller und Dichter sein.

Ermutiger sind gut im Schreiben von jeder Art von „Hilf-dir-selbst" – oder „Gewußt-wie"-Texten. Ihre Ausführungen sind praktisch und ermutigend und oft aus der Sicht ihrer eigenen Erlebnisse. Sie sind auch gut im Schreiben von Biographien und poetischer Literatur; sie gestalten Dialoge sehr lebendig. Ihr Hauptaugenmerk gilt Menschen, nicht Fakten oder Schauplätzen. Man findet sie unter den besten Schriftstellern und ihr

Material ist ohne Ausnahme lesenswert. Sie schreiben wahre Lebensgeschichten, inspirierte Stücke, „Gewußt-wie"-Artikel, Bücher, Zeugnisberichte, Ratgeber, Artikel über Psychologie, Gemeindedienste, zwischenmenschliche Beziehungen aber auch Humoristik, Dichtung – alles, was lebensnah ist.

Geber sind so umfassend, daß sie fähig sind, über eine weite Vielfalt an Themen zu schreiben und die verschiedensten Arbeiten zu behandeln. Sie sind besonders gute Redakteure und Verleger. Ghostwriting ist für sie kein Problem. Sie schreiben beides, Romane und Fachliteratur, mit dem Hauptaugenmerk auf Wirtschaft, Erfolg, Evangelistation und missionarische Unternehmungen.

Der *Administrator* wird auch ein ausgezeichneter Redakteur oder Verleger sein und wird sich ebenso in jeder anderen Managementposition bewähren. Gelangweilt durch Nachschriften oder durch Routineaufträge, sind sie mehr Pioniere. Ihr Bereich ist definitiv Fachliteratur und die umfassende Berichterstattung über weite Gebiete. Sie werden ihr Material gut organisieren. Für Freischaffende wird es eine Herausforderung sein, sich selbst zu disziplinieren, „Bürostunden" an der Schreibmaschine einzuhalten, weil sie auch den Wunsch haben, mit Menschen zusammen zu sein. Routineschreibarbeiten werden sie, wenn möglich, an andere delegieren.

Barmherzige Personen sind die kreativsten unter allen Schriftstellern. Sie konzentrieren sich auf Romane mit Wahrheitsgehalt bishin zu Science Fiction. Sie sind außergewöhnlich gut im Schreiben von Kindergeschichten, Andachten und Dichtung. Ihre Artikel und Bücher handeln über Gefühle, Lebensepisoden, zwischenmenschliche Beziehungen, Tiere, Inspiration und das Überwinden von Hindernissen. Sie sind nicht im Bereich der Forschung tätig und haben nicht das Zeug zum Schreiben von Artikeln für Zeitungen und Magazine, es sei denn, es handelt sich um stark menschliche Interessen.

So gibt es einen Platz für jede Gabe im Bereich der Schriftstellerei, und das gilt für viele andere Berufe auch. Um diese „Etwas-für-jeden-Arbeit" in unserer Liste zu kennzeichnen, haben wir unmittelbar danach ein *Pluszeichen* (+) platziert.

WIE SOLL MAN SICH EINSCHÄTZEN ?

Im Folgenden zeigen wir, wie wir die aufgelisteten 180 Berufe kennzeichnen können. Wenn der Erfolg in einem Beruf für eine Person mit bestimmten Motivationsgaben am *wenigsten anzunehmen* ist (weil dessen Ausübung die natürliche Motivation der Person nicht berücksichtigt oder weil die Anforderungen der Arbeit über die Fähigkeiten der Motivationsgabe hinausgehen), dann haben wir diesem Beruf in der Spalte unter der Gabe ein *Minuszeichen* (–) Gabe gegeben.

Wenn Erfolg *nicht wahrscheinlich* ist, aber es sein könnte, daß andere Faktoren der Person trotzdem Freude bringen (zum Beispiel eine starke sekundäre Gabe), dann haben wir diese Arbeit durch ein *Nummernzeichen* (#) gekennzeichnet.

Wenn Erfolg *möglich* ist, besonders, wenn andere positive Faktoren dazukommen, haben wir dies mit einem *Sternchen* (*) gekennzeichnet.

Wenn Erfolg *wahrscheinlich* ist – wenn die Motivationsgabe der Person sogar die Voraussetzung für die Arbeit ist – dann haben wir sie mit *zwei Sternchen* (**) gekennzeichnet.

Wenn Erfolg *höchstwahrscheinlich* ist – wenn die Motivationsgabe der Person besonders notwendig für die Arbeit ist und eine überragende und erfüllende Bedeutung hat – dann haben wir sie mit *drei Sternchen* (***) gekennzeichnet.

Um deine größten Erfolgschancen herauszufinden, kreise alle Drei-Stern- (***) und Zwei-Stern-Markierungen (**) deiner Primärgabe ein. Wenn du eine starke Zweitgabe hast, dann tue mit ihr dasselbe. Danach kennzeichne die Berufe, die du herausgefunden hast. Dann achte darauf, welcher Beruf die höchste Sternchenzahl hat. Schreibe diese Berufe (ausgenommen diejenigen, von denen du weißt, daß du sie nicht ausüben willst) in den Platz, der am Ende des Kapitels dafür vorgesehen ist. Es wird so sein, daß du unter diesen mit Sicherheit einen Beruf findest, bei dem du weißt, daß du darin sehr begabt bist und Spitzenleistungen bringen kannst. Wenn du zum Beispiel einen bestimmten Beruf, der in direkter Nähe deiner zweiten und deiner dritten Gabe liegt, mit drei Sternchen gekennzeichnet hast, kannst du sicher sein, daß dieser Beruf der beste sein wird, den du anstreben kannst.

Hier nocheinmal die Bewertung auf einen Blick. Viel Erfolg:

−	sehr unwahrscheinlich
#	nicht wahrscheinlich
*	möglich
**	sehr möglich/ wahrscheinlich
***	höchst wahrscheinlich

Nun fang an, die Zwei-Stern- und Drei-Sternkennzeichnung deiner Motivationsgabe(n) einzukreisen:

	Erkenner	*Diener*	*Lehrer*	*Ermutiger*	*Geber*	*Administrator*	*Barmherzige Person*
Buchhalter	**	***	*	#	**	−	#
Schauspieler	**	*	−	*	***	#	*
Werbefach-mann	*	−	**	***	**	***	−
Landwirt.-Arb.	*	***	#	#	**	−	*
Fluglotse	***	**	**	*	*	***	−
Flugzeugpilot	***	*	**	**	*	***	#
Botschafter	***	*	**	***	*	***	*
Anthropologe	*	*	***	**	*	**	**
Archäologe	*	*	***	*	*	**	**
Architekt	**	***	**	*	*	**	#
Künstler +	*	**	*	*	*	*	***
Fließb.-Arb.	#	***	−	#	**	−	*
Astronom	**	*	***	*	*	**	*

	Erkenner	Diener	Lehrer	Ermutiger	Geber	Administrator	Barmherzige Person
Auktionär	*	*	#	***	**	*	—
Rechnungs-prüfer	**	***	**	*	***	*	#
Autoverkäufer	#	*	#	**	**	**	#
Kassierer	*	***	*	*	***	*	*
Bankier	**	*	*	*	***	**	#
Friseur	#	***	#	*	***	#	**
Biologe	*	*	***	*	*	**	*
Rechnungs-führer	*	***	*	#	***	#	#
Botaniker	*	.**	***	*	**	*	**
Bauleiter	*	***	*	*	**	**	*
Busfahrer	#	***	#	*	**	#	*
Gesch.-Berater	**	*	*	*	***	**	—
Gesch.-Inhaber +	**	*	**	**	***	***	#
Einkäufer	**	*	**	*	***	**	#
Kassenprüfer	#	***	#	*	**	#	**
Tischler	*	***	#	*	***	· #	*
Chemiker	**	*	***	*	*	**	#
Kinderfürsorg.	*	***	#	**	**	#	***
Chiropraktiker	**	*	***	**	*	**	*

	Erkenner	Diener	Lehrer	Ermutiger	Geber	Administrator	Barmherzige Person
Städteplaner	**	–	**	**	*	***	–
Staatsbeamter	*	***	*	**	**	*	**
Büroangestellt.	*	***	–	*	***	–	**
H.-Professor	**	#	***	**	*	***	#
Dirigent	*	#	**	*	#	***	**
Komponist +	*	*	***	**	*	**	***
Werbe-Künstler	*	**	*	*	*	**	***
Computer-Oper.	#	***	*	*	**	#	**
Programmierer	*	***	***	*	**	**	#
Koch	*	***	#	*	**	*	**
Wildpfleger	**	**	**	**	*	**	***
Unternehmer	**	*	*	**	***	***	#
Kriminologe	***	*	**	**	*	**	–
Verwalter	*	*	***	#	*	**	#
Zahntechniker	#	***	#	*	**	#	*
Zahnarzt	**	*	**	**	*	*	#
Abteilungsleit.	**	#	**	**	**	***	#
Diätassistentin	**	**	*	**	*	*	**
Hafenarbeiter	#	***	–	*	***	–	#
Facharzt +	**	*	***	**	**	**	**

	Erkenner	Diener	Lehrer	Ermutiger	Geber	Administrator	Barmherzige Person
Volkswirt	*	*	**	*	***	**	#
Elektriker	*	***	#	*	***	–	*
Ingenieur	**	*	***	**	*	**	#
Evangelist	**	*	#	**	***	*	*
Landwirt	*	***	#	#	***	*	**
Modezeichner	#	**	#	*	**	*	***
Feuerwehr-mann	*	***	#	*	**	#	*
Fischer	#	***	–	*	**	–	*
Fluglotse	*	***	#	*	**	*	**
Florist	#	**	#	*	**	#	***
Förster	*	***	#	*	**	#	**
Erdkundler	*	***	**	*	*	*	*
Bestatter	*	**	#	*	**	#	*
Geologe	**	**	***	#	**	*	#
Leitungs-berater	***	*	**	***	*	***	**
Schwerarbeiter	#	***	#	*	**	#	#
Hauswirt-schaft.	*	**	*	**	**	*	***
Krhs.-Direktor	**	#	**	**	*	***	#
Hotelmanager	**	#	**	**	*	***	#

	Erkenner	Diener	Lehrer	Ermutiger	Geber	Administrator	Barmherzige Person
Ind.-designer	*	***	**	*	**	*	#
Inspektor	***	*	**	*	*	**	#
Innen-dekorateur	*	***	*	*	**	*	***
Anlagen-berater	**	#	**	**	***	**	#
Pförtner	#	***	—	*	***	—	**
Journalist +	**	*	***	**	*	**	*
Richter	***	#	**	*	*	***	—
Land.-gestalter	#	***	#	**	***	#	*
Rechtsanwalt	***	#	**	*	*	***	—
Bibliothekar	*	***	***	*	**	#	**
Krank.-schwester	*	***	#	**	**	#	***
Vers.vertreter	***	*	*	**	*	**	*
Fabrikant	**	*	*	*	***	**	#
Marktforscher	***	*	***	**	*	***	*
Marktleiter	**	#	*	**	**	**	#
Maurer	#	***	#	*	***	#	*
Mathematiker	**	***	***	*	**	**	*
Mechaniker	*	***	#	*	***	#	*

	Erkenner	Diener	Lehrer	Ermutiger	Geber	Administrator	Barmherzige Person
Techn. Zeichner	*	***	*	*	*	#	**
Medizin-technik	**	**	***	**	**	*	*
Metallarbeiter	#	***	#	*	***	#	*
Meteorologe	*	**	***	*	**	**	*
Militäroffizier	***	#	**	**	*	***	#
Bergarbeiter	*	***	#	#	***	#	*
Pastor +	***	**	***	***	**	***	**
Missionar +	***	**	**	**	***	**	**
Model	#	**	#	**	*	#	***
Musiker +	*	**	**	*	**	*	***
Ernährungs-exp.	**	**	***	*	**	*	***
Beschäf. therap.	*	**	*	***	**	*	***
Ozeanograph	*	**	***	*	**	*	*
Schreibkraft	*	***	#	*	***	#	***
Optiker	**	*	***	**	*	**	*
Heilpraktiker	***	**	**	**	***	*	*
Personal-manager	*	#	*	***	#	***	*
Tierpfleger	#	***	#	*	**	#	***

	Erkenner	Diener	Lehrer	Ermutiger	Geber	Administrator	Barmherzige Person
Schauspieler	**	*	*	**	**	*	***
Apotheker	*	**	***	*	**	*	***
Philosoph	***	#	***	*	*	**	***
Fotograf	*	**	*	*	**	*	***
Physio-therapeut	*	**	*	*	**	#	***
prakt. Arzt +	**	*	***	**	**	**	**
Physiker	**	#	***	*	#	**	#
Installateur	#	***	#	*	*	#	*
Politiker	**	*	*	**	*	***	#
Postbote	#	***	#	**	**	#	*
Drucker	*	**	*	*	**	**	*
Reinigungs-kraft	#	***	#	*	**	#	*
Korrektor	*	*	***	*	*	**	*
Psychiater	**	*	***	**	*	**	*
Psychologe	**	#	***	***	#	**	*
Reg.-Sprecher	**	#	**	**	*	***	#
Werbungs-Leiter	*	#	*	***	*	***	*
Einkäufer	*	**	*	*	**	**	#

	Erkenner	Diener	Lehrer	Ermutiger	Geber	Administrator	Barmherzige Person
R./TV-Sprecher	*	#	*	***	*	**	#
R./TV-Produzent	**	#	**	**	*	***	#
Str.-Bau-Ingenieur	*	**	#	*	**	#	#
Makler	*	*	*	***	**	**	*
Empfangs-dame (H)	#	***	#	***	**	#	*
Freizeitleiter	*	*	#	***	**	***	*
Religionslehrer	**	#	**	***	*	***	*
Reporter	***	*	***	**	*	***	*
Forscher	**	*	***	#	*	**	#
Rest.-Manager	**	*	*	**	**	***	#
Einzelhändler	**	*	*	**	***	**	#
Verkäufer	**	*	*	**	***	***	#
Schulleiter	**	#	***	**	*	***	#
Wissenschaft-ler	***	*	***	*	*	**	*
Schneider/Näher	*	***	#	#	**	#	**
Sekretärin	*	***	#	*	**	#	**
Schiffsbauer	*	***	#	*	**	#	*

	Erkenner	Diener	Lehrer	Ermutiger	Geber	Administrator	Barmherzige Person
Sozialarbeiter	*	*	#	***	**	*	***
Soziologe +	**	*	**	***	**	**	**
Sprach-therapeut	#	**	**	***	*	*	***
Statistiker	*	***	**	*	**	*	*
Chirurg	*	***	***	*	*	**	#
Landvermesser	*	***	#	*	**	*	*
System-analytiker	***	**	**	*	**	**	#
Tierprä-parator	#	***	#	#	*	#	*
Lehrer (Kunst)	*	**	**	*	*	*	***
Lehrer (Kaufm.)	*	***	*	**	***	*	**
Lehrer (Theat.)	***	#	**	**	*	*	***
Grundsch. Lehrer	*	*	*	**	**	*	***
Englischlehrer	*	*	***	*	*	*	**
Fremdspr. lehrer	*	*	***	*	**	*	*
Hauswirt. lehrer	*	**	*	**	*	*	***
Lehrer (Gesch.)	**	*	***	**	*	**	*

	Erkenner	Diener	Lehrer	Ermutiger	Geber	Administrator	Barmherzige Person
Lehrer (Mathe.)	*	**	***	*	**	*	*
Lehrer (Musik)	*	*	**	*	*	*	***
Lehrer (Sport)	*	*	#	***	**	***	#
Lehrer (Wiss.)	***	*	***	*	**	**	*
Lehrer (Soz.w.)	**	*	**	***	**	**	***
Sond. päd. Lehrer	*	*	***	***	**	**	***
Techniker	*	***	**	*	***	*	*
Telefonist(in)	#	***	#	*	**	*	***
Theologe	***	#	***	*	*	***	#
Werkzeugmacher	#	***	#	#	***	#	*
Vertreter	*	*	*	***	***	***	*
LKW-Fahrer	*	***	#	*	***	#	**
Kellner(in)	#	***	#	**	***	#	***
Schweißer	*	***	#	#	***	#	**
Großhändler	*	#	#	*	***	***	#
Schriftsteller +	**	*	***	**	*	***	**
Tierarzt	#	**	#	#	**	*	***
Zoowärter	#	***	#	#	**	#	***
Zoologe	*	***	**	*	**	**	***

	Erkenner	Diener	Lehrer	Ermutiger	Geber	Administrator	Barmherzige Person
Röntgen-technik	*	***	#	*	**	#	**

Nun schreibe die Beschäftigungen mit der höchsten Sternen-anzahl auf. In allen könntest du erfolgreich sein. Erinnere dich, diese „Erfolgswahrscheinlichkeiten" sind nur *Richtlinien und Anregungen*. Persönliche Umstände, Gelegenheiten und die Sal-bung des Heiligen Geistes werden dich bei deiner aktuellen Wahl auch beeinflussen.

Das Wichtigste ist, darüber zu beten und die Führung des Herrn zu suchen.

Befiehl die Wahl oder die Veränderung deiner Berufung dem Herrn an. Er ist Derjenige, der dich begabt hat, und Er hat einen speziellen Plan für dein Leben. Bitte Ihn, dich in deiner Ent-scheidung zu leiten.

MEINE BERUFSMÖGLICHKEITEN

1. _____

2. _____

3. _____

4. _____

5. _____

6. _____

DIE GABEN DEINER KINDER

Während der vergangenen zwölf Jahre haben wir immer einen zweiseitigen Fragebogen an Seminarteilnehmer weitergegeben, der helfen sollte, mehr über die Motivationsgaben in der Kindheit zu lernen. Heute haben wir mit über eintausend Antworten ein übersichtliches Bild zusammengestellt, das die Eltern nicht nur befähigt, die Motivationsgaben ihrer Kinder zu entdecken, sondern das ihnen auch dabei hilft, ihre Kinder gemäß ihrer Gaben, wie Sprüche 22.6 sagt, zu erziehen.

Dieser Fragebogen wurde von einem breiten Querschnitt von Personen aus den USA und aus Kanada gesammelt. Er repräsentiert alle Lebensbereiche und Altersstufen, außerdem die meisten Denominationen.

Wenn wir über die bereits vorher besprochenen Variablen nachdenken, sehen wir, daß es schon im Leben kleiner Kinder grundlegende Charakteristiken gibt, die von ihren Motivationsgaben abhängen.

Dieses Gebiet macht ein eigenes Buch notwendig. Hier können wir nur ein allgemeines Bild zeichnen, um zu betonen, wie notwendig es ist, die Kinder gemäß ihrer Motivationsgaben zu erziehen. Es gibt weder ein Modellkind noch einen Modellerwachsenen. Vielmehr könnte man sagen, daß es sieben Modelle gibt.

DER LERNSTIL DER KINDER
So wie man in der säkularen Erziehung bei Kindern unterschiedliche Lernstile entdeckt hat, so ergibt sich auch aus dem Studium der Motivationsgaben, daß Kinder auf verschiedene Art lernen. Wir können dieses Thema hier nicht im Detail abhandeln. Nur soviel: Wir haben beobachtet, daß Kinder mit „Tat"-Gaben (Dienen, Geben und Erbarmen) mehr leisten, wenn sie von Kindern mit aggressiven „Sprach"-Gaben (Erkennen, Lehren, Ermutigen und Administrieren) getrennt werden. Die ersteren

sind nicht wettbewerbsorientiert und werden schnell von denen überrannt, die auf Wettbewerb aus sind.

Wenn die Lehrer, mit denen wir arbeiten, diese beiden Gruppen für bestimmte Aktivitäten voneinander trennen, werden sie die „Tat"-Kinder leistungsfähiger und sozialer erleben.

ERZIEHUNGSSTILE UND DIE GABEN DER KINDER

Kinder mit unterschiedlichen Motivationsgaben brauchen unterschiedliche Arten von Fürsorge, Disziplin und Training im Rahmen der Familie. Wir haben entdeckt, daß unser Erkenner-Sohn viermal mehr Disziplin braucht als unser Administrator-Sohn oder unsere barmherzige Tochter. Barmherzige Kinder sind am schnellsten verletzt und brauchen am meisten Schutz. Natürlich müssen sie auch gelehrt werden, wie sie am angemessensten ihre negativen Gefühle ausdrücken können, um nicht tiefe emotionale Not zu leiden.

Lehrer-Kinder werden dich mit ihren Fragen ärgern und herausfordern, während Ermutiger-Kinder dir die Ohren voll reden. Diener-Kinder werden dich mit ihrer Hilfsbereitschaft erfreuen und verletzt reagieren, wenn sie keine Anerkennung bekommen. Geber-Kinder werden dich mit ihrer Genügsamkeit in Erstaunen versetzen und oft eine Neigung zum Geiz entwickeln. Und Administrator-Kinder werden vielleicht versuchen die Familienaktivitäten zu organisieren, und dich mit ihren schulischen Leistungen in Erstaunen versetzen.

Wir hoffen, daß dir der folgende kurze Überblick wenigstens einige Kniffe zeigt, um deine elterlichen Fähigkeiten zu verbessern.

EIN ÜBERBLICK DER ZUSAMMENGESTELLTEN ERGEBNISSE

Wir haben aus mehr als eintausend Antworten diese Fragebögen zusammengestellt.

Bitte beantworte die folgenden Fragen über deine Kindheitserfahrungen und Gefühle so deutlich wie möglich.
1. Gefühle: Beschreibe deine Grundstimmung als Kind.
2. Ausdruck: Wie leicht fiel es dir, mündlich zu kommunizieren?
3. Selbstwert: Wie fühltest du dich selbst als Kind?

4. Lebenseinstellung: Beschreibe, wie du das Leben gesehen hast (z. B. realistisch, idealistisch, systematisch).

5. Realität/ Phantasie: Wie stark lebtest du in der Phantasie, wie stark in der Realität?

6. Verhalten: Beschreibe deine gewöhnlichen Verhaltensmuster.

7. Persönliche Gewohnheiten: Welche guten und schlechten Angewohnheiten hattest du?

8. Freunde: Wieviele Freunde hattest du normalerweise? Wie hast du dich dabei gefühlt?

9. Beziehungen: Welche Beziehung hattest du zu Gleichaltrigen?

10. Intellekt: Beschreibe deine geistigen Fähigkeiten als Kind.

11. Leiterschaft: In welchem Maß warst du ein Leiter oder ein Nachfolger?

12. Schule: Wie gut warst du in der Schule?

13. Beste Fächer: Welches waren deine besten Schulfächer?

14. Lesen: Was hast du gerne freudig gelesen?

15. Sport: An welchen Sportarten nahmst du regelmäßig teil?

16. Spiele/ Spielzeug: Welches waren deine bevorzugten Spiele und Spielzeuge?

17. Lieblingstiere: Hattest du Lieblingstiere? Wie hast du dich dabei gefühlt?

18. Qualitäten: Zähle drei Qualitäten auf, die in dir als Kind sichtbar wurden.

19. Interessen: Welches waren deine Hauptinteressen?

20. Freude: Was brachte dir als Kind die meiste Freude?

21. Andere Merkmale aus deiner Kindheit:

Wir haben die verschiedenen Antworten in der Liste auf Seite 346 zusammengestellt. Sie basieren auf den Erwachsenen-Ergebnissen. Die Altersspanne erstreckt sich von den frühesten Erinnerungen bis zum Alter in der Höheren Schule. Berücksichtige dabei, daß die Angaben des Kindes durch seine Sekundärgabe, durch bestimmte Lebensumstände und durch den Einfluß verschmutzender Faktoren beeinträchtigt sein können.

Um dieses Werkzeug zu benutzen, schlagen wir vor, daß du für jedes Kind einen unterschiedlichen Farbstift benutzt. Dann lies die Beschreibung der einundzwanzig Kategorien durch und kreise die Eigenschaften ein, die auf das jeweilige Kind zutreffen. Die Bezeichnung mit den meisten Kreisen wird wahrscheinlich die primäre Gabe sein. Dann tu dasselbe für das nächste Kind und so weiter.

Zeichne danach die Informationen unten auf.

Name des Kindes	Farbcode	Primäre Motivationsgabe
1.		
2.		
3.		
4.		
5.		
6.		
7.		
8.		
9.		
10.		

Kategorie	Erkenner	Diener	Lehrer	Ermutiger	Geber	Administrator	Barmherzige Person
1. Gefühle	Sensibel Intensiv Extreme von Sicherheit bis zur Unsicherheit	Scheu Sensibel Emotional Leicht verlegen	Stabile Veranlagung Nicht emotional Zurückhaltend	Fröhlich Sensibel Ausgewogen	Fröhlich Drückt seine Gefühle aus Manchmal scheu	Stabil Zuversichtlich Sensibel Fröhlich Enthusiastisch	Sensibel Scheu Kann schwer negative Gefühle ausdrücken
2. Ausdruck	Kann sich leicht in Worten ausdrücken	Hat Schwierigkeiten sich auszudrücken Ruhig/ Scheu in der Klasse	Sprachgewandt Spricht artikuliert Mag seichtes Reden nicht	Redet sehr viel Liebt es, in der Öffentlichkeit zu reden	Manche können sich mit Worten gut ausdrücken – manche nicht	Sehr starker Ausdruck mit Worten Kann sich selbst leicht ausdrücken	Sprachlicher Ausdruck schwer bis leicht; abhängig von Gefühlen
3. Selbstwert	Selbstwertprobleme Negative Innensicht	Niedriges Selbstwertgefühl/ Braucht Anerkennung Sicherheit im Handeln	Gutes Selbstwertgefühl Objektiv	Die meisten haben ein gutes Selbstwertgefühl Positive Persönlichkeit	Durchschnittliches Selbstwertgefühl	Durchschnittliches bis gutes Selbstwertgefühl Grundsätzlich sicheres Auftreten	Schwaches bis gutes Selbstwertgefühl Unsicher Nimmt Schuld für Konflikte auf sich

347

Kategorie	Erkenner	Diener	Lehrer	Ermutiger	Geber	Administrator	Barmherzige Person
4. Lebenssicht	Idealistisch Praktisch Kreativ Kann depressiv werden	Praktisch Idealistisch & realistisch Auf das Handeln ausgerichtet	Realistisch Idealistisch Praktisch Sucht nach Wahrheit	Idealistisch Kreativ Realistisch Praktisch Anpassungsfähig	Ausbalanciert zwischen realistisch und idealistisch Ganzherzig	Praktisch Systematisch Kreativ Weites Gebiet an Interessen	Idealistisch Kreativ Subjektiv Liebevoll Friedensstifter
5. Realität/ Phantasie	Kann beides sein Meistens phantasievoll	Ausgezeichnete Phantasie Gut im realistischen Anspruch	Sehr realistisch Arme Phantasie	Phantasievoll und auch praktisch	Sehr phantasievoll	Beides: Realistisch und phantasievoll	Sehr phantasievoll Tagträumer
6. Verhalten	Gehorsam Extreme von gut/ böse Hat einen sehr starken Willen	Gehorsam Still Liebt es, im bestimmten Zeitrahmen zu arbeiten	Gehorsam Unabhängig Kann sich leicht mit sich selbst beschäftigen	Gehorsam Aus dem Wege gehend Anpassungsfähig	Gehorsam Fleißig	Gehorsam Gesellig Konkurrierend Anziehend	Gehorsam Liebevoll Unentschieden Verfechter sozialer Gerechtigkeit

Kategorie	Erkenner	Diener	Lehrer	Ermutiger	Geber	Administrator	Barmherzige Person
7. Persönliche Angewohnheiten	Abhängig Möchte recht haben Schulmeisterlich	Nett, ordentlich Hilfsbereit Führt Aufgaben zu Ende	Höflich Gute Manieren Pünktlich Intolerant	Höflich Sauber Hilfsbereit Akzeptierend Nicht sparsam Unterbricht	Nett Hilfsbereit Freundlich Kann gut Geld verdienen Sparsam	Sorgfältig Plant voraus Sichert Dinge Abwartend	Höflich Sauber Hilfsbereit Unorganisiert Unpünktlich
8. Freunde	Wenige oder keine Freunde Einzelgänger	Nur wenig Freunde	Nur wenig Freunde Oft ein Einzelgänger	Viele Freunde Gesellig Begleiter Beliebt	Nur wenig Freunde Unterstützend	Durchschnittlich viele bis viele Freunde Mag große Gruppen Begleiter	Wenig enge Freunde Hang zum Alleinsein
9. Beziehungen	Hat beste Beziehungen zu Erwachsenen und Lehrern Schwache Beziehungen zu Gleichaltrig.	Hat beste Beziehungen zu Eltern/Lehrer Scheu gegenüber Gleichaltrigen	Hat beste Beziehungen zu Eltern/Lehrer Einige Probleme mit Gleichaltrig.	Hat zu allen gute Beziehungen	Hat zu allen gute Beziehungen	Hat zu allen sehr gute Beziehungen Tendiert zu einem breiten Netz an Beziehungen	Hat beste Beziehungen zu Erwachsenen/Lehrern, zu Gleichaltrigen durchschnittl. gut

Kategorie	Erkenner	Diener	Lehrer	Ermutiger	Geber	Administrator	Barmherzige Person
10. Intellekt	Überdurchschnittlich	Durchschnitt bis gut Gut in Details	Sehr intelligent Höchster IQ nach Untersuchungen	Überdurchschnittlich bis ausgezeichnet	Durchschnitt bis gut	Gut bis ausgezeichnet, nach Untersuchungen	Durchschnittlich bis über dem Durchschnitt Hängt von Gefühlen ab
11. Leiterschaft	Kann beides sein, Leiter und Folgender	Folgender Bevorzugt kleine Gruppen	Einige sind Leiter	Meistens Leiter	Hauptsächlich Folgender Will manchmal leiten	Exzellenter Leiter Organisator Delegiert	Folgender Will gelegentlich leiten
12. Schule	Überdurchschnittlich Konzentriert auf Fakten und Wahrheit	Durchschnitt bis gut Übergenaues Arbeiten	Ausgezeichneter Schüler Selbstmotivierend Übervorbereitet	Überdurchschnittlich	Durchschnitt bis gut	Ausgezeichneter Schüler Überragend Liebt die Herausforderung	Durchschnitt bis über dem Durchschnitt

Kategorie	Erkenner	Diener	Lehrer	Ermutiger	Geber	Administrator	Barmherzige Person
13. Beste Fächer	1. Englisch 2. Mathe 3. Geschichte 4. Kunst 5. Schauspiel	1. Mathe 2. Englisch 3. Geschichte 4. Wissensch. 5. Wirtschaft	1. Geschichte 2. Englisch 3. Gut in allen Fächern	1. Englisch 2. Mathe 3. Geschichte 4. Mag die meisten Fächer	1. Englisch 2. Mathe 3. Geschäftliches 4. Geschichte	1. Englisch 2. Mathe 3. Geschichte 4. Gut in allen Fächern	1. Englisch 2. Mathe 3. Kunst/ Musik 4. Geschichte
14. Lesen	1. Biographie 2. Romantik 3. Abenteuer 4. Mysterien	1. Abenteuer 2. Mysterien 3. Romantik 4. Historische Romane	1. Profilierter Leser 2. Historische Romane 3. Mysterien	1. Biographien 2. Romane 3. Sachbücher	1. Liebt das Lesen 2. Romane 3. Abenteuer 4. Tiergeschichten	1. Weite Interessensgebiete 2. Mysterien 3. Biographien	1. Romantik 2. Mysterien 3. Märchen u. phant. Geschichten 4. Tiergeschichten
15. Sport	Bevorzugt Individualsport wie Schwimmen, Skifahren, Radfahren	Gruppensport Kein Wettbewerbssport Schwimmen, Rollschuhl. Einige nichts	Nicht viel Interesse Bevorzugt Zuschauen oder Bücher	Liebt aktive Sportarten Gruppensport Schwimmen	Die meisten lieben Gruppensportarten Manche mögen überhaupt keinen Sport	Gruppensport Wettbewerbsorientierte Sportarten	Kein Sport und keine wettbewerbsorientierte Sportarten

Kategorie	Erkenner	Diener	Lehrer	Ermutiger	Geber	Administrator	Barmherzige Person
16. Spielzeuge	Macht eigene Spiele Spielt allein Spielzeuge sind reale Dinge	Karten- u. Tischspiel Manuelles Geschick Handwerken Puzzle	Tischspiel Aktive Spiele Bevorzugt eigentlich Bücher	Aktivspiel Gruppensp. Zweckspiel mit Ball Rollschuhfahren	Spiele außer Haus Konstruktions- und Krativspiele	Tisch- und Gruppenspiele Kreative Spiele	Tisch- und Kartenspiele Ruhige und phantasievolle Spiele
17. Lieblingstiere	Liebt Tiere	Liebt Tiere, empfindet sie als spezielle Freunde	Liebt mehr Bücherlesen als Lieblingstiere	Hat sie gerne, bevorzugt aber Menschen	Genießt Lieblingstiere aber Menschen noch viel mehr	Hat gern Lieblingstiere Haßt das Routinesäubern der Tiere	Verehrt Lieblingstiere, ist ihr Freund Bringt Streuner nach Hause
18. Qualitäten	1. Sensibel 2. Ehrlich 3. Loyal 4. Verantwortlich	1. Helfen 2. Zuverlässig 3. Sensibel 4. Gehorsam	1. Fleißig 2. Abhängig 3. Rücksichtsv. 4. Perfektionist	1. Freundlich 2. Liebevoll 3. Gehorsam 4. Fröhlich	1. Hilfsbereit 2. Nett 3. Ehrlich 4. Sparsam	1. Fähig 2. Verantwortlich 3. Ehrlich 4. Gesellig	1. Liebevoll 2. Beschützend 3. Hilfsbereit 4. Gehorsam

Kategorie	Erkenner	Diener	Lehrer	Ermutiger	Geber	Administrator	Barmherzige Person
19. Interessen	1. Lesen 2. Sport 3. Musik	1. Handarbeit 2. Tiere 3. Handwerkl. Können im Haus, Reparieren	1. Lesen 2. Studieren 3. Künste	1. Menschen 2. Aktivitäten außer Haus 3. Lesen	1. Lesen 2. Freunde 3. Häuslichkeit 4. Geldverdienen	1. Vielseitig interessiert 2. Mit anderen etwas machen 3. Lesen	1. Musik/Kunst 2. Lesen 3. Menschen
20. Freude	1. Familienaktivitäten 2. Natur 3. Einfach „Sein"	1. Familienaktivität 2. Anerkennung 3. Dienen	1. Familienaktivität 2. Lernen 3. Akzeptiert werden	1. Familienaktivität 2. Andere fröhlich machen 3. Menschen	1. Familienaktivität 2. Anderen helfen 3. Reisen	1. Familienaktivität 2. Leistung bringen 3. Menschen	1. Familienaktivität 2. Freundschaften 3. Geschätzt werden
21. Anderes	Starkes Selbstbewußtsein Eigensinnig Offen heraus	Gute Gewandtheit Nicht auf Schule ausgerichtet	Bücherwurm Liebling des Lehrers	Ermutiger Gibt viele Ratschläge weiter	Allroundpersönlichkeit Gibt großzügig	Macht Listen Schreibt Notizen Plant gerne	Leicht verletzt Leicht zu Tränen gerührt

FÜR KINDER ENTWORFENE FRAGEBÖGEN

Durch das Lehren über die Motivationsgaben in Christlichen Schulen, von der Grundschule bis zur Höheren Schule, haben wir viel Einsicht über konkrete Ergebnisse in verschiedenen Entwicklungsstufen gewonnen. Zusammen mit den gesammelten Informationen der vergangenen Jahre aus den Feedback-Fragebögen ist das die Grundlage für die Kinder-Fragebögen auf Seite 355 – 362 geworden.

Sie sind für Kinder im Alter von neun bis zwölf Jahren, oder für die Klassen vier bis sechs entwickelt. Die Fragen sollten mit Hilfe der Eltern oder eines Lehrers beantwortet werden. Einige Zusammenhänge sind zu schwierig, um sie in einfacher Sprache auszudrücken und bedürfen der Erklärung seitens des erwachsenen Assistenten.

Achte darauf, daß die Beantwortung etwas vereinfacht ist. Nur fünf Wahlmöglichkeiten sind gegeben: nie (0), selten (1), manchmal (2), normalerweise (3) und immer (4). Erkläre dem Kind, daß es die Fragen auf sich selbst bezogen beantworten soll. Nimm die Gesamtergebnisse und schraffiere die entsprechenden Felder der Profilübersicht von links nach rechts.

FÜR JUGENDLICHE ENTWORFENE FRAGEBÖGEN

Wir haben es besonders genossen, mit Teenagern zu arbeiten. In Schulsituationen, in kirchlichen Jugendgruppen, als auch in der Einzelberatung haben wir entdeckt, daß sie sehr begierig darauf sind, über sich selbst etwas in Erfahrung zu bringen. Gerade deshalb, weil sie in einem Alter sind, wo sie Entscheidungen für ihr Leben zu treffen haben, ist es für sie besonders hilfreich, ihre Motivationsgaben zu entdecken.

Es hilft ihnen auch, ein akzeptables Selbstbewußtsein zu entwickeln und einige der Teenagerprobleme, durch die sie gerade hindurchgehen, zu verstehen. Es hilft ihnen in ihren zwischenmenschlichen Beziehungen mit Gleichaltrigen und im Elternhaus. Es hilft ihnen auch, mehr verantwortliche Entscheidungen für die Zukunft zu treffen, eingeschlossen die Wahl der Freunde. So oft sagen Erwachsene: „Oh, wie gut wäre es gewesen, wenn ich als Teenager etwas über die Gaben gewußt hätte."

Persönlich würden wir es sehr gerne sehen, daß jeder Teenager seine Motivationsgaben entdeckt.

(Hochschulstudenten können den Test benutzen, der auf den Seiten 363 – 370 aufgeführt ist, oder den für die Erwachsenen.)

Die Art der Beantwortung ist dieselbe wie bei den Erwachsenen, beschrieben im Kapitel Sechs. Denke daran, daß die negativen Charakteristiken auf dem Profilbogen nicht dabei sind. Sie sollen für die junge Person nur zur eigenen Information gezählt werden, um deutlich zu machen, auf welchen Gebieten noch Gebet und Reifung notwendig ist.

356

Fragebogen für Kinder

KINDER-MOTIVATIONSGABEN / PROFILÜBERSICHT

Gabe	0	10	20	30	40	50	60	70	80	90	100
Erkenner											
Diener											
Lehrer											
Ermutiger											
Geber											
Administrator											
Barmherzige Person											

NAME _____   **# 1. GABE** _____

ALTER _____ **KLASSE** _____ **DAT.** _____   **# 2. GABE** _____

ELTERN/LEHRER _____   **# 3. GABE** _____

DIE GABE DES ERKENNENS

	Nie	Selten	Manchmal	Normalerw.	Meistens	Immer	PUNKTE
	0	1	2	3	4	5	
1.							
2.							
3.							
4.							
5.							
6.							
7.							
8.							
9.							
10.							
11.							
12.							
13.							
14.							
15.							
16.							
17.							
18.							
19.							
20.							
21.							
22.							
23.							
24.							
25.							
GESAMT							

1. Größte Freude habe ich, wenn ich sehe, wie Gottes Wille geschieht.
2. Ich möchte den Leuten helfen, das zu tun, was richtig ist.
3. Ich bin so idealistisch, daß ich leicht depressiv werden kann.
4. Ich versuche immer mich selbst zu analysieren.
5. Meine Gefühle scheinen von einem Extrem zum anderen zu gehen.
6. Es fällt mir leicht zu reden, denn was ich sage ist die Wahrheit.
7. Ich habe einen starken Willen.
8. Ich weiß immer, was Gott von mir möchte.
9. Von Grund auf bin ich ein Einzelgänger.
10. Ich bin mehr mit Erwachsenen zusammen als mit Gleichaltrigen.
11. Eigentlich will ich mehr ein Leiter sein als ein Folgender.
12. In der Schule tue ich mehr als der Durchschnitt.
13. Bevorzugt lese ich Biographien.
14. Ich bin von Menschen und Situationen sehr abhängig.
15. Ich mag am liebsten aktive Einzelsportarten.
16. Reale Dinge ziehe ich den normalen Spielzeugen vor.
17. Ich habe ein strenges Gewissen.
18. Ich sehe mehr schwarz oder weiß, gut oder schlecht, richtig oder falsch.
19. Ich kann leicht den Charakter von anderen spüren.
20. Probleme sehe ich als Gelegenheiten zum Wachsen.
21. Ich bin aufrichtig und offen.
22. Ich betrachte die Bibel als die Grundlage für Wahrheit.
23. Meine Meinungen sind stark und richtig.
24. Ich werde sehr traurig über die Sünden der anderen.
25. Ich habe das Gefühl, Gott möchte, daß ich viel für andere beten soll.

Fragebogen für Kinder

DIE GABE DES DIENENS

	Nie 0	Selten 1	Manchmal 2	Normalerw. 3	Meistens 4	Immer 5	PUNKTE
1. Meine größte Freude ist es, für andere etwas zu tun.							
2. Ich liebe es, Dinge mit meinen Händen zu tun.							
3. Ich bin sehr wirklichkeitsbezogen praktisch.							
4. Ich brauche Anerkennung, um gut über mich selbst denken zu können.							
5. Ich bin scheu; man kann mich leicht in Verlegenheit bringen.							
6. Ich mag es nicht, vor der Klasse zu reden.							
7. Ich liebe es, die Dinge so zu tun, wie ich es für richtig halte.							
8. Ich kann gut etwas nachahmen oder vorspielen.							
9. Ich habe nur wenig enge Freunde.							
10. Bei meinen Eltern fühle ich mich wohler, als bei anderen Kindern.							
11. Lieber bin ich jemand, der nachfolgt, als jemand, der leitet.							
12. Ich bin ein durchschnittlicher Schüler, aber gut in Einzelheiten.							
13. Am liebsten lese ich Abenteuergeschichten.							
14. Ich bin sehr hilfsbereit.							
15. Ich bevorzuge Sportarten, die nicht wettbewerbsorientiert sind.							
16. Ich liebe handwerkliche Arbeiten, Sammeln und Puzzlespiele.							
17. Besonders gut kann ich etwas mit meinen Händen tun.							
18. Ich bin sehr höflich.							
19. Ich möchte immer das, was ich angefangen habe, zu Ende führen.							
20. Es fällt mir schwer, nein zu sagen, wenn ich um Hilfe gebeten werde.							
21. Normalerweise tue ich mehr als das, worum ich gebeten wurde.							
22. Lieber arbeite ich an einer kurzen Aufgabe als an einer langen.							
23. Ich möchte, daß alles, was ich tue, perfekt ist.							
24. Ich zeige meine Liebe zu anderen, indem ich etwas für sie tue.							
25. Ich habe viel Energie.							
GESAMT							

Fragebogen für Kinder

DIE GABE DES LEHRENS

	Nie	Selten	Manchmal	Normalerw.	Meistens	Immer	PUNKTE
	0	1	2	3	4	5	
1. Meine größte Freude ist das Lernen.							
2. Ich würde lieber ein Buch lesen, als irgend etwas anderes.							
3. Ich liebe es, nach der Wahrheit zu forschen.							
4. Ich kann mich selbst sehr gut einschätzen.							
5. Meine Emotionen sind sehr stabil.							
6. Ich kann leicht und gut sprechen.							
7. Ich bin sehr unabhängig.							
8. Es fällt mir schwer zu schauspielen oder meine Phantasie zu benutzen.							
9. Ich habe wenig Freunde, genieße es aber auch, allein zu sein.							
10. Ich bin lieber mit Eltern und Lehrern zusammen als mit anderen Kindern.							
11. Ich genieße es, ein Leiter zu sein.							
12. Ich bin ein ausgezeichneter Schüler.							
13. Ich liebe es, Bücher über alle möglichen Themen zu lesen.							
14. Ich bin immer pünktlich.							
15. Ich habe kein Interesse, Sport zu treiben.							
16. Am liebsten mache ich Wortspiele.							
17. Ich bin ein Bücherwurm.							
18. Ich liebe Dinge wie Opern, Kunst, Musik und Ballet.							
19. Ich liebe es, zu studieren und Nachforschungen zu betreiben.							
20. Ich habe es gern, wenn Dinge logisch systematisch und organisiert sind.							
21. Ich möchte einen großen Wortschatz entwickeln und benutzen.							
22. Ich glaube, daß man Bibelworte immer im richtigen Zus.-hang nutzen muß.							
23. Ich glaube, daß die Wahrheit Kraft zur Veränderung hat.							
24. Ich habe strenge Überzeugungen und Meinungen.							
25. Ich bin selbstdiszipliniert.							
GESAMT							

Fragebogen für Kinder

DIE GABE DES ERMUTIGENS

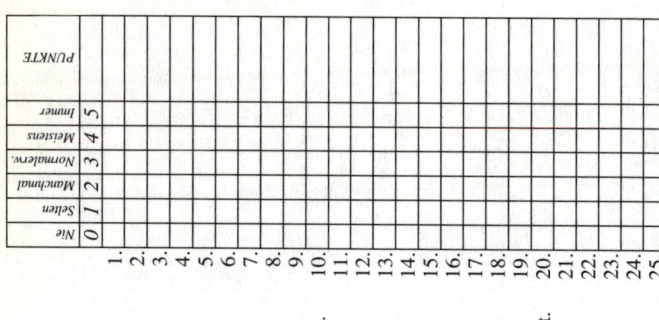

	Nie	Selten	Manchmal	Normalerw.	Meistens	Immer	PUNKTE
	0	1	2	3	4	5	
1.							
2.							
3.							
4.							
5.							
6.							
7.							
8.							
9.							
10.							
11.							
12.							
13.							
14.							
15.							
16.							
17.							
18.							
19.							
20.							
21.							
22.							
23.							
24.							
25.							
GESAMT							

1. Meine größte Freude ist es, andere zu ermutigen.
2. Ich bin lieber mit Menschen zusammen, anstatt etwas anderes zu tun.
3. Ich bin sehr zuverlässig.
4. Ich habe eine positive Persönlichkeit.
5. Ich bin eine fröhliche Person.
6. Ganz und gar liebe ich es zu reden.
7. Ich suche immer nach Wegen, um Aufgaben einfacher zu machen.
8. Ich bin praktisch veranlagt, in jeder Hinsicht.
9. Ich habe eine Menge Freunde.
10. Mit meinen Eltern, meinen Lehrern und mit Freunden komme ich gut aus.
11. Ich kann beides genießen, ein Leiter zu sein oder ein Nachfolger.
12. Ich bin ein überdurchschnittlicher Schüler.
13. Bevorzugt lese ich Biographien.
14. Ich zeige mich anderen gegenüber anerkennend.
15. Ich liebe aktive und gruppenspezifische Sportarten.
16. Ich liebe nützliche Spielzeuge.
17. Mit meinen Händen bin ich nicht gut.
18. Ich liebe es, anderen zu zeigen, wie man fröhlich sein kann.
19. Lieber lerne ich Dinge, die man im täglichen Leben anwenden kann.
20. Ich glaube, daß die Wahrheit am besten in Alltagserlebnissen zu lernen ist.
21. Ich liebe es, anderen zu helfen, ihre Probleme zu lösen.
22. Ich glaube, Probleme helfen beim Wachsen.
23. Probleme mit anderen kläre ich so schnell es möglich ist.
24. Ich finde daß andere mich mögen, weil ich so positiv bin.
25. Lieber gebe ich Zeugnis mit dem, wie ich lebe, als was ich sage.

DIE GABE DES GEBENS

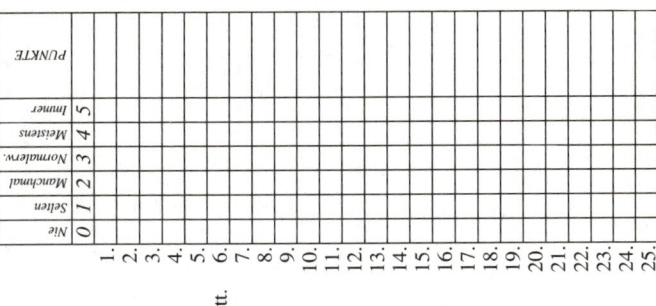

	Nie	Selten	Manchmal	Normalerw.	Meistens	Immer	PUNKTE
	0	1	2	3	4	5	
1.							
2.							
3.							
4.							
5.							
6.							
7.							
8.							
9.							
10.							
11.							
12.							
13.							
14.							
15.							
16.							
17.							
18.							
19.							
20.							
21.							
22.							
23.							
24.							
25.							
GESAMT							

1. Meine größte Freude ist es, zu geben, um anderen zu helfen.
2. Ich tue alles, was ich kann, um anderen Zeugnis zu geben.
3. Ich versuche mein Leben mit ganzer Hingabe zu leben.
4. Ich glaube, daß ich so fühle wie der Durchschnitt meiner Altersgruppe.
5. Ich bin eine fröhliche Person.
6. In der Fähigkeit, meine Gefühle auszudrücken, bin ich wie der Durchschnitt.
7. Ich bin geschäftstüchtig.
8. Ich habe eine ausgeprägte Phantasie.
9. Ich habe wenig Freunde, aber ich unterstütze sie sehr stark.
10. Ich genieße jeden Menschen.
11. Normalerweise bevorzuge ich es, ein Folgender anstatt ein Leiter zu sein.
12. Ich bin normalerweise ein guter Schüler.
13. Ich liebe es zu lesen, besonders Fachliteratur.
14. Ich bin gut im Geldverdienen und im Geldsparen.
15. Ich habe ungefähr ein durchschnittliches Interesse an Sport.
16. Ich liebe Spielsachen und Spiele, die konstruktiv sind.
17. Ich halte fest am Geben des Zehnten, wenn möglich, gebe ich auch mehr.
18. Ich liebe das Geben im Verborgenen, so, daß es niemand merkt.
19. Ich bin erfreut, wenn meine Gabe eine Antwort auf Gebet ist.
20. Ich will, daß mein Geschenk das Beste ist, was mir möglich ist.
21. Ich bete oft für Leute, die das Evangelium verkündigen.
22. Ich liebe es, Gäste in meinem Haus zu bewirten.
23. Ich komme schnell zu Hilfe, wenn ich eine Not sehe.
24. Ich bin nicht gutgläubig.
25. Ich glaube, das ich eine Allround-Person bin.

361

Fragebogen für Kinder

DIE GABE DES ADMINISTRIERENS

	Nie	Selten	Manchmal	Normalerw.	Meistens	Immer	PUNKTE
	0	1	2	3	4	5	
1.							
2.							
3.							
4.							
5.							
6.							
7.							
8.							
9.							
10.							
11.							
12.							
13.							
14.							
15.							
16.							
17.							
18.							
19.							
20.							
21.							
22.							
23.							
24.							
25.							
						GESAMT	

1. Größte Freude habe ich, wenn ich etwas vervollständigen kann.
2. Ich habe ein weites Gebiet an Interessen.
3. Ich liebe das Planen und Arbeiten an größeren Aufgaben.
4. Grundsätzlich nehme ich mich selbst so an wie ich bin.
5. Ich bin zuversichtlich und enthusiastisch in allem, was ich tue.
6. Es fällt mir leicht, mich in Worten auszudrücken.
7. Ich möchte immer der Erste oder der Beste sein.
8. Ich kann beides sein, realistisch und phantasievoll, je nach Situation.
9. Ich habe viele Freunde und genieße große Gruppen.
10. Ich denke, ich komme mit den Eltern, mit Lehrern und Freunden gut aus.
11. Ich liebe es, ein Leiter zu sein und zu organisieren.
12. Ich bin ein ausgezeichneter Schüler, der Herausforderungen liebt.
13. Ich lese gerne Sachbücher verschiedenster Art.
14. Ich muß bekennen, daß mein Zimmer meistens unordentlich ist.
15. Ich liebe wettbewerbsorientierte Sportarten.
16. Ich liebe Gruppenspiele.
17. Ich mache immer Listen und schreibe Notizen auf.
18. Ich war schon immer der Meinung, daß Gehorsam wichtig ist.
19. Schnell übernehme ich die Rolle des Leiters, wenn kein anderer da ist.
20. Es fällt mir leicht, ein Gesamtbild zu sehen und Langzeitziele zu setzen.
21. Routineaufgaben gefallen mir gar nicht.
22. Ich bin gerne in Verantwortung und sage den anderen, was zu tun ist.
23. Ich bin bereit Kritik zu ertragen, wenn es darum geht, etwas zu schaffen.
24. Ich arbeite hart, um etwas zu schaffen, auch wenn andere dafür Ehre bekommen.
25. Ich genieße es, mit Menschen zu arbeiten.

DIE GABE DER BARMHERZIGKEIT

	Nie	Selten	Manchmal	Normalerw.	Meistens	Immer	PUNKTE
	0	1	2	3	4	5	
1.							
2.							
3.							
4.							
5.							
6.							
7.							
8.							
9.							
10.							
11.							
12.							
13.							
14.							
15.							
16.							
17.							
18.							
19.							
20.							
21.							
22.							
23.							
24.							
25.							
						GESAMT	

1. Meine größte Freude ist es, denen Liebe zu zeigen, die verletzt sind.
2. Ich möchte sicher gehen, daß sich jeder wohlfühlt.
3. Ich bin so idealistisch, daß ich manchmal unrealistisch werde.
4. Ich fühle mich nicht immer gut.
5. Ich bin scheu und still.
6. Ich habe eine sanfte Art zu reden.
7. Es fällt mir schwer, für meine eigenen Rechte einzutreten.
8. Ich bin ein Tagträumer.
9. Ich versuche denen ein Freund zu sein, die keinen Freund haben.
10. Ich bemühe mich, jeden zu erfreuen.
11. Lieber bin ich jemand, der folgt, als daß ich leite.
12. Ich bin ein durchschnittlicher Schüler.
13. Ich lese gerne Märchen-, Phantasie- u. Mysteriengeschichten.
14. Ich bin sehr liebevoll.
15. Wenn Sport, dann solche Sportarten, die nicht wettbewerbsorientiert sind.
16. Ich genieße ruhige, phantasievolle Spiele.
17. Ich erkenne, daß ich schnell verletzt bin.
18. Ich bin eifrig darin, Menschen zu helfen, die innerlich verletzt sind.
19. Ich schaue immer auf das Gute im Menschen und ignoriere das Schlechte.
20. Ich möchte, daß alle miteinander auskommen.
21. Ich merke, wenn jemand nicht aufrichtig ist.
22. Ich vertraue anderen sehr leicht.
23. Sind andere glücklich, bin ich es auch sind sie traurig, bin ich auch traurig.
24. Ich bete oft für Menschen, die Nöte oder Verletzungen haben.
25. Ich mag es nicht, wenn ich in meinem Handeln gedrängt werde.

363

Fragebogen für Jugendliche

JUGEND-MOTIVATIONSGABEN / PROFILÜBERSICHT

Gabe	0	10	20	30	40	50	60	70	80	90	100
Erkenner											
Diener											
Lehrer											
Ermutiger											
Geber											
Administrator											
Barmherzige Person											

NAME _____ **# 1. GABE** _____

ALTER _____ **STUFE** _____ **DAT.** _____ **# 2. GABE** _____

KLASSE/GRUPPE _____ **# 3. GABE** _____

Fragebogen für Jugendliche

DIE GABE DES ERKENNENS

Charakteristiken:

	Nie	Selten	Manchmal	Normalerw.	Meistens	Immer	PUNKTE
	0	1	2	3	4	5	
1. Sieht schnell, was gut oder böse ist, und haßt das Böse.							
2. Sieht alles entweder als richtig oder als falsch an.							
3. Kann schnell sagen, welchen Charakter andere haben.							
4. Ermutigt andere, sich für falsches Verhalten zu entschuldigen.							
5. Glaubt, daß Probleme und Schwierigkeiten geistl. Wachstum bringen können.							
6. Hat nur wenige, oder keine engen Freundschaften.							
7. Sieht die Bibel als Basis für Wahrheit, Glaube und Aktion an.							
8. Lebt mutig auf der Basis geistlicher Prinzipien.							
9. Ist offen und unverblümt und hat nicht viel Taktgefühl.							
10. Ist mit Worten sehr überzeugend.							
11. Fühlt sich schlecht, wenn andere sündigen.							
12. Will immer eigene blinde Flecken sehen; will anderen helfen, ihre zu sehen.							
13. Hat besonders den Wunsch, zu sehen, wie Gottes Wille in allem geschieht.							
14. Liebt es, andere zum geistlichen Wachsen zu ermutigen.							
15. Betet viel für andere und dafür, daß der Wille Gottes getan wird.							
16. Dramatisiert gerne das, was er (sie) „sieht".							
17. Blickt oft in sich selbst hinein.							
18. Hat starke Meinungen und Überzeugungen.							
19. Hat strikte persönliche Maßstäbe.							
20. Fühlt ein starkes Verlangen, Gott zu gehorchen.							

GESAMT

Typische Problemgebiete:

1. Tendiert dahin, richtend und derbe zu sein.			
2. Vergißt es, anderen für ihr Können Anerkennung zu geben.			
3. Wird drängend, wenn er (sie) versucht, anderen zum Wachstum zu verhelfen.			
4. Kann Meinungen und Ansichten, die von den eigenen abweichen, nicht leiden.			
5. Kämpft mit Selbstwertproblemen.			

GESAMT

Fragebogen für Jugendliche

DIE GABE DES DIENENS

Charakteristiken:

	Nie 0	Selten 1	Manchmal 2	Normalerw. 3	Meistens 4	Immer 5	PUNKTE
1. Begegnet schnell den Bedürfnissen anderer.							
2. Genießt besonders, mit den eigenen Händen zu arbeiten.							
3. Hält alles sauber und in Ordnung.							
4. Kann sich leicht an Details erinnern.							
5. Genießt es, Leute im Haus zu haben.							
6. Möchte das Begonnene auch zu Ende führen.							
7. Kann nur schwer Nein sagen, wenn andere einen Gefallen erbitten.							
8. Hat mehr Interesse daran, den Nöten anderer, als den eigenen zu begegnen.							
9. Genießt die Arbeit an Arbeiten, die in kurzer Zeit beendet werden können.							
10. Zeigt anderen seine Liebe mehr in Taten und Aktionen als in Worten.							
11. Braucht die Anerkennung anderer.							
12. Tendiert dazu, mehr zu tun, als erwartet wird.							
13. Findet die größte Freude darin, etwas zu tun, was anderen hilft.							
14. Möchte andere nicht leiten.							
15. Verfügt über ein hohes Maß an Energie.							
16. Hält es inmitten von Unordnung nicht aus.							
17. Möchte, daß alles perfekt ist.							
18. Glaubt, daß das Dienen das Wichtigste im Leben ist.							
19. Würde lieber eine Arbeit selbst tun, als sie jemand anderem zu übertragen.							
20. Hilft gerne den Leitern, ihre Arbeit zu schaffen.							

GESAMT

Typische Problemgebiete:

1. Ärgert sich über andere, die in Notsituationen nicht hilfsbereit sind.							
2. Kann die eigene Familie vergessen, wenn er zu beschäftigt ist, anderen zu helfen.							
3. Kann durch zu eifriges Helfen aufdringlich werden.							
4. Hat es schwer, sich von anderen dienen zu lassen.							
5. Ist schnell verletzt, wenn keine Anerkennung gegeben wird.							

GESAMT

Fragebogen für Jugendliche

DIE GABE DES LEHRENS

Charakteristiken:

	Nie 0	Selten 1	Manchmal 2	Normalerw. 3	Meistens 4	Immer 5	PUNKTE
1. Stellt Wahrheit gern in einer logischen Weise dar.							
2. Möchte gerne immer die Fakten herausfinden.							
3. Liebt das Studieren.							
4. Genießt es, die Bedeutung von Worten zu lernen.							
5. Benutzt gerne biblische Beispiele, um einen Punkt deutlich zu machen.							
6. Hat es nicht gerne, wenn Bibelstellen aus dem Zusammenhang gerissen werden.							
7. Möchte, daß die Wahrheit in jeder Situation herausgestellt wird.							
8. Ist in der Lage zu analysieren, ohne von Gefühlen irritiert zu werden.							
9. Entwickelt und nutzt ohne Probleme einen großen Wortschatz.							
10. Glaubt, daß Fakten wichtiger sind als Gefühle.							
11. Möchte immer sicher gehen, daß das Gelernte die Wahrheit ist.							
12. Hilft lieber Gläubigen im Glauben zu wachsen, anstatt zu evangelisieren.							
13. Empfindet die eigene Gabe als die beste, um als Christ stark zu sein.							
14. Löst Probleme durch Anwendung biblischer Prinzipien.							
15. Ist ein ausgezeichneter Schüler.							
16. Ist selbstdiszipliniert.							
17. Hält die Gefühle unter Kontrolle.							
18. Hat nur wenig enge Freunde.							
19. Hat starke Überzeugungen und Meinungen.							
20. Glaubt, daß die Wahrheit Kraft hat, Menschen zu verändern.							
GESAMT							

Typische Problemgebiete:

	Nie 0	Selten 1	Manchmal 2	Normalerw. 3	Meistens 4	Immer 5	PUNKTE
1. Tendiert dahin, die praktische Anwendung der Wahrheit zu vergessen.							
2. Akzeptiert nur langsam die Ansichten anderer.							
3. Tendiert dahin, sich klüger als Gleichaltrige zu fühlen.							
4. Hat eine Tendenz zur Besserwisserei.							
5. Leicht beeinflußbar durch neue Interessensgebiete.							
GESAMT							

Fragebogen für Jugendliche

DIE GABE DES ERMUTIGENS

Charakteristiken:

	Nie	Selten	Manchmal	Normalerw.	Meistens	Immer	PUNKTE
	0	1	2	3	4	5	
1. Liebt es, andere zu ermutigen, ein siegreiches Leben zu führen.							
2. Achtet auf die Reaktionen anderer, wenn er (sie) spricht.							
3. Würde lieber die Wahrheit anwenden, als nach ihr zu suchen.							
4. Bevorzugt das Lernen von Dingen, die praktisch angewendet werden können.							
5. Liebt es, anderen zu erzählen, was sie tun müssen, um zu wachsen.							
6. Liebt es, mit Menschen zu arbeiten.							
7. Ermutigt andere, sich in ihren Helferfähigkeiten zu entwickeln.							
8. Findet die Wahrheit meistens durch praktische Erfahrungen heraus.							
9. Liebt es, anderen in ihren Problemen zu helfen.							
10. Wird aufhören, anderen zu helfen, wenn diese sich nicht ändern wollen.							
11. Bevorzugt Lehre, die im praktischen Alltag angewendet werden kann.							
12. Glaubt, daß Nöte und Probleme den Menschen zum Wachsen verhelfen.							
13. Akzeptiert die Leute wie sie sind.							
14. Ist positiv in jeder Angelegenheit.							
15. Gibt lieber Zeugnis durch das eigene Leben, als durch Worte.							
16. Kann leicht Entscheidungen treffen.							
17. Führt das, was angefangen wurde, auch zum Ende.							
18. Möchte Probleme mit anderen so schnell es geht gelöst haben.							
19. Erwartet viel von sich und von anderen.							
20. Braucht einen engen Freund, um Ideen und Gedanken auszutauschen.							
GESAMT							

Typische Problemgebiete:

1. Kann andere unterbrechen, wenn er (sie) die eigene Meinung vertreten will.							
2. Wird Schriftstellen aus dem Zusammenhang nehmen, um eine Aussage zu machen.							
3. Kann dahin tendieren, denselben Rat immer und immer wieder zu geben.							
4. Ist mutig im Aussprechen eigener Meinungen und Ideen.							
5. Kann zu viel Selbstvertrauen entwickeln.							
GESAMT							

368

DIE GABE DES GEBENS

Charakteristiken:

	Nie	Selten	Manchmal	Normalerw.	Meistens	Immer	PUNKTE
	0	1	2	3	4	5	
1. Gibt freizügig, Geld Dinge, Zeit und Liebe.							
2. Liebt es, heimlich zu geben, damit andere es nicht merken.							
3. Möchte sich als ein Teil des Dienstes fühlen, an den er gibt.							
4. Betet viel um Errettung anderer.							
5. Ist erfreut, wenn seine (ihre) Gabe eine direkte Antwort auf Gebet ist.							
6. Möchte, daß die Geschenke die besten sind, die er (sie) geben kann.							
7. Gibt nur unter der Leitung des Heiligen Geistes.							
8. Gibt, um andere zu unterstützen und zu segnen oder um dem Dienst zu helfen.							
9. Besuch im eigenen Haus wird als Gelegenheit zum Geben angesehen.							
10. Hat die Fähigkeit, mit Geld weise und gut umzugehen.							
11. Ist schnell dran, dort zu helfen, wo eine Not sichtbar wird.							
12. Betet über den zu gebenden Betrag.							
13. Glaubt an das Geben des Zehnten und über den Zehnten hinaus.							
14. Liebt es mehr als alles andere, das Evangelium zu verkündigen.							
15. Glaubt, daß Gott sich um alle Angelegenheiten kümmert.							
16. Arbeitet hart, um Geld zu verdienen, und um mehr Geld geben zu können.							
17. Ist gut im Geldverdienen.							
18. Ist vorsichtig, Geld nicht zu verschwenden.							
19. Läßt sich nicht „über's Ohr" hauen.							
20. Hat beides, natürliche und von Gott gegebene Weisheit.							

GESAMT

Typische Problemgebiete:

	Nie	Selten	Manchmal	Normalerw.	Meistens	Immer	PUNKTE
1. Kann versuchen, die Art des Geldgebens zu kontrollieren.							
2. Wird drängend beim Versuch, andere zum Geben zu bringen.							
3. Kann andere verärgern, die seine (ihre) Art des Gebens nicht verstehen.							
4. Kann durch übermäßiges Geben andere verwöhnen.							
5. Kann geizig werden.							

GESAMT

Fragebogen für Jugendliche

DIE GABE DES ADMINISTRIERENS

Charakteristiken:

	Nie 0	Selten 1	Manchmal 2	Normalerw. 3	Meistens 4	Immer 5	PUNKTE
1. Liebt es, alles zu organisieren.							
2. Kann Ideen und Organisationen anderen deutlich erklären.							
3. Freut sich, unter Autorität zu stehen, um selbst Autorität zu haben.							
4. Wird nicht versuchen, Leitung auszuüben, wenn sie nicht eigens übertragen wurde.							
5. Wird, wenn erforderlich, Leitung ausüben, wenn kein Leiter da ist.							
6. Genießt es, an Langzeitzielen und an Langzeitprojekten zu arbeiten.							
7. Kann leicht das breite Bild sehen; alles, was getan werden muß.							
8. Weiß, wie man die richtigen Leute findet, um eine Arbeit zu bewältigen.							
9. Genießt es, anderen zu helfen, Dinge zu tun und in Verantwortung zu wachsen.							
10. Kümmert sich nicht um Kritik, solange die Dinge laufen.							
11. Hat großes Interesse und Enthusiasmus an allem was er (sie) tut.							
12. Findet größte Erfüllung und Freude zu arbeiten, um Ziele zu erreichen.							
13. Ist bereit, anderen das Lob zu lassen, wenn nur die Arbeit getan wird.							
14. Will gerne eine neue Sache in Angriff nehmen, wenn eine Aufgabe fertig ist.							
15. Schreibt sich andauernd selbst Notizen.							
16. Ist ein natürlicher und guter Leiter.							
17. Weiß, wann bestimmte Dinge geändert werden müssen und wann nicht.							
18. Genießt es, mit Leuten zu arbeiten und unter Leuten zu sein.							
19. Möchte, daß die Dinge so schnell als möglich beendet werden.							
20. Hat kein Gefallen daran, dieselben Sachen immer und immer wieder zu tun.							
GESAMT							

Typische Problemgebiete:

	Nie 0	Selten 1	Manchmal 2	Normalerw. 3	Meistens 4	Immer 5	PUNKTE
1. Wird ärgerlich, wenn andere nicht zusammenarbeiten, um ein Ziel zu erreichen.							
2. Kann innere Verletzungen verbergen, wenn er (sie) Ziel für Kritik geworden ist.							
3. Kann sich selbst überfordern und persönliche Bedürfnisse verleugnen.							
4. Kann manchmal Menschen „benutzen", um eigene Ziele zu erreichen.							
5. Kann häusliche Pflichten vergessen, weil andere Aktivitäten zu intensiv werden.							
GESAMT							

Fragebogen für Jugendliche

DIE GABE DES ERBARMENS

Charakteristiken:

	Nie	Selten	Manchmal	Normalerw.	Meistens	Immer	PUNKTE
	0	1	2	3	4	5	
1. Hat große Fähigkeit, Liebe zu zeigen.						5	
2. Schaut immer auf das Gute in den Menschen.							
3. Erspürt die geistliche und gefühlsmäßige Verfassung anderer.							
4. Wird von verletzten und beladenen Menschen angezogen.							
5. Unternimmt etwas, um andere von Verletzungen und Nöten zu befreien.							
6. Ist mehr auf geistige und gefühlsmäßige Wunden als auf körperliche konzentriert.							
7. Hilft anderen, richtige Beziehungen zu haben.							
8. Liebt es, anderen den besseren Platz oder die bessere Gelegenheit zu geben.							
9. Ist vorsichtig in Worten und Taten, um andere nicht zu verletzen.							
10. Kann leicht sagen, wenn andere unaufrichtig sind oder falsche Motive haben.							
11. Fühlt sich zu anderen mit der Gabe des Erbarmens hingezogen.							
12. Liebt es, anderen besondere Aufmerksamkeiten zu erweisen.							
13. Faßt schnell Vertrauen und ist selbst eine vertrauenswürdige Person.							
14. Vermeidet Konflikte mit anderen.							
15. Mag es nicht, bei der Arbeit oder in einer Aktivität gedrängt zu werden.							
16. Ist normalerweise froh und heiter.							
17. Wird mehr durch das Herz als durch den Verstand regiert.							
18. Genießt es, andere gesegnet zu sehen und weint, wenn andere verletzt sind.							
19. Setzt sich für gute Zwecke ein.							
20. Betet viel für die Verletzungen und Probleme anderer.							

GESAMT

Typische Problemgebiete:

1. Hat Probleme, Entscheidungen zu treffen.			
2. Kann schnell Angriffe auf andere Personen auf sich nehmen.			
3. Gefühle sind schnell verletzt.			
4. Konzentration auf das Leiden anderer kann Depressionen auslösen.			
5. Kann von anderen übervorteilt werden.			

GESAMT

371

ABSCHLIESSENDE GEDANKEN

Du hast die Motivationsgaben kennengelernt und deine eigenen entdeckt. Du hast gesehen, wie sie im Leib Christi funktionieren. Die Anwendung liegt jetzt bei *dir!*

Wir können aufrichtig sagen, daß uns das, was wir über die Motivationsgaben gelernt haben, sehr geholfen hat und uns immer noch behilflich ist. Es hat unsere Beziehungen bereichert und unser Verständnis und unsere Akzeptanz andern gegenüber vergrößert. Es hat uns geholfen, effektiver zu dienen und mit Gott zusammen den Plan für unser Leben auszuarbeiten. Ebenso hat es uns die Freiheit ermöglicht, so zu sein, wie wir sind.

Wir vertrauen, daß dieses Buch dein Leben bereichert hat und dich näher zu Jesus gezogen hat. Wir denken auch, daß es dich wirklich fähig gemacht hat, in Freiheit der zu sein, der du bist, damit du den biblischen Befehl in 1. Petrus 4:10-11 besser befolgen kannst:

„Jeder von euch sollte, welche Gabe er auch empfangen hat, anderen dienen, in treuer Verwaltung der mannigfaltigen Gnade Gottes ... damit in allen Dingen Gott verherrlicht werden mag durch Jesus Christus ...".

ANHANG

1   Edward Ziegler, „The Mysterious Bonds of Twins", *The Reader's Digest* (Januar 1980)

2   George Ricker Berry, *The Interlinear Literal Translation of Greek New Testament* (Grand Rapids, Mich.: Zondervan Publishing House, 1973).

3   James Strong, *Strong's Exhaustive Concordance of the Bible* (New York: Abingdon Press, 1970).

4   Kenneth Wuest, *Word Studies in the Greek New Testament,* Chapter 12: Romans in the New Testament (Grand Rapids, Mich.: William B. Eerd

5   Emely Binning, *Gordon Takes a Wife* (Lynnnwood, Wash.: Woman's Aglow Fellowship, 1977), pp. 136-13

6   Steve Lightle, *Exodus II* (Kingwood, Tex.: Hunter Books, 1983), pp. 60-61.

7   Howard Pitman, *Placebo* (Bassfield, Miss.: Mississippi Christian Broadcasting, Inc., 1980), p. 33.

8   Used with permission.

9   Albert W. Lorimer, *God Runs My Business* (Old Tappan, N.J.: Flemming H. Revell, 1941), pp. 131-132.

NACHWORT

Im folgenden sehen wir einen Lehrplan, der dafür gemacht ist, über Material in diesem Buch zu lehren. Er ist für einen 13-wöchigen Kurs entworfen, kann aber auch erweitert oder verkürzt werden, um ihn an einen bestimmten Zeitrahmen anzupassen.

Bestimme die Länge der Kapitel und die Fragezeit noch vor der Diskussionszeit.

1. Erste Woche: Lies Kapitel 1-2
Kapitel 1: *Drei Gabenkategorien:*
a. Welche neun Gaben werden in 1. Kor. 12:7-10 erwähnt? Definiere jede einzelne Gabe.
b. Welches sind die Funktionen der fünf Gaben, die in Eph. 4:11-13 aufgezählt sind?
c. Wie können die sieben Gaben, die wir in Röm. 12:6-8 finden, unsere Persönlichkeit formen?
d. Wie sorgt Röm. 12:1-5 für eine gute Basis, um in den Motivationsgaben zu arbeiten?
e. Welche Bedeutung hat 1. Kor: 12.28-31 im Vergleich zu den anderen Gabenlisten?
Kapitel 2: *Jeder hat eine Gabe:*
f. In welcher Art und Weise sollten andere durch unsere Motivationsgaben unterstützt werden?
g. Wann empfangen wir unsere Motivationsgaben? Welches ist der Beweis dafür?
h. Wie beeinflußt eine Motivationsgabe die Ansichten einer Person?
i. Wie wird den unterschiedlichen Grundbedürfnissen durch die Motivationsgaben begegnet?

2. Zweite Woche: Lies Kapitel 3-5
Kapitel 3: *Dein Platz im Leib*
a. In welcher Beziehung stehen die sieben Gaben zu den unterschiedlichen Teilen des Körpers?
b. Beschreibe jemanden, den du kennst und beschreibe, wie seine Gabe seine Position im Leib widerspiegelt.

c. Was ist der Unterschied zwischen den „Sprech-Gaben" und den „Tat-Gaben?"

Kapitel 4: *Wir dienen in allen Bereichen*

d. In welcher Art können wir in allen sieben Bereichen der Motivationsgaben funktionieren?

e. Warum können einige Leute in einigen Bereichen besser und natürlicher dienen?

Kapitel 5: *Wenn ich eine Gabe habe, warum habe ich das nicht gewußt?*

f. Warum kann es sein, daß eine Person nichts über seine/ ihre Motivationsgaben wußte?

g. Welche Hindernisse können das Fließen der Motivationsgaben einer Person blockieren.

h. Wie kann eine Motivationsgabe freigesetzt werden, damit sie den Absichten Gottes dienen kann?

3. Dritte Woche: Lies Kapitel 7-9

Kapitel 7: *Charakteristiken des Erkenners*

a. Was sind die Unterschiede zwischen einem Erkenner, einem Propheten und der Gabe der Prophetie?

b. Warum hassen Erkenner das Böse und freuen sich über Zerbruch.

c. Warum legen Erkenner soviel Wert auf das, was die Bibel sagt?

d. Was sind blinde Flecken? Hast du welche? Wie kannst du sie los werden?

e. Warum ist Fürbitte der wichtigste Dienst eines Erkenners?

f. Warum blicken Erkenner immer nach Innen? Wie hilft es ihnen? Verletzt es sie?

Kapitel 8: *Probleme des Erkenners*

g. Warum ist es nicht in Ordnung, offen und grob zu sein, auch wenn es auf Wahrheit basiert?

h. Warum haben Erkenner einen Hang zu Selbstwertproblemen?

Kapitel 9: *Biblische Erkenner*

i. Wer sind die Leute aus dem Alten Testament, die wahrscheinlich Erkenner waren? Warum?

j. Warum ist Johannes der Täufer ein gutes neutestamentliches Beispiel für einen Erkenner?

4. Vierte Woche: Lies Kapitel 10-12

Kapitel 10: *Charakteristiken des Dieners*

a. Welche Dinge tun Diener? Kann es sein, daß sie nicht als geistlicher Dienst verstanden werden?

b. Was sollte ein Diener tun, wenn er/sie sich zu sehr verausgabt haben?

c. Wie können sich andere auf den Perfektionismus eines Dieners einstellen?

d. Wie kann ein Diener-Elternteil seine Kinder daran hindern, Verantwortung zu lernen?

e. Warum war Moses' Gabe des Dienens ein Teil von Gottes Plan für die Isrealiten?

Kapitel 11: *Probleme des Dieners*

f. Wie können wir Dienern helfen, sich mehr geliebt und anerkannt zu fühlen?

g. Wie kannst du einem Diener liebevoll sagen, daß du seine Hilfe jetzt nicht brauchst?

Kapitel 12: *Biblische Diener*

h. Was meinst du, hat Jesus an Marthas Gabe des Dienens geschätzt?

i. Warum sind Marias und Marthas Gaben in Widerspruch geraten?

5. Woche: Lies Kapitel 13-15

Kapitel 13: *Charakteristiken des Lehrers*

a. Warum legen Lehrer soviel Gewicht auf ausgedehnte Nachforschung über alle möglichen Gebiete?

b. Wie kann die Objektivität eines Lehrers ihn fähig machen, bestimmte Aufgaben viel besser zu tun als andere?

c. Ist es möglich, die Einstellung eines Lehrers zu verändern? Wie?

d. Warum würde ein Lehrer Schwierigkeiten haben, an bestimmten Arten von Evangelisation teilzunehmen?

Kaptiel 14: *Probleme des Lehrers*

e. Auf welche Art kann die Lehre eines Lehrers weniger effektiv sein als die eines Ermutigers?

f. Wie können andere am besten mit einer gesetzlichen und dogmatischen Lehrer-Gabe zurechtkommen?

Kapitel 15: *Biblische Lehrer*

g. Welche Haltungen geben bei Apollos Aufschluß darüber, daß er Lehrer war?

h. Welches Wissen hast du über Lukas, das seine Gabe des Lehrens offenbart?

6. Sechste Woche: Lies Kapitel 16-18

Kapitel 16: *Charakteristiken des Ermutigers*

a. Warum sind die Leute gewöhnlich gern in der Nähe eines Ermutigers?

b. Was meinst du, warum Ermutiger die Lebenserfahrung gleichwertig zur Schrift sehen?

c. Welche Qualitäten machen aus dem Ermutiger einen außergewöhnlichen Seelsorger?

d. Ist die Tendenz des Ermutigers, jede Person zu akzeptieren, eine Entschuldigung für Kompromisse?

Kapitel 17: *Probleme des Ermutigers*

e. Welche Rechtfertigung gibt es dafür, Schriftstellen aus dem Textzusammenhang zu nehmen?

f. Wie können andere mit der Übergesprächigkeit eines Ermutigers klar kommen?

Kapitel 18: *Biblische Ermutiger*

g. Warum hielt Barnabas zu Johannes Markus, obwohl dieser sie vorher verlassen hatte?

h. Auf welche Art demonstriert Petrus die Charakteristiken eines Ermutigers?

7. Siebter Abschnitt: Lies Kapitel 19-21

Kapitel 19: *Charakteristiken des Gebers*

a. Welche Arten des Gebens nutzt der Geber?

b. Warum ist der Geber am besten für Evangelisation ausgerüstet?

c. Warum sollte Gott Geber befähigen, so begabt und erfolgreich in geschäftlichen Dingen zu sein?

d. Ist Weisheit der exklusive Besitz des Gebers? Warum?

Kapitel 20: *Probleme des Gebers*

e. Wie kann man einem Geber helfen, sein Geld auch wirklich loszulassen, nachdem er/ sie es gegeben hat?

f. Auf welche Art und Weise kann die Großzügigkeit eines Gebers die eigene Familie negativ beeinflussen?

Kapitel 21: *Biblische Geber*

g. Welche Hinweise auf die Gabe des Gebens finden wir bei Abraham?

h. Apostel haben oft mehr als eine starke Gabe, welche hatte Paulus?

8. Achter Abschnitt: Lies Kapitel 22-24

Kapitel 22: *Charakteristiken des Administrators*

a. Wie verhalten sich Adminstratoren gegenüber Autorität?

b. Warum ist die visionäre Begabung so wichtig für die Gabe des Administrierens?

c. Warum machen Administratoren andauernd Listen über Dinge, die sie zu tun haben?

d. Wie können wir wissen, ob eine Person, die Leiter sein möchte, auch dafür wirklich qualifiziert ist?

Kapitel 23: *Probleme des Administrators*

e. Wie sollte ein Administrator mit Kritik umgehen?

f. Warum werfen Administratoren manchmal ihre Prioritäten durcheinander?

Kapitel 24: *Biblische Administratoren*

g. Wie ist es möglich, daß Joseph durch das Mitteilen seines Traumes auf der einen Seite in Schwierigkeiten kam, aber andererseits dadurch in Gottes Plan hineinkam?

h. Warum kann man annehmen, daß David und Nehemia Administratoren waren?

9. Neunter Abschnitt: Lies Kapitel 25-27

Kapitel 25: *Charakteristiken der barmherzigen Person*

a. Wieso kann die Gabe des Erbarmens beides sein, ein Segen für andere und ein Problem für sich selbst?

b. Was zieht die barmherzigen Personen zu denen, die verletzt und in Not sind?

c. Warum vertrauen barmherzige Personen sogar solchen Leuten, die nachweislich Vertrauen mißbraucht haben?

d. Welche Konflikte könnten sich zwischen einer barmherzigen Person und einer Person mit einer mehr analytischen Gabe entwickeln?

e. Welche Gaben beinhalten Fürbitte; wie können Leute mit diesen Gaben zusammenarbeiten?

Kapitel 26: *Probleme der barmherzigen Person*
f. Warum sind barmherzige Personen so schnell verletzt?
g. Warum fällt es einer barmherzigen Person schwer, fest zu sein und im voraus zu planen?
Kapitel 27: *Biblische barmherzige Personen*
h. Auf welche Art hat der barmherzige Samariter Mitleid gezeigt?
i. Obwohl Jeremia vom Ruf her ein Prophet war, hatte er die Gabe des Erbarmens; woher wissen wir das?

10. Zehnter Abschnitt: Lies Kapitel 29

Kapitel 29: *Die Charakteristiken Jesu*
a. War das Erkennen Jesu stärker als unseres oder macht uns der Heilige Geist fähig, auch heute eine ähnlich starke Ausprägung zu haben?
b. Warum hat Jesus soviel Wert auf Dienerschaft gelegt?
c. Warum hat Jesus soviel von Seiner Lehre auf Aussagen aus dem Alten Testament aufgebaut?
d. Wie konnte Jesus unterscheiden, wer ermutigt werden und wer gerichtet werden mußte.
e. Auf welche Art war die Lehre Jesu, die Gute Nachricht vom Königreich Gottes, eine zentrale Sache?
f. Hat Jesus die Dinge einfach sich entwickeln lassen, oder hatte er einen Plan für seinen Dienst?
g. Sprecht über verschiedene Wege, wie Jesus Barmherzigkeit gezeigt hat. Welcher war der beste?

11. Elfter Abschnitt: Lies Kapitel 30-31

Kapitel 30: *Lebe in deiner Gabe*
a. Zu welcher unterschiedlichen Reaktion würden Personen mit verschiedenen Gaben tendieren, wenn ein Kind mit einer schlechten Schularbeit nach Hause kommt?
b. Welche Ehekonflikte könnten auftauchen, wenn Personen mit entgegengesetzten Gaben heiraten?
c. Welche anderen zwischenmenschlichen Beziehungen könnten Konflikte beinhalten? Was kann man tun?
d. Wie kann das Wissen über die Motivationsgaben in der Seelsorge hilfreich sein?
e. Geben alle Motivationsgaben auf dieselbe Art Zeugnis? Warum oder warum nicht?

Kapitel 31: *Jeder Christ ein „Geistlicher"*
f. Auf welche Art ist jeder Christ ein „Geistlicher"?
g. Sollten Personen mit jeder Gabe lehren? Worin werden sie sich unterscheiden?
h. Mögliche Gebiete des Dienstes für jede Gabe! Was hast du daraus gemacht?
i. Wie verhalten sich Begabungen und Talente zu den Motivationsgaben?

12. Zwölfter Abschnitt: Lies Kapitel 32
Kapitel 32: *Berufe und Arbeiten*
a. Wie können unsere eingebauten Veranlagungen unsere Motvationsgaben widerspiegeln?
b. Wie war dein Verhalten in der Kindheit, welches ja ein Ausdruck deiner eingebauten Veranlagungen war?
c. Was solltest du tun, wenn du herausfindest, daß deine Veranlagungen in deinem Beruf nicht berücksichtigt werden?
d. Welche Berufe und Arbeiten kannst du laut deines Testergebnisses am besten tun? Arbeitest du zur Zeit daran? Hast du das in der Vergangenheit getan? Was bedeutet es für dich in der Zukunft?

13. Dreizehnter Abschnitt: Lies Kapitel 33 & Abschließende Gedanken
Kapitel 33: *Die Gaben deiner Kinder*
a. Warum werden Diener-, Geber- und barmherzige Kinder besser lernen, wenn sie von den mehr nach außen gerichteten Erkenner-, Lehrer-, Ermutiger- und Administrator-Kindern getrennt sind?
b. Wie würde der Erziehungsstil eines Erkenners sich von dem einer barmherzigen Person unterscheiden?
c. Welche besonderen Herausforderungen werden Lehrer-Eltern mit einem Diener-Kind haben?
d. Hast du die Gaben deiner Kinder oder von Kindern, die du kennst, entdeckt? Inwiefern hat es dir geholfen, sie besser zu verstehen oder besser mit ihnen zusammenzuarbeiten?
e. Hast du jemals die Gaben eines Teenagers entdeckt? Hilft es, einige ihrer Handlungen und Einstellungen zu verstehen? Was kannst du zur Verbesserung solcher Beziehungen beitragen?

Abschließende Gedanken:
a. Welche Einsichten hast du aus dem Studium der Motivationsgaben gewonnen?
b. Wie siehst du den Leib Jesu jetzt?

Zu diesem Buch ist im Verlag Gottfried Bernard auch ein 60seitiges Textbuch mit einem leicht zu handhabenden Test erhältlich. Der Autor führt im deutschsprachigen Raum Seminare zum Thema Motivationsgabentraining durch.

Nähere erfahren Sie unter der Adresse:

GUT-Training
Richard Schutty
Am Ziegelteich 27
45326 Essen
Tel. 0201-358332